SPIRITUALITÄT AUS DEM GLAUBEN

Kardinal Walter Kasper
Wer glaubt, zittert nicht

SPIRITUALITÄT AUS DEM GLAUBEN

Herausgegeben von
GEORGE AUGUSTIN
JOHANNES KREIDLER
PAUL RHEINBAY

im Namen des
Kardinal Walter Kasper Instituts
für Theologie, Ökumene und Spiritualität
an der Philosophisch-Theologischen Hochschule
Vallendar

KARDINAL WALTER KASPER

Wer glaubt, zittert nicht

Ermutigungen zum Leben

Ausgewählt und zusammengestellt
von Peter Dyckhoff

HERDER

FREIBURG · BASEL · WIEN

ZUM GELEIT

WALTER KARDINAL KASPER ist vor zwanzig Jahren zum Bischof geweiht worden. Während seines segensreichen Wirkens als Diözesanbischof von Rottenburg-Stuttgart hat er zahlreiche Predigten zu den unterschiedlichsten Anlässen gehalten. Getreu seinem Wahlspruch *veritatem in caritate*, »die Wahrheit in Liebe tun« (Eph 4,15), hat er aus dem Geist und Glauben der Kirche und aus seiner tiefen Liebe zu ihr theologische Reflexion und Glaubenserfahrung im pastoralen Alltag verbunden.

Anlässlich des zwanzigsten Jahrestages seiner Bischofsweihe hat Pfarrer Dr. Peter Dyckhoff sorgfältig diese Predigten durchgesehen und die bleibenden Kernaussagen im vorliegenden Buch zusammengestellt. Entstanden ist ein spirituelles Lesebuch, das zum Glauben und zum Hoffen einlädt. Die Zusammenstellung macht zeugnishaft sichtbar, wie aus der Betrachtung des Glaubens heraus das Evangelium geliebt und gelebt werden kann: »Wer glaubt, zittert nicht«, hat der Autor selbst diesen Band überschrieben.

Wir danken *Dr. Peter Dyckhoff* für seinen großen Einsatz bei der Auswahl und Zusammenstellung der Themen aus der umfangreichen Predigtsammlung. Der *Ackermann-Gemeinde e. V.* und deren Vorsitzenden Herrn *Hans Gangl* sei herzlich gedankt für den großzügigen Druckkostenzuschuss.

»Wer glaubt, zittert nicht« erscheint als erster Band der neuen Reihe »Spiritualität aus dem Glauben«. Spiritualität ist ein Schlüsselwort unserer Zeit und bezeichnet die Sehnsucht der Menschen nach Heil und Ganzsein. Um auf diese Suchbewegung zu antworten, wird es immer wichtiger, die Möglichkeit einer ganzheitlichen Spiritualität aus den Quellen des christlichen Glaubens neu aufzuzeigen. Christliche Spiritualität umfasst die ganze menschliche Existenz und fragt danach, wie der Glaube in den konkreten Lebensbedingungen des Menschen verwirklicht werden kann. In der Reihe »Spiritualität aus dem Glauben« sollen Stimmen zu Wort kommen, die einen wichtigen Beitrag leisten, Spiritualität als lebendige Glaubenspraxis zu verstehen und für die Gegenwart zu erschließen.

Mit der Eröffnung dieser Reihe durch den Band von Kardinal Walter Kasper zum zwanzigsten Jahrestag seiner Bischofsweihe gratulieren wir und danken ihm für seinen großen Einsatz für eine zeitgemäße und dem Evangelium verpflichtete Spiritualität aus dem Glauben.

Stuttgart, am Fest des hl. Vinzenz Pallotti 2009

Für die Herausgeber

George Augustin

INHALTSÜBERSICHT

VORWORT

VON GOTT ZU REDEN – nachdem man zuerst mit ihm gesprochen hat – macht frei. »Zur Freiheit hat uns Christus befreit« (Gal 5,1). Die Theologie redet leider zu viel von der Kirche und ihren Institutionen und zu wenig von Gott. Jeder jedoch, der sich mit der Freudenbotschaft Gottes beschäftigt, erfährt Freiheit, tiefen Frieden und innere Freude. Ist es daher nicht an der Zeit, Gott die Ehre zu geben und, zum Heil des Menschen, von Gott zu reden und – wie *Walter Kardinal Kasper* es tut – dabei von dem Gott Jesu Christi zu sprechen?

Die Fortschrittsideologie vermag den Sinn des Lebens und die Frage nach dem Leid nicht zu beantworten, und die vielen Heilsverheißungen haben sich nicht erfüllt. Die dadurch entstandene große innere Leere vieler Menschen führt zu neuen religiösen Fragen und einer tiefen Sehnsucht, verstehbare und glaubwürdige Antworten zu erhalten. Die für das Wort und die Botschaft Gottes Verantwortlichen in unserer Kirche sind neu gefordert, den vielen Suchenden eine einladende Theologie aufzuzeigen, die den Gott Jesu Christi verkündet und gangbare Wege zu ihm vermittelt.

Kardinal *Kasper* hat diese theologische und pastorale Chance entschlossen aufgegriffen und gibt in den vorliegenden Texten für jeden nachvollziehbare und glaubwürdige Antworten. Von Anfang an und besonders während seiner gesamten theologischen Arbeit hat er sich mit der Gottesfrage beschäftigt. »Sie [die Theologie] kann ihre Relevanz nur wahren, wenn sie ihre unverwechselbare Identität als Theologie, das heißt als Rede von Gott, bewahrt und wenn Theologie und Kirche nicht zu ethisch-moralischen Anstalten verkommen. Es ist darum Zeit, von Gott zu reden … Von Gott können wir nur sprechen, wenn wir auch mit ihm sprechen.«[1]

Eine tief greifende und mich sehr bewegende Antwort gibt der Kardinal auf die Frage, die das Leiden betrifft. »Wenn Gott leidet, dann leidet er nicht auf menschliche, sondern auf göttliche Weise. Leiden kann für Gott nicht etwas sein, das ihm von außen zustößt. Das Leiden Gottes kann kein passives Widerfahrnis sein. Göttliches Leiden kann nicht Ausdruck eines Mangels, sondern nur Ausdruck souveräner Selbstbestimmung sein. Gott wird nicht passiv vom Leiden der Kreatur betroffen, er lässt sich in Freiheit vom Leiden der Kreatur betreffen. Er ist kein apathischer, sondern ein sympathischer Gott, ein Gott, der mitleidet, der vom Mitleid bewegt ist (Ex 34,6) und dessen Herz sich angesichts des Elends seiner Kreatur umdreht (Hos 11,8). Diese Aussagen wären falsch verstanden, wollte man sie als Verherrlichung oder Vergöttlichung des Leidens verstehen. Gott vergöttlicht das Leiden nicht, er verwandelt es von innen und erlöst es. Er schafft das Leiden nicht ab, aber er verwandelt es auf Hoffnung hin. Das Kreuz ist ja Durchgang zur Auferstehung. Leiden und Sterben sind damit nicht das letzte Wort. So weist die Kenosistheologie [die Entäußerung der allmächtigen Liebe Gottes in die geschaffene und durch die Sünde geprägte Welt bis hin zur ohnmächtigen Liebe am Kreuz] über sich hinaus auf die österliche Erhöhungs- und Verklärungs-Theologie. Wir sind, so sagt es die Schrift, auf Hoffnung hin erlöst (Röm 8,20.24; 1 Petr 1,3).«[2]

Zum ersten Mal begegnete ich Kardinal *Kasper* und seinem lebendig gesprochenen Wort in der Philosophisch-Theologischen Hochschule der Pallottiner in Vallendar. Das, was er in seinem Vortrag sagte, war für mich so überzeugend und nachvollziehbar, dass ich ihm gegenüber mein Herz weit geöffnet habe und es auch weiterhin tue. Nach dem Vortrag durfte ich zusammen mit dem Kardinal die Eucharistie feiern. Es war, als ob der Himmel sich zur Erde neigte und gleichzeitig die Erde sich dem Himmel öffnete.

Ich darf sagen: Seine theologische Rede von Gott ist tief gegründet in der Erfahrung des lebendiges Gottes und führt über das persönliche Gebet zur Feier der heiligen Messe. Später hörte ich noch weitere Vorträge von ihm und las, dadurch angeregt, erneut in seinen Schriften. Wenn Kardinal *Kasper* von Gott redet, geschieht es nicht auf vielfältige und abstrakte Weise, wie es in der Geschichte der Religion immer wieder geschah, sondern eindeutig und unmissverständlich. »In der kirchlichen Frömmigkeit ist Gott oft gezähmt und verharmlost worden; in dem ›lieben Gott‹ war der lebendige Gott, der dem Mose im lodernden Feuer erschienen ist, kaum wiederzuerkennen.«[3] Für Kardinal *Kasper* ist der »Gott Jesu Christi« der Gott der Väter und der, der als menschenfreundlicher Gott auf dem Antlitz Jesu Christi endgültig aufgestrahlt ist. Jesus redet ihn als seinen Vater an, und jedes Wort seiner Botschaft gibt Kunde vom Vater. »Wer mich gesehen hat, hat den Vater gesehen« (Joh 14,9).

Von Gott kann man nur wahrhaftig, eindeutig und verständlich reden, wenn man Gott als den dreieinigen Gott, als Vater, als Sohn Jesus Christus und als Heiligen Geist, der Leben schenkt, an und in sich selbst erfahren hat. Kardinal *Kasper* darf aus dieser Quelle schöpfen und das Wasser ewigen Lebens durch sein Beispiel und sein Wort an uns, an die Kirche und an alle weiterschenken.

Bevor ich davon spreche, wie es zu dieser Textauswahl *Wer glaubt, zittert nicht. Ermutigungen zum Leben* gekommen ist, möchte ich kurz den Lebenslauf von *Walter Kardinal Kasper* vorstellen. Am 5. März 1933 wurde er in Heidenheim a. d. Brenz geboren. *Walter Kasper* studierte katholische Theologie und Philosophie in Tübingen und München. 1957 wurde er in Rottenburg zum

Priester geweiht. Vier Jahre später promovierte er, und 1964 folgte die Habilitation. Kasper übernahm eine Professur für Dogmatik an der Universität Münster und wechselte nach sechs Jahren an die Universität Tübingen.

Am 17. Juni 1989 wurde *Walter Kasper* zum Bischof der Diözese Rottenburg-Stuttgart geweiht. Sein Wahlspruch lautet *Veritatem in caritate* (»Die Wahrheit in Liebe tun«). Bischof *Kasper* war Vorsitzender der Kommission Weltkirche und Stellvertretender Vorsitzender der Glaubenskommission der Deutschen Bischofskonferenz. 1999 wurde er nach Rom berufen und zwei Jahre später von Papst *Johannes Paul II.* zum Kardinal erhoben. Noch im gleichen Jahr 2001 ernannte ihn der Papst zum Präsidenten des Päpstlichen Rates zur Förderung der Einheit der Christen. Kardinal *Kasper* ist Mitglied der Glaubenskongregation, der Kongregation für die Orientalischen Kirchen, Mitglied der Apostolischen Signatur, des Päpstlichen Rates für die Kultur und des Päpstlichen Rates für den interreligiösen Dialog. 2005 wurde er von der Bischofssynode in den Ständigen Rat der Synode gewählt.

Ich lernte Kardinal *Kasper* über seinen Schüler Prof. Dr. *George Augustin SAC* kennen, der 2005 die »Kardinal Walter Kasper Stiftung« gründete. Die Stiftung hat sich das Ziel gesetzt, die Theologie und das Lebenswerk von *Walter Kardinal Kasper* in der Kirche lebendig zu erhalten und international zu verbreiten. Das zur Stiftung gehörende Institut für Theologie, Ökumene und Spiritualität ist an die Philosophisch-Theologische Hochschule Vallendar angegliedert und wird von *George Augustin* geleitet.

Prof. *Augustin* lud mich nach Rom ein zu einem persönlichen Besuch bei Kardinal *Kasper*. Neben vielen aktuellen Themen wurde auch über die Herausgabe der *Gesammelten Schriften Walter Kaspers* durch *George Augustin* und *Klaus Krämer* gesprochen. Wohl aufgrund der von mir veröffentlichten geistlichen Bücher wurde ich gefragt, ob ich mir vorstellen könne, ein Buch mit

Ausschnitten aus Ansprachen und Predigten herauszugeben, die der Kardinal in seiner Zeit als Bischof von Rottenburg-Stuttgart (1989–1999) gehalten hat. Ich stimmte zu. Als dann kurz darauf zwei schwere Pakete mit acht Ordnern bei mir ankamen und ich über 700 Ansprachen und Predigten zählte, wurde mir erst richtig bewusst, wozu ich Ja gesagt hatte.

In der nicht gerade sehr kurzen Arbeitsphase habe ich die wertvollen Texte und Worte gelesen und, so gut ich konnte, in mich aufgenommen. Mir war klar, dass das Ergebnis kein Zeitdokument, sondern ein »geistliches Lesebuch« werden müsse, ein Buch mit kurzen und leicht verstehbaren Texten zur Wiederbelebung und Vertiefung christlichen Glaubens. Zeitweilig empfand ich mich bei der Arbeit wie ein Taucher, der in den Muscheln nach Perlen suchte – in den Muscheln der »Zeit« nach Perlen der »Ewigkeit«. Und zu meiner Überraschung stellte ich fest, dass nahezu in jeder Muschel eine kostbare Perle versteckt war. Ich habe die nach meiner Ansicht und meinem Gefühl größten Perlen herauskristallisiert und sie von allen Seiten betrachtet, um sie dann neu in ein Gefüge einzureihen – ich könnte fast sagen: auf eine Perlenkette aufzuziehen.

Der Aufbau und die Gliederung schenkten sich mir von selbst. Der dreieinige Gott steht bei jedem Text im Mittelpunkt: der Vater, der mit Israel seinen Bund geschlossen hat, der Sohn Jesus Christus, der den Bund auf ewig mit seinem Blut neu gegründet hat, und der Heilige Geist, der Leben und eine »lebendige Kirche« schenkt. Gottes Ja zur Schöpfung und seine Liebe zu den Menschen wurde von vielen verworfen, und doch ist die Sehnsucht Gottes so groß, dass er seinen eingeborenen Sohn in die Welt gesandt hat, um sie für immer zu erlösen.

Dieses unendlich liebevolle Entgegenkommen bringt Kardinal *Kasper* anschaulich und gleichzeitig tief greifend ins Wort. Bei all seinen Texten habe ich versucht, seinen Wahlspruch als Bischof »Die Wahrheit in Liebe tun« (*Veritatem in caritate*) durchscheinen zu lassen. Doch bei all der uns entgegenkommenden Liebe Gottes ist für uns alle »der Weg über das Kreuz« nicht zu umgehen. Im Geheimnis des Glaubens jedoch leuchtet durch die Auferstehung Jesu Christi für einen jeden von uns »das neue Leben« auf. Durch »die Gabe des Heiligen Geistes« wird das Angebot göttlichen Lebens in uns wie auch in der »Kirche, der Gemeinschaft des Glaubens« ständig erneuert.

Es liegt an uns, ob wir den Weg, die Wahrheit und das Leben annehmen, indem wir »aus den Sakramenten leben« und vor Gott »schweigen«, auf ihn »hören« und ihm durch unser Leben »antworten«. Und auf diesem Weg – es gibt keinen besseren und schnelleren zu Gott – ist uns Maria »Vorbild im Glauben«. Durch ihre Fürsprache bei ihrem Sohn wird uns ein Glaube geschenkt, der »Alter, Krankheit und Abschied vom Leben in dieser Welt« trägt. Aus diesem gelebten und oft durchlittenen Glauben heraus dürfen wir einmal »Gott – die Quelle ewigen Lebens« für immer erfahren.

Walter Kardinal Kasper möchte durch seine vom Heiligen Geist durchströmten Worte unseren Glauben stärken und vor allem die Kirche erneuern.

1   Walter Kasper, Der Gott Jesu Christi. Gesammelte Schriften Band 4. Freiburg im Breisgau 2008, 9–10.
2   Der Gott Jesu Christi, 35.
3   Der Gott Jesu Christi, 10.

INHALTSVERZEICHNIS

INHALTSVERZEICHNIS   *21*

GOTTES JA ZUR SCHÖPFUNG

Gottes Ja und unser Ja

»GOTTES JA« ist im Grunde eine Zusammenfassung des ganzen Evangeliums. Denn das ist der zentrale Inhalt und die Grundbotschaft unseres Glaubens, dass Gott ist, dass er da ist, dass er Leben, Wahrheit, Gerechtigkeit, Barmherzigkeit und Liebe ist und dass er Ja sagt zu allem Leben. Gott sagt Ja zu dir und zu mir, zu jedem Einzelnen und zu allen Menschen, er liebt, er mag, er will uns alle.

Gott ist Ja und Gott sagt Ja. Er tut das bereits in der Schöpfung der Welt, und er wiederholt sein schöpferisches Ja immer wieder, wenn neues Leben entsteht und ein neues Kind im Schoß seiner Mutter zum Leben kommt. Wir sind, so sagt *Augustinus*, weil er gut ist und weil er Ja zu uns sagt. Gott sagt dieses Ja auch noch, wenn wir uns verweigern; er lässt niemanden fallen, der umkehrt. Gott hat schließlich ein für alle Mal Ja zu uns Menschen gesagt in der Menschwerdung, im Kreuz und in der Auferweckung Jesu Christi von den Toten. Immer wieder aufs Neue hat Gott gezeigt, dass er nicht den Tod, sondern das Leben will und dass er es uns einmal auf ewig in seiner ganzen Fülle schenken will. Gott ist ein Freund des Lebens.

Auf dem tiefsten Grund aller Wirklichkeit waltet ein unbedingtes Ja, das jeden von uns und das alle Welt trägt und hält. Gott ist treu. Er ist das Ja zu seinen Verheißungen und damit auch das Ja zu den Sehnsüchten nach Leben, die er in unser Herz eingepflanzt hat. Unser Leben endet nicht in einer Wüste des Nichts. Gott sagt Ja; er wird und er kann unsere Sehnsucht einmal endgültig stillen. Wenn Gott Ja ist und Ja sagt und wenn wir alle allein aufgrund dieses Ja und aus diesem Ja sind und leben, dann muss der Grundakkord unseres Lebens ebenfalls ein Ja sein. Wir dürfen und wir sollen als Christen Menschen sein, die nicht aus dem Negativen, sondern aus dem Positiven heraus leben. Wir dürfen unser Leben wagen, weil Gott es mit uns wagt.

Ja sagen zum Leben heißt Ja sagen zu neuem Leben, Ja sagen zu Kindern, die Gott uns schenkt, heißt Ja sagen zu den jungen Menschen, die in vielem anders sind als wir Älteren, heißt Ja sagen zu alten und behinderten Menschen, heißt Ja sagen zum eigenen Altwerden und auch zum Sterben. Solches Jasagen verwirklicht sich in der Treue. Treue ist nach der Heiligen Schrift Gottes Grundeigenschaft. Durch Verlässlichkeit und Treue, Treue nicht zuletzt in der ehelichen Partnerschaft und zur eigenen Berufung, müssen sich Christen vor allem auszeichnen.

Ja sagen, das ist letztlich ein anderes Wort für Glauben. Das Wort für Glauben im Hebräischen, der Ursprache der Bibel, heißt »aman«. Es steckt in unserem liturgischen »Amen«, was so viel heißt wie »Ja, so sei es, so ist es«. Glauben heißt darum Ja sagen zum Ja Gottes, heißt ihn und seinen Willen ergreifen, sich an ihm festhalten und festmachen, Stand gewinnen in ihm.

Solches bejahendes Einstimmen in Gott, sein Wort und seinen Willen, seinen Ruf und seine uns oft unbegreiflichen Fügungen fällt vielen Menschen schwer. Wir wollen selber sein, selber bestimmen, uns selbst verwirklichen. Recht so, denn wer Ja sagen soll, der muss auch Nein sagen können. Gott will keine willenlosen oder unkritischen Jasager und Kopfnicker. Er hat uns mit Verstand und freiem Willen geschaffen, und er will uns als freie Geschöpfe. Er respektiert unsere Freiheit: unsere Freiheit, unser Leben zu gewinnen, wie unsere Freiheit, unser Leben auch zu verpfuschen und zu verfehlen. Gewinnen können wir es nur, wenn wir die positive Melodie aufnehmen, auf die Gott uns eingestimmt hat und die er selbst ist.

Wer so Ja sagt, der kann ein innerlich befriedeter, versöhnter und fröhlicher Mensch sein; er kann sein Leben und sich selber annehmen und ertragen. Wer so sympathisch ist mit Gott und der Welt, der wird selbst ein sympathischer Mensch.

Jesus Christus ist das Licht der Welt. Er, in dem Gott zu uns Ja gesagt hat, macht unser Leben hell. Wir aber sollen Lichtträger sein und Gottes Ja leben und bezeugen, damit es etwas heller und wärmer wird in unserer Welt.

Ich will, dass du bist (Kain und Abel)

DA IST DIE GESCHICHTE von Kain und Abel, aus der Urzeit der Menschheitsgeschichte, die Geschichte des ersten Brudermords, geboren aus Eifersucht, Neid und Hass. Diese Geschichte sollte sich dann fortpflanzen und immer wiederholen bis in unsere Tage. Der Mensch ist dem Menschen ein Wolf, so wollte man es schon auf eine Formel bringen.

Es muss ja nicht immer gleich Mord und Totschlag im wörtlichen Sinn sein, sosehr wir auch dies erleben. Doch jeder, der seinen Bruder hasst, ist ein Mörder (1 Joh 3,15). Es gibt viele Weisen, sich fertigzumachen: durch gnadenlose Konkurrenz, Unterdrückung, Verleumdung, menschenunwürdige und ungerechte Strukturen, Nichtbeachtung, Gleichgültigkeit und Passivität gegenüber Unrecht und Gewalt.

Das Gegenbild wird uns in Jesus Christus vor Augen gestellt. Er hat nicht das Leben eines anderen ausgelöscht, er hat vielmehr sein eigenes Leben für uns hingegeben. Und die Schlussfolgerung daraus lautet: »So müssen auch wir für die Brüder das Leben hingeben« (1 Joh 3,16).

In diesem Gebot der Liebe hat Jesus das Ganze seiner Botschaft zusammengefasst. Und wie jedes Gebot, so ist auch und gerade dieses alles zusammenfassende Hauptgebot ein Weg und eine Weisung zum Leben. Denn der Hass und der Neid machen das Herz eng, hart und bitter. Die Liebe aber, die man schenkt, kehrt als Glück und Freude ins eigene Herz zurück.

Hass bedeutet Feindschaft, Nein zum Leben. Liebe aber heißt, ein Freund des Lebens zu sein, des Lebens, das uns nie allein gehört, das wir vielmehr mit allen anderen teilen.

Gott selbst ist ein Freund des Lebens, ein Gott der Menschen. »Wenn jemand Vermögen hat und sein Herz vor dem Bruder verschließt, den er in Not sieht, wie kann die Gottesliebe in ihm bleiben?« (1 Joh 3,17).

Gottesdienst ohne Nächstendienst wird zur Heuchelei. Gerade die Überzeugung, dass Gott jeden einzelnen Menschen, jedes Kind und jeden Alten, jeden Behinderten und jeden Fremden nach seinem Bild geschaffen hat, dass er jeden persönlich kennt und liebt, zu jedem sagt: Ja, ich will, dass du bist – gerade diese Überzeugung muss und kann Motivation werden, sich für das Leben und Überleben anderer einzusetzen.

Es liegt an jedem Einzelnen von uns, dass nicht die Mächte des Todes, sondern die des Lebens und das heißt der Liebe obsiegen. Wir können Zeichen der Hoffnung setzen, der Hoffnung auf Leben, damit andere überleben.

Der Regenbogen (Noah)

ALS ICH JUNG WAR, da habe ich mir gerne Geschichten erzählen lassen. So richtig spannende Geschichten, die dann doch zu einem guten Ende führten. Auch die Menschen, die zum Volk Israel gehören, haben sich solche Geschichten erzählt. Eine dieser Geschichten ist die Geschichte von Noah. Zu seiner Zeit brach eine große Flut herein, die alles, Pflanzen, Tiere, Menschen und ihre Häuser, zerstörte. Noah hat zusammen mit seiner Familie und vielen Tieren diese Flut überstanden.

Ein Künstler, er heißt *Sieger Köder*, hat diese Erzählung gemalt. Schauen wir uns dieses Bild an und sehen wir, wie der Künstler diese Geschichte verstanden hat.

Ein Mann, es ist der Noah unserer Erzählung, schaut aus dem Fenster eines hölzernen Schiffes, der Arche, die er selbst gebaut hat. Viele Monate schwamm sie in der großen Flut. Noah war zwar im Trockenen und musste nicht ertrinken wie viele Tiere und Menschen, aber er wusste auch nicht, wann der Regen endlich aufhört und er wieder Land unter den Füßen spüren kann. Er wusste, wie schön diese Erde und alle ihre Pflanzen und ihre Tiere sind – und jetzt dieser unaufhörliche Regen und diese schreckliche Flut!

Als die Arche endlich auf Land stößt, hat Noah ungeduldig eine Taube losgeschickt. Sie sollte auskundschaften, ob es schon trockenes, grünes Land gibt. Zuerst kommt sie hungrig und ohne etwas im Schnabel zurück. Aber nach vielen Tagen bringt sie endlich einen grünen Zweig mit. Da weiß Noah, dass irgendwo wieder ein Baum aus dem Wasser ragt, der grüne Blätter trägt. Voller Erwartung schaut Noah auf die Tauben auf dem Dach seines Schiffs, wie lange es noch braucht, bis sie ausfliegen, weil sie wieder trockenes Land finden.

Mitten in dieser wenig hoffnungsvollen Situation sieht Noah den Regenbogen. In diesem Regenbogen erkennt er das Zeichen, dass der Regen endet und die Sonne wieder hervortritt. Aber er erkennt in ihm noch mehr. Der Bogen ist für ihn ein Zeichen Gottes. Der Regenbogen umspannt ja wie eine große Brücke Himmel und Erde. Er zeigt dem Noah, dass zwischen Himmel und Erde wieder Friede herrscht.

Gott selber ist nicht sichtbar, aber im Zeichen des Regenbogens erkennt Noah: Gott, der die Tiere und Pflanzen, das Wasser, die Luft und den Boden geschaffen hat, ist weiterhin bei ihm, bei den Menschen, bei allem Leben auf dieser Erde. Er will auch in Zukunft, dass die Erde ein Lebenshaus sei für alle Lebewesen, besonders für uns Menschen. Er steht zum Leben auf der Erde, und auf Gott ist Verlass. Auf ihn kann man unbedingt vertrauen.

Der Regenbogen versichert: Alles Leben ist in Gottes Hand. Deshalb durchdringen die Farben des Regenbogens das dunkle Wasser. Er spannt sich über den ganzen Himmel und leuchtet sogar auf dem Dach der Arche, in der Noah und alle geretteten Tiere leben. Gott zeigt, dass er die Erde liebt.

Aber das Leben auf dieser Erde ist auch voller Gefahren. Tod und Zerstörung gehören zum Leben auf der Erde – bis heute. Oft genug sind es die Menschen selbst, die zerstören. Dies deutet der Künstler an in dem dunklen Wasser, das von Menschen vergiftet ist. Wir Menschen sind verantwortlich für die Belastung der Luft und die Veränderung unseres Klimas. Oft verschmutzen wir den Boden oder verbrennen leichtfertig die Schätze der Erde, die über Millionen von Jahren entstanden sind. Wenn wir so weitermachen, dann werden wir das Lebenshaus Erde unwohnlich machen. Leider tragen auch wir oft dazu bei. Gott weiß um diese Seite von uns Menschen. Gott hat uns nicht als Marionetten erschaffen; er hat uns die Freiheit zu entscheiden gegeben. Diese Freiheit ist etwas Großartiges. Wir können sie zum Guten gebrauchen, aber sie auch zur Zerstörung missbrauchen.

Obwohl wir Menschen die wunderbare Schöpfung nicht immer achten, bleibt Gott uns und dem Leben auf der Erde dennoch treu. Er hat uns versprochen, immer bei uns zu sein und das Leben auf dieser Erde zu achten und zu schützen. Das erwartet er freilich auch von uns. Deshalb sagt er: »Ich setze meinen Bogen in den Himmel, damit der Mensch sich wieder an mich und meine Treue erinnert und endlich das tut, was ich für die Erde getan habe: sie zu bebauen und zu bewahren, sie zu achten und zu schätzen und vor allem Leben auf dieser Erde Ehrfurcht zu haben« (vgl. Gen 9,12–17).

Wer das Leben auf dieser Erde und das Schöne auf dieser Erde zerstört, der beleidigt Gott, der dies alles geschaffen hat und der seine Schöpfung liebt. So wie Gott sich zu uns Menschen und zur Erde verhält, so sollen auch wir uns verhalten. Wir sollen die Pflanzen und die Tiere, den Boden, die Luft und das Wasser nicht zerstören; wir sollen sie achten, hegen und pflegen. Wir sind dafür verantwortlich, dass die Erde ein Haus bleibt, in dem alle gut leben und wohnen können. Wir sollen Gott, der all dieses Schöne gemacht hat, danken und ihn loben.

Wir alle sind aufgerufen, dass wir dieses Lebenshaus und seine Unversehrtheit bewahren helfen. Gott, der Schöpfer, ist in unserem Bemühen und Handeln bei uns, weil er seine Schöpfung liebt. Wie der Fels, auf dem die Arche des Noah sicher gelandet ist, ist Gott für uns Halt und Grund. Und sein Zeichen, der Regenbogen, erinnert an diese Treue Gottes. Der Regenbogen ist wie ein Versprechen Gottes: Ich bin bei euch. Ich bin bei allem, was ihr tut. Ich bin bei euch, wenn ihr den Frieden mit dieser Schöpfung sucht, die mein Werk ist und die von meiner Schönheit Zeugnis gibt.

Wir alle stehen unter diesem Regenbogen. Dafür sollen wir Gott, dem Schöpfer, danken, und wir sollen miteinander daran arbeiten, dass seine Schöpfung in ihrer ganzen Schönheit erhalten bleibt: zu unserem Wohl und Gott zum Lob.

Gottes Wege – unsere Wege (Jakobs Kampf)

DER NÄCHTLICHE KAMPF JAKOBS AM JABBOK

Für Jakob war es ein langer Weg, eine äußerst zwiespältige Geschichte. Durch Betrügereien und Tricks, dann aber auch durch harte Arbeit und durch persönliche Leistung suchte er zum Ziel zu kommen und den Segen Gottes fast gewaltsam an sich zu reißen. Jetzt war er kurz vor dem Ziel. Er musste nur noch mit einer gewaltigen nächtlichen Anstrengung seine Frauen und Kinder, sein Gesinde, seine Herden und seine übrige Habe über den Fluss schaffen, um dann mit seinem Bruder Esau, den er betrogen hatte, zu einem Ausgleich zu kommen, wenn es sein muss auch durch eine kriegerische Auseinandersetzung.

Da wird er in einen geheimnisvollen nächtlichen Kampf verwickelt, einen Kampf mit Gott, wie sich nachher herausstellt.

Bereits schwer angeschlagen und verletzt, will er dem geheimnisvollen Gegenüber seinen Namen entlocken; nochmals setzt er damit alles daran, sich Gottes und seines Segens zu bemächtigen. Doch in dieser Nacht muss Jakob schmerzlich erfahren: Gott lässt sich nicht zwingen und nicht in Regie nehmen; er bleibt auch in seiner Zusage und in seiner Treue frei und souverän. Er teilt seine Gaben aus, wie er will. Jakob wird des Segens und der Verheißung teilhaftig, aber er wird es aus reiner Gnade und ganz anders, als er es erträumt, gewollt und geplant hat. So geht er als ein Verwundeter, aber auch als ein Verwandelter und Geläuterter aus diesem Kampf hervor. Zum Zeichen dafür erhält er einen neuen Namen; Israel soll er nun heißen und Stammvater des fortan nach ihm benannten Volkes Israel werden. Jakob musste erfahren: Gottes Wege sind nicht unsere Wege; aber Gott ist ein Gott der Menschen, er ist treu, auch wenn wir untreu sind. Er schreibt auch auf unseren krummen Zeilen gerade. Jakobs Wege waren in mehrfacher Hinsicht krumm; Gott aber hat ihn nicht fallen gelassen; er war mit ihm; er hat ihn begleitet, ihn einem langen Läuterungsprozess unterzogen und am Ende alles zum Guten gewendet.

Auch uns gilt die Verheißung, die Jakob in einem nächtlichen Traum zuteilwurde: »Ich bin mit dir, ich behüte dich, wohin du auch gehst, und ich bringe dich zurück in dieses Land. Denn ich verlasse dich nicht, bis ich vollbringe, was ich dir versprochen habe« (Gen 28,15).

Was das Alte Testament nur andeutet, wird im Neuen Testament konkret ausgefüllt. Auch hier geht es um eine Überfahrt, eine stürmische Überfahrt, die den Jüngern Furcht und Schrecken einjagt. Sie haben entsetzlichen Gegenwind und glauben schon alles verloren. Jesus, der Gott-mit-uns, ist ihnen zwar nahe; aber sie verkennen ihn und halten ihn für ein Gespenst. Ruhig wird es erst, also sie Jesus ins Boot nehmen. Mit ihm, und nur mit ihm, kann die Überfahrt gelingen.

Jesus ins Boot nehmen, was heißt das?

Jesus ins Boot nehmen heißt zuallererst: seinem Wort vertrauen und aus ihm leben. Wo Christen das Wort Gottes lesen, auslegen, teilen und betrachten, da kommt etwas in Bewegung.

Jesus ins Boot nehmen heißt: regelmäßig sich an seinen Tisch laden lassen, um mit ihm durch die Eucharistie in die innigste persönliche Gemeinschaft einzutreten, die möglich ist, um so ganz in ihm und aus ihm zu leben.

Jesus ins Boot nehmen heißt schließlich: ihm in den Menschen, besonders in den Armen und Kranken, in den Kleinen und Unscheinbaren begegnen und dienen.

Jesus ins Boot nehmen, das bedeutet auch: ins Boot der Kirche einsteigen. Jesus ist ja für immer, auch heute, mit an Bord des Schiffes, das sich Kirche und Gemeinde nennt. Er ist – so sagt es uns der Glaube – der eigentliche Steuermann. Darum geht die Kirche nicht unter; sie wird trotz Gegenwind und trotz mancher Verwirrung an Bord das rettende Ufer erreichen. Weil der Kirche diese Verheißung gilt, ist die Kirche mehr als ein Verein. Kirche, und zwar die konkrete Kirche hier und heute, ist der Leib Christi. Nur als Glieder an diesem Leib und nicht als davon getrennte Teile können wir fruchtbar wirken.

Doch wohin steuert dieses Boot in der schweren See von heute? Welches ist das andere Ufer, auf das wir uns zubewegen? Wir alle müssen uns gemeinsam auf den Weg machen und uns dabei wie Jakob von Gott führen lassen, vielleicht ganz anders, als wir es ursprünglich dachten.

GOTTES JA ZUR SCHÖPFUNG

»Hier bin ich« (Jesaja)

BEIM PROPHETEN JESAJA steht es sozusagen schwarz auf weiß, was unsere »Sache« ist. »Wenn du um Hilfe schreist, wird er sagen: Hier bin ich« (Jes 58,9). Der Prophet setzt voraus, dass wir gelegentlich schreien oder schreien möchten. Die Bibel ist auch deshalb ein so menschliches Buch, weil sie Klage und Schreien zulässt, ja selbst artikuliert. Die Klage und der Hilfeschrei sind sogar Urmotive biblischer Tradition. Bereits im Buch Exodus versichert Gott dem Mose: »Ich habe das Schreien meines Volkes gehört« (vgl. Ex 3,7.9). Und wie oft bricht der Psalmist einfach ins Klagen aus, bis hin zu den ergreifenden Klageliedern des Jeremia.

Wir brauchen unser Leid und unser Klagen nicht zu verdrängen und uns damit nicht zu verstecken. Es gehört zu unserer vollen Menschlichkeit, und es gehört umgekehrt zur Inhumanität unserer Zeit, dass sie Leid und Schmerz weithin verdrängt und immer den jugendlich strahlenden, erfolgreichen Typen sehen will, der wir nicht sind und jedenfalls nicht immer sein können. Die Bibel sagt uns, dass wir auch unseren Schatten und unsere Grenzen annehmen und uns mit ihnen versöhnen dürfen. Der Prophet schreibt uns also ins Stammbuch, was Sache bei uns Menschen ist: Wir sind nicht so autonom, so selbstsicher, so lebenstüchtig und erfolgreich, wie wir oft tun und wie wir es uns selbst und anderen vormachen. Wir sind hilfsbedürftige, wir sind trostbedürftige, noch mehr, wir sind erlösungsbedürftige Wesen. Wir brauchen, ja wir schreien nach einem, der uns hört und erhört. Wir schreien nach Erlösung und Gnade. Das ist die pure Wahrheit über uns selbst.

»Sache« ist aber auch noch ein Zweites: Unser Klagen und Schreien geht nicht ins Leere. Es ist einer da, der hört und erhört. »Wenn du um Hilfe schreist, wird er – der Herr – dir sagen: Hier bin ich.« Dieses »Hier bin ich« ist die eigentliche »Sache«, die

Botschaft des gesamten Alten und Neuen Testaments. Bereits in der Offenbarung Gottes vor Mose am brennenden Dornbusch tut sich Gott kund als der »Ich bin da«. In Jesus Christus war und ist er konkret, ganz menschlich, ganz wie einer von uns da; er ist da inmitten von Hunger und Durst, Verlassenheit von seinen Freunden, Hass und Verleumdung vonseiten seiner Feinde, inmitten von Schmerz, Leid und grausamem Sterben am Kreuz. Keine menschliche Situation, in der er nicht da wäre!

In dieser Situation dürfen wir uns nicht in allen möglichen Nebenthemen verlieren und uns auf Nebenkriegsschauplätze abdrängen lassen. Vielmehr muss unser Zeugnis elementar werden. Gerade in der modernen Großstadt gilt es, das »Ich bin da« Gottes zu bezeugen und damit den Menschen, die oft so anonym und beziehungslos leben, die oft niemand haben, der Zeit hat, ihr Klagen anzuhören und auszuhalten, zu sagen: Er ist da; er ist da, ganz für dich; er hört dich; er hat Zeit für dich, unendlich Zeit.

Ein drittes Mal sagt Jesaja, was »Sache« ist: »Gib dem Hungrigen dein Brot und mach den Darbenden satt! Dann geht in der Finsternis dein Licht auf, und deine Nacht wird hell wie der Tag« (Jes 58,10). Jesus sagt es uns noch direkter, wo er und wie er präsent ist in der Welt: in den Hungernden, in den Obdachlosen, in den Fremden, in all den Mühseligen und Beladenen. »Was ihr dem geringsten meiner Brüder getan habt, das habt ihr mir getan« (Mt 25,40). Die soziale Tat ist und bleibt der Härtetest unseres Gottesglaubens.

Es geht im Grunde nur um eine einzige Sache. Sie übersteigt unsere menschliche Kraft. Aber wir dürfen uns auf die Verheißung verlassen: »Der Herr wird dich immer führen, auch im dürren Land macht er dich satt und stärkt deine Glieder. Du gleichst einem bewässerten Garten, einer nie versiegenden Quelle« (Jes 58,11).

»Ich lege einen neuen Geist in euch« (Ezechiel)

ES WAR EINE HARTE ZEIT, in der der Prophet Ezechiel lebte und wirkte. 597 v. Chr. wurde er mit einem Teil der Jerusalemer Bevölkerung in die Babylonische Gefangenschaft deportiert. Die Verbannten gingen davon aus, dass die Gefangenschaft nur von kurzer Dauer sein werde. In dieser Situation war es der undankbare Auftrag Ezechiels, seinen Volksgenossen diese Illusion zu nehmen. Er sollte recht bekommen. Denn 587 wurde Jerusalem erobert, der Tempel, das Zentrum israelitischer Identität, zerstört. Weitere Deportationen großen Stils folgten. Insgesamt sollte das Exil des Volkes Israels an die 60 Jahre währen, zwei Generationen lang. Ezechiel musste Trost spenden und Mut machen. Für ihn war die Zerstörung des Tempels Ausdruck des Gerichts. So mahnte er zur Umkehr und zur Neubesinnung. Und er verheißt seinem Volk nach der Katastrophe einen neuen Anfang, eine neue Zukunft.

Doch was verheißt er? Nicht einfach den Wiederaufbau Jerusalems in Glanz und Gloria. Nicht äußeren Wohlstand und politischen Neuanfang. Neue Verhältnisse sind nur durch neue Menschen möglich. Folglich muss der Neuanfang tiefer ansetzen. Er muss im Herzen, in der Mitte der Person seinen Ausgang nehmen. So verheißt Ezechiel im Auftrag Gottes: »Ich schenke euch ein neues Herz und lege einen neuen Geist in euch« (Ez 36,26).

Israel konnte diese Verheißung auf einen Neubeginn nach der Exilszeit hin deuten. Als Christen deuten wir die Sätze im Licht des Pfingstereignisses. Denn für uns hat sich die Verheißung des Ezechiel an Pfingsten endgültig erfüllt. Auch Pfingsten war nach der Katastrophe des Karfreitags ein neuer Anfang, der neue Anfang. An Pfingsten wurde all die Angst und Furcht, die Kleingläubigkeit und Hoffnungslosigkeit von den Jüngern genommen. Es wurde ihnen neues Leben, neuer Schwung, neuer Mut geschenkt. Pfingsten hat ihr Herz verwandelt.

Dieser Pfingstgeist wirkt weiter. Durch Taufe und Firmung ist er auch in unsere Herzen ausgegossen. Er ist der Kirche endgültig verheißen. Er ist der Kirche unverlierbar zugesagt, trotz all ihrem Versagen. Doch nicht dass Gottes Geist nur in der Kirche wirksam wäre. Er weht, wo er will. Nach dem Apostel Paulus ist er überall dort am Werk, wo die Schöpfung unter Wehen und Seufzen sich ausstreckt nach dem neuen und endgültigen Leben, überall dort, wo die Mächte des Todes überwunden werden und neues Leben entsteht, angenommen und gefördert wird, überall, wo Hoffnung aufbricht.

Was können solche Zeichen des Geistes heute sein? Wohin sollen wir unser Augenmerk lenken? Die Antwort lautet: Auf alles, was wirklich frei macht, was wahrhaft tröstet, was echte Hoffnung schenkt, was Leben fördert; auf Zeugnisse der Liebe, auf Schritte, die hinführen zu mehr Wahrheit, Gerechtigkeit und Frieden. Hier müssen wir hinschauen und hinhören, wenn wir den Geist Gottes wahrnehmen wollen.

Es ist der Geist, der unsere Schwerfälligkeit und Müdigkeit, unsere Resignation und Mutlosigkeit, die innere Traurigkeit unseres Daseins überwindet, der uns neu Freude, Friede und innere Freiheit schenkt, der uns Mut macht und Hoffnung schenkt. Es ist der Geist, der uns neu Schwung verleiht und uns neu begeistert, der Geist, der uns neues Leben, bleibendes, ewiges Leben einhaucht, Leben, an das der Tod nicht herankommt, das er vielmehr am Ende nur für immer freisetzen kann.

»Kommt, wir kehren zum Herrn zurück« (Hosea)

VERMUTLICH HANDELT ES SICH bei dem folgenden Text aus dem Propheten Hosea (Hos 6,1–6) um einen Teil einer alten Bußliturgie: »Kommt, wir kehren zum Herrn zurück! Denn er hat Wunden gerissen, er wird uns auch heilen; er hat verwundet, er wird auch verbinden« (Hos 6,1). Nicht allein Umstrukturierung und personelle Umbesetzung, vielmehr Umkehr und Umdenken sind also angesagt. Unsere Umkehr ist gefordert, nicht zuerst die der anderen!

Es geht also um Umkehr zum Herrn, unserem Gott; Hinkehr zu ihm mit allen Fasern unseres Herzens und in unserem ganzen Leben, unserem privaten wie unserem öffentlichen Leben, tut not. Denn er, Gott der Herr, ist Ursprung und Quelle, Ziel und Erfüllung, Halt und Inhalt allen Lebens. Er ist der lebendige Gott, die unermessliche Fülle des Lebens. Er allein kann neues und erfülltes Leben schenken. Er allein kann auch die Kirche erneuern und beleben. »Er kommt« – so sagt es der Prophet – »zu uns wie der Regen, wie der Frühjahrsregen, der die Erde tränkt« (Hos 6,3). Und was brauchten wir mehr und dringlicher?

Der Prophet weiß sehr wohl um die Verwundungen und Verletzungen seines Volkes. Er weiß um seine Treulosigkeit und seine Gleichgültigkeit; er erfährt es jeden Tag aufs Neue, wie es sich den Götzen zuwendet und mit ihnen buhlt. Er sieht, dass seine – und wir können hinzufügen: unsere – Liebe so vergänglich ist wie ein Wölkchen am Morgen und wie der Tau, der bald vergeht (vgl. Hos 6,4).

Am Schluss fasst der Prophet zusammen, um was es einzig und allein geht und was wirklich »Sache« ist: »Liebe will ich, nicht Schlachtopfer, Gotteserkenntnis statt Brandopfer« (Hos 6,6). Wenn der Prophet von Gotteserkenntnis spricht, dann meint er freilich nicht einen Katechismus. Ihm geht es um die existenzielle, durch und durch praktische Einsicht, dass Gott allein Leben, Heil und Glück des Menschen und der Welt ist. Und wenn er von der Liebe spricht, dann ist das für ihn mehr als ein vages, unverbindliches Gefühl und ein paar liebe Worte und freundliche Gesten. Es geht ihm darum, dass Gottes Recht aufleuchtet wie das Licht. Und was ist Gottes Recht anderes als das Lebensrecht für jeden Menschen und für die ganze Schöpfung?!

Die Bußliturgie aus dem Propheten Hosea hat auch heute, nach mehr als zweieinhalb Jahrtausenden, absolut nichts von ihrer Aktualität verloren. Ganz im Gegenteil, sie kann uns helfen, unserer Kirche wieder ein deutlicheres und anziehenderes Gesicht zu geben. An dieser Stelle steht Spiritualität. »Kommt, wir kehren zum Herrn zurück!«, so beginnt auch der Prophet.

Recht verstandene Spiritualität führt nicht zur Flucht aus der Welt; sie führt mitten hinein in die Welt. Die Leidenschaft für das Reich Gottes, das Lebensrecht für jeden einzelnen Menschen und für alle Kreatur gehört zur Botschaft des Propheten, so wie für Jesus Gottes- und Nächstenliebe eine unauflösliche Einheit bilden. Zur Priorität der Spiritualität kommt also die Priorität der Diakonie, des Dienstes für alle Menschen. Sie steht gleichrangig neben der Verkündigung und der gottesdienstlichen Feier. »Barmherzigkeit will ich, nicht Opfer« (Hos 6,6; vgl. Mt 9,13).

»DAS WORT IST FLEISCH GEWORDEN«

»Bedenkt die gegenwärtige Zeit«

WIE WENIGE ANDERE ZEITEN fragt uns der Advent, wer wir sind und wo wir stehen. Die laute und geschäftige Welt um uns wird in diesen Tagen immer hektischer. Immer ungenierter ist sie gekennzeichnet vom Haben und Habenwollen, von Markt und Konsum. »Bedenkt die gegenwärtige Zeit!« (Röm 13,11). Dieses Wort des Apostels muss uns in dieser Situation besonders treffen. Sind es wirklich die wesentlichen Dinge, die uns da so in Beschlag nehmen? Wäre es nicht Zeit, vom Schlaf aufzustehen?

Jesus Christus, das Licht, der Weg, die Wahrheit und das Leben, ist der Herr der neuen Zeit – unserer Zeit. »Erkenne, o Christ, deine Würde«, heißt es beim heiligen Papst *Leo.* »Du hast Anteil bekommen an der göttlichen Natur. Kehre nicht durch schlechten Wandel in die alte Armseligkeit zurück.« Nehmen wir den Advent als Chance, uns zurückzubesinnen auf unsere Würde als Getaufte.

Die Besinnung darauf, was an der Zeit ist und wer wir vor Gott sind, hat Konsequenzen. Der Apostel sagt zuerst: Das, was das Versteck der Nacht braucht, ist abzulegen. Paulus nennt die wunden Punkte, Merkmale einer vergehenden, haltlosen Welt, Beispiele aus dem gesellschaftlichen Verfall des damaligen Rom: maßlose Gelage, Ausschweifungen, eifersüchtige, rechthaberische Streitereien. Das alles entwürdigt uns als Menschen. Es sind Zeichen und Symptome einer zu Ende gehenden und verfallenden Welt. Doch müssen wir weit gehen, um zu merken, dass wir selbst hier gefragt sind?

Doch dies ist nur der erste Schritt. Paulus nennt einen zweiten: Auf das Ablegen der Werke der Finsternis folgt das Anlegen der Waffen des Lichts. Paulus wechselt nicht umsonst das Bild. »Waffen des Lichts«, das klingt härter, kämpferischer, als wenn er nur von den Werken des Lichts sprechen würde. Wir Christen sollen aktiv, ja kampfwillig zu den Waffen des Lichts greifen.

Eine solche kämpferische Sprache und Einstellung ist uns heutigen Christen weithin fremd geworden. Toleranz gilt uns heute meist mehr. In der Tat, es waren oft nicht die Waffen des Lichtes, mit denen wir gekämpft haben. Es waren leider oft die Waffen dieser Welt. Sie abzulegen haben wir als Christen allen Grund. Nicht mit Gewalt, sondern mit dem Wort der Wahrheit, dem Panzer der Gerechtigkeit, dem Schild des Glaubens, dem Schwert des Geistes und nicht zuletzt durch das ausdauernde Gebet sollen wir kämpfen und überzeugen (vgl. Eph 6,14–18). In diesem geistlichen Sinn sollen wir nach wie vor streitende Kirche sein.

Paulus bündelt seine beiden Aufforderungen zum Ablegen der Werke der Finsternis und zum Anlegen der Waffen des Lichtes in einer dritten Aussage. Er steigert das bisher Gesagte nochmals und ruft uns zu: »Legt als neues Gewand den Herrn Jesus Christus an!« (Röm 13,14). Damit ist das Entscheidende, auf das alles ankommt, gesagt. Es wird uns gesagt: Steigt aus dem alten Adam, dem der Nacht, der Illusionen und der Lüge, aus und steigt ein in die Christuswirklichkeit. In sie seid ihr durch die Taufe eingepflanzt. Jesus Christus ist die wahre Wirklichkeit. Er ist das Bild Gottes, in ihm ist unsere Gottebenbildlichkeit wiederhergestellt. In ihm wird unser wahres Menschsein, werden Grund und Sinn unserer Existenz erschlossen. In ihm haben wir Hoffnung, in ihm gehen wir dem angebrochenen neuen Tag, der neuen Zeit entgegen.

Licht in der Finsternis

UNSER RUF und unsere Sehnsucht nach Erlösung, nach Frieden, nach Heil ging nicht ins Leere. Dieser Ruf ist nicht ungehört verhallt. Nicht Skepsis und Resignation sind angesagt. Wir brauchen nicht der Hoffnungslosigkeit zu verfallen. Licht ist aufgeleuchtet in der Finsternis. Gott hat den Frieden, den die Welt nicht geben kann, geschenkt. Gott ist uns nicht fern geblieben; er hat sich in unendlichem Erbarmen herabgeneigt und herabgelassen zu uns. Gottes ewiges Wort ist Fleisch geworden, einer von uns. Er ist mit uns die dunklen Straßen und finsteren Gassen gegangen, angefangen bei der Wohnungssuche in Betlehem, von dem armseligen Stall bis zur ungerechten Verurteilung, bis zum Leiden und Sterben am Kreuz.

Gott hat unsere Sache zu seiner Sache gemacht und damit sein ewiges göttliches Leben zu unserem Heil. Gott ist Mensch geworden, so sagten es die Kirchenväter, um uns an seinem göttlichen Leben teilhaben zu lassen. Das ist unsere wahre menschliche Würde! Der christliche Glaube sprengt den Teufelskreis, in dem wir uns verfangen haben; er gibt Licht in der Dunkelheit und Kraft zum Leben. Er verheißt uns schließlich ewiges Leben. Die Abschaffung Gottes dagegen bedeutet auch die Abschaffung des Menschen. Sie lässt uns allein und ohne Hoffnung. Die Besinnung auf das Wunder der Weihnacht dagegen kann uns neu Wert und Würde jedes einzelnen Menschen erschließen. Die Menschwerdung Gottes ist die Grundlage eines neuen, eines christlichen Humanismus.

Wer an das Wunder der Heiligen Nacht glaubt, der darf aus der Gnade leben. Er darf gewiss sein: Indem sich Gott mit uns Menschen, mit jedem Einzelnen von uns verbündet, sagt er sein unwiderrufliches Ja zu jedem von uns. Er sagt: »Ja, ich will, dass du bist. Ich lasse dich nicht fallen. Ich liebe dich in alle Ewigkeit.« Wer aus dieser Gnade lebt, dessen Leben ist nicht einfach die Summe seiner Leistungen und Verdienste, dessen Leben ist aber auch nicht endgültig verstrickt in seine Schuld und in seine Fehler. Sie mögen noch so groß sein, Gottes Erbarmen ist größer, wenn wir nur bereit sind umzukehren. Über allem, was ist, waltet Gottes gnädiges Erbarmen. Es ist uns im Kind in der Krippe ein für alle Mal aufgeleuchtet.

In diesem Kind ist uns die Güte und die Menschenfreundlichkeit Gottes erschienen. Güte und Menschenfreundlichkeit sind damit der Sinn der Welt, Sinn und Aufgabe unseres Lebens.

Erschienen ist uns in diesem Kind daher auch die Wahrheit unseres Lebens. Jesus Christus selbst ist der Weg, die Wahrheit und das Leben. Wer ihm nachfolgt, der braucht nicht trügerischen Illusionen nachzulaufen und seinen eigenen Lebenslügen nachzuhängen.

Er macht nicht den Eigennutz zum Maß aller Dinge und verwechselt seine Freiheit nicht mit Willkür. Er weiß um das dem Menschen von Gott gesetzte Maß und den Weg, der uns gewiesen ist in Jesus Christus. Im Kind in der Krippe hat Gott uns endgültig gezeigt, was wahres Menschsein ist: Leben aus Gottes Liebe – und Leben, um diese Liebe weiterzugeben. Wer diese Wahrheit tut und die Liebe lebt, der ist im Licht.

Warum ist Gott Mensch geworden?

»Das Wort ist Fleisch geworden«, Gott ist Mensch geworden – das ist die Botschaft von Weihnachten.

Im 11. Jahrhundert lebte in der französischen Normandie und später in Canterbury in England ein Mönch namens Anselm, der fragte: Warum ist Gott Mensch geworden? Unter diesem Titel Cur Deus homo? (»Warum ist Gott Mensch geworden?«) hat er ein weltberühmtes Buch geschrieben. Seine Antwort lautet – auf eine kurze Formel gebracht: Die Sünde ist so groß und so mächtig in der Welt, dass allein Gott Abhilfe schaffen konnte; allein Gott ist groß und mächtig genug, um uns in dieser Situation Rettung, Heil, Erlösung zu bringen. Das ist dieselbe Antwort, welche schon der Apostel Paulus im Römerbrief gab: »Wo die Sünde mächtig wurde, da ist die Gnade übermächtig geworden« (Röm 5,20).

Uns ist Gnade zuteilgeworden. Weihnachten ist das Gegengift gegen die Resignation und gegen die Hoffnungslosigkeit. Weihnachten sagt uns: Auch uns leuchtet der gute Stern von Weihnachten. Gott selbst hat sich unser angenommen. Er hat uns nicht im Stich gelassen. Er selbst ist gekommen, ist um unsertwillen und um unseres Heiles willen Mensch geworden. Des-halb die Botschaft des Engels an die Hirten auf dem Feld von Betlehem: »Fürchtet euch nicht!« (Lk 2,10). Habt keine Angst, habt Mut! Freude, Zuversicht, Hoffnung sind angesagt.

»Das Wort ist Fleisch geworden«, Gott ist Mensch geworden. Das sagt uns etwas, ja das Entscheidende darüber, wer Gott ist. Er ist ein Gott der Menschen, ein Gott, dem es um uns Menschen geht. Jemand hat sogar einmal gesagt: Gott ist geradezu verrückt auf uns Menschen. Er ist verliebt in uns. Deshalb überhäuft er uns – wie das Weihnachtsevangelium sagt – mit »Gnade über Gnade«.

Denn Gott, wie er sich an Weihnachten offenbart, ist kein namenloser Gott, sondern der persönliche Gott, der ein Herz für den Menschen hat, der sich des Menschen erbarmt, ja dem es wegen des Elends der Menschen das Herz umdreht und der des-halb in Jesus Christus, seinem Sohn, uns geradezu nachläuft und nachsteigt, der selbst Mensch wird, um all die Not, all die Leiden und Schmerzen, die Gewalt, Verlassenheit und Einsamkeit, die Hilflosigkeit eines kleinen Kindes, die Wohnungs- und Heimatlosigkeit eines jungen Elternpaares, später die Treulosigkeit seiner Freunde und den Hass seiner Gegner buchstäblich am eigenen Leib zu erfahren. In allem ist er uns gleich geworden, um uns so in allem nahe zu sein.

Er hat sich ein für alle Mal mit uns verbündet. Er ist gerade darin so göttlich, dass er ganz menschlich ist und sich als menschenfreundlicher Gott offenbart.

Das ist eine ganz unglaubliche Botschaft: Der ewige, unendliche, unfassbare, unsichtbare Gott wird endlicher Mensch, wird leibhaftig fassbar und sichtbar.

Vor diesem Geheimnis unfassbarer, unendlicher Liebe bis hin zur radikalen Selbstentäußerung können wir nur staunend und anbetend niederknien, und diese Haltung der Anbetung müssen wir wieder ganz neu lernen.

Was ist der Mensch? Auf diese Menschheitsfrage hat Gott durch die Menschwerdung seines Sohnes eine eindeutige und endgültige Antwort gegeben. Sie lautet: Der Mensch, jeder Mensch ist ein erbarmungswürdiges und noch mehr ein liebenswürdiges Wesen. Wir sind erbarmenswürdig, weil wir uns nicht aus eigener Kraft aus unserer Not und aus dem Teufelskreis, in dem wir uns oft befinden, befreien können. Wir sind auf Gottes Erbarmen und auf barmherzige Mitmenschen angewiesen.

Unsere Größe ist, dass wir – und zwar jeder und jede Einzelne – für Gott liebenswürdige Wesen sind. So liebenswürdig, dass Gott sich in uns verliebt und Mensch wird, um uns ganz nahe zu sein. So hat jeder Mensch einen unendlichen Wert, der Deutsche wie der Ausländer, der Gesunde wie der Kranke, Alte oder Behinderte, der Reiche wie der Arme. Jeder ist für Gott und vor Gott liebenswert und lebenswert.

Gott eröffnet eine neue Geschichte wahrer Menschlichkeit. Er widerspricht unserem eigensüchtigen, eitel hochfahrenden, gewalttätigen Wesen. Er macht sich an Weihnachten ganz klein und arm; er »entäußert sich all seiner Gewalt, wird niedrig und gering«. Gott ist solidarisch; er teilt! Er teilt unser schwaches Menschsein, um uns sein göttliches Leben mitteilen zu können.

Warum also ist Gott Mensch geworden? Er wollte zeigen, wer er ist und wer wir sind, und zwar durch leibhaftig konkretes Tun. Er wollte den Wärmestrom seiner göttlichen Liebe einleiten in eine müde und kalt gewordene, unter den Gefrierpunkt gefallene Welt. Er wollte das Eis brechen zwischen uns und Gott, das Eis zwischen uns Menschen. Als die Sünde mächtig wurde, sollte die Gnade übermächtig werden. »Gnade über Gnade«, das ist sein letztes Wort. Weihnachten, das ist der Triumph der Gnade.

»Es ist ein Ros entsprungen«

»Es ist ein Ros entsprungen, aus einer Wurzel zart.« An Weihnachten ist die alte Verheißung auf wunderbare Weise wahr geworden. Jedes Röslein, das aus einem dornigen Strauch hervorbricht, und erst recht jedes neugeborene Kind ist ein Wunder. Dieses Kind in der Krippe ist in besonderer Weise das Wunder des unerwarteten neuen Anfangs, den allein Gott schenken kann. Es ist das zarte Röslein, das – wie die ersten Blumen im Frühling nach einem harten Winter – anzeigt, dass es weitergeht, dass wir nicht zu verzweifeln brauchen, dass Hoffnung möglich ist. Dieses Kind in der Krippe sagt uns: Gott ist da, mitten unter uns. Er hat uns nicht vergessen und verlassen; er ist gekommen, und er ist für immer bei uns und mit uns. Wir sind nicht allein, niemand von uns. Gott sagt ein unwiderrufliches Ja zu jedem Menschenkind, zu jedem Einzelnen von uns. Wir dürfen unser Leben wagen, weil Gott es mit uns wagt.

»Gott, du hast den Menschen in seiner Würde wunderbar erschaffen.« Ja, wirklich, der Mensch, jeder Mensch, ist mit all seinen von Gott geschenkten Kräften und Fähigkeiten ein wahres Wunderwerk; jedem Menschen kommt von Gott her eine ganz einmalige Würde zu, die niemand antasten darf! »Du hast ihn noch wunderbarer wiederhergestellt« (Tagesgebet an Weihnachten). Du hast ihn, nach und trotz all den schlimmen Verwundungen und Verunstaltungen, welche wir Menschen uns durch die Sünde angetan haben, eine neue, noch viel größere Würde geschenkt. Dadurch, dass du selbst Mensch wurdest und dich endgültig mit uns verbündet hast, hast du uns Menschen in all unserer Gebrechlichkeit und Gebrochenheit neuen Glanz, neues Ansehen, neue Würde verliehen und uns alle zu deinen Kindern, zu deinen Söhnen und Töchtern gemacht.

Auf dem Angesicht des Kindes in der Krippe strahlt mitten in der Heimat- und Wohnungslosigkeit seiner Eltern, mitten in der Armut im Stall unter den einfachen und einfältigen Hirten vom Feld der warme Glanz des Lichts von Gottes Liebe und Barmherzigkeit in diese kalte Welt herein. Seither ist die Welt und unser Leben mehr als eine Reihe von blinden Zufällen; in ihr regieren nicht nur nackte Interessen oder gar brutale Gewalt. Ein Wunder, das heißt etwas ganz Unerwartetes und etwas, das wir Menschen in keiner Weise »machen« können, ist geschehen. In dem Kind in der Krippe dürfen wir ahnungsvoll schon jetzt Gottes Herrlichkeit schauen und sind voll Gnade und Wahrheit. Daher das warme weihnachtliche Licht. Es ist ein Zeichen, ein Symbol, das uns sagt: Aus der Nacht unseres Lebens und unserer Welt ist stille, heilige Nacht geworden.

Lassen wir vor allem das Licht von Weihnachten in unser Leben herein. Dieses Licht wirkt nicht wie ein greller Scheinwerfer. Gott kommt an Weihnachten ganz arm und einfach in diese Welt. Er kommt mitten im Alltag. Er kann auch aus den Scherben in unserem Leben etwas machen. Wir müssen nur die Haltung der Hirten von Betlehem wieder lernen, die Haltung der Ehrfurcht und der Anbetung vor dem, was größer ist als wir selbst, vor dem, was unser Leben trägt und was es umfängt mit Huld und Gnade, vor dem, was uns Kraft und Mut geben kann, die Haltung und den Gestus der Anbetung vor Gott und vor dem Kind in der Krippe, Gottes Mensch gewordenem Sohn.

Es gehört zu den guten »Zeichen der Zeit«, dass im Zug des Friedensprozesses im Nahen Osten Betlehem dieses Jahr nach langer Zeit keine besetzte Stadt mehr ist. Wer schon einmal die Geburtskirche besucht hat, der weiß, dass man sie nur durch ein sehr niedriges Tor betreten kann; man muss sich bücken, um hineinzukommen. Das scheint symbolisch zu sein. Gott selbst hat sich klein gemacht, als er in diese Welt kam. Da dürfen auch wir uns nicht groß machen. Wir müssen uns klein machen, wenn wir zum Kind in der Krippe kommen wollen. Wenn wir niederknien und beten, dann sind wir am größten.

Weihnachten gibt uns die Antwort auf die Frage nach dem Geheimnis unseres Lebens. Weihnachten sagt uns, dass da trotz allem und in allem ein Geheimnis ist, das uns Menschen umfängt und uns trägt, das uns Wert und Würde verleiht. In Jesus Christus ist es konkret geworden. Bleiben wir diesem Geheimnis auf der Spur. Schöpfen wir mit dem Propheten die Hoffnung, dass auf dem scheinbar toten Baumstumpf unseres Lebens, unserer Welt und unserer Kirche ein Röslein aufblühen wird, das Röslein neuen Lebens, neuer Hoffnung, neuer Glaubensbegeisterung. Leben wir diese Hoffnung.

»Es ist ein Ros entsprungen.« – »Mit seinem hellen Scheine vertreibt's die Finsternis … Hilft uns aus allem Leide, rettet von Sünd und Tod.«

»Christ, der Retter ist da«

DAS GÖTTLICHE KIND IN DER KRIPPE, die einfachen Hirten auf dem Feld, die Botschaft und der Gesang der Engel rühren an die tiefsten Saiten in unserem Inneren, von ihnen geht ein Licht aus mitten im Dunkel unserer Welt. Unmittelbar erfasst uns der Gedanke: Ja, so müsste das Wunder geschehen, das Wunder einer anderen, einer besseren, einer neuen Welt. Weihnachten ist auch für die, welche nicht, nicht mehr oder noch nicht glauben, eine Sehnsucht und eine Hoffnung, die einfach zu uns Menschen gehört, ohne die niemand leben kann.

Was also bleibt von der Weihnachtsstimmung? Wie können wir am Schluss der letzten Strophe von »Stille Nacht« singen: »Christ der Retter ist da«? Was bedeutet die Botschaft des Engels im Weihnachtsevangelium: »Heute ist euch in der Stadt Davids der Retter geboren; es ist der Messias, der Herr« (Lk 2,11). Stimmt das wirklich?, so fragen viele. Hilft er den Armen und Unterdrückten, tröstet er die Einsamen und Verlassenen? Sind wir überhaupt überzeugt, dass wir einen Retter, einen Heiland und Erlöser brauchen? Gibt es überhaupt Rettung und Erlösung?

Gerade in dieser Situation sollen wir die weihnachtlichen Gefühle nicht unterdrücken; wir brauchen uns ihrer nicht zu schämen. Sie zeigen uns: Die Sehnsucht nach Heil und Erlösung gehört unausrottbar zu uns. Wir können ohne sie nicht menschlich leben. Aber wir müssen uns wieder bewusst machen: Die Rettung und das Heil kommen nicht von unten, nicht aus eigener Anstrengung; aus eigener Kraft können wir nicht heraus aus dem Teufelskreis des Bösen. Wir können die neue Welt nicht machen und unser Glück nicht selbst in den Griff nehmen. Wir können uns nicht selbst erlösen.

Die innerweltlichen Heilserwartungen haben getrogen. Wir müssen umdenken und uns neu orientieren. Ein neuer Anfang muss gemacht werden; eine Wende grundsätzlicher Art ist vonnöten. Nur von oben kann der Retter kommen; allein Gott kann uns erlösen.

Das ist die Freudenbotschaft von Weihnachten: »Christ der Retter ist da.« »Heute ist euch in der Stadt Davids der Retter geboren.« Die Wende ist geschehen, weil Gott sich uns ein für alle Mal zugewendet hat. Auf dem Gesicht des Kindes in der Krippe hat er ein für alle Mal den Glanz seiner Herrlichkeit und seines Friedens aufstrahlen lassen. Deshalb dürfen wir singen: »Nun freut euch, ihr Christen, singet Jubellieder … Christus der Heiland stieg zu uns hernieder. Kommt, lasset uns anbeten.«

Licht leuchtet über der Krippe auf. Licht weist uns die Richtung, ermöglicht Orientierung, eröffnet Perspektiven. Das Kind in der Krippe ist solches Licht. Es öffnet uns die Augen dafür, wer Gott ist und wer wir selbst sind. Es kündet uns den Gott, der nicht irgendwo in der Ferne ist, unerreichbar für unsere Bitten und Klagen, sondern unsere Not sieht und unser Rufen hört, den Gott, der selbst Mensch wird, um ganz und in allem bei uns und mit uns zu sein, den Gott, der Güte, Liebe und Erbarmen ist. So lehrt uns das Kind in der Krippe unser Leben in einem neuen Licht zu sehen, im Licht einer ewigen Liebe, die jeden Einzelnen annimmt und bejaht. Wir sind nicht einsam und verlassen, unsere Welt ist nicht mehr dunkel, kalt und leer. Es strahlt uns ein Licht in der Nacht, ein Licht auf dem Weg, ein Licht, das Mut und Hoffnung macht.

»Christ der Retter ist da.« Er ist der Retter aus Finsternis und Auswegsosigkeit, der Retter aus Ichsucht und Todverfallenheit, der Retter, der unserer Sehnsucht und Hoffnung endgültig recht gibt, der sie auf alles Sehnen überbietende Weise erfüllt. Kommt, lasset uns anbeten!

Auf Erden Friede

»Verherrlicht ist Gott in der Höhe, und auf Erden ist Friede bei den Menschen seiner Gnade« (Lk 2,14). In dieser Botschaft des großen himmlischen Heeres bündelt sich wie in einem Brenn- und Leuchtpunkt der ganze Glanz, der Jubel und die festliche Freude der Heiligen Nacht. Über dem nächtlichen Feld, auf dem unscheinbare, für uns namenlose Hirten Wache halten bei ihren Tieren, wird die große Verheißung vernehmbar. Menschen und Völker harrten schon lange auf sie. Mitten in den Alltag der Arbeit und Enge, des Durchschnittlichen und oft Banalen, ergeht nun die neue Botschaft Gottes. Jetzt verwirklicht Gott sein Heil, jetzt verherrlicht er in der Geburt seines Sohnes seinen Namen, und daher wird sein Lob gesungen: Ehre sei Gott in der Höhe, und auf Erden Friede den Menschen seiner Gnade.

Auf Erden Friede – diese Verheißung Gottes trifft auf eine Ursehnsucht von uns allen. Nicht nur damals gibt es Menschen und Völker, die im Dunkeln, ja geradezu im »Land der

Finsternis« (Jes 9,1) leben müssen, unter drückendem Joch. Doch gerade der, der im Dunkel lebt, sieht ein großes Licht. Über denen, die im Land der Finsternis wohnen, strahlt es auf.

In unsere Geschichte hinein ergießt sich ein Wärmestrom, ein Strom der Gnade. Wir ahnen ihn in all den Hoffnungen, die in uns Menschen stecken, in der Sehnsucht danach, dass das, was ist, nicht alles ist, sondern nach einer weit größeren Erfüllung ruft. In der Tiefe unseres Herzens warten wir alle auf das, was mehr ist als der graue Alltag und der tägliche Trott, mehr auch als der Konsum, der uns nie ausfüllen kann. Wir alle träumen einen Traum von einer anderen, einer besseren, einer heileren, einer friedvolleren Welt. Und um diese Welt, von der wir sagen können: Ja, so sollte es sein, so wäre es schön, wahr und gut – um diese Welt geht es im Lobpreis und in der Verheißung der Engel. Auf Erden – Friede.

Diese Güte, dieser Friede sind in Jesus von Nazaret unter uns erschienen, um uns aufgrund des Erbarmens Gottes zu retten. In Jesus Christus ist Gott nicht bei sich geblieben. Er hat sein göttliches Leben nicht für sich behalten, sondern weitergeschenkt. Er selbst ist in seinem Sohn Mensch geworden, um der Welt göttliches Leben und seinen Frieden zu schenken. In Jesus Christus ist die ganze Fülle Gottes erschienen, um alle zu beschenken und zu erfüllen. In ihm wird die vielfältige Weisheit und das ewige Geheimnis Gottes offenbar. Er fasst zusammen und vereint, was im Himmel und auf Erden ist. In ihm ist die Fülle der Zeit erschienen.

Im Kind in der Krippe geschieht die Wende der Zeit. Hier liegt der Schlüssel, der Mittelpunkt und das Ziel der ganzen Menschheitsgeschichte. Das göttliche Kind ist die endgültige Antwort auf die Frage und die Sehnsucht unseres Lebens. Dieses Kind zeigt uns, wer Gott ist: nämlich sich selbst ganz schenkende Liebe. Es zeigt uns aber auch, wer wir sind: nämlich von Gott Geliebte, von ihm Gesuchte und Heimgeholte.

»*Ich liebe dich, du Welt und du Mensch*«

FÜR UNS CHRISTEN ist Weihnachten mehr als eine momentane Stimmung und eine vage Sehnsucht. Die Weihnachtsstimmung, welche uns in Bann schlägt, ist nur eine ferne Erinnerung an das, was tiefer in uns Menschen steckt, ja was wir als Menschen zutiefst sind. Wir sind gewiss leibhaftige Wesen, bewegt von mancherlei Stimmungen, Gefühlen und Erwartungen. Zutiefst sind wir aber Wesen, welche an ein unauslotbares Geheimnis grenzen. Wir sind ja immer fragend, suchend, hoffend unterwegs. Wir mögen noch so viel haben und besitzen – als Menschen sind wir mehr als das, was wir haben und besitzen.

Auf den ersten Seiten der Bibel wird uns gesagt, dass wir nach dem Bild und Gleichnis Gottes geschaffen sind. Deshalb ist der unendliche Gott allein groß genug, um die ganze Weite, Tiefe und Höhe unseres Menschenherzens zu erfüllen. Unruhig ist unser Herz, bis es ruht in Dir, so sagte einer der Größten der Christenheit. Wir könnten auch sagen: Wir sind als armselige Menschen auf tausend Wegen bewusst oder unbewusst auf der Suche und in der Hoffnung auf das, was die Botschaft von Weihnachten verkündet: dass Gott selbst in unser schwaches und unerfülltes Menschsein kommt, um es auszufüllen mit seiner Fülle, seinem Licht und seinem Leben.

So sagt uns Weihnachten: Es ist einer da, der mich hört, einer, der mich kennt, einer, wie ich bin, mit meinen Stärken und mit meinen Grenzen, mit meinen Sorgen und mit meinen Fragen. Es hält einer zu mir, auch dann, wenn meine Kräfte schwinden und ich versage. Es ist einer da, der mich aufnimmt, der Ja zu mir sagt. Gott ist wirklich mit uns; er ist unter uns. Er hat in Jesus Christus jeden Menschen endgültig und in unendlicher Liebe angenommen, ja sich mit jedem von uns vereinigt.

Das Kind in der Krippe ist die endgültige und konkrete Antwort auf die Frage und die Sehnsucht unseres Lebens. Dieses

Kind zeigt uns, wer Gott ist, nämlich sich selbst verschenkende Liebe, es zeigt uns auch, wer wir Menschen sind, nämlich von Gott unendlich Geliebte.

An Weihnachten wird der, der reich war, in unserer Geschichte arm, um uns durch seine Armut reich zu machen (vgl. 2 Kor 8,9). Er, der das Licht ist, geht ein in die Abgründe und die Finsternis, damit die Welt durch ihn heller werde. »Er ist in unseren Spuren hinabgestiegen, damit er uns in seinen Spuren zum Leben zurückführe«, schreibt der Kirchenlehrer *Ambrosius*. Unsere Spuren hat er aufgenommen, um uns auf seine Spur zu bringen. Unsere Wege ist er gegangen, damit diese zurückführen zu Gott. Alle Wege ist er gegangen, die glücklichen, die überschatteten und bitteren, die schnellen der Jugend und die langsamer werdenden der Älteren. Er hat alles angenommen, um alles zu erlösen.

In der Menschwerdung seines Sohnes hat uns Gott das Wort der Wahrheit in Liebe gesagt. *Karl Rahner* hat es so umschrieben: »Gott hat sein letztes, sein tiefstes, sein schönstes Wort ... in die Welt hineingesagt, ein Wort, das nicht mehr rückgängig gemacht werden kann, weil es Gottes endgültige Tat, weil es Gott selber in der Welt ist. Und dieses Wort heißt: Ich liebe dich, du Welt und du Mensch.«

DIE WAHRHEIT IN LIEBE TUN
(veritatem in caritate) –
DAS WORT GOTTES HÖREN
UND LEBEN

Die Wahrheit in Liebe tun

DIE BOTSCHAFT DES EVANGELIUMS ist heute so aktuell wie je zuvor. Sie ist gerade für uns heute das eine Notwendige. In den letzten Jahren haben wir die Fassaden unserer traditionsreichen Städte und Dörfer erneuert; auch die meisten unserer alten Kirchen wurden mit viel Geld renoviert. Doch haben wir auch den Geist erneuert, aus dem heraus unsere Kirchen und Kulturdenkmäler entstanden sind? Es war der Geist christlichen Glaubens. Sind wir heute nicht in Gefahr, über unserem Wohlstand die Seele unserer Kultur und unsere eigene Seele zu verlieren? Es geht uns ähnlich wie den Menschen beim Turmbau zu Babel: Nichts scheint unerreichbar (Gen 11,6), fast alles machbar zu sein. Aber machbar wozu? Stimmt die Richtung? Haben wir überhaupt eine Richtung?

Wenn wir nicht nur überleben, sondern wirklich menschlich leben wollen, dann brauchen wir nicht nur saubere Luft und grüne Bäume – sosehr wir dies brauchen. Auch unsere Seele will gesund atmen. Menschlich leben können wir nur, wenn wir uns in Liebe an die Wahrheit halten.

Die Wahrheit, das bedeutet nicht nur: wahre Sätze. Die Wahrheit ist die wahre Wirklichkeit, auf die man bauen und der man im Leben wie im Sterben trauen kann. Die Wahrheit unseres Lebens ist Gottes unverbrüchliche Treue, sein rückhaltloses Ja zu jedem Einzelnen von uns und zu uns allen als seinem Volk. Dieses Ja hat Gott in Jesus Christus ein für alle Mal gesprochen. Er ist »der Weg, die Wahrheit und das Leben« (Joh 14,6). Er ist Schlüssel, Mittelpunkt und Ziel der ganzen Menschheitsgeschichte, das Alpha und Omega (Offb 1,8). Er ist das Heil der Welt, er allein. Er, Jesus Christus, sei daher unser Programm, er unser Anführer im Glauben (Hebr 12,2).

Das Evangelium ohne Zusätze, aber auch ohne Abstriche ist das wichtigste Kapital, welches wir in die Zukunft einbringen können. Denn die Wahrheit macht frei (Joh 8,32) von rasch wechselnden Stimmungen und Moden. Sie gibt unserem Leben Halt und Inhalt. Sie begründet Hoffnung.

Man wird fragen: Wie machen wir das? Eine Antwort des Apostels lautet: »Die Wahrheit in Liebe tun« (Eph 4,15). Denn die Wahrheit Jesu Christi will getan werden (Joh 3,21). Gottes Wort ist Fleisch geworden, und es will bleibend konkret »verortet« sein im Fleisch unserer Welt: in unseren Familien, am Arbeitsplatz, in unserer Freizeit. Jesus Christus begegnet uns konkret in den Kranken und Behinderten, den Armen und Notleidenden. Nicht zuletzt ist er wirksam gegenwärtig in der Kirche. Sie ist sein Leib, der in Liebe aufgebaut wird (Eph 4,16). Sie ist das Haus der Wahrheit, Gottes Zeichen in der Welt.

Was wäre aus dem Evangelium geworden ohne Kirche, welche die biblischen Schriften aufbewahrt, gesammelt und weiter überliefert hat bis in unsere Gegenwart? Ist also nicht die Kirche unsere wahre Mutter im Glauben? Wo begegnet uns Jesus Christus intensiver als in der Feier der Eucharistie?

Doch wer zur Kirche nicht Ja sagt, der hat auch zu Jesus Christus, der ihr Haupt und Herr ist, nicht voll Ja gesagt. Es geht – wie der große Theologe und Bischof *Augustinus* sagt – um den ganzen Christus, um Jesus Christus als Haupt und um Jesus Christus in seinen Gliedern. Diese Kirche sind wir alle.

Den Armen die gute Botschaft bringen

»Evangelizare pauperibus« – »gesalbt und gesandt, den Armen die gute Botschaft zu bringen«, mit diesen Worten fasst Jesus in seiner Antrittspredigt, wir könnten auch sagen: in seiner Primizpredigt in seiner Heimatstadt Nazaret das Ganze seiner Sendung und sein ganzes Werk zusammen.

Es ist die Botschaft von dem Gott, der verheißt, dass die

Wüste blühen soll, nicht nur die Sand- und Steinwüste, sondern die Wüste unseres Lebens und unserer Welt mit allen ihren Versteppungen und ihrer Trockenheit. Es ist die Botschaft von dem Gott, der das Leben schenkt und der das Leben will, der ein Freund des Lebens ist und uns das Leben in Fülle verheißt.

»Macht die erschlafften Hände wieder stark und die wankenden Knie wieder fest! … Habt Mut, fürchtet euch nicht. Seht, hier ist euer Gott!« (Jes 35,3–4). Und dieser Gott will das Heil des ganzen Menschen. Er will, dass die Blinden sehen, die Tauben hören, die Lahmen gehen, die Gefangenen befreit werden. Sie sollen ein Gnadenjahr ausrufen: den Nachlass von Sünde und Schuld, das Vergeben, die Versöhnung, die unendliche Barmherzigkeit Gottes ansagen.

»Evangelizare pauperibus – den Armen die gute Botschaft bringen.« Wo immer wir im Alten und im Neuen Testament nachlesen, immer gilt Gottes vorrangige Option den Armen, den Kleinen, den Menschen am Rande, den Kindern wie den Frauen, den Entrechteten, Geschundenen, den Kranken, den Sterbenden.

Wer sind diese Armen heute? Es sind die Obdachlosen, die Flüchtlinge weltweit, die Menschen, welche an und unter der Armutsgrenze leben, die Behinderten, die Geschändeten und Missbrauchten, die Jugendlichen, die keine Chance bekommen, in den Beruf und damit in das Leben hineinzukommen. Materielle Armut ist freilich nur das eine, aber nicht das Einzige. Es gibt auch die kulturelle, die geistige, die seelische Armut und Verwahrlosung, die Rat-, Halt-, Mut- und Orientierungslosigkeit, die Erfahrung von Sinnlosigkeit und Hoffnungslosigkeit. Nicht zuletzt gibt es auch die religiöse Verarmung, die geistliche Wüste und Steppe, die sich gegenwärtig ausbreitet und die Menschen des tiefsten Grundes und der tiefsten Erfüllung ihres Menschseins beraubt, die sie innerlich arm macht, seelisch verkrüppelt und verkrümmt.

»Evangelizare pauperibus, den Armen die gute Botschaft bringen« heißt im Schatten des Kreuzes leben und arm werden. Das meint einfach, anspruchslos zu leben, was die äußeren Güter angeht. Das meint, sich nicht zu schade zu sein, herabzusteigen, nicht nur Geld, sondern auch die Zeit und das Leben zu teilen. Das meint, keine Ansprüche zu stellen, loslassen zu können und zulassen zu können, wenn es anders kommt, als wir es gedacht und gewünscht haben oder uns auch nur in den Kopf gesetzt haben. Das meint auch, die Armut an Erfolg, Ansehen und Prestige anzunehmen. Geistliche Armut bedeutet, Raum zu schaffen und frei zu sein für Gottes Heiligen Geist, der immer wieder für Überraschungen gut ist und dessen Wege nicht immer die von uns ausgedachten Wege sind.

Die Bergpredigt

IN DER BERGPREDIGT (Mt 5–7) fasst der Evangelist Matthäus das ganze Programm Jesu zusammen; in ihr gibt er uns am Anfang seines Evangeliums sozusagen die Summe der ganzen Botschaft.

Wenn wir die Bergpredigt lesen, erschrecken wir dann nicht, zucken wir nicht zusammen und werden wir nicht kleinlaut und verlegen und fragen: Ja, geht das denn? Kann ich das? Kann man das? Ist das, was da steht, in dieser unserer Welt lebbar? Oder ist es nicht eher wie ein weltfremder Traum, ein vielleicht frommer, aber realitätsferner Wunsch?

Der Kontrast könnte ja kaum größer sein zwischen dem, was da steht, und dem, was in unserer Welt gilt, wie man denkt, wie man urteilt, wie man sich verhält, wie man lebt, oder deutlicher: wie wir denken, wie wir urteilen, wie wir uns verhalten und wie wir leben. Denn wo in aller Welt gelten die Armen, die Trauernden, die Verfolgten als selig? Als glücklich gilt bei uns, wer gesund, wer wohlhabend, lebensfroh, erfolgreich ist.

Lesen und hören wir also genau! Es heißt nicht: Du sollst, du musst, du darfst nicht; dies und das ist geboten und jenes verboten. Die Bergpredigt ist kein Katalog von Geboten und Verboten. Leider verstehen viele das Christentum als einen solchen moralischen Gebots- und Verbotskatalog. Das schreckt sie ab. Das geht über unsere menschlichen Kräfte. Das überfordert uns alle maßlos.

Die Bergpredigt ist Evangelium, frohe, befreiende Botschaft. Sie beginnt nicht mit einer Litanei von Geboten und Verboten. Sie verlangt nicht moralische Höchstleistungen. Sie ist kein freudloser Moralismus. Ganz im Gegenteil, sie beginnt mit Seligpreisungen. »Selig sind«, so heißt es acht Mal. Die Bergpredigt ist eine Gnadenbotschaft.

Der Gott Jesu ist den Menschen nah; er ist ein Gott der Menschen. Er ist barmherzig; er neigt sich herab zu dem, der im Staub liegt. Er kümmert sich ganz besonders um die Armen, die Trauernden, um die Barmherzigen, die Friedfertigen, die Verlachten und Verfolgten; er kümmert sich um alle, die am Rande stehen, die unter die Räder kommen, die in dieser Welt nichts gelten und die nicht zählen. Er achtet nicht nur auf die Erfolgreichen und die Sieger; er gedenkt auch der Unterlegenen und Unterdrückten. Sie werden als selig, sie werden als göttlich gepriesen. Sie dürfen aufatmen. Sie dürfen hoffen.

So sind die Seligpreisungen der Bergpredigt die Botschaft von einer großen Hoffnung. Das galt zunächst für die Menschen damals. Für die allermeisten von ihnen war die Situation menschlich gesehen hoffnungslos. Sie waren bitterarm, wurden von der römischen Besatzungsmacht schikaniert, ausgesaugt und ausgebeutet von deren Handlangern, im Stich gelassen von ihren Führern. Ihnen sagt Jesus, dass die Verheißungen der Propheten jetzt wahr und wirklich werden. Selig seid ihr! Euch gehört das Himmelreich.

Gott selbst steht dafür ein, dass am Ende nicht Lüge, Gewalt und Unrecht die Welt regieren. Gott gibt dem Leben recht; er rückt die Wahrheit ins Licht; er richtet Gerechtigkeit auf; er gibt der Liebe recht. Leben und Liebe gelten über den Tod hinaus; sie reichen hinüber ins ewige Leben. Am Ende wird Gott auf ewig alles in allem sein.

Diese Hoffnung ist keine Vertröstung. Sie macht wach und spornt an. Wie Gott, so sollen auch wir uns der Armen, der Trauernden, der nach Gerechtigkeit Suchenden annehmen und uns für sie einzusetzen. »Seid barmherzig, wie euer Vater im Himmel barmherzig ist«, sagt Jesus an einer anderen Stelle (vgl. Lk 6,36). Deshalb werden die Barmherzigen, die Friedensstifter seliggepriesen.

Die Bergpredigt ist eine Zumutung. Sie macht uns Mut und schenkt uns die Kraft, Gottes Optionen in dieser Welt exemplarisch zu verwirklichen. Sie fordert Gerechtigkeit für alle, insbesondere für die Armen und die Kleinen, denn die Reichen und Mächtigen können sich selbst helfen und helfen sich im Allgemeinen auch selbst. Die Armen, das sind die materiell Armen. Sie gibt es in meist verborgener Weise auch unter uns.

Es ist, wie wenn man mitten in stockfinsterer Nacht mit einer Laterne wandert. Die Laterne erleuchtet uns den Weg, aber sie tut es nur in dem Maße, als wir selber voranschreiten. In dieser Weise ist das Evangelium ein Licht, das unseren Verstand erleuchtet und unser Tun ermutigt. Das Evangelium nimmt uns die Verantwortung nicht ab; es fordert sie heraus, leuchtet ihr voran, ermutigt sie und bestärkt sie. Wir können durch unser Tun das Reich Gottes nicht machen. Aber im Tun der Gerechtigkeit und der Liebe macht Gott sein Reich schon heute zeichenhaft und exemplarisch wirklich.

»Selig sind …«

DIE SELIGPREISUNGEN DER BERGPREDIGT sind biblisches Urgestein und Urdokument unseres gemeinsamen Glaubens. In
ihrer kraftvollen und einprägsamen Sprache sind sie die Vision
einer neuen und anderen Welt, als wir sie in ihrer Ungerechtigkeit und Brutalität, in ihrer Rücksichtslosigkeit und
unverhohlenen Selbstsucht täglich schmerzlich erfahren. Sie
sind eine Botschaft der Zuversicht und der Hoffnung für all
die Unterdrückten und Leidenden, für alle die Millionen, die
menschlich von ihrem Leben nichts zu erwarten haben. Sie sind
Ausdruck einer tiefen Sehnsucht, die in uns allen lebt. Sie stehen
gegen all die Resignation, die uns angesichts des Zustands der
Welt gegenwärtig immer wieder beschleicht, und gegen den
unheimlichen Nihilismus, der an unseren Herzen nagt, weil wir
meinen, es habe alles doch keinen Sinn. Es sind Worte, dringend
nötig für uns heute.

Sind diese Worte nicht eine grenzenlose Zumutung für den
natürlichen Lebens- und Überlebenswillen, den täglich uns
aufgezwungenen Kampf ums Überleben, den Durchsetzungs-
und Leistungswillen, ohne den es im Leben nicht geht? Hatte
Nietzsche nicht vielleicht doch recht, wenn er darin eine Herab-
setzung und Verleumdung alles Starken und Lebenskräftigen
sah und wenn er darin den Geist des Ressentiments der Schwachen und der zu kurz Gekommenen witterte?

Oder sind diese Seligpreisungen vielleicht nicht doch eine
bloße Vertröstung, die uns abhält, die Dinge dieser Welt entschlossen in unsere eigenen Hände zu nehmen und endlich
Gerechtigkeit, Frieden und Freiheit herbeizuführen?

Das alles sind Versuchungen, denen auch Christen in der
Geschichte und in der Gegenwart oft erlegen sind und noch
erliegen. Die Bergpredigt hat es nicht leicht gehabt mit uns, und
wir haben es nicht leicht mit ihr. Denn was uns hier als Ur-

gestein der Reich-Gottes-Botschaft Jesu gesagt wird, ist uner-
hört und paradox. Wo gibt es denn das, dass die Armen als
glücklich, die Hungernden als satt gepriesen werden? Wie will
man denn gewaltlos ungerechte Gewalt besiegen und beseitigen?

Die Lösung unserer so unheilvoll verfahrenen Situation
kann nur die Erlösung, kann nur ein ganz neuer Anfang sein,
ein Anfang, der nicht aus unserer heillosen Welt, sondern allein
von Gott kommen kann. So setzt die Vision der Bergpredigt
eine grundsätzliche Umkehr aller Verhältnisse voraus. Sie ist
unablösbar von Gottes Zusage, dass er, und er allein, einen
neuen Himmel und eine neue Erde herauführen werde und
dass dann alle Tränen abgetrocknet werden, der Tod nicht mehr
sein wird, keine Trauer, keine Klage und keine Mühsal. Denn er,
Gott, der Herr der Geschichte, macht alles neu (Offb 21,4).

Für den Evangelisten Matthäus ist diese Vision vom kommenden Reich Gottes und seiner Gerechtigkeit keine bloße
Träumerei; für ihn ist sie bereits Realität geworden im Auftreten
und Verhalten Jesu. Er ist der neue Anfang, die Konkretgestalt
der Seligpreisungen der Bergpredigt. Er ist sanftmütig und demütig von Herzen (Mt 11,29), und seine Sanftmut war anste-
ckend. In seiner Nähe konnten Menschen wieder heil werden
und aufatmen.

Die Seligpreisung der Sanftmütigen muss zur Lebensord-
nung der christlichen Gemeinde werden. Wer wie Jesus ganz auf
Gott setzt, der kann gelassen genug sein, um gegen all das
Gewalttätige, Rücksichtslose, Aufbrausende und Hochfahren-
de, das Hochtrabende, Überhebliche und Stolze das Sanfte,
Demütige, Freundliche, das Milde und Versöhnliche zu setzen
und darauf zu vertrauen, dass gerade dies und nur dies die
Wunden heilt, Frieden stiftet, innerlich löst und erlöst. Wenn
die Kirche Maß nimmt an Jesu Seligpreisung der Armen, kann
und muss sie die Option für die Armen vollziehen und sich auf

die Seite derer stellen, die in dieser Welt keine Stimme und keine Chance haben.

Die Sanftmütigen, so sagt es die Bergpredigt, werden das Land, das heißt in der Sprache der Schrift: sie werden die Erde, die Welt erben. Ihnen, ihrer Verantwortung ist die Welt anvertraut. Diesen Friedensdienst können wir Christen miteinander tun. Wir müssen uns gemeinsam den Fragen und Herausforderungen unserer Zeit stellen. Wir müssen unserer orientierungs- und perspektivenlos gewordenen Welt gemeinsam die Zuversicht und die Hoffnung der Seligpreisungen der Bergpredigt bezeugen und ihr sagen: Doch, es hat einen Sinn, das Gute zu tun und sich für Gerechtigkeit und Frieden einzusetzen.

Die Bergpredigt ist die einzig realistische Alternative, auf die viel mehr Menschen warten, als wir gemeinhin ahnen.

Unendliche Barmherzigkeit

Jesus verkündet den barmherzigen Gott, der den Sünder nicht seiner gerechten und verdienten Strafe zuführt, sondern, wenn er umkehrt, ihm vergibt und verzeiht. Jesus ist selbst der gute Hirte, der dem verlorenen Schaf nachgeht und es zurückholt, ja er gibt sein Leben hin für uns, die Sünder. In dieser Barmherzigkeit tut sich uns das Herz Gottes auf, der selbst Liebe ist.

Hier begegnet uns die Herzmitte unseres Glaubens. Es geht ja im christlichen Glauben nicht primär darum, was wir tun und leisten bzw. was wir nicht tun sollen und dürfen, sondern darum, was Gott für uns tut. Es geht nicht zuerst um unser Rechttun, sondern darum, dass Gott, obwohl wir nicht recht tun, uns gerecht macht, uns vergibt und verzeiht, damit dann auch wir so tun, anderen ihre Last abnehmen und sie mittragen, ihnen eine neue Startchance geben, vergeben und verzeihen und so gemeinsam neu anfangen.

Das ist mehr als Gerechtigkeit, das ist Barmherzigkeit und Liebe. Nicht, als ob die Barmherzigkeit die Gerechtigkeit außer Kraft setzte und aufhöbe. Sie unterbietet sie nicht, sie überbietet sie. Sie ist die größte und die wahre Gerechtigkeit. Denn wirklich gerecht werde ich einem anderen Menschen nur, wenn ich ihn ganz annehme und liebe, wenn ich ihm sage: Ich will, dass du bist!

Jeder von uns verirrt sich in seinem Leben immer wieder; jeder von uns verliert sich in Oberflächlichkeiten und Nichtigkeiten, in Schuld und in Sünde. Wollte einer von uns sagen, er habe sich gar nichts vorzuwerfen, dann hätte er sich wohl am tiefsten in Irrtum und Selbsttäuschung verloren. Wir alle sind auf Vergebung angewiesen; wir alle bedürfen der Erlösung. Wir alle können nur aus der unendlichen Barmherzigkeit Gottes leben, und wir alle bedürfen der täglichen Umkehr.

Die Aufforderung, gegenüber seinen Mitmenschen barmherzig zu sein, kehrt in den Evangelien oft und oft wieder. Denken wir nur an die Seligpreisungen der Bergpredigt: »Selig, die Barmherzigkeit üben, sie werden Erbarmen finden« (Mt 5,7). Jesus macht unsere Barmherzigkeit gegenüber den Armen, Verfolgten, Notleidenden aller Art sogar zum Kriterium seines Urteils im Gericht (vgl. Mt 25,40). Die Barmherzigkeit ist der Maßstab, an dem wir alle einmal gemessen werden. Am Ende können wir nichts mitnehmen; all das, was wir aus Liebe und Barmherzigkeit getan haben, wird Bestand haben. Allein die Liebe zählt für immer.

Zeugen der Hoffnung

DIE SELIGPREISUNGEN aus der Bergpredigt sind jesuanisches Urgestein. Sie gehören zur Herzmitte der Botschaft Jesu. Mit dem neunfachen »Selig sind …« stellt Jesus alles, was in Vergangenheit, Gegenwart und Zukunft geschehen ist und geschieht, unter die große Verheißung Gottes. Er reiht sich nicht ein unter die Unheilspropheten, welche überall Versagen, Verhängnis und Katastrophen sehen. Er beginnt seine Predigt nicht mit den Worten »Wehe euch …«, sondern vielmehr mit der Aussage »Selig seid ihr …« Er beginnt mit einer Zusage, einer Ermutigung, er eröffnet eine Perspektive der Hoffnung.

Diese Perspektive heißt: »Reich Gottes«. Das Zentrum der Botschaft Jesu lautet ja: »Nahe gekommen ist das Reich Gottes« (Mk 1,15). Mit dieser Botschaft vom kommenden Reich Gottes nimmt Jesus die Urhoffnung des Alten Testaments und der Menschen aller Zeiten auf: die Sehnsucht nach Frieden und Freiheit, nach Gerechtigkeit, Liebe und Versöhnung. Jesus gibt dieser Hoffnung recht, gegen allen Anschein, und er nennt auch den Grund: Gott selbst, Gott allein ist Garant dafür, dass in der Geschichte der Welt nicht der Egoismus und der Interessenkampf, nicht feige Anpassung oder brutale Gewalt, nicht Lug und Trug, sondern vielmehr Gerechtigkeit und Wahrheit, Frieden und Freiheit, Liebe und Barmherzigkeit das letzte Wort haben.

Die Seligpreisungen der Bergpredigt sind Entfaltungen der frohen Botschaft. Sie zeigen, wie Jesu Verkündigung unsere normalen Maßstäbe über den Haufen wirft. Seliggepriesen werden ja nicht die Reichen, Mächtigen, Lebensfrohen, die weltlich Erfolgreichen und die Gewalttätigen. Seliggepriesen werden die Armen, die Trauernden, die Sanftmütigen, die Gewaltlosen, die Barmherzigen und die Friedensstifter. Ihnen gehört das Reich der Himmel. Seliggepriesen werden die Menschen mit leeren

Händen. Sie liebt Gott in besonderer Weise. Denn sie lassen sich beschenken; sie stehen ihm nicht im Weg. Sie bauen und trauen allein auf ihn, sie sind offen für seinen Willen und seine Sendung. Sie lassen sich ein auf die Art und Weise, in der Gott wirkt in der Geschichte: ohne Gewalt, verborgen, Frieden stiftend und versöhnend.

Gott braucht Menschen, die großmütig genug sind, um sich auf diese Botschaft einzulassen, die bereit sind, zu Zeugen und Werkzeugen der Hoffnung zu werden, die ohne Gewalt für Gerechtigkeit eintreten und Frieden stiften. Gott braucht nicht zuletzt Beter, die unablässig bitten: »Dein Reich komme«. Letztlich kann es allein diesen Betern gelingen, das drohende Schwert von unseren Häuptern abzuwehren und der Versöhnung eine Gasse zu bahnen.

Salz der Erde – Licht der Welt

DAS EVANGELIUM deutet die Sendung der Kirche mithilfe von drei eindrucksvollen Bildern: Salz der Erde, Licht der Welt, Stadt auf dem Berg (vgl. Mt 5,13–16).

Wenn man diese Worte hört, zucken wir unwillkürlich zusammen. Können wir denn das sein – Salz der Erde, Licht der Welt? Ist das nicht eine heillose Selbstüberschätzung und Selbstüberforderung? Sollen wir das überhaupt sein wollen? Ist ein solcher Anspruch nicht elitär, intolerant und überheblich?

Das Evangelium erlaubt uns freilich kein Ausweichen. Es sagt nicht einmal: Ihr sollt oder ihr solltet Salz der Erde, Licht der Welt sein. Es sagt klipp und klar und völlig unmissverständlich: Ihr seid Salz der Erde, Licht der Welt; ihr seid es, ob ihr wollt oder nicht. Ihr seid es, weil euch das Licht, das Gott selbst ist und das in Jesus Christus ein für alle Mal in der Nacht unserer Welt erschienen ist, erleuchtet hat. Dieses Licht der Welt, das

Jesus Christus ist, berührt nicht nur euch; es ist nicht euer Privatbesitz; es gehört allen, und es will alle erleuchten.

Wir brauchen heute dieses Salz der Erde ganz besonders. Salz bewahrt vor Fäulnis und Verderben; Salz gibt Geschmack und Würze. Aber ist es nicht so, dass gegenwärtig sehr vieles verkommt und zugrunde geht, dass bislang tragende Grundwerte zerbröckeln und zerbröseln, dass es in den Herzen vieler Menschen Verwundungen und Verletzungen gibt? In dieser Situation ist die heilende Kraft des Evangeliums gefragt. Und fehlt es uns gegenwärtig nicht oft an Licht, das heißt an Sinn und Orientierung, brauchen wir nicht gerade gegenwärtig die Sinndeutung und Sinnstiftung, die vom Evangelium ausgeht und die uns hilft, die Welt und unser Leben besser zu verstehen? Schließlich: Brauchen wir nicht in unserer Situation, wo so viele Menschen äußerlich und innerlich heimatlos geworden sind, wo sie kein konkretes Ziel mehr vor Augen haben, die Stadt auf dem Berge, welche Orientierung gibt, Hoffnung vermittelt und Heimat verheißt?

Das Evangelium sagt, die Kirche sei Licht auf dem Leuchter, Stadt auf dem Berge, sie dürfe ihr eigenes Licht nicht unter den Scheffel stellen. Sie muss den Mut haben, sich einzulassen in der Welt und auf die Welt. Sie darf sich nicht zurückziehen. Das gilt auch von den großen geistigen Herausforderungen.

Kirche ist nicht um ihrer selbst willen, sondern für die Welt und für die Menschen da. Wir müssen diese Aussage im Sinn des Evangeliums ergänzen. Denn das Evangelium belehrt uns auch darüber, dass die Kirche, wenn sie ihr Licht leuchten lässt, keine Selbstwerbung und keine Imagepflege zu treiben hat. Ihr Licht soll leuchten, damit die Menschen »eure guten Werke sehen und euren Vater im Himmel preisen« (Mt 5,16). Der letzte Sinn und das letzte Ziel der Kirche ist das Lob, die Verherrlichung Gottes, die Danksagung, die Feier der Eucharistie.

»Barmherzigkeit will ich«

»ALS JESUS HÖRTE, dass Johannes enthauptet worden war …«
(vgl. Mt 14,13). Johannes der Täufer musste sein Eintreten für
Gottes Sache und Gottes Gebot mit seinem Leben bezahlen.
Weil er dem launischen und lüsternen Herodes die Wahrheit ins
Gesicht gesagt hatte, ließ der ihn ins Gefängnis werfen und dann
um einen Kopf kürzer machen. Mit dieser Katastrophe fängt
Jesu öffentliches Auftreten an. Und es ist sehr wahrscheinlich,
dass Jesus angesichts des Schicksals des Täufers sein eigenes
Schicksal, seinen eigenen gewaltsamen Tod am Kreuz als Kon-
sequenz seines Auftretens vorausahnte.

Jesus gibt nach dem Tod des Täufers nicht auf. Er gibt nicht
auf, einfach deshalb, weil er Mitleid hat mit den Menschen – vor
allem Mitleid mit den Kranken, den Schwachen, den Armen. Er
lässt – so wird weiter berichtet – die Müden und Hungrigen
nicht einfach in der Wüste sitzen und stehen; er schickt sie auch
nicht einfach weg; er nimmt sich ihrer an, und er verlangt von
seinen Jüngern dasselbe. Die Grundhaltung Jesu und derer, die
sich zu seiner besonderen Nachfolge verpflichten, ist das Dasein
für andere. So sagt Jesus zu seinen Jüngern: »Gebt ihr ihnen zu
essen« (Mt 14,16).

Dabei stehen konkrete Menschen vor Augen – Kinder, Ju-
gendliche, Familien, Alte, Kranke. Sie brauchen äußerliche Hilfe; sie haben aber auch Hunger und Durst in ihren Seelen. Sie
schleppen körperliche und oft noch mehr seelische Verwundungen mit sich herum.

Unsere Welt ist oft so erbarmungslos. Oft ist alles so fest-
gezurrt in Strukturen, Gesetzen und anonymen Verfahren. Der
Mensch in seiner je besonderen und einmaligen Situation
kommt da nicht vor. Menschen wollen aber persönlich angenommen werden. In einer Welt des zunehmenden Individualismus, ja des Egoismus und nachlassender Solidarität, wo jeder

nur sich selbst der Nächste ist, suchen viele nach Menschen, die fremdes Leid wahrnehmen und sich davon betreffen lassen. Wir brauchen eine neue Kultur des Erbarmens.

Das Volk Gottes im Alten wie im Neuen Bund lebt davon, dass es immer wieder die Erbarmensgeschichten Gottes, von denen die Bibel uns berichtet, erinnert und erzählt. Es muss sich immer wieder sagen lassen: »Seid barmherzig, wie es auch euer Vater ist« (Lk 6,36).

Hat der Fortschritt nicht auch eine Kehrseite, weil er viele menschliche Werte und viele menschliche Beziehungen zerstört? Wir spüren das Bedürfnis nach einer Wende, nach einem neuen Anfang und einer neuen Dimension. Die Frage nach religiösem Halt und Trost, die Frage nach Erbarmen ist neu gestellt.

Aus uns selbst und aus eigener Kraft vermögen wir nichts. Aber wenn wir das wenige, das wir mitbringen, Gott hinhalten, es ihm in die Hand legen und ihm zur Verfügung stellen, so reicht es, wenn wir es aus seiner Hand zurückbekommen, für alle. Im Reich Gottes wird nicht nach quantitativen Maßstäben gemessen. Gott kann aus dem wenigen, das wir mitbringen, viel machen. Er kann machen, dass alle satt werden. Das Wesentliche in unserem Leben bekommen wir geschenkt.

Innere und äußere Wahrhaftigkeit

JESUS WILL DEN BLICK von den Äußerlichkeiten weg auf das Wesentliche, das Innere lenken: »Nichts, was von außen in den Menschen hineinkommt, kann ihn unrein machen, sondern was aus dem Menschen herauskommt, das macht ihn unrein« (Mk 7,15). Was ein Mensch denkt, redet und tut, was er nach außen hin zeigt, das ist in seinem Innern grundgelegt.

Die Unterscheidung zwischen »rein« und »unrein«, die Jesus im Evangelium macht, war sehr wichtig für das Volk Israel. Wer

Gemeinschaft mit Gott haben wollte, der musste etwas dafür tun. Er musste sich fernhalten von allem, was Gott nicht gefallen würde, zum Beispiel von den Tieren, die von Menschen anderer Religionen ihren Göttern geopfert wurden. Er musste sich fernhalten von Menschen, die ein Verbrechen begangen hatten, fernhalten von Aussätzigen, Toten und vielem anderen mehr. Die Berührung mit diesen »unreinen« Dingen oder Menschen machte den gläubigen Juden selbst unrein. Wollte der Mensch wieder mit Gott in Verbindung kommen, dann musste er sich auch äußerlich reinigen, durch Waschungen oder durch Reinigungsopfer.

Jesus wollte die religiösen Gesetze und Überlieferungen keineswegs abschaffen oder gar zerstören. Ihm ging es um deren wahren Sinn, um ihren ursprünglichen Geist: Der Mensch soll Gottes Willen aus ganzem Herzen und aus innerem Antrieb tun. Wenn er das tut, dann ist die Reinigung der Hände nach einer Berührung mit »unreinen« Dingen oder Menschen zweitrangig. Auf die Reinheit des Herzens kommt es ihm an. Dort entscheidet sich, ob einer gut oder böse ist, gut oder böse handelt. Das äußere Opfer soll Ausdruck der inneren Hingabe des Herzens sein, andernfalls ist es bloßer Ritus oder gar ein Götzendienst. Jesus geht es um die Wahrheit und Wahrhaftigkeit unseres Tuns.

Auch die Kirche ist immer wieder aufgerufen, ihre überlieferten, alten Formen, Bräuche und Gewohnheiten zu überprüfen. Sind sie noch gefüllt mit dem ursprünglichen Geist, oder sind sie mittlerweile hohl und äußerlich geworden? Schauen wir beispielsweise auf die reichhaltige Liturgie der Kirche. Auch die herrlichen liturgischen Riten und Vollzüge stehen in der Gefahr, zu einem leeren und äußerlichen Ritual zu werden, wenn wir sie uns nicht immer wieder neu innerlich zu eigen und geistlich fruchtbar machen.

Traditionen, die einmal hilfreich waren, können das, worauf es wirklich ankommt, verstellen, wenn man sie nur noch um ihrer selbst willen am Leben erhält. Ein Beispiel ist der immer noch nicht ausgestandene Streit um die Hand- oder Mundkommunion: Was wird da nicht um äußere Formen gestritten, und manche verteufeln einander geradezu (und vergessen dabei das Hauptgebot der Nächstenliebe!). Entscheidend aber ist doch die Ehrfurcht vor dem Sakrament, die sich unter beiden Formen ausdrücken kann, die aber auch bei beiden Formen fehlen kann! Auf die innere Einstellung kommt es an.

Das, was man nun aber verinnerlicht und als gut erkannt hat, muss dann freilich auch wieder nach außen dringen, es muss zur Tat werden. So gesehen ist das Wesentliche nicht nur innerlich, sondern auch äußerlich. Auch auf das Äußere kommt es an, aber nicht im Sinne von Äußerlichkeiten, wie beim Zur-Schau-Stellen eines luxuriösen Lebensstils oder bei aufwendigen Versprechungen. Vielmehr soll das äußere Handeln und Tun des Menschen seine innere Gesinnung widerspiegeln. Im Handeln des Menschen soll und muss sichtbar werden, dass sich ein Mensch aus ganzem Herzen entschieden hat, den Willen Gottes zu tun, und sich den Menschen in Taten der Liebe zuwenden will. Die Wahrheit will getan werden. Andernfalls wäre die innere Gesinnung ebenso wenig wahrhaftig wie das rein äußere Tun. Auf die innere und äußere Wahrhaftigkeit kommt es jedoch entscheidend an.

»Auf dein Wort hin«

»FAHR HINAUS«, fordert Jesus den Simon Petrus auf (vgl. Lk 5,4–7). Es ist die Herausforderung, nicht bei dem stehen zu bleiben, was wir erreicht haben.

Was wir als Gabe empfangen haben, müssen wir weitergeben. Die Gabe ist uns zugleich Aufgabe.

»Auf dein Wort hin«, sagt Petrus und wirft die Netze noch

einmal aus. Jeder vernünftige Fischer würde sagen: Es ist aussichtslos. Du bist verrückt. Du verstehst nichts von der Sache. Du bist kein Professioneller und kein Experte. Um diese Tageszeit gibt es nichts zu fangen. Aber Petrus lässt alle menschliche Erfahrung hinter sich. Er verlässt sich ganz auf Jesu Wort, und auf sein Wort hin fährt er hinaus. Weil ER es sagt, bricht er auf im Vertrauen darauf, dass Jesus das gelingen lassen wird, was er aus eigenem Vermögen nicht vermag.

Oft sind wir so verzagt, weil wir uns allein auf superkluge menschliche Analysen und Prognosen verlassen und weil wir meinen, wir müssten alles aus eigener Kraft bewältigen. Wir stürzen uns dann oft in einen unmenschlichen, nicht nur den Leib, sondern auch die Seele tötenden Aktionismus, der andere eher abstößt als anzieht. Vielleicht gibt es gerade deshalb so viel Humorlosigkeit und Verkrampftheit in unserer Kirche. Auch uns sagt Jesus: Ihr braucht nicht alles aus eigener Kraft zu schaffen. Vertraut auf Gott. Lasst euch ein auf mein Wort. Das ist das Entscheidende. Das ist der Glaube. Gott ist wunderbar, und bei ihm dürfen auch wir mit Wundern rechnen.

Das Wort Jesu ist Zu-spruch und Zu-mutung zugleich. Es befreit uns von falschem Leistungsdruck. Es verlangt von uns aber auch, über unseren eigenen Schatten zu springen, uns vertrauensvoll ihm zu übereignen. Es verlangt von uns, Kirche zu sein, die aus einem tiefen Glauben heraus lebt und wirkt, Kirche, die mit Gott rechnet, die Gott ernst nimmt und auf ihn setzt.

Simon Petrus hat sich auf Jesu Wort hin auf Gott eingelassen. Er hat einen wunderbaren Fischfang gemacht. Doch dieses Wunder am See Gennesaret ist für den Evangelisten nur ein Bild eines anderen, noch viel wunderbareren Fischfangs, des Missionserfolgs der jungen Kirche. Innerhalb nur einer Generation sind rings um das Mittelmeer in allen größeren Städten christliche Gemeinden entstanden. Dies geschah ohne alle Organisation und Infrastruktur, allein durch eine Handvoll einfacher

Fischer, die weder über eine besondere Ausbildung noch über Geld und Einfluss verfügten. Das geschah gegen eine erdrückende Konkurrenz anderer religiöser Strömungen und gegen den erbitterten Widerstand der römischen Staatsmacht. So voll war das Netz der Gemeinden geworden, dass es schon fast zu zerreißen drohte.

Auch uns hat Jesus zu solchen »Menschenfischern« berufen. »Menschen fangen«, das ist nach dem ersten Eindruck ein schlimmes Wort. Es klingt nach gewaltsamer Bekehrung, nach Ködern, Kaufen und Vereinnahmen. Das entspricht nicht dem Geist Jesu. Der Glaube ist seinem innersten Wesen nach ein freier Akt des Menschen. Das Herz der Menschen kann man aber nur gewinnen durch die Kraft der Überzeugung. Menschenfischer sein im Sinne Jesu heißt daher: Zeuge sein. Zeuge der Freiheit, zu der Jesus Christus die Menschen befreit hat, Zeuge der Freude, der Hoffnung, der Zuversicht und des Mutes, die die Frohbotschaft des Evangeliums in uns zu wecken vermag, Zeuge der Barmherzigkeit und der Versöhnung, auf die unsere Welt wie eh und je angewiesen ist.

Warten können

»HERR, LASS DEN BAUM dieses Jahr noch stehen. Ich will den Boden um ihn herum aufgraben und düngen. Vielleicht trägt er doch noch Früchte« (vgl. Lk 13,8–9). Aus diesen Worten spricht die Erfahrung des Landwirts, der weiß, dass man der Natur nichts abzwingen kann, dass man vielmehr einen langen Atem haben muss. Als Menschen können wir nur graben, pflanzen, düngen und bewässern; das Wachsen selbst können wir nicht »machen«.

Mit diesem Gleichnis aus dem Bereich der Natur will uns Jesus auf die Pädagogik Gottes verweisen. Es ist ein Grundmotiv der Bibel, dass Gott unendliche Geduld mit seinem widerspenstigen Volk und mit uns allen hat. Grund zum Dreinschlagen wäre wahrlich genug. Aber Gott räumt immer wieder eine Gnadenfrist ein. Er ist nicht auf schnelle, vorzeigbare Erfolge erpicht. Erfolg ist keiner der Namen Gottes, hat *Martin Buber* gesagt. Gott lässt wachsen, und Gott gibt Zeit. Die Kirchenväter haben immer wieder über diese Pädagogik Gottes nachgedacht und gezeigt, wie Gott in der Geschichte mit seinem Volk den Weg der Schritte, oft der ganz kleinen Schritte geht, um zum Ziel zu kommen.

Dieses Gesetz der Schritte gilt nicht nur von der Heilsgeschichte im Großen, sondern auch von der je individuellen Glaubensgeschichte im Kleinen. Es entspricht der Pädagogik der Menschen und noch mehr der Gottes, wenn wir junge Menschen auf ihrem jeweils ganz persönlichen Weg des Glaubens mit sehr viel Geduld begleiten. Dabei können wir nur Hilfestellung geben, den Glauben selbst können wir nicht machen. Das Wachstum muss ein anderer geben. Der Glaube bleibt Geschenk der unableitbaren Gnade Gottes wie Frucht der freien Entscheidung des Menschen.

Sowohl Gott wie den uns anvertrauten jungen Menschen müssen wir immer wieder neu eine Chance geben.

Nicht Resignation ist also angesagt. Denn würden wir aufgeben, würden wir nicht nur den Glauben an Gott und seine Möglichkeit aufgeben, selbst noch aus Steinen Kinder Abrahams, das heißt Kinder des Glaubens, zu erwecken. Wir würden auch den Glauben an die uns anvertrauten jungen Menschen aufgeben. So wie Gott uns nicht aufgibt, sondern immer wieder neu um uns wirbt und uns geradezu nachläuft, so dürfen wir keinen abschreiben.

Wenn Jesus vom Weinberg und vom Feigenbaum spricht, dann sind beides in der Bibel oft gebrauchte Bilder für das auserwählte Volk. Der Weinberg, der Feigenbaum, das sind wir,

wir – die Kirche. Das Anpflanzen des Weinbergs und des Feigenbaums meint also, die Kirche aufzubauen.

Bereits im 3. Jahrhundert hat der Kirchenschriftsteller *Tertullian* formuliert: »*Ein* Christ ist *kein* Christ.« Die Einwurzelung in einer kirchlichen Gemeinschaft ist in einer anonym gewordenen Welt wichtig. Das Entscheidende aber ist, dass wir dem Wirken Gottes Raum geben. Geben wir also nie auf und sagen wir mit dem Arbeiter im Weinberg: »Vielleicht trägt er doch noch Früchte.«

Der Sturm auf dem See

In dem Evangelium vom Sturm auf dem See und vom Wandeln auf dem stürmischen See kommt sehr plastisch zum Ausdruck, was der Glaube für jeden Christen bedeuten kann und bedeuten muss: die Überwindung der Angst im Vertrauen auf den Gott Jesu Christi.

Die Angst lauert auf dem Grund unserer Seele. Denn in Freiheit und eigener Verantwortung sein Leben zu wagen, das bedeutet, sich hinauszubegeben auf die hohe See. Niemand hat die Zukunft in der Hand; das Leben aber ist abgründig, voller Überraschungen und Tücken, bedroht vom Tod. Erst recht gibt es für den, der aus dem Glauben lebt und seine ganze Existenz im Glauben begründet, keine Balken, an denen er sich im Wasser festhalten kann. Gott kann man nicht sehen und handgreiflich beweisen. Oft schlagen die Wellen über dem Boot der Kirche zusammen, sodass die Gläubigen kräftig hin und her geschüttelt werden. Nicht selten müssen wir äußerlich erfolglos gegen den Wind anrudern und gegen die Wellen des Zeitgeistes anglauben.

Das ist nicht erst heute so; das war offensichtlich von Anfang an so, und das gehört grundsätzlich zur Situation der Kirche. So überkommt schon die ersten Jünger Furcht und Schrecken.

Schon Petrus erfasst die Angst, und indem er sich der Angst überlässt, droht er unterzugehen. Festen Stand gewinnt er erst wieder, als er sich auf Jesu Wort einlässt: Hab Vertrauen, ich bin es; fürchte dich nicht! Die ausgestreckte Hand Jesu ist es, die ihn hält und trägt.

Darum also geht es: Im Vertrauen auf Jesus das scheinbar sichere Boot verlassen, die falschen Sicherungen und Versicherungen, auf die im Ernstfall kein Verlass ist, aufgeben und Gott, den einzigen tragfähigen Halt, zum Inhalt unseres Lebens machen. »Unsere Hilfe ist im Namen des Herrn, der Himmel und Erde gemacht hat« (Ps 121,2).

Jeder von uns wird auf diesem Weg des Glaubens immer wieder vom Zweifel angefochten. In unserem deutschen Wort »Zweifel« steckt der tiefe Sinn, dass jemand zwei Fälle, zwei Möglichkeiten in Betracht zieht, in zwei Richtungen schaut und nicht mehr nur in eine. Man will es also auf zwei Wegen zugleich ausprobieren und auf zwei Schultern Wasser tragen. Die Entscheidung zum Glauben meint, wie Petrus nur auf Jesus Christus zuzugehen. Jesu Ruf »Komm!« gibt die einzig mögliche Richtung vor.

Solch ein vertrauender Glaube, der den Kleinglauben und den Kleinmut überwindet, fordert von uns Großmut, Mut zu den großen Dingen. Um sein Leben wirklich gewinnen zu können, um einen großen und weiten Horizont, eine Perspektive zu haben, muss man vieles wegräumen, aufgeben, verlieren, was den Blick verstellt und den Weg blockiert. Wer nur immer mehr haben und konsumieren will, der verpasst seine Chance, mehr zu sein. Jesus ermutigt uns, den guten und letztlich einzig gangbaren Weg einzuschlagen, auch wenn dieser im Augenblick als Wagnis und als der schwierigere und mit persönlichen Opfern verbundene erscheint. »Komm!« Dieser Ruf des Herrn gilt jedem Christen. Wer diesen Ruf hört – im Gebet, im Mitmenschen, im Alltag –, der geht über das Wasser und über die Abgründe.

Gegenwind aushalten

Manchmal haben wir den Eindruck, dass die Wellen über uns zusammenschlagen und dass wir keinen festen Grund mehr unter den Füßen haben.

Das sind Erfahrungen, die keinem Menschen und vor allem keinem Christen erspart bleiben. Gegenwind, das sagt uns das Evangelium an vielen Stellen, gehört unausweichlich zur christlichen Existenz.

Seien wir also nicht überrascht oder gar bestürzt, wenn Gegenwind aufkommt und uns kalt ins Gesicht bläst. Dürfen wir denn erwarten, dass es uns, den Jüngern und Freunden Jesu, besser geht als ihm? Dürfen wir uns denn einbilden, dass wir es besser könnten als unser Meister, der menschlich betrachtet am Kreuz gescheitert ist, in Wirklichkeit aber gesiegt hat?

Das Evangelium vom Sturm auf dem See gibt eine Antwort. Es ist eine ungewöhnliche und erstaunliche Antwort. Die verängstigten Jünger reagieren auf die Gefahr nicht dadurch, dass sie sich in eine arbeitswütige, hektische Aktion des Wasserschöpfens stürzen. Was sollen sie dadurch schon mit ihrer schwachen Kraft und ihren begrenzten Mitteln gegen die gigantischen Wogen ausrichten? Sie versuchen ihre Haut aber auch nicht dadurch zu retten, dass sie leichtsinnig möglichst viel wirklichen und vermeintlichen Ballast über Bord gehen lassen. Durch solche Erleichterung würde das Boot jedes Eigengewicht verlieren, und es wäre dann den Wogen erst recht hilflos ausgeliefert. Nur durch einen tiefen Kiel und durch Eigengewicht, das nicht an der Oberfläche liegt, sondern in der Tiefe fest vertäut ist, hat ein Schiff Aussicht, einen Sturm zu bestehen.

Die verängstigten Jünger rufen, ja schreien zum Herrn. Nur er und er allein kann ihnen in ihrer Not helfen. Auf ihn trauen und bauen sie deshalb. Denn er ist es, dem sogar Wind und See gehorchen. Er, der von Ewigkeit her ist, in ihm und auf ihn hin ist alles geschaffen; er hat durch seinen Tod und seine Auferstehung alle Mächte des Bösen und des Todes besiegt; er ist der Herr und das Haupt seiner Kirche. Er lenkt und er leitet sie, und er ist bleibend mit ihr. Er ist es, der im Boot unseres Lebens mitfährt.

Rufen, beten wir zu ihm! Beten wir viel, regelmäßig und inständig! Der Seesturm in uns selbst wird sich dann legen, und es wird auch bei uns eine große Stille eintreten.

Wir brauchen Menschen, die aus dieser Stille und aus ihrem Glauben heraus keine Angst haben; die die Wogen und Wellen des Egoismus besiegen und die andere trösten, wenn es stürmt; die aus der Freundschaft mit Jesus Christus heraus Freunde anderer sind und Freundschaft, Frieden und Versöhnung stiften. Wir brauchen Menschen, die in der Nacht der Zeit wachen und beten, die Ausschau halten nach den Zeichen des anbrechenden Reiches Gottes und den Menschen Gottes heilende Gegenwart durch Wort und Tat bezeugen.

»Als Mann und Frau«

VON EINER SEHR RESOLUTEN FRAU ist die Rede. Kein zaghaftes, verschüchtertes »Heimchen am Herd«. Zu einem Richter, der Gott nicht fürchtet und auch auf keinen Menschen Rücksicht nimmt, wagt sich diese Frau. Wiewohl »nur« eine arme Witwe, verlangt sie von diesem mächtigen und gewalttätigen Menschen, dass er ihr gegen ihren Feind Recht verschaffe. Der Richter will die Sache hinziehen, doch die Frau lässt nicht locker. »Verschaff mir Recht« – so bedrängt sie ihn immer wieder.

»Verschaff mir Recht« – das ist auch heute die Forderung vieler Frauen angesichts vielfältiger Nöte, Zurücksetzungen und Benachteiligungen. Auch sie wollen sich nicht mehr länger hinhalten lassen.

Was sind die Grundlagen der Lehre der Kirche? Die erste und grundlegende Aussage findet sich auf den ersten Seiten der Heiligen Schrift. Im Schöpfungsbericht der Bibel heißt es eindeutig: »Gott schuf den Menschen nach seinem Bild, nach dem Bild Gottes schuf er ihn, als Mann und Frau schuf er sie« (Gen 1,27). Deutlicher kann die Würde des Menschen, jedes Menschen, nicht ausgesagt werden. Den Menschen gibt es jedoch nur in der »Doppelausgabe« von Mann und Frau, die beide gegenseitig aufeinander angewiesen sind. Gott-Ebenbildlichkeit und Zweigeschlechtlichkeit gehören also zusammen. Mann und Frau sind beide Bild Gottes. Beide sind nicht gleich, aber gleichwertig und ebenbürtig. In der Gleichheit ihrer Würde stehen sie in einem partnerschaftlichen Verhältnis zueinander.

Die Frau – sie ist richtig verstanden die Eva. Nicht im negativen Sinn als Evas Tochter – wie sie auch in der Geschichte des Christentums oft angesehen wurde –, als leicht verführbares, schwaches Geschlecht, als Versuchung und Verführerin für den Mann. Nein, die Frau ist nach der Bibel die Eva, das heißt die Mutter der Lebendigen. Sie ist in besonderer Weise Hüterin und Bewahrerin des Lebens. Die Berufung der Frau ist die Berufung zum Dienst am Leben, nicht nur am biologischen, sondern am humanen Leben im umfassenden Sinn: an einem Leben, in dem auch Herz und Gemüt Platz haben und das inmitten aller zerstörerischen Kräfte zu hegen und zu pflegen sie in besonderer Weise berufen ist.

Jesus verkündet das Reich Gottes. Darin soll die ursprüngliche Absicht der Schöpfungsordnung neu zur Geltung gebracht und unüberbietbar verwirklicht sein.

Diese neue Schöpfung ist in Kreuz und Auferstehung Jesu Christi Wirklichkeit geworden. Für Paulus war es deshalb selbstverständlich, dass Frauen und Männer ebenbürtige Glieder der Kirche sind. Er schreibt den Galatern: »Es gibt nicht mehr Juden und Griechen, nicht Sklaven und Freie, nicht Mann und

Frau, denn ihr alle seid einer in Christus Jesus« (Gal 3,28). Vor Gott und in Christus gibt es keine Unterordnung oder Minderbewertung der Frau. Da verlieren alle Unterschiede ihre trennende und diskriminierende Bedeutung.

Der Dienst am Leben ist Männern und Frauen gemeinsam aufgetragen. An den Männern ist es, den Frauen ihr Recht zu verschaffen, ihre Würde zu achten und Voraussetzungen zu schaffen, in denen die Frauen menschenwürdig ihre Berufung leben können. Nicht gegeneinander, sondern nur miteinander können Frauen und Männer eine erneuerte, wahrhaft menschliche Welt gestalten.

Der Schatz im Acker

IM EVANGELIUM steht das Gleichnis vom Schatz im Acker und von der kostbaren Perle (Mt 13,44–46). Jesus erzählt von einem Arbeiter und einem Perlenhändler. Beide haben ein unwahrscheinliches Glück: Sie machen *den* großen Fund ihres Lebens! Der Kaufmann findet eine besonders kostbare Perle. Der Tagelöhner entdeckt bei Grab- oder Pflügarbeiten auf dem Feld seines Arbeitgebers einen Schatz. Nach dem damaligen Fundrecht hätte er zwar den im Acker entdeckten Schatz dem Eigentümer des Ackers abliefern müssen. Aber darum geht es der Gleichniserzählung gar nicht. Sie lässt eine Sehnsucht anklingen, die tief in jedem Menschen verborgen ist: die Sehnsucht nach Glück. Auf der Suche nach dem Glück haben beide Männer, der Kaufmann und der Tagelöhner, *das* große Los ihres Lebens gezogen. Wenn sich aber die Chance bietet, sein Glück zu machen, dann muss dieser Augenblick genützt werden, koste es, was es wolle. »Voll Freude«, heißt es, »verkaufte er alles, was er besaß, und kaufte den Acker« – voll Freude packt er das Glück »beim Schopf«.

So ist es mit dem Himmelreich, sagt Jesus. Es ist der Schatz im Acker. Es ist die kostbare Perle, der große Glücksfund, die einmalige Chance. Im Kommen Jesu ist die einmalige Gelegenheit geboten, das Heil, das Himmelreich zu gewinnen.

Himmelreich, Reich Gottes heißt dieser Schatz. Jesus selbst und das Neue Testament umschreiben ihn noch mit vielen anderen Bild- und Gleichnisworten: Leben, Gerechtigkeit, Friede, Freiheit. Die theologische Tradition sagt einfach: beatitudo, Glückseligkeit.

Es kommt darauf an, die »kostbare Perle«, den »Schatz im Acker«, der uns geschenkt ist, wieder neu zu suchen, ihn zu erkennen, ihn zu heben, vom Schmutz und Staub zu befreien, der sich mit der Zeit auf ihn gelegt hat, und ihn so wieder neu zum Leuchten zu bringen.

Der Schatz wird im Acker gefunden, die Perle beim Handel entdeckt. Acker und Handel, das sind Bereiche täglicher Arbeit. Sie stehen für die Sorgen und Mühen des alltäglichen Lebens überhaupt. Hier, verborgen unter dem Grau des Alltags, auf dem Feld unserer normalen Pflichten, wird sich der Schatz finden. Das ist Jesu Verheißung.

Die Antwort auf die Ursehnsucht des Menschen ist eindeutig: Das Evangelium, die Frohe Botschaft Jesu Christi, ist unser Schatz, unsere Perle. Wer sie gefunden hat, gehört zu den ganz Glücklichen. Er hat alles, wonach er sich sehnt: Freude, Geborgenheit, Leben – die Fülle des Lebens.

Himmel ist dort, wo Gottes Herrlichkeit einem Menschen ganz und endgültig aufgeht. Himmel ist das Geschenk innigster personaler Gemeinschaft mit Gott, der allein uns ganz ausfüllen und erfüllen kann.

Nehmen wir uns immer wieder Zeiten der Stille, des Gebetes und der geistlichen Erneuerung. Sie sind keine Flucht aus dem Alltag, sondern die Bereitschaft, tiefer in die Welt einzudringen, tiefer zu pflügen, um den Schatz zu finden.

Die Wahrheit in Liebe tun

Der große Fund und das große Glück, es lässt sich nicht »machen«. Es muss geschenkt werden. Eines aber können wir: uns bereithalten, notfalls alles aufzugeben, um des Einen, des Reiches Gottes willen. Metanoia nennt die Bibel diese Haltung. Sie fällt uns schwer. Das Gleichnis aber sagt uns: Diese metanoia, dieses Loslassen geschieht »voller Freude«.

Das Kind als Zeichen

Im Evangelium sagt Jesus: »Wer der Erste sein will, soll der Letzte von allen und der Diener aller sein« (Mk 9,35). Damit meint Jesus nun auf keinen Fall, dass man sich selbst vergessen soll, dass ein Mensch mit seinen Fähigkeiten und Begabungen sich verleugnen und diese Talente verschleudern soll. Worauf es aber ankommt, ist, dass niemand versucht, diese seine Fähigkeiten und Talente auf Kosten anderer auszubilden und zu leben. Vielmehr sollen wir unsere Gaben zum gemeinsamen Wohl aller einsetzen und Verantwortung für das Ganze übernehmen.

Auf das Menschenbild kommt es an, auf das rechte, das christliche, von Jesus Christus her geprägte Menschenbild. Um dies deutlich und auch konkret sichtbar zu machen, stellt Jesus im Evangelium ein Kind in die Mitte der Jünger. Das Kind ist der Mittelpunkt und die Hauptperson. Was will Jesus damit sagen? Er macht deutlich, dass eine menschliche Gesellschaft, die den Weg des Menschen geht und der Menschlichkeit dient, auch eine kinderfreundliche Gesellschaft sein muss.

Wenn Jesus im heutigen Evangelium ein Kind in die Mitte stellt, dann hat das noch eine andere und tiefere Bedeutung. Das Kind ist ein Symbol auch für uns erwachsene Menschen. Ein Kind ist machtlos; es ist angewiesen auf die Hilfe der Eltern und der Erwachsenen. Jesus will uns damit aufmerksam machen:

Auch ihr, die Erwachsenen, bleibt in eurem Leben letztlich abhängig. Ihr alle seid verwiesen als Kinder auf den einen himmlischen Vater. Jesus will uns damit ermahnen, unser Kindsein vor Gott neu zu entdecken.

Es geht um den »Geist der Kindschaft«. Das bedeutet: Wir alle können unser Leben letztlich nur als ein Geschenk von Gott empfangen. Vor Gott dürfen wir deshalb auch schwach und unfertig und klein sein, so wie die Kinder. Wir brauchen uns nicht vor uns selbst und vor den anderen dauernd zu beweisen durch unsere Leistungen. Wir sind angenommen, bejaht und geliebt. Wir alle haben vor Gott einen unendlichen Wert und eine unendliche Würde. Zu Gott dürfen wir Vertrauen haben, weil er uns trägt und hält. Auf ihn dürfen wir unsere Sorgen werfen. Der Mensch ist der Weg der Kirche. Ihm will sie dienen und ihm den Weg zu einem geglückten Menschsein zeigen, einem Glück, das allein in Gott sein Ziel und seine Erfüllung findet. Uns alle will die Kirche begleiten, sich mit uns auf den Weg machen, damit wir diesem Ziel entgegenschreiten. Bleiben wir Menschen, die unterwegs sind, und machen wir uns immer wieder neu auf diesen Weg zu Gott. Er geht mit uns, er ist bei uns.

Jesus und die Kinder

WIE HAT JESUS SICH zu den Kindern verhalten? Was gibt er uns für unser Verhalten mit auf den Weg? Jesu Verhalten ist in dieser wie in anderen Fragen geradezu revolutionär. Es ist eine radikale Alternative. Im Evangelium gibt es dafür eine eindeutige Stelle (Mk 10,13–16). Es wird berichtet, wie die Leute Kinder zu Jesus brachten, damit er ihnen die Hände auflegte. Doch die Jünger wiesen die Leute schroff ab und schubsten die Kinder auf die Seite. Kinder galten damals nicht viel, man nahm sie nicht so recht ernst, ähnlich wie die Frauen. Interessant war das Kind nur als künftiger Erwachsener, das heißt als jemand, der später beiträgt zur Nachkommenschaft und zur Versorgung im Alter. Gegen diese Einstellung wendet sich Jesus; er wird geradezu unwillig über das Verhalten seiner Jünger. »Lasst die Kinder zu mir kommen … Denn ihnen gehört das Himmelreich.« An einer anderen Stelle (Mk 9,36–37) stellt Jesus sogar ein Kind in die Mitte; er macht es damit zur Hauptperson. »Wer ein solches Kind um meinetwillen aufnimmt, der nimmt mich auf.«

Die Kinder sind für Jesus also die ersten Anwärter auf das Reich Gottes und die Repräsentanten Jesu. Sie stehen unter seinem besonderen Schutz (vgl. Mk 9,41). Für Jesus zählt nicht Ansehen, Leistung, Erfolg, praktischer Nutzen. Das sind nicht die einzigen Kriterien des Menschseins. Jesus dreht unsere normale Wertskala sogar um. Er hat eine Vorliebe für die Armen, Schwachen, Unterdrückten, Kranken – und für die Kinder. »Wenn ihr nicht werdet wie die Kinder, könnt ihr nicht in das Himmelreich eingehen« (Mk 10,15).

Vor Gott, unserem himmlischen Vater, sind und bleiben wir alle immer Kinder. Das Kindsein ist also maßgebend für die Erwachsenen und nicht umgekehrt.

In der Tat, wir Erwachsenen können von Kindern vieles lernen. Kinder bereichern uns, machen Spaß und geben Aufwind. Kinder können uns Löcher in den Bauch fragen, uns beibringen, dass nichts einfach selbstverständlich ist, sie geben Anregungen zum Nachdenken, Fragen und Staunen. Kinder können uns anstecken mit ihrer Fröhlichkeit, Ungezwungenheit, Spontaneität und Kreativität. Kinder wollen schmusen, lieben und geliebt werden; sie bringen Wärme in unsere moderne Gefühlskälte. Kinder sagen arglos die Wahrheit und halten uns einen Spiegel vor. Schließlich: Kinder sind von Natur aus religiös; sie stellen auf ihre Art letzte Fragen und wissen, dass wir nicht alles machen können, dass das Leben letztlich Geschenk ist. Das meint Jesus, wenn er sagt, wir müssten werden wie die Kinder. Wir müssen es wieder lernen, alles als Geschenk zu erfahren.

Wenn heranwachsende Kinder trotz allem ihre eigenen Wege gehen und sich von der Kirche distanzieren, dann helfen weder Zwang noch Schimpfen oder gar der Abbruch des Kontakts. Die kritischen Anfragen der heranwachsenden Söhne und Töchter sollen uns vielmehr veranlassen, neu und tiefer über unseren Glauben nachzudenken und im Glauben zu wachsen und zu reifen. Damit ist man ein ganzes Leben lang nicht fertig: Unsere Kinder prägen auch uns, und die Prägung, die wir ihnen mitgeben, wird zukunftsbestimmend sein.

Es geht um eine Zukunft und um eine kinderfreundlichere Gesellschaft, die wieder mehr die inneren Werte schätzt und nicht nur auf äußeren Fortschritt, Leistung und Erfolg setzt – eine Gesellschaft, die Maß nimmt an Jesus Christus, seiner Menschen- und Kinderfreundlichkeit. Diese neue Gesellschaft beginnt zu Hause, in der eigenen Familie. Die Familie ist nach wie vor die Grundzelle der Gesellschaft und der Kirche. In den Familien entscheidet sich letztlich die Zukunft, nicht in Parlamenten, Regierungskonferenzen oder auch Bischofskonferenzen.

Aufrichten

MENSCHEN KÖNNEN AUF VIELFÄLTIGE WEISE gekrümmt sein. Sie sind oft gekrümmt durch harte und schwere körperliche Arbeit. Sie sind gekrümmt durch Krankheit, unter Umständen von Jugend an. Krumm können sie aber auch sein, weil sie innerlich verbogen oder verbraucht sind, sozusagen einen Knacks haben. Sie sind krumm, weil sie oft innerlich kaputt, weil sie enttäuscht oder in sich versponnen und verkrochen sind, oder aber weil ihnen das Rückgrat gebrochen wurde, sei

DIE WAHRHEIT IN LIEBE TUN

es durch falsche Erziehung, durch ungerechte, demütigende Behandlung oder durch unfrei machende Strukturen. Krumm sind schließlich viele, weil sie nur an sich denken, weil sie nur in sich und um sich kreisen und nicht mehr offen und aufrecht auf andere zugehen, sondern eng geworden sind und aus dem Gefängnis ihres Egoismus nicht mehr herausfinden. Es gibt viele Arten von Verkrümmungen und von Beeinträchtigungen menschlichen Lebens.

Jesus sah die verkrümmte Frau. Auch sonst hören wir im Evangelium immer wieder davon, dass Jesus das Leiden und Elend der Menschen wahrnahm und darüber von Mitleid ergriffen wurde.

Jesu Sehen ist kein bloßes Feststellen; es ist ein Sehen mit dem Herzen und zugleich ein Wahrnehmen, welches sich bewusst ist: So verkrümmt sollten Menschen an sich nicht sein. Gott hat sie anders gewollt und geschaffen. Er hat sie geschaffen nach seinem Bild und Gleichnis, sodass auf jeden, der Menschenantlitz trägt, etwas widerstrahlt von Gottes Schönheit, Hoheit und Herrlichkeit. Er hat den Menschen mit aufrechtem Gang gewollt und ihm Wert und Würde verliehen.

Es ist die Sünde, welche den Menschen verkrümmt, ihn demütigt und auf sich selbst zurückwirft. Der Sünder ist der in sich verkrümmte Mensch. Er vergisst sein wahres Glück und seine wahre Berufung, wendet sich in falscher und verkehrter Weise den Dingen der Welt zu, verabsolutiert sie und kreist nur noch um sich selbst. Er ist nicht mehr offen für Gott und nicht mehr offen für die anderen Menschen. So verfehlt er den Sinn seines Lebens.

Im Mittelpunkt des Evangeliums steht nicht die verkrümmte Frau; im Mittelpunkt steht Jesus Christus, der Heiland der Menschen. Er sieht das Elend dieser Frau, er nimmt es wahr, er ruft sie zu sich und sagt: »Frau, du bist von deinem Leiden erlöst« (Lk 13,12).

Die geheilte Frau, die wieder aufrecht gehen, anderen Menschen wieder ins Angesicht schauen und ihren Blick wieder zum Himmel erheben kann, ist ein Symbol für eine ganzheitliche Seelsorge. Seelsorge soll die Menschen den aufrechten Gang lehren, ihnen Mut, Zuversicht, Wert und Würde zusprechen. Seelsorge beginnt im Grunde damit, dass wir anderen sagen: Du bist wer; du hast einen unendlichen Wert, weil Gott dich von Ewigkeit her liebt, dich bejaht, dich hält und trägt, weil Gott letztlich verrückt ist auf dich und dich auf ewig in seiner Gemeinschaft haben will.

Das Evangelium sagt deutlich, worin der aufrechte Gang letztlich besteht: »Im gleichen Augenblick richtete sie sich auf und pries Gott« (Lk 13,13). Der Lobpreis Gottes ist die wahre Würde des Menschen. Erst in der Anerkennung Gottes findet der Mensch seine letzte Vollendung. Umgekehrt gilt auch das bekannte Wort des *Irenäus von Lyon:* »Die Ehre Gottes ist der lebendige Mensch.«

Erbe und Auftrag

DAS GLEICHNIS VON DEN TALENTEN scheint gar nicht so weit entfernt von unserer Zeit und Arbeitswelt. Heute könnte diese Geschichte so anfangen: Ein Multiunternehmer fliegt für mindestens ein Jahr auf die andere Hälfte der Erdkugel, um dort ein neues Unternehmen aufzubauen. Für diese Zeit setzt er stellvertretende Firmenchefs ein. Der eine erhält Verantwortung für fünf Zweigbetriebe, der andere für drei. Der dritte soll sich um ein Tochterunternehmen kümmern. Als der Konzernchef nach Rückkehr Rechenschaft fordert, können der erste und der zweite Firmenchef nicht nur eine gesunde Bilanz vorlegen, sie haben außerdem wesentlich expandiert. Der dritte aber hat nichts unternommen und entsprechend nichts vorzuweisen.

Und das mit der Begründung: Ich traue dir nicht einen Schritt über den Weg.

Nach der Gleichnisrede Jesu wird dieser Dritte, der Schwache, extrem hart bestraft. Warum ist das so? War er faul? Hat Jesus etwa schon eine Leistungsgesellschaft im Stil des 20. Jahrhunderts im Blick gehabt, in der nur belohnt wird, wer ohnehin Erfolg hat? Wohl kaum, denn dann wäre Jesus nicht selbst den Weg des menschlichen Misserfolgs, der Hingabe und des Todes am Kreuz gegangen.

Der dritte Mann im Gleichnis ist eine Schlüsselfigur zur Deutung des Lebens mit den Maßstäben Jesu. Seine Schuld ist nicht seine Faulheit, sondern die Tatsache, dass er kein Vertrauen zu seinem Herrn hat. Er hat das ihm Anvertraute nicht zu seiner Sache gemacht. Er ist kein Risiko eingegangen.

Was will Jesus uns mit diesem Gleichnis sagen? Ich denke, die Antwort ist nicht schwierig. Dieses Gleichnis sagt uns etwas Wesentliches über das Verhältnis Gottes zu uns Menschen. Gott ist es, der uns Menschen unsere Talente zuteilt. Wir Menschen haben uns das Leben nicht selbst gegeben; es ist Gabe Gottes, ein Talent, das der Schöpfer seinem Ebenbild, dem Menschen, anvertraut und zur Verantwortung übergeben hat.

Das Leben ist also Gabe und Aufgabe zugleich. Der Mensch hat die Aufgabe, aus seinem von Gott geschenkten Leben etwas zu machen und die Möglichkeiten, die in der Welt stecken, zu entfalten. Er soll das von Gott übernommene Kapital vermehren.

So verweist uns das Gleichnis darauf, dass wir als Menschen tätig werden, Neues wagen und das heißt auch Risiken eingehen sollen. Wir Menschen sind von der Liebe des Schöpfers zur Schöpfung beseelt, die uns selbst schöpferisch und erfinderisch macht. Die Schöpfung ist für Gott nicht abgeschlossen. Sie soll in gewissem Sinn täglich weitergehen, nicht zuletzt durch die Initiative des Menschen.

Nicht jeder Mensch hat dabei die gleichen Aufgaben. Jesus unterscheidet in seiner Erzählung zwischen Menschen, denen viel anvertraut wird, und anderen, die nur wenig übertragen bekommen. Entscheidend ist nicht, wie viele Begabungen einer hat, sondern dass jeder aus seinen natürlichen und übernatürlichen Anlagen das Beste macht. Gott fordert von uns nichts, was über unsere Kräfte geht.

Der zurückkehrende Herr zieht seine Knechte zur Verantwortung. Sie müssen Rechenschaft geben von ihrer Verwaltung. Wir sind also nicht selbstherrliche »Macher«, wir sind nur Verwalter von Gütern, die letztlich nicht uns gehören, die wir vielmehr empfangen und am Ende wieder zurückgeben müssen. Endgültig können wir ohnedies nichts in dieser Welt besitzen.

Es geht in unserem Gleichnis ja nur scheinbar bloß ums Geld, um tote Dinge. Was Gott uns anvertraut, ist etwas Lebendiges: unsere natürlichen und übernatürlichen Kräfte und Fähigkeiten, ja die Gabe des Lebens selbst. Alles Lebendige aber will wachsen und reifen; es setzt sich dabei selbst aufs Spiel und riskiert etwas. Das Gleichnis von den Talenten fordert uns auf, wirklich lebendige Menschen zu werden und auf eine wahrhaft menschliche Kultur hinzuarbeiten, in der Platz für alle ist.

Es ist die Perspektive einer Hoffnung, welche unsere Verantwortung mobilisiert. Gott setzt viel Vertrauen in uns, in unsere Selbständigkeit und eigene Verantwortung. Unser Vertrauen ins Leben und unser Mut zum Leben sind gefragt. Wir dürfen das Leben wagen, weil Gott es mit uns wagt.

Offen sein für Gottes Wort

DER TAUBSTUMME MANN im Evangelium, dem Jesus seine ganze Zuwendung und heilende Nähe schenkt und ihn so von seiner Krankheit befreit, ist ein Bild für unsere heutige Situation. Die Unfähigkeit des tauben Mannes, auf seine Mitmenschen zu hören, hörend teilzunehmen an ihren Sorgen und Freuden, erinnert an eine Not, die in unserer Gesellschaft sehr verbreitet ist: Wir leben sehr oft aneinander vorbei; wir sind so sehr mit uns selbst beschäftigt, dass wir keine Zeit haben für das, was uns ein anderer mitteilen will. Obwohl wir gesunde Ohren haben, sind wir seelisch taub – taub für unsere Umwelt und auch taub für den Anspruch Gottes.

Gleichzeitig sind wir auch sprachbehindert. Zwar können die meisten von uns sehr gewandt »Worte machen«, aber diese Worte sind oft leer. Sind nicht viele Worte, die wir in unseren Gesprächen austauschen, zu nichtssagenden Floskeln geworden? Oft kommt es zu der paradoxen Situation, dass wir in mitten eines üppigen Geredes »stumm« sind, verschlossen in uns selbst, alleingelassen mit unseren Gefühlen und Ängsten, die wir nicht aussprechen können oder auszusprechen wagen.

Jesus ist der Heiland auch in unserer heutigen Situation. Jesus heilt den taubstummen Mann, indem er zu ihm sagt: »Effata – Öffne dich!« (Mk 7,34). Jesus weiß, dass wir Menschen nur in Beziehungen recht leben können. So will er uns öffnen füreinander und unsere menschlichen Beziehungen wieder heilen. Doch zuvor blickt er zum Himmel auf. Er weiß: Unsere mitmenschlichen Beziehungen können nur heil sein, wenn unsere Urbeziehung zu Gott wieder stimmt. Gott selbst ist ein Gott in Beziehung. In der Verbindung mit Gott, dem Vater, geschieht deshalb das Wunder: Der Taubstumme kann hören und reden.

Der Taubstumme – so sagen schon die Kirchenväter – ist der

unerlöste, in sich verschlossene und verkrümmte Mensch, der Gottes Wort nicht zu hören und den Glauben nicht weiterzusagen vermag. Solche Taubstummheit ist auch die Signatur unserer Zeit. Jesus muss uns berühren, er muss uns etwas von seiner Kraft, von seinem Geist mitteilen, damit wir fähig werden, die Heilsbotschaft aufzunehmen, sie zu verstehen und sie mit unserem Leben zu bezeugen.

Wir sind berufen, wie Jesus auf andere zuzugehen und ihnen zu sagen: Hab Vertrauen, ich strecke dir meine Hand entgegen, ich biete dir meine Liebe an. Verlass das Schneckenhaus deiner Einsamkeit. Tu dich auf. Vor mir darfst du aussprechen, was dich bewegt und quält. Ich nehme dich an. Und wie ich dich annehme, so nimmt auch Gott dich an. Er befreit dich von allen Fesseln, die du dir selbst und die dir andere angelegt haben. Er hört dich, und du darfst zu ihm reden.

»Mensch, ich sage dir, steh auf!«

DAS IST EIN WORT DER ERMUTIGUNG und der Mahnung. Gott selbst sagt es uns. Denn Gott hat uns Menschen im Unterschied zu allen anderen Lebewesen aufrecht geschaffen. Wir dürfen und wir sollen aufrecht gehen und unser Gesicht zeigen. Jeder und jede von uns hat eine einmalige Würde und einen einmaligen Wert. Wir alle sind geschaffen nach dem Bild Gottes.

Wie ernst es Gott damit ist, hat er uns durch Jesus gezeigt. Jesus hat ja mit seiner Botschaft vom kommenden Reich Gottes in ganz besonderer Weise den Armen, den Kranken, den Kleinen und den Schwachen Mut zugesprochen. Er hat für alle sein Leben radikal drangegeben und ist stellvertretend für uns alle sogar in den Tod gegangen. Doch Gott hat bei Jesus – und bei ihm sogar in besonderer Weise – gesprochen: »Ich sage dir, steh auf!« Gott hat Jesus von den Toten auferweckt. Und was

Gott an Jesus getan hat, wird er einmal auch an uns tun. Jeder und jede von uns hat eine ewige Zukunft bei Gott.

Mit der Auferweckung Jesu von den Toten hat Gott gezeigt, dass nicht Hass und Gewalt, sondern Gerechtigkeit und Liebe, nicht die Lüge, sondern die Wahrheit das letzte Wort haben und dass am Ende nicht der Tod und die Mächte des Todes siegen, sondern dass am Ende vielmehr das Leben triumphieren wird. Gott selbst wird sorgen, dass den Gewalttätern die Bäume nicht in den Himmel wachsen, er wird den Lügnern, die die Wahrheit verdrehen, den Mund stopfen, er wird die Armen aus dem Dreck und Staub erheben und die Mächtigen vom Thron stürzen. Gott ist ein Freund des Lebens; er wird dem Leben recht geben.

»Mensch, ich sage dir, steh auf!« Dieses Wort trifft uns heute. Wir haben als Christen gerade heute allen Grund, aufzustehen und Farbe zu bekennen. Wo so viel Mutlosigkeit und Hoffnungslosigkeit ist, da müssen wir – wer denn sonst? – aufstehen und sagen, nein: nicht nur sagen, wir müssen es vormachen und vorleben, dass es Sinn macht zu leben, dass es Sinn macht, gut zu leben, dass es Sinn macht, sich für das Gute einzusetzen, dass es Sinn macht, etwas Gutes zu tun.

»Mensch, ich sage dir, steh auf!« Es ist nicht immer leicht, diesem Ruf zu folgen. Doch es ist Jesus, der ruft, und wozu Jesus ruft, dazu gibt er auch die Kraft. Im Vertrauen auf ihn können wir aufstehen; im Blick auf ihn brauchen wir keine Angst zu haben, die entscheidenden Schritte zu tun. Er ist an unserer Seite; er reicht uns die Hand; er ist uns Wegbegleiter und Freund. Er heilt unsere Gebrechen und verzeiht unsere Fehler und Schwächen. Bei ihm dürfen wir, wenn wir einmal down sind, immer wieder und jeden Tag neu aufstehen.

Marta und Maria

DAS EVANGELIUM NACH LUKAS stellt uns zuerst die Gestalt der Marta vor Augen. Sie ist eine durch und durch sympathische Frau, bei der man sich zu Hause und als Gast wohlfühlen kann. Sie denkt nicht zuerst an sich; sie kümmert sich um ihren Gast und tut alles, um Jesus den Aufenthalt in ihrem Hause so angenehm wie möglich zu machen. So stürzt sie sich in allerhand Aktivitäten. Ganz anders ihre Schwester Maria. Auch sie wendet sich ganz Jesus zu. Aber sie lässt die Arbeit sein, vergisst für ein paar Stunden die alltäglichen Sorgen; sie setzt sich Jesus zu Füßen und hört ihm einfach zu.

Seit der Zeit der Kirchenväter wird der Unterschied zwischen Marta und Maria zumeist als Unterschied zwischen aktivem, tätigem Leben und religiös-beschaulichem Leben gedeutet. Vor allem im Mittelalter leiteten die Ordensleute aus dem Wort Jesu, dass Maria den besseren Teil erwählt habe, die Überlegenheit des beschaulichen über das aktive Leben ab. Doch in der Erzählung des Evangeliums geht es nicht um eine solche Konkurrenz unterschiedlicher Lebensformen und schon gar nicht um den Unterschied zwischen den Christen in der Welt und den Ordenschristen. Der Gegensatz, der in der Erzählung steckt, zielt in eine andere Richtung. Es geht um das viele, das von uns getan werden kann und auch getan werden muss, und das Eine, das notwendig ist.

Marta kümmert sich um ihren Gast. Was sie tut, ist keineswegs sinnlos oder gar verkehrt. Die alltäglichen Dinge des Lebens, sie müssen ja sein, und wir können nicht dankbar genug sein, wenn sie jemand für uns tut. Es wäre schlecht bestellt, wenn es nicht solche Martas gäbe. Aber vor lauter Dies und Das vergisst Marta doch das Wichtigste, ja das Entscheidende. Sie hat keine Zeit mehr für das, was Jesus wirklich will, und kein Ohr mehr für das, was er ihr mitzuteilen hat. Maria dagegen ist ganz Ohr. Sie sorgt sich nicht äußerlich um Jesus, sondern will einfach bei ihm und mit ihm sein; sie genießt die Wohltat seiner Nähe. Sie lässt sich sein tröstendes, heilendes Wort von Gott und seinem Kommen zusprechen. Sie weiß: So wichtig und richtig alles andere meist ist, man darf darüber das Wichtigere nicht vergessen, auf das es in unserem Leben und für das Glück unseres Lebens ankommt. »Suchet zuerst das Reich Gottes, und alles andere wird euch dazugegeben werden« (vgl. Mt 6,33). Das eine lässt sich ganz gewiss nicht gegen das andere ausspielen. Aber wir müssen uns dennoch fragen: Was tut wirklich not?

Dieses Evangelium stellt uns vor die Frage nach dem Sinn unseres Tuns, unserer alltäglichen Arbeit, Sorge und Mühe. Allzu oft frisst sie uns buchstäblich auf. Vor lauter an sich berechtigter Sorge um unser leibliches Wohl und um das anderer sind wir oft in der Gefahr, unsere Seele zu verlieren. Wir kommen in Hektik und Stress, weil wir uns oft kaum mehr Zeit und Muße nehmen zu überlegen: Wozu eigentlich das Ganze? Wozu bin ich eigentlich auf Erden?

»Du machst dir viele Sorgen und Mühen, aber nur eines ist notwendig« (vgl. Lk 10,41–42). Dieser Satz Jesu stellt den Sinn und die Notwendigkeit unseres Mühens nicht in Frage. Aber er kann uns die Augen dafür öffnen, dass all unser Mühen den Blick auf das Wesentliche auch verstellen kann, auf die Wahrheit nämlich, dass Gott bei uns ist. Jeden Augenblick, den wir erleben, empfangen wir aus seiner Hand. Wir dürfen uns seiner Gegenwart erfreuen. Wir dürfen ihm unser Tun anempfehlen. Alles dürfen wir vor ihn hintragen, Freud und Leid, Hoffnung und Angst, selbst unser Scheitern, ja sogar unsere Schwierigkeiten mit Gott, unsere Zweifel und unseren Unglauben, wenn wir uns nur ihm zuwenden und uns ihm öffnen.

Die Gewissheit, von Gottes Liebe umfangen und getragen zu sein, wirkt befreiend. Denn eine solche Gewissheit lässt auch das Fragmentarische gelten. Sie gebiert die Hoffnung, dass Gott das vollendet, was wir nicht selber vollbringen können. Der Glaube bleibt daher nicht bei der Betrachtung stehen. Er befreit uns vielmehr zu einem neuem Handeln, einem Handeln, das nicht nur auf das eigene Vermögen baut, sondern das seine Kraft aus der Gegenwart, der Kraft und der Weisheit Gottes nimmt.

Was soll ich tun?

DA KOMMT EIN JUNGER MANN zu Jesus und stellt eine Frage. Es ist die entscheidende Frage im Leben jedes Menschen: Was muss ich tun, um das ewige Leben zu erlangen? Dies ist eine grundlegende Frage, die jeder Mensch stellt und die vor allem junge Menschen stellen: Was kann, soll, muss ich tun, damit mein Leben glückt, bleibend und dauerhaft glückt? Wie kann ich das Leben gewinnen?

Der Mensch hat diese Frage nicht nur, er ist diese Frage. Denn der Mensch ist im Unterschied zu allen anderen Lebewesen auf Erden sich selbst überantwortet. Er kann dabei sein Leben gewinnen, er kann es aber auch verpfuschen. Er kann die ewige Seligkeit erlangen, er kann auch verloren gehen.

Jesus sagt uns die Antwort ohne Umschweife und ohne alle Zweideutigkeit: »Niemand ist gut außer Gott, dem Einen« (Mk 10,18). Das gute, erfüllte, glückliche Leben besteht in nichts und niemand anderem als in Gott. Er ist der Gute, das höchste Gut; er allein ist Glück und Seligkeit des Menschen. Gott allein ist groß genug, um die ganze Höhe und Tiefe, die Länge und Breite unserer Sehnsucht nach Leben auszufüllen. Wir Menschen sind nun einmal unersättlich in unserem Hunger und Durst nach Leben. Kein Gut der Welt, und sei es noch so groß, gut und schön, kann unser Herz endgültig ausfüllen.

Nochmals die Frage: Was soll ich tun? Welches ist der Weg

zu Gott? Jesu Antwort ist sehr nüchtern: Gar nichts Außerordentliches und Verstiegenes. Jesus verweist einfach auf die Gebote. Sie sind – so sagen es uns die Psalmen immer wieder – Weisungen, Wegweisungen zum Leben. Und wer von uns könnte wie der reiche Jüngling im Evangelium schon von sich sagen, er habe diese Gebote von Jugend an immer befolgt? Suchen wir also nicht vorschnell nach allen möglichen Sonderspiritualitäten! Halten wir uns zunächst einfach an das Schwarzbrot christlichen Lebens. Es ist auf die Dauer gesünder und bekömmlicher als alle möglichen extravaganten Spezialitäten. Man kann sich ja auch religiös den Magen verderben!

Das Evangelium berichtet, dass Jesus den jungen Mann ansah, weil er ihn liebte. Er bietet ihm seine Freundschaft an. Das ist es, worauf es ankommt. Nicht zusätzliche Gesetze, Regeln, Methoden geistlichen Lebens. Das Gesetz des Neuen Bundes ist Jesus Christus in Person. Ihm sollen wir nachfolgen. Denn er ist der Weg, die Wahrheit und das Leben.

Die Nachfolge Jesu ist etwas Schönes und Erfüllendes. Sie ist dennoch nichts Leichtes. Sie führt nicht über die breite Straße, auf der alle bequem dahertrotten; sie führt den steilen Weg nach oben. Sie führt allein auf dem Weg des Kreuzes zum neuen Leben. Es geht um den Schatz im Himmel und nicht um Schätze in diesem Leben.

Der Weg zum Leben ist ein Weg, auf dem man einiges und am Ende alles lassen und hinter sich lassen muss. »Verkaufe alles, was du hast, und gib das Geld den Armen« (vgl. Mk 10,21). Das ist eine radikale Sprache. Wir sollten ihre Härte und Unerbittlichkeit nicht abmindern und abschleifen. Es geht ja um die Nachfolge des Gekreuzigten, und wir dürfen uns am Kreuz nicht vorbeimogeln wollen.

Das Kreuz ist sogar unsere einzige Hoffnung. Es ist der einzig mögliche Weg zum neuen Leben von Ostern und Pfingsten. Nur durch das Lassen, das Aufgeben, das ständige Sterben gelangen wir zur wahren Freiheit für Gott und die anderen. Und nicht in Aufmüpfigkeit, sondern im Verzicht um des Größeren, um des Himmelreiches und der Menschen willen besteht christliche Freiheit. Sie verwirklicht sich in der je größeren Liebe, im Verschenken. Solche Liebe ist der Sinn des Lebens, der Sinn der Welt.

Treue bewahren

DAS EVANGELIUM vom treuen und vom schlechten Knecht gehört zu den Gerichtsreden Jesu, in denen uns Jesus sagen will: Täuscht euch nicht und wiegt euch nicht in falscher Sicherheit. Am Ende müsst ihr alle Rechenschaft geben für euer Tun. Da kann sich dann keiner verstecken oder Theater spielen. Da werden alle Masken fallen. Da werdet ihr alle gefragt werden, ob ihr euch – so wie der eine Knecht im Evangelium – treu und klug verhalten habt.

Dieses Evangelium sieht nur auf den ersten Blick so aus, als wolle es uns Angst machen und uns Furcht und Schrecken vor der ewigen Verdammnis einjagen. In Wirklichkeit ist dieses Evangelium keine Drohbotschaft, sondern eine Frohbotschaft. Es zeigt uns im Gleichnis, dass Gott ein ganz großes Vertrauen zu uns Menschen hat. Er setzt uns ein als Verwalter der Güter dieser Erde, und er überträgt uns dabei die Sorge für die Natur wie besonders für unsere Mitmenschen. Gott traut uns also etwas zu. Er überträgt uns Verantwortung. Wohl und Wehe der Welt, Bewahrung oder Zerstörung der Schöpfung, Frieden oder Krieg und Gewalt unter den Menschen – das hat Gott in unsere Hand gelegt. Wir sind weitgehend unseres eigenen Glückes Schmied. Man kann sein Leben gut gestalten, etwas daraus machen, man kann es aber auch durch eigene Schuld verpfuschen, verändeln und vertun. Gott will uns als freie Geschöpfe. Er anerkennt unsere Würde als Menschen.

Nichts kann man freilich so missbrauchen wie die eigene Freiheit. Und da liegt eigentlich unser heutiges Problem. Man kann es so machen wie der schlechte Knecht im Evangelium. Er hat die Freiheit und das in ihn gesetzte Vertrauen schamlos ausgenützt und egoistisch missbraucht. Er hat in Saus und Braus gelebt, geschlemmt und getrunken, die anderen aber drangsaliert und misshandelt; er ist gewalttätig gegen sie geworden und hat ihnen den ihnen zustehenden Lohn vorenthalten. Er hat nicht begriffen, dass Freiheit nicht Willkür, sondern Verantwortung bedeutet.

Die Lektion vom treuen und schlechten Knecht lautet: Wiegt euch nicht in falscher Sicherheit. Am Ende müsst ihr alle Rechenschaft geben. Es wachsen keine Bäume in den Himmel. Am Ende stehen alle vor demselben Richter, vor dem alle endgültig gleich sind und der richtet ohne Ansehen der Person. Auch das ist eine Frohbotschaft.

Denn nicht Lüge und Gewalt haben das letzte Wort, sondern Wahrheit und Gerechtigkeit. Wirklich klug ist darum nicht, wer mit allen Wassern gewaschen ist und meint, es mit Gerissenheit und Schläue und mit allen möglichen Schlaumeiereien schaffen zu können und wer dafür möglichst viel mit den Ellenbogen arbeitet. Klug ist, wer mit der Realität Gottes in seinem Leben rechnet, wer dankbar anerkennt, was Gott ihm anvertraut hat, und wer damit verantwortlich umgeht, jederzeit bereit, vor ihm Rechenschaft zu geben.

Nach unserer ganz persönlichen Verantwortung werden wir am Ende von Gott gefragt werden. Wir werden gefragt werden: Bist du zuverlässig und treu gewesen, warst du anständig, aufrichtig und geradeheraus, hast du Rückgrat und Charakterfestigkeit gezeigt, warst du ein Fels und ein Turm im Sturm oder ein schwankendes Rohr, das sich von den rasch wechselnden Moden und Meinungen des Tages, von der jeweiligen Lust und Laune hat hin und her treiben lassen? Kurzum: Hast du nach dem Gewissen gehandelt und gelebt oder hast du dich einfach treiben lassen und nur nach dem Motto gehandelt: Du sollst dich nicht erwischen lassen? Warst du der treue und kluge Knecht, der im Evangelium gelobt und belohnt wird?

Besonders die Treue gilt für Christen sogar noch in einer besonderen Weise. Denn die Treue ist nach dem Zeugnis der Heiligen Schrift die Grundeigenschaft Gottes. Immer wieder hören wir: Gott ist treu. Er ist auch dann treu, wenn wir untreu werden. Er lässt uns nicht fallen, keinen Einzigen von uns lässt er fallen. Auf ihn, und letztlich auf ihn allein, ist unbedingter Verlass. Ihm dürfen wir darum trauen in jeder Lebenslage. Er ist uns Halt und Schild, unsere Burg und unsere Zuflucht. Auf ihn können wir zählen; mit ihm sollen wir aber auch rechnen in unserem Leben.

Wenn Gott uns so unwandelbar treu ist, dann müssen auch wir treu sein und in allem als treu erfunden werden. Daran hängt unsere Glaubwürdigkeit als Christen, dass man sich auf uns verlassen kann, dass wir kluge und treue Knechte sind, dass wir aus innerer Verantwortung heraus leben und handeln. Freiheit wie Liebe müssen sich in der Treue bewähren.

Türen offen halten

DAS EVANGELIUM von der Heimkehr des verlorenen Sohnes schildert uns das Leben in der Familie nicht als Idylle und als Insel der Seligen, sondern ziemlich realistisch als Ort mannigfacher alltäglicher Konflikte. Es erzählt uns von einem Vater, der die schmerzliche Erfahrung machen muss, dass sein jüngerer Sohn plötzlich auszieht und ausflippt und einen Lebensstil anfängt, mit dem der Vater ganz und gar nicht einverstanden sein kann. Solche Erfahrungen machen heute viele Eltern. Sie müssen ihre Kinder auf verschiedenen Altersstufen immer wieder loslassen. Das ist notwendig, wenn die Kinder selbständig werden sollen, tut aber auch weh; und viele fragen sich, wenn ihre Kinder ihre eigenen Wege gehen: Haben wir denn etwas falsch gemacht?

Es ist erstaunlich, wie zurückhaltend das Evangelium mit seiner Wertung ist. Es lobt weder den Daheimgebliebenen, und noch weniger – und das ist das eigentlich Erstaunliche – verurteilt es den, der auszieht und dann heruntergekommen zurückkommt. Der Vater hält ihm keine Moralpredigt, macht ihm keine Vorwürfe, enterbt ihn nicht und weist ihm schon gar nicht die Tür. Im Gegenteil, er hält die Tür offen, er hält sogar Ausschau nach ihm, er geht ihm entgegen und geht auf ihn zu; er empfängt ihn mit offenen Armen, setzt ihn wieder in seine vollen Sohnesrechte ein und veranstaltet sogar ein regelrechtes Familienwiedersehensfest.

Die Enttäuschung des daheimgebliebenen Sohnes ist verständlich. Aber nicht nur der zunächst verlorene Sohn muss umkehren und heimkehren; auch der andere, der brav zu Hause Gebliebene, muss umdenken und dazulernen. Er muss es lernen, nicht eifersüchtig, selbstgerecht und hartherzig, sondern barmherzig zu sein und seinem jüngeren Bruder die Türen des Hauses und die seines Herzens wieder zu öffnen.

Diese Geschichte kann uns zeigen: Die Familie soll ein Haus sein mit offenen Türen, ein Haus, in dem die Kinder gar nicht für immer bleiben können, ein Haus aber, in das sie jederzeit zurückkehren können. Man könnte auch sagen: Die Familie soll ein Raum sein, wo man einander annimmt, aufeinander Rücksicht nimmt, füreinander Verständnis hat, miteinander teilt, miteinander offen redet, einander hilft, füreinander einsteht, einander immer wieder verzeiht und sich aneinander freut. Deshalb muss eine Familie nicht nur offene Türen haben; man muss in der Familie auch offene Augen, Ohren, Hände und offene Herzen füreinander haben.

Im Evangelium sagt uns Jesus: Schaut, wie Gott sich zu euch verhält, wie er euch verzeiht und wie er euch trotz all euren Schwächen und Sünden immer wieder neu annimmt. So sollt auch ihr euch verhalten. In eurem Leben in der Ehe und in der Familie soll sich etwas widerspiegeln vom Verhalten Gottes zu euch. In einer partnerschaftlichen Ehe sollen die Ehepartner durch ihre Zärtlichkeit, Liebe und Treue, ihre Rücksicht und Hilfsbereitschaft einander etwas von der zärtlichen Liebe und unbedingten Treue Gottes erfahrbar machen.

Nur wer um den gütigen Vater im Himmel weiß, sich an ihm und seinem Vorbild orientiert, sich und den anderen von ihm immer wieder angenommen und getragen weiß, sich gemeinsam in guten und in weniger guten Tagen bei ihm aufgehoben weiß, wer also bewusst mit Gott und aus Gott lebt, der hat auch in schwierigen und krisenhaften Situationen, die es wohl in jeder Ehe und Familie gibt, die Kraft, durchzuhalten in einem Leben, so wie Gott es zu unserem eigenen Besten von uns will. Aus eigener Kraft schaffen wir das nicht.

Wir halten die Türen dadurch füreinander offen, dass wir die Türen und die Fenster wieder mehr nach oben aufmachen, nach oben, zu Gott, unserem Vater im Himmel.

Ein katholischer Christ wird sicher die Türen seines Herzens offen halten müssen gegenüber der Lehre der Kirche, er kann sie nicht einfach abschreiben; aber er kann und darf, wenn er sich ehrlich damit auseinandergesetzt hat, dann auch entsprechend seinem persönlichen Gewissen entscheiden. Er soll vor allem wissen: Gott ist wie ein gütiger Vater, der die Türen seines Herzens für uns immer verständnisvoll und versöhnungsbereit offenhält.

»Wer der Erste sein will …«

JESUS ZIEHT SICH mit seinen Jüngern zurück. Die Massen, die ihm am Anfang jubelnd zugeströmt waren, haben sich zurückgezogen; nur eine kleine Jüngerschar ist übrig geblieben; dagegen formieren sich nun Jesu Gegner. Um so intensiver beginnt Jesus mit der Jüngerbelehrung.

Das Reich Gottes kümmert sich wenig um Quantitäten; hier geht es um Qualität!

Worin besteht sie? Das Evangelium gibt uns eine auf den ersten Blick schockierende, ja skandalöse Antwort. Der Menschensohn wird den Menschen ausgeliefert, er wird getötet werden und am dritten Tag auferstehen. Tod und Auferstehung Jesu Christi sind auch nach dem Apostel Paulus exakt die Mitte unseres christlichen Glaubens und der Kern der Frohen Botschaft. Das klingt befremdlich, ist aber überaus befreiend, eine wirklich frohe Botschaft.

Dass Jesus dem Tod am Kreuz ausgeliefert wurde, heißt, dass der Gott, zu dem wir uns als Christen bekennen, nicht irgendwo in der Ferne über den Wolken, jenseits all der Schrecken und der Nöte der Geschichte thront. Er ist ein Gott der Menschen, der freiwillig eingegangen ist in unser menschliches Schicksal. Er ist als kleines, schwaches Kind geboren worden, hat Hunger und Durst erlitten, menschliche Freundschaft, aber auch Feindschaft, Hass, Missgunst und Verrat erfahren, ist eingegangen bis ins Leiden und Sterben, ja er ist den schändlichsten Tod gestorben, den die alte Welt kannte, den Tod am Schandpfahl des Kreuzes. Nichts Menschliches ist ihm fremd geblieben. So gibt es seither keine menschliche Situation mehr, und wäre sie noch so schlimm und noch so verfahren, die grundsätzlich gottlos und gottfern wäre. In allem und in jeder Situation ist Gott uns nahe. In jeder Situation nimmt er uns an. Der christliche Glaube sieht und akzeptiert nicht nur unsere starken Seiten, er kennt nicht nur das Heldenhafte; es sieht und anerkennt auch das Schwache, Geringe, das Elend des Menschen.

Aber der Glaube macht hier nicht halt. Er verklärt das Elend, das Leiden und das Sterben nicht. Gott will nicht den Tod, er will das Leben. So hat er Jesus nicht im Tod gelassen, sondern ihn auferweckt zu neuem und ewigem Leben. Gott hat damit dem Leben recht gegeben gegenüber dem Tod, der Wahrheit gegenüber der Lüge, der Gerechtigkeit und der Liebe gegenüber Hass und Gewalt. So ist die christliche Botschaft eine Botschaft der Hoffnung. Sie macht Mut zum Leben und zum Einsatz.

Sie sagt uns: Es ist nie umsonst, etwas Gutes zu versuchen und zu tun. Am Ende wird das Gute siegen.

Aus dieser zentralen Botschaft zieht das Evangelium nun eine zentrale Konsequenz. »Wer der Erste sein will, der sei der Letzte und der Diener aller« (Mk 9,35). Wiederum schmeckt uns ein solches Wort zunächst gar nicht. Es sieht nach falscher Demut und nach Rückgratverkrümmung aus. Gemeint ist, dass wir als Christen nicht Menschen sein sollen, die übereinander herrschen und übereinander herfallen, sondern Menschen, wo jeder nicht nur und auch gar nicht zuerst für sich selbst, sondern für den anderen da ist. Dieses Wort widerspricht radikal allem Egoismus, der nur sich selbst behaupten, durchsetzen und verwirklichen will, und dies auf Kosten der anderen. Das Wort appelliert deshalb an eine andere Erfahrung, die wir alle schon einmal gemacht haben. Glücklich sind wir immer dann, wenn wir andere glücklich machen.

So ruft uns Jesus zu Güte, Milde, Hilfsbereitschaft, Versöhnlichkeit, Freundlichkeit. Er sagt uns damit, woran man den wahren Christen erkennt: nicht an frömmelndem Getue, sondern an der Nächstenliebe und am Einsatz für andere.

»LIEBST DU MICH?«

Sehnsucht nach Liebe

Lassen wir uns in Gedanken hineinnehmen in die Begegnung zwischen Jesus und der Frau am Jakobsbrunnen, um so entdecken zu können, was diese Geschichte uns sagen kann über unser Leben und unseren Glauben und welche Bedeutung sie für uns hat.

Da sind zunächst die menschlichen Züge Jesu, die uns in der Begegnung Jesu mit der Frau in Samarien ansprechen. Ein Durstiger kommt an einen Brunnen. Er ist müde von der Wanderung, durstig vom Staub der Straße. In der Hitze der Mittagsglut bittet er um einen Schluck Wasser. Er bittet die Frau, die da eben zum Wasserschöpfen hinzukommt, ihm zu helfen, an das erfrischende Wasser heranzukommen.

Mit dieser Bitte an die samaritanische Frau – für Jesus als jüdischen Mann geradezu skandalös – rührt er an einen alten Konflikt zwischen Juden und Samaritanern. Er wird konfrontiert mit jahrhundertealten Blockaden, Zerwürfnissen und Verhärtungen zwischen dem alten Nordreich Samaria und der Religion der Synagoge in Judäa. Feindseligkeiten und Intrigen haben das Volk des Alten Bundes zerrissen. Doch Jesus lässt sich von den alten Schranken der nationalen und religiösen Identität nicht bestimmen und leugnet deshalb auch seine eigene menschliche Bedürftigkeit nach dem durstlöschenden Wasser nicht.

Jesus kann das Gespräch auf das eigentliche Problem der Frau lenken. Er kommt auf ihren inneren Durst zu sprechen, auf ihr Bedürfnis nach Liebe und Geborgenheit, nach einem Ehemann, der alle Sehnsucht nach Liebe erfüllt, bei dem man ganz daheim sein kann. Doch keine der Beziehungen, die sie eingeht, vermag ihren Durst zu löschen. Jesus macht ihr deshalb keine Vorwürfe. Er stellt nur fest, dass sie die Wahrheit sagt, dass sie in Wirklichkeit keinen Mann hat, keinen, der sie so liebt, wie sie das im Herzen ersehnt. Er kennt ihre eigene Wahrheit: Sie hat gesucht und in einem Übermaß gesucht, wurde immer wieder enttäuscht und machte sich erneut auf die Suche. Sie spürt ihre eigenen Grenzen, vielleicht leidet sie auch an der Maßlosigkeit ihres Verlangens nach Glück, an ihrem ständigen Um-sich-selbst-Kreisen, ohne ein Ziel zu erreichen.

Im Gespräch mit Jesus begreift die Frau immer mehr, dass er ihr etwas geben kann, ja dass er ihr etwas zu geben hat. Sie beginnt zu begreifen, wie ihr großer Durst nach Liebe und Geborgenheit sich wie ein Schatten auf ihr Leben gelegt hat, und im Austausch mit Jesus kann sie immer mehr diesen Schatten annehmen und sich damit versöhnen.

Jesus öffnet den Blick der Frau am Jakobsbrunnen, der durch das Kreisen um sich selbst verstellt war, auf Gott hin. Immer mehr entdeckt sie in Jesus die Quelle, die sie ein Leben lang suchte. Und so fragt sie ihn, den sie aufgrund seiner Herzenskenntnis für einen Propheten hält, nach der wahren Anbetung.

In der Anbetung kommt die Sehnsucht des Menschen nach Heimat, nach Geborgenheit und Liebe zur Erfüllung. Wenn ich vor Gott niederfalle und ihn anbete, weil er Gott ist, dann werde ich frei von der Sucht, alles auf mich zu beziehen, mich ständig zu fragen, wie es mir geht. Dann kann ich mich selbst vergessen, weil mich Gott selbst berührt und im Herzen so ergreift, dass ich als Ergriffener ganz da bin, wirklich daheim.

Der Verlauf des Gespräches hat die Frau dahin geführt, dass sie zu glauben beginnt: »Ist er vielleicht der Messias?« – diese Frage bewegt sie (vgl. Joh 4,29). Sie lässt ihren Wasserkrug am Brunnen zurück; was ihr vorher so wichtig erschien, hat seine Bedeutung verloren. Sie »muss« weitergeben, was sie empfangen hat; es drängt sie geradezu. Sie wird zur Botschafterin des Evangeliums, sodass viele Samariter zum Glauben an Jesus kommen auf das Wort der Frau hin.

Begegnung am Brunnen des Lebens

DAS EVANGELIUM von der Samariterin am Jakobsbrunnen (Joh 4,19–24) möchte Mut machen. Es sagt uns: Der Durst nach dem wahren Leben und damit nach Gott ist auch heute lebendig, ja viel lebendiger, als die meisten von uns ahnen.

Das Evangelium beginnt mit der natürlichen Frage nach Wasser. Es ist eine ganz alltägliche Frage. Doch schon bald wird sichtbar: Hinter dieser Frage steht mehr. Für den Orientalen ist das Wasser ein Symbol für die Sehnsucht nach der Stillung des Durstes nach Leben. Leben ist aber mehr als eine biologische Größe, mehr als äußeres Überleben. Wirklich menschlich leben können wir nur, wenn wir das Licht des Lebens haben und einen Sinn des Lebens verspüren. Menschlich leben können wir nur, wenn unser Leben von anderen angenommen ist und wenn wir es für andere einsetzen können. Leben und Liebe gehören engstens zusammen.

Doch oft müssen wir den verschütteten Brunnen des Lebens und der Liebe wieder ausgraben.

Der Mensch, der stets auf der Suche nach Gott ist, ist zugleich auf der Suche nach anderen Menschen, welche ihm helfen zu leben und welche ihm die Botschaft des Lebens erschließen. »Ich habe keinen Menschen« (Joh 5,7). Diese Klage eines kranken Menschen im Johannesevangelium ist auch der Notschrei vieler heutiger Menschen. Vielleicht war die Einsamkeit und die Beziehungslosigkeit nie so groß wie ausgerechnet in unserer heutigen Massengesellschaft.

Das Evangelium spricht von der Not und dem Segen menschlicher Begegnungen. An sich hatte diese samaritische Frau schon viele Begegnungen. Sie alle sind schiefgegangen. Fünf Männer hatte diese Frau, und der, den sie jetzt hat, der ist nicht ihr Mann. Sie ist eine gescheiterte Existenz.

Erst in der Begegnung mit Jesus wird ihr der Brunnen des

Lebens neu erschlossen. Denn Jesus, so wie ihn dieses Evangelium zeichnet, ist derjenige, der sich ganz auf den anderen einlässt. Er tut es ohne Vorurteile und Vorbehalte. Seine Jünger sind erstaunt und entsetzt, dass er sich mit einer Frau, mit einer fremden samaritischen Frau und ausgerechnet mit einer solchen Frau, unterhält. Aber wie tut er dies?

Jesus geht den Fragen und Problemen dieser Frau auf den Grund und erschließt ihr neue Lebensmöglichkeiten. Er ist Bote und Bringer, Gabe und Geber des neuen Lebens. Deshalb kann Jesus von sich sagen: »Ich bin es.« Er ist Ort der Gottbegegnung und der Gottesverehrung; er ist der Messias, er allein! Er ist der Retter der Welt (Joh 4,42). Zu ihm als dem Brunnen des Lebens zu gehen und auch andere dorthin zu führen ist unsere Aufgabe. Wir müssen weitergraben an dem Brunnen, der als Jakobsbrunnen schon im Alten Testament grundgelegt wurde, an dem die Kirche arbeitet seit den Tagen der Apostel, seit den großen Kirchenvätern des Ostens und des Westens, an dem Brunnen, an dem seither viele bekannte und unbekannte Heilige saßen, um Christus zu begegnen.

Die Fruchtbarkeit unseres Wirkens steht und fällt damit, dass wir uns selbst immer wieder auf die persönliche Christusbegegnung einlassen: im Gebet, in der Meditation und in den Sakramenten.

Boten des Lebens können wir nur sein, wenn er, der das Leben ist, durch uns transparent wird, wenn wir ihn durch uns wirken lassen. Letztlich ist der Taufbrunnen der Brunnen des Lebens. Hier fließt das Wasser des neuen Lebens. In der Eucharistie empfangen wir das Brot des Lebens. So wiederholt sich jedes Mal am Taufbrunnen die Szene vom Jakobsbrunnen, und sie findet in der gemeinsamen Feier der Eucharistie ihre höchste Verwirklichung.

Wir sollten so Liturgie feiern, dass die so vielfach abgehetzte Seele des Menschen zum Ausspannen und Ausatmen kommt, dass ein Raum der Stille entsteht, in welchem persönliche Christusbegegnung möglich wird, in welchem wir etwas kosten vom ewigen Leben, vom ewigen Frieden und von der ewigen Freude.

Das Licht der Welt

DER BLINDE BARTIMÄUS, dem Jesus seine ganze Zuwendung und heilende Nähe schenkt und ihn so von seiner Krankheit befreit, ist ein Bild für unsere heutige Situation. Die Unfähigkeit dieses blinden Mannes, seine Umwelt, seine Mitmenschen zu sehen, mit all ihren Sorgen und Freuden, erinnert an eine tiefe Not unserer Gesellschaft. Wir leben oft aneinander vorbei; wir sind so sehr mit uns beschäftigt, kreisen nur um uns selbst, sehen nur unsere eigenen Vorteile und Interessen. Unser Blick ist sehr oft verstellt für das, was ein anderer uns mitteilen und zeigen will. Obwohl wir gesunde Augen haben, sind wir doch auf eine Weise blind. Blind für die Menschen neben uns, blind für die Zeichen der Zeit, blind auch für die Spuren Gottes in unserer Welt.

Jesus wendet sich dem blinden Bartimäus zu und sagt ihm: »Geh! Dein Glaube hat dir geholfen!« (Mk 10,52). Jesus schenkt ihm das Augenlicht, das Sehvermögen wieder, er bringt Licht in die verstellten Augen. Im Johannesevangelium sagt Jesus von sich selbst: »Ich bin das Licht der Welt« (8,12). Jesus ist sozusagen das Medium, in dem die Wirklichkeit unverstellt, ganz, in ihrer Höhe und Tiefe, in ihrer Länge und Breite aufleuchtet. Nur durch ihn wird die volle Wahrheit über die Welt und die Menschen offenbar. Er heilt auch unsere Blindheit. So bedeutet der christliche Glaube, das heißt der Glaube an Jesus Christus als das Licht der Welt, nicht irgendeine Blickverengung, nicht irgendwelche ideologischen Scheuklappen oder Borniertheit.

Der Glaube an Jesus Christus ist es, der den Blick erst wieder frei macht für das Ganze und für die wahre Wirklichkeit. Warum ist das so? Weil in und auf Jesus Christus hin alles erschaffen worden ist. Er ist das Urbild, das Sinnziel der Schöpfung, Alpha und Omega, Anfang, Mitte und Ziel. So ist er auch das Licht, der Schlüssel, gleichsam der Code, um die Welt in ihrer Tiefe zu verstehen. In ihm wird uns letztlich gesagt, wer wir sind, was die Welt ist und was sie bedeutet.

Sich von Jesus Christus, dem Licht der Welt, ergreifen zu lassen, ja selbst für andere zum Licht werden und ihnen das Licht zu bringen: das ist die Aufgabe der Kirche.

Das Licht des Glaubens, das Licht der Frohen Botschaft hinauszutragen zu den Völkern der Welt, es aber auch hineinzutragen in unsere Gesellschaft, in unsere Arbeitswelt, das ist der Missionsauftrag der Jünger und Jüngerinnen Jesu.

Wir müssen uns auf unsere religiösen Wurzeln und Traditionen wieder besinnen. Im Zug einer neuen Evangelisierung, die das Licht des Glaubens hineinbringt in unsere heutige veränderte Lebenswelt, ist es unser aller Auftrag als Christen, hier auch die geistigen Grundlagen zu legen. Jesus Christus, der zuallererst selbst das Licht der Welt ist, nennt auch uns Licht der Welt, und er fügt hinzu: »So soll euer Licht vor den Menschen leuchten, damit sie eure guten Werke sehen und euren Vater im Himmel preisen« (Mt 5,16).

Ein sehendes Herz

Die Wunder Jesu im vierten Evangelium stehen unter dem Wort »Zeichen«, griech. »semeia«, und sind von Johannes bewusst so benannt. Mit den johanneischen Zeichen verhält es sich wie bei Symbolen, die wir aus dem Alltag kennen. Wenn zum Beispiel ein Mann einer Frau eine rote Rose schenkt,

schenkt er ihr vordergründig eine Blume, hintergründig und in Wahrheit bedeutet das aber viel mehr, und jeder versteht dies auch.

Die Blindenheilung stellt das fünfte Zeichen Jesu im Johannesevangelium dar. Da gibt es zunächst ein vordergründiges Geschehen: Ein von Geburt an Blinder wird von Jesus geheilt, sodass er am Ende wieder sehen kann. Jesus vollzieht dies nicht durch ein wirkmächtiges Wort, etwa so: »Ich will, sei sehend!«, sondern er heilt den Blinden durch ein Tun; er vermischt Speichel und Erde zu einem Teig, streicht ihn auf die kranken Augen und gibt dem Blindgeborenen den Auftrag, sich im Teich Schiloach zu waschen. Der gesamte Heilungsvorgang vollzieht sich in einem ganzheitlichen, ganzmenschlichen Geschehen; der Blinde spürt seine Heilung sinnenhaft und soll selbst bei ihr mitwirken. So weit ist dies ein beobachtbares, vordergründiges Geschehen.

In Wahrheit jedoch geht es um eine tiefer liegende Wirklichkeit. Deutlich wird dies an der Diskussion, die sich im Anschluss an die Heilung zwischen den Pharisäern, den Eltern des Blindgeborenen und dem Blindgeborenen selbst ergibt: Die Parteien zerstreiten sich über der Frage, wer denn dieser Jesus sei. Dabei bleiben die Pharisäer in Verblendung und Verstocktheit und im Unglauben, während der Blindgeborene und jetzt Sehende langsam zum Glauben findet. Er steigt Stufe für Stufe bis zum höchsten christologischen Bekenntnis auf. Zunächst bekennt er im Streitgespräch mit den Pharisäern: »Er ist ein Prophet.« Und am Ende antwortet er auf die Frage Jesu: »Glaubst du an den Menschensohn?« mit dem Bekenntnis: »Ich glaube, Herr!« Der »Menschensohn« ist nach Daniel eine Himmelsgestalt, die vor Gott geführt wird. Es wird von ihm gesagt: »Ihm wurden Herrschaft, Würde und Königtum gegeben. Alle Völker, Nationen und Sprachen müssen ihm dienen. Seine Herrschaft ist eine ewige, unvergängliche Herrschaft. Sein Reich geht niemals unter« (Dan 7,13–14). Der Blindgeboren-Sehende versteht etwas vom Persongeheimnis Jesu: Er ist von Gott ausgegangen; es wird ihm Weltherrschaft mit unbeschränkter Macht übertragen. Deshalb ist es nur folgerichtig, wenn der Blindgeboren-Sehende sich vor Jesus niederwirft zum Zeichen der Dankbarkeit, ja als Anbetung.

So wird deutlich, was das »Zeichen« der Blindenheilung eigentlich bedeutet: Jesus heilt die Blindheit des Herzens, die Finsternis des Unglaubens; er macht das Herz des Blindgeborenen sehend, sodass er jetzt glauben kann. Die Heilung der blinden Augen des Mannes ist zum Zeichen für die Heilung des ganzen Menschen, für seine Öffnung Gott gegenüber geworden, sodass das Licht des Glaubens sein Leben erhellt. Dem korrespondiert auch die Aussage Jesu vor der Blindenheilung: »Solange ich in der Welt bin, bin ich das Licht der Welt« (Joh 9,5).

Der gute Hirte

WAS WIR HEUTE ALS ABGEORDNETE und Minister bezeichnen, war gemeint, wenn im Alten Testament von den Hirten gesprochen wird. Die Hirten, das waren die großen Leitgestalten, die Führer des Clans, des Volkes, die vorangegangen sind, die die Herden auf gute Weideplätze geführt haben, die reiche Erfahrung gehabt haben, Männer und Frauen, die Autorität hatten und als solche anerkannt waren. Doch schon das Alte Testament weiß auch um solche Hirten, die sozusagen nur ihr eigenes Schäfchen ins Trockene bringen und in die eigene Tasche wirtschaften. Der Prophet Ezechiel polemisiert unglaublich gegen solche Hirten, die nur sich selber weiden, die sich nur selber mästen, die nur selber in die eigene Tasche schaffen. Und gegenüber diesem Bild sagt nun Jesus: »Ich bin der gute Hirte« (Joh 10,11), derjenige, der wirklich Verantwortung übernimmt für die Herde, für die Menschen, der sich nicht davonmacht, wenn Gefahr droht – nein, der im entscheidenden Augenblick sein Leben drangibt, sein Leben hingibt für diejenigen, die ihm anvertraut sind, der jedem Einzelnen nachgeht, der sich verlaufen und im Dorngestrüpp verfangen hat, der jeden Einzelnen auf die Schulter nimmt und zurückträgt zu den anderen. Ihm geht es nicht um den eigenen Besitzstand, sondern er gibt alles auf für andere. Mit dieser Aussage: »Ich bin der gute Hirte« wollte Jesus die wirkliche Alternative aufzeigen. Er wollte auf sich zeigen: Ich bin der Wegweiser und der Weg, ich bin für euch Wegbegleiter und Freund, der Hirte, der euch trägt, der jeden Einzelnen von uns trägt, nährt, sich um ihn sorgt, ihn rettet und befreit, ihn heilt und ihm hilft.

Wir haben einen solchen Hirten, einen solchen Wegweiser und Weg, einen, dem man nachfolgen kann als dem großen Vorbild. Wo sollen wir sonst hingehen, wo finden wir sonst solche Gestalten, wie Jesus eine Gestalt war, er, der uns den Weg des Lebens, den Weg zur Fülle, zum ganzen und vollen Leben zeigen kann?

Doch Jesus braucht Menschen, die in seiner Nachfolge Hirten sind für sein Volk. Schon zu Lebzeiten hat er Jünger um sich gesammelt, damit sie bei ihm seien und er sie sende. Er konnte schon zu Lebzeiten nicht zu all den vielen Menschen kommen, die zu ihm wollten. Er brauchte Helfer und Helferinnen, die er ausgesandt hat, damit sie an seiner Stelle und für ihn Hirten des Volkes seien. Nach seiner Auferstehung hat er die Zwölf in besonderer Weise ausgesandt in alle Welt, um allen die Frohe Botschaft von Gott, dem Gott, der lebendig ist und der lebendig macht, dem Gott, der ein Freund des Lebens ist, zu bezeugen. In seinem Namen und in seinem Sinn sollten sie auftreten. Sie sollten es aber nicht wie die schlechten Hirten tun, sondern als Alternative zur Ellenbogen- und Egoismusgesellschaft. Sie sollten Perspektiven und Hoffnung geben, ein Licht aufstecken, trösten, Wärme verbreiten, einfach deshalb, weil sie die österliche Botschaft verkünden sollten von der Option Gottes für das Leben, für die Gerechtigkeit, für die Liebe, gegenüber den Mächten des Todes, des Unrechts, des Hasses und der Gewalt. Weil sie die Option Gottes gerade für die Armen und die Schwachen zum Ausdruck bringen sollten, sollten sie Verantwortung übernehmen für die Menschen, damit andere das Leben finden konnten, den Sinn, den Weg, die Erfüllung, die Fülle des Lebens.

Das Heil, die Gnade, die Hoffnung wird einem zugesprochen, sie wird einem geschenkt von oben und von außen, und der Priester, der gesandt wird in eine Gemeinde und nicht einfach aus der Gemeinde herauskommt, soll sozusagen dafür zeichenhaft stehen, dass es Zuspruch, Zusage und Geschenk ist. Er soll Jesus Christus repräsentieren, ihn, der so ganz mit den Menschen und unter den Menschen gelebt hat. Der Priester soll Christ sein unter anderen Christen: einer, der immer wieder erinnern soll an die Vision vom Reich Gottes, vom Reich des Lebens, der Liebe, der Gerechtigkeit und der Heiligkeit. Er muss schauen, dass diese Vision des Evangeliums, des Reiches Gottes nicht untergeht unter anderen Stimmungen und Interessen, Ideologien und Träumen dieser Welt. Priester, die vom Evangelium, von Jesus Christus her leben und andere auf dem Weg begleiten, Hirten im Sinn und Geist und nach dem Vorbild Jesu Christi, sind eine Gabe, ein Geschenk für die Kirche: ein Geschenk, das man nicht einfach machen und organisieren kann, ein Geschenk, das man nur erbitten kann, um das man nur beten kann.

»Habt keine Angst«

»EUER HERZ LASSE SICH NICHT VERWIRREN«, sagt Jesus. Habt keine Angst, macht euch keine Sorgen, bleibt ruhig und gelassen!

»Glaubt an Gott und glaubt an mich« (Joh 14,1). Das ist die Antwort. Das ist recht verstanden die Lösung. Denn unsere Situation, wie wir sie gegenwärtig oft erfahren, so bedrängend erfahren, ist zutiefst eine Glaubensprüfung und Glaubensbewährung. Sie stellt uns vor die Frage, worauf wir denn bauen und trauen wollen. Sie zwingt uns zur Entscheidung, worauf wir setzen: Auf das, was man sieht und feststellen kann? Dann sieht es schlecht aus. Oder machen wir ernst damit, dass Gott die alles umfassende und alles übersteigende Realität ist? Trauen wir uns, ganz aus Gott und auf ihn hin zu leben? Genau das heißt glauben.

Wie sollen wir das machen? Welche Schritte sollen, welche Schritte können wir da tun?

Die Antwort Jesu ist wieder überraschend. »Ich bin der Weg, die Wahrheit und das Leben. Wer mich sieht, der sieht den Vater« (Joh 14,6.9). Jesus Christus ist Gottes Reich in Person, die Konkretgestalt, das Urbild und Maß unseres Lebens aus dem Glauben. Er ist zugleich Bild Gottes und Urbild des neuen, des erlösten Menschen.

Das ist die Stärke des Christentums. Es verweist letztlich nicht auf irgendwelche Lehren und Gesetze, die es ja gibt und die an ihrem Platz auch wichtig sind, es verweist letztlich auf eine Person, auf Jesus Christus; es ruft in seine Nachfolge. Eine solche konkrete, personale Antwort zu wissen, ist in der gegenwärtigen Orientierungskrise, im Wirrwar der Meinungen eine Gnade. Bei aller Bescheidenheit dürfen wir fragen: Wo ist uns denn Besseres gegeben? Wo ist uns Überzeugenderes geschenkt?

»Der Vater, der in mir ist, vollbringt seine Werke« (Joh 14,10). Gott ist es, der das Wollen und das Vollbringen schenkt. Und er wirkt es auf wunderbare Weise in der Geschichte der Kirche. Gegen wie viele Widerstände musste sie ankämpfen? Wie klein war die Schar derer, die ihm folgte, und wie groß ist die Gemeinschaft dann geworden? Aber dieser Gott wirkt auf wunderbare Weise auch in der Gegenwart der Kirche. Fehlt es uns heute vielleicht an Gottvertrauen? Fehlt es uns an gläubigem Wagemut, an Risikobereitschaft aus dem Glauben? Sind wir so verbürgerlicht, dass wir nur nach Sicherheiten streben? Sind wir im Glauben flügellahm geworden?

Dieser Geist Gottes, so sagt es Paulus, treibt die ganze Schöpfung um. Er versetzt sie in Spannung, er richtet sie aus auf das Reich Gottes, das Reich der Freiheit. Er ist dort wirksam, wo Neues entsteht, wo es gärt, wo unter Geburtswehen Neues in die Welt kommt und ans Licht tritt. Der Geist Gottes treibt nach vorne in Richtung auf das kommende Reich Gottes. Er wirkt, so sagt Paulus, im Beten der Christen, in deren Klagen, Rufen und Schreien, im betenden Abba-Sagen.

Aus der Mitte leben

»ICH BIN DER WEINSTOCK, ihr seid die Reben. Wer in mir bleibt und in wem ich bleibe, der bringt reiche Frucht; denn getrennt von mir könnt ihr nichts tun« (Joh 15,5).

Jesus Christus ist der Weinstock; er ist das Lebensprinzip und die Quelle. Er ist ja der Heiland und das Heil, der eine Mittler zwischen Gott und den Menschen, Alpha und Omega. Er ist Grund, Mitte und Ziel unseres Tuns. In allem, was wir tun, müssen wir uns an ihm orientieren. Soziologische, psychologische, pädagogische Erkenntnisse sind gewiss nützlich, ja unabdingbar notwendig. Der letzte Maßstab und das letztgültige Richtmaß können sie aber nicht sein. Wir müssen uns besonders in schwierigen Situationen an dem Maßstab orientieren, den Jesus Christus gegeben hat und der er in Person selber ist.

Das Evangelium sagt nicht nur, dass wir uns an Jesus Christus orientieren müssen; es sagt auch, dass wir in ihm und aus ihm leben müssen. Ohne persönliche, Tag für Tag gelebte Spiritualität, konkret gesprochen: ohne Schriftlesung, persönliches Gebet, regelmäßige, ja häufige Mitfeier der Eucharistie werden wir nicht erfüllend leben können. Ohne ihn, ohne Jesus Christus, können wir zwar einiges, aber wir können nichts wirklich tun. Mit ihm dagegen brauchen wir keine Angst zu haben vor unserer Lebensaufgabe. Denn er ist der Weg, die Wahrheit und das Leben.

Wir selbst sind es, die dem Evangelium oft im Wege stehen, am meisten mit unseren hartnäckig verteidigten, unbußfertigen Lieblingsideen, die nicht mehr offen sind für Gottes größere Liebe. Bevor wir das Evangelium anderen predigen, müssen wir es uns selber gesagt sein lassen. Bevor wir andere auf den Weg bringen, müssen wir uns selbst aufmachen. Gott will nämlich lebendige Zeugen, die nicht nur mit dem Mund Zeugnis geben, deren Leben vielmehr Zeugnis ist. Das Zeugnis des Lebens überzeugt.

Das Evangelium will, dass wir aufbrechen und Frucht bringen – Frucht aus dem Saft und der Kraft des Weinstocks, der Jesus Christus ist. Die Kirche Jesu Christi ist Kirche für andere; sie ist missionarische Kirche – oder sie ist nicht mehr die Kirche Jesu Christi.

Was das heißt, sagt uns der Apostel Paulus. Er spricht davon, der Glaube müsse in der Liebe wirksam werden. Was also anderes ist die Frucht des Glaubens als die Liebe! Ohne sie ist alles andere nichts.

Die Frucht der Liebe, die von jedem Christen erwartet wird, ist zunächst sicherlich eine persönliche Haltung und Einstellung. Es ist die Haltung selbstlosen Dienstes und rückhaltloser persönlicher Hingabe. Wir sollten denen, mit denen wir zusammentreffen, nicht »etwas« geben, wir sollten uns selbst geben; wir sollten uns selbst zum Geschenk machen für andere, und so und nur so wird Jesus Christus den Menschen begegnen. Die Liebe nimmt den anderen an; sie trägt vieles und freut sich noch mehr über alles Gute, das einem begegnet. Solche Liebe ist dann von selbst fruchtbar; aus ihr entsteht neues Leben.

Frucht bringen

JESUS ERZÄHLT IM EVANGELIUM das Gleichnis vom Weinstock und seinen Reben, weil er damit etwas Wichtiges über unser Leben und über unseren Glauben sagen will. Jesus sagt: »Ich bin der Weinstock, ihr seid die Reben« (Joh 15,5). Wir sollen Frucht bringen und zu einem köstlichen Wein, zu einem guten Tropfen für andere werden; Jesus selbst will uns die Kraft dazu geben.

Was ist das aber für eine Frucht, von der hier die Rede ist? Jesus gibt die Antwort in der auf das Bild vom Weinstock und den Reben folgenden Textstelle. Er sagt dort: »Liebt einander, so wie ich euch geliebt habe« (Joh 15,12). Die Frucht also, die wir bringen sollen, die Frucht, auf die es ankommt, ist die Liebe.

Liebe – das ist ein großes Wort, leider auch ein viel missbrauchtes, ein geschundenes und geschändetes Wort. Und doch ist Liebe das, was alle so sehr suchen und brauchen, was sie in der Kirche suchen und erwarten.

Die Liebe, die von Gott stammt, sollen wir als Christen weitergeben. Unsere Aufgabe als Christen ist es, die weltverändernde Liebe Gottes zu leben und zu den Menschen zu bringen. Jeder wird dazu gebraucht mit dem Talent, das Gott ihm gegeben hat.

Es gibt viele Formen, die Liebe zu tun. Bekanntlich nennt die kirchliche Tradition leibliche und geistige Werke der Barmherzigkeit. Die leiblichen Werke der Barmherzigkeit sind wichtig: »Die Hungrigen speisen, die Durstigen tränken, die Nackten bekleiden, die Fremden beherbergen, die Kranken besuchen, die Gefangenen erlösen, die Toten begraben.« Genauso wichtig sind heute aber die geistigen Werke der Barmherzigkeit: »Die Unwissenden lehren, die Zweifelnden beraten, die Trauernden trösten, die Sünder zurechtweisen, den Beleidigern gerne verzeihen, die Unangenehmen ertragen, für alle beten.«

Damit wir nun aber keinem blinden Aktionismus verfallen, fügt Jesus im Evangelium noch ein entscheidendes Wort hinzu: »Bleibt in mir, dann bleibe ich in euch« (Joh 15,4). Frucht bringt die Rebe nicht aus sich selbst! Der Weinstock erst lässt die Kraft, die Nahrung und das Leben fließen. Das heißt, dass alles Gute, das wir tun, alle Liebe, die wir weiterschenken, letztlich von Gott stammt. Aus uns selber können wir nichts. Frucht, die wirklich zählt, können wir nur bringen, wenn Gott durch uns handelt und wenn wir selbst in Gott verwurzelt sind. Selbstlose Zuwendung zu Armen und Verachteten, Hochachtung aller Menschen, auch und gerade der ausländischen Mitbürger, Verzicht auf Gewalt, Verzicht auf Herrschaft, die Ehrfurcht vor dem Leben und der Schöpfung, diese Tugenden, die unsere Welt heute nötiger denn je braucht, sie alle kommen von Gott. Und – Gott sei Dank – solche Zeichen der Hoffnung werden immer wieder sichtbar. Es ist ganz einfach nicht wahr, dass unsere Welt und die Menschen nur Schlechtes hervorbringen. Überall, wo einem Menschen geholfen wird aus Not, Unterdrückung, Armut und Einsamkeit, wo ihm zum Leben geholfen wird, da fließt Leben von Gott her. Überall, wo Menschen in der Liebe ihrer Mitmenschen etwas von der Liebe Gottes spüren, da verändert sich für sie die Welt. Sie wird freundlicher, hoffnungsvoller, menschlicher.

An uns also liegt es, ob sich die Welt so verändert und wird, wie Gott sie haben will. Er gibt uns die Kraft durch sein Wort, durch die Sakramente und durch seine liebende Zuwendung. Unsere Aufgabe bleibt, Frucht zu bringen, Gottes liebende Zuwendung weiterzugeben.

»Bleibt in meiner Liebe«

»Bleibt in meiner Liebe!« Dieses Wort aus den Abschiedsreden hat Jesus im Angesicht seines bevorstehenden Todes gesprochen. »Bleibt in meiner Liebe« ist also gleichsam Jesu Testament und sein Vermächtnis an uns. Damit umschreibt Jesus nochmals das erste und wichtigste Gebot, sein Hauptgebot: Gott über alles und den Nächsten wie sich selbst zu lieben.

Denn Jesus wollte im Grunde nichts anderes als uns sagen: Gott ist die Liebe. Von aller Ewigkeit her liebt er jeden Einzelnen von uns mit unbändiger Liebe. Von Ewigkeit her hat er jeden erwählt; er hat von jedem von uns eine Idee, einen Traum. Mit Seilen der Liebe, so der Prophet, hat er uns an sich gezogen. So ist Jesus gekommen, damit wir das Leben haben und es in Fülle haben. Diese Liebe zu erwidern, in dieser Liebe zu bleiben, das ist der Sinn und die Erfüllung des Lebens. Wer deshalb wie Jesus sein Leben hingibt für seine Freunde, dessen Freude ist vollkommen, der findet sein Glück, der findet im Nächsten Gott, und der findet darin auch sich selbst. Das ist die Zusammenfassung des ganzen Evangeliums.

Die Liebe hat eine Chance nur, wenn man sie tut. So gilt es gerade in unserer Situation festzuhalten an dem Wort des Evangeliums: »Wie mich der Vater geliebt hat, so habe ich euch geliebt. Bleibt in meiner Liebe« (Joh 15,9). Das ist das Fundament, auf dem wir stehen. Ein anderes gibt es nicht. Damit ist der Kurs in die Zukunft vorgegeben.

In dieser Liebe Gottes zu uns Menschen sollen wir bleiben. Sie sollen wir immer mehr ausloten, in ihr sozusagen wohnen und ihr in uns Raum schaffen. Das bedeutet, dass das kontemplative Element auch seinen Platz haben muss und dass dies heute bewusster, ausdrücklicher und persönlicher geschehen muss als in früheren Zeiten, wo manches selbstverständlicher und deshalb manchmal auch Routine war.

Wenn wir uns um Stille, Betrachtung und Anbetung mühen, dann setzen wir mit solchem »Bleiben in der Liebe« einen Gegenakzent, einen heute höchst notwendigen Gegenakzent zur unmenschlichen Hetze und Hektik, zur Schnelllebigkeit und oft Oberflächlichkeit unserer Zeit. Genau dies suchen viele junge Menschen wieder ganz neu. Genau dies tut uns allen gut. Genau damit entsprechen wir der tiefsten Not unserer Zeit, der Not der Gottesferne.

»Bleiben in der Liebe« bedeutet noch ein Zweites. Die Botschaft des Evangeliums sagt: Von Gott her ist jeder gewollt, jeder angenommen, jeder geliebt, jeder würdig. Jeder Mensch hat darum ein Recht, zu leben, jeder hat ein Recht, menschenwürdig und menschlich erfüllt zu leben. Deshalb ist alle Not und alles Leid, alle Armut und Trauer ein Anruf Gottes an uns. Es ist ein Anruf, Gott in der leidenden Menschheit zu dienen. Deshalb spricht das Evangelium vom Fruchtbringen in der Liebe. Liebe will ja fruchtbar werden – im natürlichen wie im übernatürlichen Bereich.

Es geht um die Verheißung, welche der Liebe gilt. Im 1. Korintherbrief sagt der Apostel Paulus: Alles vergeht. Allein die Liebe bleibt. Und das letzte Konzil fügt hinzu: Also werden auch die Werke der Liebe für immer Bestand haben. Aufgrund dieser Verheißung dürfen wir zuversichtlich in die Zukunft schauen.

»Liebst du mich?«

JESUS DISKUTIERT MIT SEINEN JÜNGERN nicht Organisationspläne, Strategien, Strukturen, die man schaffen müsse, um das Evangelium weiterzuverkünden. Nicht um das, was wir machen, geht es ihm. Seine Frage an Petrus lautet einfach: Petrus, liebst du mich? (Joh 21,15–17). Das ist die entscheidende Frage, auf die alles ankommt, die Frage, die der Herr auch an uns stellt: Liebst du mich? Vertraust du mir wirklich? Ist dein Herz offen für mich? Wo schlägt dein Herz? Worauf baust du in deinem Herzen? Woran hängt dein Herz letztlich? Das ist die entscheidende Frage zu aller Zeit: wofür unser Herz schlägt. Schlägt es überhaupt oder ist es öd und leer und geht einfach dem Trott des Alltags nach? Ist alle Sehnsucht nach Gott erstorben oder haben wir diese Sehnsucht zugeschüttet mit Süchten der verschiedensten Art? Lieben wir den Herrn, ist da eine Ecke in unserem Herzen, wo wir sagen können wie Petrus: Ja, Herr, du weißt alles, du weißt auch, dass ich dich liebe?

Die Erneuerung beginnt innen, sie beginnt im Herzen. Sie beginnt mit der Erneuerung der erkalteten Liebe. Sind wir nicht oft sehr lauwarm geworden?

Doch was sagt uns Jesus, was sagt er uns gerade heute? Nichts anderes als damals: Werft euer Netz aus, fahrt neu hinaus, habt keine Angst, seid nicht traurig, nicht mutlos und erst recht nicht kopflos. Ihr braucht doch nicht in Deckung zu gehen, ihr braucht euch doch nicht zu verstecken, geht heraus aus der Deckung, geht auf die Menschen zu, werft das Netz aus. Denn viel mehr, als ihr ahnt, warten darauf, dass ihr Zeugnis gebt von eurem Glauben.

Am Ende wird das Leben siegen, und so dürfen wir Menschen der Zuversicht und der Hoffnung sein, Menschen, die auf das Leben setzen, die Leben fördern und Leben bejahen. Österliche Menschen zu sein, das heißt, Menschen der Freude zu sein.

Österliche Menschen zu sein heißt, Menschen der Liebe zu sein und diese Liebe, die wir erfahren haben, weiterzugeben.

So wie Gott mit uns und für uns ist, sollten wir Menschen sein, die Solidarität, die Mitgefühl haben für andere, die mithelfen, eine neue Kultur des Teilens in unserer Welt zu begründen. Österliche Menschen können ihr Netz auswerfen. Österliche Menschen, die auf das Leben setzen, die Freude ausstrahlen und die in der Liebe zu teilen wissen, die werden auch heute attraktiv sein, da werden auch heute Menschen fragen: Woher lebt ihr, woher nehmt ihr diese Kraft?

DER WEG ÜBER DAS KREUZ

Nächstenliebe

I~N EINEM IN SEINER SYMBOLKRAFT~ nicht zu überbietenden Gestus fasst Jesus am Abend vor seinem Sterben noch einmal zusammen, was Inhalt und Sinn seiner Botschaft und seines ganzen Lebens ist. Er tut den niedrigsten und damals verächtlichsten Sklavendienst: Er wäscht seinen Jüngern die Füße und bringt damit auf drastisch anschauliche Weise zum Ausdruck, dass er nicht gekommen ist, um sich bedienen zu lassen, sondern um zu dienen und um sein Leben dran- und hinzugeben für alle.

Nochmals führt er seinen Jüngern vor Augen und erinnert sie daran, wie er sich der Kranken annahm, wie die Armen und Schwachen, die Randexistenzen von damals seine Freunde waren. Er ruft ins Gedächtnis das Gleichnis vom barmherzigen Samariter, der sich des unter die Räuber Gefallenen selbstlos annimmt. Er fasst nochmals zusammen, dass er sich unter seinen Jüngern stets wie ein Dienender verhalten hat.

Die Fußwaschung am Abend vor seinem Leiden und Sterben ist so gleichsam die Summe von Jesu Leben und Wirken. Sie sagt, worum es ihm ging und worum es den Christen zu gehen hat. »Ich habe euch ein Beispiel gegeben, damit auch ihr so handelt, wie ich an euch gehandelt habe« (Joh 13,15).

Gott sei Dank gab es zu allen Zeiten Christen, Frauen und Männer, die sich von Jesus haben anstecken lassen, die sich dem Dienst an den Armen, den Waisen, den Kranken, den Sterbenden, an den Kindern wie an den Alten, an den Gefangenen und Vertriebenen verschrieben haben.

Als ein menschenfreundlicher Gott will der Gott Jesu Menschen in Not und Bedrängnis durch Menschen begegnen und helfen. Dass es diese Menschen, Männer und Frauen, gibt, dass es sie auch heute in so großer Zahl gibt, dass er diese Menschen erweckt und befähigt und ermutigt, seine Liebe weiterzuschenken, dafür wollen und sollen wir ihm in erster Linie unseren Dank aussprechen.

Nur wenn ein »geistlicher Grundwasserspiegel« vorhanden ist, wird mehr Humanität und Toleranz, mehr Ehrfurcht vor dem Leben, mehr Würde beim Sterben verwirklicht werden – aber auch mehr Achtung vor dem Andersartigen, vor dem Fremden, vor dem aus dem Strafvollzug Entlassenen, vor dem in seiner Biografie vielfach Gescheiterten, vor dem moralisch abgeglittenen Menschen. Solche Caritas ist in Wirklichkeit Anstiftung zu einer Hoffnung, die jenseits menschlicher Möglichkeiten nicht abstirbt, sondern gerade dann zu leuchten beginnt.

Die nackte Wahrheit

»SIE ZOGEN IHN AUS und verteilten seine Kleider unter sich« (vgl. Mt 27,35). So heißt es in der Leidensgeschichte. Der Karfreitag ist die Stunde der nackten Wahrheit, nicht abstrakt, sondern leibhaftig und in Person. So steht Jesus da: entblößt, »ganz ohne«, preisgegeben jedem schamlosen Blick, preisgegeben dem Spott, preisgegeben der rohen und brutalen Gewalt. Er steht vor uns: ganz nackt, ohne Kleider, ohne Ansehen und ohne Würde, ohnmächtig seinen Peinigern ausgeliefert, verlacht, verleumdet, brutal gequält und gefoltert, von allen verlassen, ganz einsam, ganz allein. »O Haupt voll Blut und Wunden, voll Schmerz und voller Hohn.« »Ecce homo« – »Seht da den Menschen«.

In seiner Nacktheit ist Jesus die nackte Wahrheit über uns Menschen. Das »Ecce homo« – »Seht da den Menschen« gilt auch von uns. Nackt kommen wir zur Welt, nackt verlassen wir sie wieder im Tod. Dazwischen hängen wir uns freilich alles Mögliche um. Nicht nur schöne Kleider und mancherlei Schmuck. Auch sonst sind wir mehr oder weniger betucht. Wir suchen uns zu umgeben mit Wohlstand, mit Ansehen, mit Einfluss, mit

Beziehungen. Wir möchten uns nur ja keine Blöße geben. Lieber setzen wir eine Maske auf und machen uns und den anderen etwas vor. Nur schwer können wir die nackte Wahrheit über uns selbst ertragen.

Unsere Welt ist leidensscheu, und sie ist wahrheitsscheu. Wir hasten von Aktion zu Aktion, von Erlebnis zu Erlebnis. Welche gigantische Welt der Technik und auch des Vergnügens bauen wir auf. Was denken wir nicht alles aus, um uns abzulenken und zu zerstreuen und um groß herauszukommen. Ständig laufen wir uns und der Wahrheit über uns davon; ständig sind wir auf der Flucht vor uns selber.

Doch einmal muss jeder in die Schule des Leidens gehen. Irgendwann erfährt jeder seine Grenzen. Irgendwann werden wir mit der nackten Wahrheit konfrontiert. Unverhofft kommt das Leid daher: in unerwartetem Unglück, in einer schweren Krankheit, im Zerbrechen einer Beziehung, in Scheitern, Einsamkeit, ungerechter Behandlung und Verdächtigung, in der Erfahrung von Misserfolg und von Sinnlosigkeit.

Unser Schatten und die Schattenseiten unseres Lebens begleiten uns immer, und niemand kann über seinen eigenen Schatten springen. Und dem Tod kann bekanntlich ohnedies keiner entkommen.

Gewöhnlich verstecken wir das Leid, betrachten es als behebbaren Zwischenfall. Viele suchen den Weg in den Alkohol und in die Droge. Auch sonst haben wir viele Methoden und Mittel ersonnen, um dem Leid und dem Schmerz aus dem Weg zu gehen, dem leiblichen wie dem seelischen, und haben uns dafür das Ersatzleiden der Neurosen eingehandelt.

Nur die Wahrheit wird uns frei machen. Der Karfreitag lehrt uns, der nackten Wahrheit ins Angesicht zu schauen. »Ecce homo« – ja, das sind wir; ja, so sind wir.

Jesus zeigt uns die nackte Wahrheit über uns; aber er zeigt uns noch mehr die nackte Wahrheit über Gott. In Jesu Entblößung hat Gott sich ganz entblößt. Er sich all seiner Macht, Gewalt und Herrlichkeit begeben; er hat sich entäußert und sich ausgeliefert, ist arm, ohnmächtig – ganz nackt geworden. Er wollte und will uns nicht alleinlassen mit der nackten Wahrheit über uns, denn ohne ihn vermögen wir sie nicht auszuhalten. So setzt er seine Würde aufs Spiel, um unsere Menschenwürde zu retten. Er wollte, dass wir nicht allein sind. Er wollte Leid, Schmerz, Verlassenheit, Verleumdung, Angst und selbst die Nacht des Todes mit uns teilen. Das Kreuz enthüllt uns die rückhaltlos nackte Liebe Gottes.

Nur weil Jesus, so wie er vor uns steht, nackt und bloß, auch die nackte Liebe Gottes offenbart, kann er uns auch die Kraft und den Mut geben, uns nicht vor uns und vor anderen zu verstecken, vor unserer Wahrheit nicht davonzulaufen, sondern vielmehr zu ihr zu stehen, sie anzunehmen und ihr in großer Geduld standzuhalten. Ohne Gott und ohne das Kreuz bliebe nur die Revolte oder die Resignation. Nur in der Leidensschule des Kreuzes wird uns die Wahrheit über uns erträglich. Nur unter dem Kreuz können wir wieder neu lernen, auch mit unserer Schwäche, unserem Leid, unserer Angst und Enttäuschung heilsam umzugehen. Gerade in unserer Nacktheit sollen wir seiner nackten Liebe begegnen, mitten in der Nacht sein Licht, mitten in der Kälte die Wärme seiner alles heilenden und alles verwandelnden Liebe erfahren.

Doch so wie Jesus nackt und bloß vor uns steht, so wie er am Kreuz hängt, wird uns deutlich: Gott nimmt uns das Leid nicht ab; er wischt unsere Probleme nicht beiseite; er gibt keine billigen, vertröstenden Antworten. Seine Antwort ist, dass er mit uns geht und dass er uns die Kraft gibt, so wie er unser Leid und unsere Freude mit anderen zu teilen. Weil er in die nackte Wahrheit unseres Lebens seine nackte Liebe eingesenkt hat, brauchen wir am Leid nicht zu zerbrechen, sondern können neu aufbrechen für eine Liebe, die heilt und verwandelt. Wir können Weggefährten werden für Menschen, welche sich gerade auf einer Nachtwanderung befinden oder auf einer Gratwanderung zwischen Verbitterung und Resignation.

Das Kreuz

Wir schauen auf das Kreuz und sehen die Striemen von der Geißelung, den zermarterten Leib mit den schwärenden Wunden, die vom Hängen am Kreuz verzerrten Muskeln, das blutüberströmte Haupt und das im Tod erbleichende Gesicht, die offene Seitenwunde mit dem geöffneten Herzen, aus dem Blut und Wasser fließen. Wir sehen die kaltblütige Grausamkeit der römischen Henkersknechte, hören die höhnenden Worte seiner Feinde, die Feigheit und den Verrat seiner Jünger. Jesus ist schrecklich allein und verlassen in dieser Stunde. Wir sehen aber auch die Arme weit ausgebreitet – ausgebreitet, um inmitten dieser Woge von Gleichgültigkeit und Hass, in all dem Schmerz und Leid uns alle, jeden Einzelnen von uns zu umarmen.

Wir schauen auf das Kreuz und schauen, wie groß, wie unermesslich groß Gottes Liebe zu uns Menschen, zu jedem von uns ist. Um unsertwillen, um uns zu erlösen, hat er dies alles getan.

Für dich habe ich dies getan, sagt der Herr, und er fragt uns: Was tust du für mich? Ja, was hast du mir angetan? Wie hast du meine Liebe beantwortet? »Was du, Herr, hast erduldet, ist alles meine Last; ich, ich hab' es verschuldet, was du getragen hast.«

»Sie werden auf den schauen, den sie durchbohrt haben.« Dieses Wort aus dem Propheten Sacharja (12,10) begegnet uns noch ein zweites Mal in der Heiligen Schrift. Im letzten Buch des Neuen Testaments schreibt der Seher von Patmos an die sieben Gemeinden in Kleinasien. Er grüßt sie von Jesus Christus, von dem er sagt: »Er liebt uns und hat uns von unseren Sünden erlöst durch sein Blut; er hat uns zu Königen gemacht und zu Priestern vor Gott, seinem Vater.« Und dann: Er kommt auf den Wolken des Himmels, und »alle, die ihn durchbohrt haben, werden ihn schauen« (vgl. Offb 1,5–7).

Der Gekreuzigte ist nicht der elendiglich Umgekommene; er ist der Kommende, das »A und das O«. Er ist »der, der ist, der war und der sein wird«. Er ist »der Richter der Lebenden und der Toten«. Das Kreuz, auf das wir schauen, ist Maßstab, Orientierungsmarke, Richtschnur; es ist die Achse, um die die Welt sich dreht, an der unser Leben hängt und an der es sich ausrichten muss, an der es sich aber auch immer wieder neu aufrichten kann.

Viele mögen heute das Kreuz nicht mehr sehen. Sie ertragen seinen Anblick nicht mehr. Man soll es abhängen, wegschaffen. Doch weiß man auch, was man abhängt und wegschafft, wenn man das Kreuz beseitigt? Weiß man, für welche Werte das Kreuz steht und welche Werte man mit ihm abschafft und wegschafft?

Das Kreuz ist ein Symbol der Solidarität und des Erbarmens mit all den Kreuzträgern, den Armen, Kranken, Behinderten, Leidenden, Verfolgten, Ausgestoßenen, den Trauernden und Verängstigten, den Sterbenden; es ist Zeichen der Liebe und des Erbarmens, der Gewaltlosigkeit, der Dienst- und der Versöhnungsbereitschaft. Schauen auf den Gekreuzigten bedeutet: sein Leben an diesen Werten ausrichten und sie zur Richtschnur des eigenen Handelns machen.

Wo man das Kreuz nicht mehr erträgt, wo man die Werte, für die das Kreuz steht, hintansetzt, da wird es endgültig Karfreitag in unserer Welt. Da leuchtet dann kein österliches Licht der Hoffnung auf Menschlichkeit mehr. Wenn man jedoch auf das Kreuz und den Gekreuzigten schaut, sich an ihm orientiert, dann wird das Kreuz zum leuchtenden Zeichen der Hoffnung, zum Zeichen einer neuen Kultur des Lebens, der Menschlichkeit und des Erbarmens.

Das geöffnete Herz

»Einer der Soldaten stieß mit der Lanze in seine Seite, und sogleich floss Blut und Wasser heraus« (Joh 19,34). Ein Akt der Roheit als Endpunkt einer Geschichte, die man nur mit Betroffenheit hören kann. Einer, der kam und umherzog, um Wohltaten zu spenden, der sich der Armen, der Kleinen, der Frauen, der Sünder annahm, um allen das Erbarmen Gottes zu verkünden und zu erweisen – er wird gefangen genommen, dem grölenden Mob vorgeführt, unschuldig verurteilt, brutal gefoltert, geschlagen, verhöhnt, mit Nägeln an Händen und Füßen durchbohrt und drei lange Stunden am Schandpfahl des Kreuzes aufgehängt. Der Stoß in das im Tode gebrochene Herz ist der Endpunkt.

Was Endpunkt ist, ist jedoch zugleich der Höhepunkt. Das geöffnete Herz lässt hineinschauen in sein Herz; es offenbart uns das Herz des Vaters. Denn wer Jesus sieht, der sieht den Vater (Joh 14,9). So offenbart uns das geöffnete Herz Jesu den Gott, der ein Herz hat, ein Herz, das voll Liebe und voll Erbarmen schlägt, ein Herz, das getroffen, verletzt und verwundet wird von der Herzlosigkeit von uns Menschen, ein Herz, das weit offen ist für menschliche Not und menschliches Leid. Es offenbart uns Gott als den Vater des Erbarmens (2 Kor 1,3), als den, der reich ist an Erbarmen (Eph 2,4).

Schon im Alten Bund konnte Gott das Elend seines Volkes nicht mit ansehen (Ex 3,7–8.16–17). »Jahwe ist ein barmherziger und gnädiger Gott, langmütig und reich an Huld und Treue«, so fasst schon das Volk des Alten Bundes seine Gotteserfahrung zusammen, nachdem es aus der Knechtschaft Ägyptens befreit wurde (Ex 34,6). Jesus verkündet vollends Gott als den barmherzigen Vater, der den verlorenen Sohn voll Mitleid und Erbarmen in seine Arme schließt und ihn wieder mit allen Rechten und Privilegien aufnimmt (Lk 15,20).

Doch damit nicht genug. Erst das durchbohrte Herz Jesu am Kreuz lässt in die ganzen Abgründe der Liebe und des Erbarmen des Vaters schauen. Er wollte uns in Jesus Christus keinen Hohenpriester geben, der nicht mitfühlen kann mit dem Leiden und den Schwächen und Nöten von uns Menschen (Hebr 4,15). So sehr hat er die Welt geliebt, dass er selbst seinen eigenen Sohn dahingab (Joh 3,16). Ganz hat er sich hinabgeneigt und uns zugewendet, er ist herabgestiegen und hat sich erniedrigt bis in den bitteren Tod, bis zum Tod am Kreuz (Phil 2,8).

Weiter konnte auch Gott nicht gehen. Mehr konnte auch er nicht tun. Größeres kann man nicht denken und nicht hoffen. Das Kreuz ist der Knotenpunkt und der Gipfelpunkt der Offenbarung Gottes, der Offenbarung seiner Liebe und seines Erbarmens. Das geöffnete Herz Jesu am Kreuz lässt uns mitten hineinschauen in das Herz des Vaters. »Im Kreuz neigt sich Gott am tiefsten zum Menschen herab und zu allem, was der Mensch insbesondere in schwierigen und schmerzlichen Augenblicken als sein unglückliches Schicksal bezeichnet. Im Kreuz ... werden die schmerzlichsten Wunden der irdischen Existenz des Menschen berührt« (*Johannes Paul II.*, Dives in misericordia 8).

Alle Träume vom Fortschritt der Menschheit, alle Hoffnungen auf Frieden in dieser Welt sind zerstoben. Die Herzlosigkeit der Welt ist offenbar. Alles Elend und alle Marter, alles Unrecht und aller Hass der Welt, alle Unerlöstheit und Erlösungsbedürftigkeit der Menschheit wird sichtbar. Das verhärtete Herz der Menschen liegt bloßgelegt da. Das sind Lanzenstiche in das Herz unserer Zivilisation, Lanzenstiche in unser aller Herz, Lanzenstiche in das Herz Jesu, denn die, die so unmenschlich behandelt werden, sind Jesu Brüder und Schwestern, unsere Brüder und Schwestern, sie sind wie wir Kinder des Vaters im Himmel.

Es müsste deshalb wie ein Stich durch unser Herz gehen. Wie weit ist es gekommen mit uns allen? Wann wachen wir endlich auf; wann lassen wir uns endlich ergreifen vom Erbarmen Gottes; wann öffnen wir unser Herz für eine neue Zivilisation der Liebe und des Erbarmens? Das geöffnete Herz Jesu ist eine Anfrage an unser Herz. Es ist ein Aufruf, jeder an seinem Platz mitzuarbeiten an einer Welt, in der nicht nur der Eigennutz zählt, sondern Solidarität, Mitleid und Barmherzigkeit Gradmesser wahrhaft menschlicher Kultur sind.

Herz Jesu

DAS HERZ-JESU-FEST ist eines der jüngsten Feste unseres kirchlichen Festkalenders (1856), und die Herz-Jesu-Verehrung, so wie sie uns vertraut ist, hat sich erst in der Neuzeit entfaltet; aber ihr Kerngedanke reicht mitten hinein in die Grundbotschaft der Heiligen Schrift.

Viele meinen, im Alten Testament offenbare sich Gott nur als ein streng richtender und strafender Gott, vor dem wir uns fürchten und ängstigen müssten. Doch der Prophet Ezechiel zeigt, dass im Alten Testament von Gott immer wieder gesagt wird, dass er ein Herz für die Menschen hat, dass er für sein Volk sorgt, so wie sich ein Hirt um seine Schafe kümmert.

Wenn wir im Neuen Testament hören, wie Jesus gelebt und gewirkt hat, wie er anderen Menschen begegnet ist, dann erkennen wir in ihm das Bild des guten Hirten, wie es uns beim Propheten Ezechiel beschrieben wurde: Jesus geht den verlorenen Schafen nach, er sucht die Menschen dort auf, wohin sie aufgrund ihrer eigenen Fehler oder durch ein unabwendbares Schicksal geraten sind – in ihrer Isolation und Perspektivenlosigkeit. In der Art und Weise, wie sich Jesus besonders den Menschen zuwendet, die am Rand der damaligen Gesellschaft standen, konkretisiert sich seine Botschaft von der erlösenden Liebe Gottes. Er sucht sie auf, um ihnen das zu schenken, was sie verloren oder nie gekannt hatten: Vertrauen und Liebe. Er schenkt ihnen die Gemeinschaft mit dem Gott, der ein Herz für jeden Menschen hat, der in seiner unendlichen Liebe alle unsere Verwundungen und Verletzungen heilt.

Wie ernst es Gott mit seiner Liebe ist, zeigt sich am deutlichsten im Leiden und Sterben seines Sohnes am Kreuz. Im Kreuz Jesu wird auf geradezu drastische Weise deutlich, was diese grenzenlose Liebe Gottes bedeutet: Sie ist bereit, bis an die äußersten Grenzen zu gehen – selbst um den Preis, sich in der Hingabe für die Geliebten selbst zerbrechen zu lassen. Sie gibt uns nicht nur etwas, sie schenkt uns sich selbst. »Eine größere Liebe hat niemand, als wer sein Leben hingibt für seine Freunde« (Joh 15,13). In dem durchbohrten Herzen Jesu dürfen wir in Gottes Herz für uns hineinschauen. Es ist das deutlichste und unmissverständlichste Zeichen für Gottes Liebe, die keine Grenzen kennt. Am Kreuz wird deutlich: »Gott ist Liebe« (1 Joh 4,8.16). Nur solche Liebe konnte uns wirklich erlösen. Denn diese Liebe geschieht nicht von oben herab und von außen her; sie ist vielmehr bereit, um unsertwillen ganz nach unten zu steigen und von innen, vom Herzen her allen Hass und alles Unrecht der Welt zu verwandeln. Jesus hat unsere Last und unsere Schuld auf sich genommen, damit wir frei und erlöst werden und nun selbst aus der Liebe leben können.

Das durchbohrte Herz Jesu kann uns die Augen dafür öffnen, worauf es in unserem Leben als Christen ankommt. Im Grund geht es nur um eines: um die Liebe. Sie ist das Hauptgebot Jesu. Sie ist die Erfüllung des ganzen Gesetzes.

Die erste Antwort auf die Liebe Gottes, welche im durchbohrten Herzen Jesu offenbar wird, kann nur Dankbarkeit sein. Seien wir dankbar, einen Hirten und Heiland zu haben, der uns führt und der uns liebt und dem wir uns ganz anvertrauen können. Verlieren wir die Freude am Christsein nicht. Das Christsein ist keine Last; es ist eine Befreiung. Christsein bedeutet zu wissen und daraus zu leben, dass wir geliebt sind und deshalb im Letzten keine Angst zu haben brauchen – nicht vor den Menschen und noch viel weniger vor Gott. Warum sind wir nur immer wieder so vergesslich und so undankbar?

Die Verehrung des durchbohrten Herzens Jesu will uns die Augen dafür öffnen, dass unser christliches Leben nur dann gelingen kann, wenn es sich die Grundhaltung Jesu zu eigen macht, wenn es die Liebe, die aus der Verbundenheit mit Gott erwächst, weiterzugeben vermag an die anderen Menschen, in denen wir unsere Schwestern und Brüder erkennen. Christen sind wir nur, wenn auch wir ein Herz haben für die Menschen, wenn wir uns ihnen und ihrer Not nicht verschließen, wenn wir auf andere zugehen, uns ihnen öffnen, ihnen vergeben und verzeihen, sie trösten und aufrichten, ihnen helfen und sie unterstützen. Auch wir sollen gute Hirten, gute Wegbegleiter für unsere Mitmenschen sein. So wie Gott zu uns unablässig sein unbedingtes Ja spricht, so sollen auch wir Ja sagen zu unseren Mitmenschen.

Darum gehört es zu einer glaubwürdigen christlichen Existenz, dass wir unseren Mitmenschen nicht aus der Distanz, nicht selbstgerecht von oben herab, sondern in dem Bewusstsein unserer eigenen Gebrochenheit begegnen. Auch wir tragen Verwundungen und Verletzungen mit uns herum, die allein durch die rettende Liebe Gottes geheilt und erlöst sind. Sie werden erlöst durch den, der sich in seiner Hingabe selbst verwunden ließ, um unsere Wunden zu heilen: »Durch seine Wunden sind wir geheilt« (1 Petr 2,24).

Erlöst durch Christi Blut

MIT DIESEM EINEN SATZ: »Das ist mein Blut, das Blut des Bundes, das für viele vergossen wird« (Mk 14,24) fasst Jesus im Grunde das Ganze seiner Botschaft zusammen.

Jesus hat diesen Gott, der mit uns und bei uns ist, der uns nicht im Stich lässt, sondern uns als sein Volk führt und begleitet auf unserem Weg, neu verkündet. Er ist sogar weit über das Alte Testament hinausgegangen. Denn in Jesus Christus ist Gott selbst Mensch geworden, ganz einer von uns, uns in allem gleich, die Sünde allein ausgeschlossen; er ist ganz eingegangen in die Höhen und Tiefen, in Freud und Leid unseres menschlichen Daseins; er hat Hunger und Durst gelitten, Leiden und Schmerzen auf sich genommen und ist elendiglich am Kreuz gestorben. Durch Jesu blutigen Tod am Kreuz hat Gott uns gezeigt, dass er uns buchstäblich bis aufs Blut liebt, dass er sich ganz und restlos hingibt für uns und für alle. Durch Jesu am Kreuz vergossenes Blut ist Gottes Bund mit uns für immer besiegelt worden und Gottes unendliche Liebe zu uns Menschen endgültig offenbar geworden.

Gott ist nicht irgendein fernes Wesen; er ist unser Gott, er ist uns durch Jesus Christus ganz nahe gekommen und hat durch Jesu am Kreuz vergossenes Blut einen ewigen Bund mit uns geschlossen.

Erlöst durch Jesu Christi Blut, das heißt, dass wir als erlöste Menschen leben können: erlöst von der Angst, weil wir in Gottes Liebe geborgen sind, erlöst von der Fixierung auf Leistung und Erfolg, erlöst von dem unfrei machenden Zwang zum Haben und Immer-mehr-Haben, erlöst von dem Verdacht, alles sei am Ende doch sinnlos und umsonst, erlöst von der Traurigkeit und Jammerseligkeit, die so viele überkommt, erlöst von dem Egoismus und Individualismus, der nichts, auch sich nicht loslassen kann. Dem allem dürfen wir entgegenhalten: Wir sind erlöst durch Jesu Blut; wir sind geborgen und gehalten in Gottes Liebe. Er hat einen ewigen Bund mit uns geschlossen. Er ist unser Gott, wir sind sein Volk. Deshalb können wir feiern und froh sein.

Ist das nicht eine froh und frei machende Botschaft, die uns bei jeder Feier der heiligen Eucharistie zugesprochen wird? Das ist eine Botschaft, die unser Leben tragen und mit Sinn erfüllen kann, die uns Kraft, Freude und Hoffnung schenkt, mit der man auch heute und morgen leben und auch sterben kann. Dieses Glaubens brauchen wir uns wahrlich nicht zu schämen; ihn dürfen wir froh und frei bekennen.

Diese Botschaft lohnt es, dass wir sie weitergeben. Dieser Glaube ist das Wertvollste. Aber lebendig und überzeugend weitergeben können wir nur das, wovon wir selbst leben und innerlich zutiefst überzeugt sind. Wir müssen uns deshalb den Glauben zuerst selbst wieder neu gesagt sein lassen, müssen die Liebe, das Erbarmen und die Seligkeit unseres Gottes ganz in uns hereinlassen, in unserem Herzen und in unserem Leben zur Glut und Flamme werden lassen, um so andere anstecken zu können; wir müssen überzeugte Christen werden, damit dieser Glaube auf andere überzeugend wirken kann.

Wir müssen umdenken und umkehren, uns neu hinkehren zu dem Gott, der uns erlöst hat durch Jesu kostbares Blut. In ihm allein ist Leben und Heil. Wir müssen uns wieder bewusst werden, was unserem Leben wirklich Halt und Inhalt gibt, und uns neu von Gottes Liebe ergreifen lassen. Wir dürfen Gottes Liebe bis aufs Blut nicht undankbar unbeantwortet lassen. Wir müssen wieder mehr betende Menschen, betende Familien, betende Gemeinden und betende Kirche werden. Wir müssen die Feier der heiligen Eucharistie, in der Gottes unendliche Liebe und Barmherzigkeit jedes Mal konkret für uns gegenwärtig wird, wieder mehr, wieder regelmäßiger und innerlicher mitvollziehen.

Die Botschaft von der Erlösung durch das Blut Jesu Christi war und ist die tiefste Grundlage für die Idee von der Würde jedes Menschen und für den Frieden unter den Völkern. Wir Christen haben darum das Recht und die Pflicht, angesichts der zunehmenden Entchristlichung des öffentlichen Lebens unsere Stimme zu erheben.

Erlöst durch Jesu Christi Blut – das ist eine Botschaft und eine Wirklichkeit nicht nur für die vergangenen Jahrhunderte. Das ist eine Botschaft, die wir brauchen und die die Kraft hat, die Zukunft zu gestalten.

»Durch seine Wunden sind wir geheilt«

WIR WOLLEN AUF DEN GEKREUZIGTEN schauen, uns von ihm anrühren lassen und eindringen in das Geheimnis seiner Passion.

Schauen wir nochmals auf seinen mit Striemen überzogenen, geschundenen Leib, auf seine verzerrten Glieder, auf die Wunden an den ausgestreckten Händen und Füßen und auf die tief bis ins Herz reichende Wunde an der Seite, auf die grausam in den Kopf eindringende Dornenkrone, sein erblassendes Gesicht, seine sterbend brechenden Augen. Brutale Gewalt ist am Werk. Jesus schlägt blinder Hass entgegen. Er wird ungerecht angeklagt, in einem allem Recht spottenden Prozess verurteilt, er wird grausam ausgepeitscht, angespien, verspottet und verhöhnt. Auch den letzten Rest seiner Ehre hat man ihm genommen. Er stirbt den schmählichsten Tod, den die Welt damals kannte. »Ein Mann voller Schmerzen, mit Krankheit vertraut« (Jes 53,3).

So hängt Jesus am Kreuz stellvertretend für all die vielen Kreuzträger in der langen Geschichte der Menschheit – bis heute. Nach der Zerstörung Jerusalems hat das Holz nicht ausgereicht, um all die vielen auf den Stadtmauern Jerusalems ans Kreuz zu schlagen.

Auch sehr viele Menschen hier bei uns haben ihr Kreuz zu tragen, ihre Krankheit zu ertragen, ihre Schmerzen stündlich und täglich auszuhalten oder mit Behinderungen zurechtzukommen. Es gibt viel Leid und Armut in unserer Welt. Unsere moderne Zivilisation kennt viele leiblich und seelisch krank machende Zwänge und Strukturen.

So denke ich nicht nur an die leiblichen Entbehrungen, Schmerzen, Leiden und Wunden. Sie sind schlimm genug. Ich denke auch an die seelischen Wunden, die inneren Kränkungen und Verletzungen, die Herabsetzungen und Demütigungen, die Verleumdungen und Diskriminierungen, die viele Menschen ertragen müssen. Ich denke an die Schändungen, die Kindern leiblich wie seelisch angetan werden und sie ruinieren.

Wahrlich, man möchte verzweifeln ob so viel Leiden. Man möchte verzweifeln an einer Welt, in der dies alles tagtäglich geschieht. Man könnte verzweifeln, wenn wir am Karfreitag nicht sagen dürften: »Er hat unsere Krankheit getragen und unsere Schmerzen auf sich geladen … Durch seine Wunden sind wir geheilt« (vgl. Jes 53,4–5).

Wir können nur erahnen, was in den drei bitteren Stunden am Kreuz in Jesus vorgegangen ist: Bitternis und Enttäuschung über so viel Treulosigkeit, Gemeinheit, Verlogenheit und Bosheit, aber noch mehr an Wille zum Verzeihen und zur Vergebung, an Liebe für uns und an Hingabe an den Willen des Vaters. Der eine Schächer hat es klar ausgesprochen: »Uns geschieht recht, wir erhalten den Lohn für unsere Taten; dieser aber hat nichts Unrechtes getan« (Lk 23,41).

Er konnte all das Leid dieser Welt, das Leid der Menschen, die er nach seinem Bild und Gleichnis geschaffen hat, in der Herrlichkeit des Himmels nicht mehr mit ansehen. Es hat ihn erbarmt. Er wollte aus der Freiheit der Liebe bei uns und mit uns sein, uns in allem gleich, die Sünde allein ausgenommen. Darum hat er keinen Widerstand geleistet, nicht zurückgeschlagen, sich vielmehr wehrlos in die Hände der Menschen ausgeliefert. So hat er den Teufelskreis des Bösen, den Teufelskreis von Gewalt und Gegengewalt, aufgebrochen. An ihm haben sich die Mächte der Lüge, des Hasses und der Gewalt zwar ausgetobt, aber zugleich zu Tode gelaufen. Die Logik seiner Liebe hat die Logik des Hasses besiegt. Vergebung und Versöhnung sind Wirklichkeit geworden und als neue Möglichkeit in die Welt gekommen. »Durch seine Wunden sind wir geheilt« (Jes 53,5; vgl. 1 Petr 2,24).

Diese Hoffnung sollen wir Christen weitergeben. Das ist unser Auftrag. Wir haben den Heilungsdienst, den Jesus seinen Jüngern aufgetragen hat und den er selbst am Kreuz für uns getan hat, oft vergessen und vernachlässigt. Heil und Heilung gehören zusammen. In der Nachfolge Jesu sollten wir Christen Menschen sein, die sich vom Leid anderer betreffen lassen, die nicht wegschauen, sondern hinschauen, die zuhören, die die Lasten anderer mittragen, die mitleiden und die sich erbarmen. Zu Recht spricht man öfters von einer ganzheitlich heilenden Seelsorge. Sie ist heute angesagt. Gemeint ist eine neue Kultur des Erbarmens. Sie allein kann in der Kraft des Kreuzes versöhnen und neue gemeinsame Zukunft stiften.

Das Kreuz: Sieg der Wahrheit

EIN JÜDISCHER JUNGE steckte in einem Konzentrationslager einem anderen jüdischen Leidensgenossen ein paar Blätter der Heiligen Schrift zu. Das war streng verboten und galt als Zusammenrottung mit dem Ziel der Aufwiegelei. Der Junge wurde nicht nur vor versammelter Lagermannschaft von den SS-Schergen unbarmherzig geprügelt und zusammengeschlagen, sondern zur Abschreckung anschließend vor aller Augen an einem Galgen erhängt. Einer der Häftlinge, die gezwungen waren dabeizustehen, rief laut: Wo ist da Gott? Wo bleibt er? Tiefes Schweigen und gespannte Stille. Da hebt ein anderer die Hand, zeigt auf den Erhängten und ruft: Da ist er!

Als Jude, der ganz aus dem Geist des Alten Testaments lebte, wusste dieser Häftling: Gott ist mit den Leidenden und Geschundenen, den Geschlagenen und Verdammten dieser Erde. Er identifiziert sich mit ihnen, er leidet mit ihnen. Als Christen sollten wir das noch viel besser wissen. Denn in Jesus Christus ist Gott selbst zu uns Menschen herabgestiegen, hinab bis an den Galgen des Kreuzes. Er hat sich mit jedem Einzelnen von uns verbunden und verbündet. Er geht mit uns den Leidensweg; er trinkt mit uns den bitteren Kelch des Sterbens.

Gewiss, die schlimmen Zeiten des Dritten Reiches, in denen es in unserem Land Konzentrationslager mit rauchenden Krematorien gab, sind Gott sei Dank längst vorbei. Wir leben in einer freien Gesellschaft, die sich den Menschenrechten verpflichtet weiß. Aber dennoch, die Leidensgeschichte der Menschheit geht auch in unseren Tagen weiter. Täglich hören wir davon, wie Millionen Menschen hungern und an Hunger sterben. Immer wieder wird berichtet von unvorstellbaren Gräueltaten, von Folterungen und Grausamkeiten aller Art. Jeder kennt tragische Todesfälle, Menschen, die an unheilbaren Krankheiten leiden. Auch bei uns gibt es Gewalt, Lüge, Gemeinheit, und seien es nur tötende Blicke und verwundende Worte. Viele sind ratlos und mutlos oder stehen einsam und allein da.

Das Kreuz ist nicht nur die Wahrheit über den Menschen, es ist auch die Wahrheit über Gott. Es zeigt uns: Gott ist kein unbeweglicher Herrscher, der über den Wolken thront; er ist ein Gott der Menschen. Besonders die Armen, Schwachen und Leidenden haben es ihm angetan, sie liebt er besonders. In Jesus Christus hat Gott alle Not und alle Schuld der Welt getragen, freiwillig, aus reiner Gnade und reinem Erbarmen. Alle Ge-meinheit, Lüge, Treulosigkeit, alles Unrecht und allen Schmerz. Nichts ist ihm erspart geblieben. Ganz nahe wollte er uns sein. So gibt es keine Situation, die ganz gottlos und gottfern wäre. Er ist uns in allem gleich geworden, die Sünde allein ausge-nommen.

Das Kreuz ist der Sieg der Wahrheit über die Lüge, der Liebe über den Hass, des Lebens über den Tod. Wir sind nicht nur mit dem gekreuzigten, wir sind auch mit dem auferstandenen Christus verbunden. In Jesus Christus ist für uns der Anfang und der Grund eines neuen Lebens. Er gibt uns neuen Mut zum Leben. Er schenkt uns eine Perspektive der Hoffnung.

Im Kreuz ist Heil

Das Kreuz schönt und verblümt nichts. Das Kreuz ist die Wahrheit über uns Menschen und unsere Sünde. Es sagt uns: So sind wir; so gehen wir miteinander um; so bringen wir uns um. Das Kreuz ist die ungeschminkte Wahrheit, und nur die Wahrheit macht wirklich frei.

Das Kreuz ermöglicht es uns, die harte Wahrheit anzuerken-nen. Denn das Kreuz, die Wahrheit über menschliche Schuld und menschliche Sünde, ist zugleich die Botschaft von der grö-ßeren Barmherzigkeit und von der vergebenden und versöhnen-den Liebe Gottes. Gott wollte und will am Kreuz nicht richten, sondern retten. Am Kreuz hat Gottes Sohn selbst alle menschli-che Schuld auf sich geladen, sie getragen und gesühnt. Er selbst ist eingegangen in die ganze Finsternis des Bösen, um eben so die Nacht der Sünde aufzulichten, die Mächte des Bösen zu besiegen und die Bande des Todes aufzusprengen. Diese Wahrheit macht frei. Sie vergibt dem, der umkehrt und glaubt. Deshalb singen wir: »Im Kreuz ist Heil, im Kreuz ist Sieg, im Kreuz ist Hoffnung.«

Das Leben freilich steht im Schatten des Kreuzes. Das Kreuz erst enthüllt uns die ganze Wahrheit des Lebens: Es ist endliches, begrenztes, gebrochenes und behindertes Leben; es ist Leben, das schuldig werden kann und immer wieder neu der Barmherzigkeit und Versöhnung bedarf; aber es ist schließlich auch Leben aus der Hoffnung auf das ewige Leben.

Gott und das Leid

DAS PROBLEM »Gott und das Leid« ist so alt wie die Menschheit. Wie ist es angesichts des Abgrunds von Leid allüberall in der Welt möglich, an einen gütigen und barmherzigen Gott zu glauben?

Viele Antworten sind versucht worden. Doch zu Recht hat man sie alle als zu leicht befunden. Die Frage bleibt offen wie eine klaffende Wunde, die niemals verheilt. Auch wir Christen haben keine theoretischen Antworten parat, die einfach aufgehen. Und wer meint, eine solche Antwort zu haben, der frage sich, ob er auch weiß, wovon er redet. Doch was wir Christen haben, ist das Vorbild einer Praxis, der Praxis Gottes selbst.

Wenden wir daher den Blick dem leidenden Jesus Christus zu. Worin besteht sein Leiden? Die Einzigartigkeit des Leidens Christi liegt in der Erfahrung der Gottverlassenheit am Kreuz. Denn niemand wusste sich so sehr eins mit Gott wie der Mensch gewordene Sohn Gottes. »Das ist das tiefste Leiden, das möglich ist: wissen, erfahrungshaft, wer Gott ist, und diesen Gott (scheinbar für immer) verloren haben« *(Hans Urs von Balthasar)*. Wer so leidet, dem ist aller Boden unter den Füßen entzogen. Wer so leidet, der erfährt buchstäblich die Hölle.

Das Leiden Jesu Christi ist aber nicht nur das tiefstmögliche. Es ist zugleich der Akt höchster Hingabe und Liebe, der Hingabe des Sohnes an den unergründlichen Willen des Vaters, der Zuwendung aber auch des Vaters zum Sohn und zur Welt. »So sehr hat Gott die Welt geliebt, dass er seinen einzigen Sohn dahingab« (Joh 3,16). Im Geschehen am Kreuz wird die Vorstellung des »dort oben« im Himmel thronenden Gottes, des Gottes, der unberührt auf das Leid der Welt herunterschaut, durchkreuzt. Gott nimmt sich das Leid der Welt zu Herzen, die Leidenden liegen Gott am Herzen.

Durch das Leiden und Sterben Jesu Christi ist das Leid nicht aus der Welt geschafft. Aber es ist unterfangen; es ist seiner Sinnlosigkeit beraubt. Es ist zum Ausdruck höchster Liebe geworden, der Liebe des Menschen zu Gott und Gottes zum Menschen. Gott hat seinen Sohn nicht in die Welt gesandt, nur damit er leide und durch sein Leiden das der Welt verkläre. Jesus Christus ist gekommen, damit wir das Leben haben, damit wir es in Fülle haben. So hat er das Leid bekämpft, wohin er kam. Er heilte Kranke, befreite die Menschen von ihren Ängsten, holte die Einsamen aus ihrer Verlassenheit. Noch mehr: Er stellte sich selbst ganz auf die Seite der Leidenden. Erst so wird das Leiden Jesu verständlich. Jesu Christi Passion ist die letzte Konsequenz seiner Hingabe an andere. Sein Leiden ist der Preis seiner Liebe. Die Liebe aber ist stärker als der Tod. Sie ist durch seinen Tod nicht zunichtegemacht worden. Der Weg Jesu endete nicht in der Dunkelheit des Karfreitags, er führte ins helle Licht des Ostermorgens.

Letztlich ist das Leid ja ein Moment unserer sterblichen Existenz. Als endliche und sterbliche Menschen verfügen wir nicht einfach über unser Leben; wir erleiden es auch. Wir werden geboren und wir müssen sterben. Als Leidende werden wir unserer Gebrechlichkeit und Vergänglichkeit gewahr. Auch wenn wir im Laufe unseres konkreten Lebens von Krankheit und Not verschont bleiben – den Tod müssen wir alle erleiden, sosehr wir uns auch bemühen, ihn hinauszuschieben. In unseren Leiden offenbart sich etwas von der Wahrheit unserer

Existenz und unseres Lebens; es wird zur Lüge, wenn wir davor fliehen, wenn wir Leid und Tod verdrängen. So drängt uns das Leiden, uns vom Belanglosen abzuwenden und uns dem Kern unseres Daseins zuzukehren.

Nur wenn wir solidarisch sind mit den Leidenden, können wir ihnen das Geheimnis weitersagen, das im Leiden liegt. Nur wenn wir wie Jesus solidarisch sind mit ihnen, können wir auch die Hoffnung bezeugen, die Jesus Christus über allem Leid der Welt aufgerichtet hat und die Kraft gibt zum Leben.

DAS NEUE LEBEN

»Fürchtet euch nicht!«

ANGST, FURCHT UND ZITTERN hatte auch die Jünger Jesu erfasst, als Jesus am Karfreitag verurteilt und ans Kreuz geschlagen wurde. Mit ihm hatten sie den ganzen Inhalt und Sinn ihres
Lebens verloren. Sie hatten den Boden unter ihren Füßen verloren. Da wird ihnen verkündet: »Fürchtet euch nicht!« »Er ist
nicht hier« (vgl. Mt 28,5–7), nicht dort, wo ihr ihn sucht, nicht
im Grab, wo mit ihm auch eure Träume begraben worden sind.
»Er ist auferstanden.« Er lebt.

Fürchtet euch nicht!« »Er ist nicht hier.« Das ist auch die Botschaft dieser Osternacht. Das Glück und die Erfüllung liegen
nicht dort, wo wir sie gewöhnlich suchen.

Die irdischen Heilserwartungen haben getrogen. Und dennoch stehen wir nicht als die Verlierer da. Ostern mit der Botschaft »Er ist auferstanden« bringt eine neue Perspektive, eine
neue Hoffnung in unser Leben. »Auferstanden«, das meint: Er
lebt für immer und ewig bei Gott, der Fülle des Lebens, der auch
uns das Leben in Fülle geben will. Bei ihm werden wir einmal
für immer geborgen und ewig zu Hause sein. Auch, ja gerade in
Kreuz und Leid können wir nicht aus seiner Hand herausfallen.
Bei ihm und durch ihn wird einmal endgültig Gerechtigkeit her-
gestellt und die Sehnsucht unseres Herzens gestillt sein.

»Fürchtet euch nicht!« Das ist keine billige Vertröstung aufs
Jenseits. Das ist ein Impuls, eine Ermutigung schon im Diesseits.
Die Gewissheit, dass unser Leben am Ende nicht scheitern kann,
macht uns schon heute Mut zum Leben, und sie drängt uns
überall, wo wir dies können, uns für das Leben einzusetzen,
Leben zu schützen, Leben zu bewahren, Leben zu fördern. Weil
Gott ein Freund des Lebens ist, dürfen und sollen auch wir dem
Leben freundlich begegnen.

Auferstehung beginnt hier und heute. Sie beginnt dort, wo
Menschen wieder Mut fassen, den Kopf nicht hängen lassen,

tapfer und geduldig ihren Weg gehen und ihr Kreuz schultern. Auferstehung beginnt, wo Menschen, die vielleicht Monate und Jahre nicht mehr miteinander gesprochen haben, wieder aufeinander zugehen, wieder miteinander sprechen, einander wieder die Hand reichen und es wieder miteinander versuchen. Auferstehung beginnt dort, wo Menschen ihren Egoismus überwinden, sich anderen zuwenden, sie trösten und ihnen nach Kräften beistehen. Auferstehung beginnt dort, wo man sich öffentlich und privat einsetzt für Anstand, Gerechtigkeit und Menschenwürde, wo man gegen gängige Vorurteile für die Wahrheit eintritt und ihr die Ehre gibt. Auferstehung beginnt dort, wo man zusammenkommt und Eucharistie miteinander feiert. »Deinen Tod, o Herr, verkünden wir und deine Auferstehung preisen wir, bis du kommst in Herrlichkeit«, so sprechen oder singen wir bei jeder Eucharistiefeier.

Jede Eucharistie ist ein Osterfest, eine Quelle des Lebens, der Kraft, der Ermutigung und der Hoffnung. Machen wir die sonntägliche Eucharistie wieder mehr zur Mitte und zum Höhepunkt unseres christlichen Lebens. Gerade in unserer Situation, wo viele keine Perspektive der Hoffnung mehr haben, brauchen wir diese Feier des neuen Lebens. Denn jedes Mal wird uns gesagt: »Fürchtet euch nicht.« »Er ist auferstanden.« Er lebt, und auch ihr sollt das Leben in Fülle haben. Ihr werdet leben, in Ewigkeit leben.

Das neue Leben

»WAS SUCHT IHR DEN LEBENDEN BEI DEN TOTEN? Er ist nicht hier; er ist auferstanden« (Lk 24,5–6). Das ist die Botschaft von Ostern – die Botschaft, mit der alles steht und fällt. Der vom Grab Jesu weggewälzte Stein ist der Grundstein, auf dem die Kirche, auf der auch unser Leben und der Sinn unseres Lebens aufgebaut ist. Auch für den Apostel Paulus steht und fällt der gesamte christliche Glaube mit dem Bekenntnis zur Auferstehung. Ohne dieses Bekenntnis ist für ihn – so schreibt er im 1. Brief an die Gemeinde in Korinth – der Glaube leer, nichtig, wertlos (1 Kor 15,17).

An Ostern geht es also ums Ganze: ums Ganze unseres christlichen Glaubens, ums Ganze unserer menschlichen Hoffnung, ums Ganze der Frage nach dem Sinn und nach dem Ziel unseres menschlichen Lebens. Es geht um die Frage: Was ist unser Menschsein wert? Was dürfen wir hoffen? Dürfen wir überhaupt hoffen, oder müssen wir die Hoffnung auf Sinn, die Hoffnung auf Gerechtigkeit, die Hoffnung auf endgültige Erfüllung, ewiges Glück begraben?

An Ostern geht es um den Sinn und die Hoffnung unseres Lebens. An Ostern geht es noch viel grundsätzlicher darum, wer Gott ist und wer er für uns ist. Die Heilige Schrift bezeugt uns: Gott ist Leben, Leben in Fülle. Er will von Ewigkeit her nicht den Tod, sondern das Leben. Gott will von aller Ewigkeit unser Heil, unser Glück, unseren Frieden und unsere Freude. Leben, ewiges Leben, Leben in Fülle ist das, worauf nach Gottes Willen alles hinausläuft und hinauswill.

Ostern ist die endgültige Zusage, dass Gott unser Leben zum Gelingen führen will. Seine Treue währt über unser irdisches Leben hinaus; sie umgreift Leben und Tod. Gott ist treu und gibt der Sehnsucht und der Hoffnung nach Leben, nach Sinn und endgültiger Erfüllung recht, die er selbst in uns eingepflanzt hat. Er liebt uns mit unendlicher Liebe und will uns endgültig bei sich haben; er will uns bei sich haben mit Leib und Seele. Der Tod ist deshalb für den, der glaubt, keine Endstation, sondern das Tor zum neuen und ewigen Leben, zum Leben bei Gott und mit Gott. »Deinen Gläubigen wird das Leben nicht genommen, sondern verwandelt«, so beten und singen wir. Wäre es nicht so, müssten wir nicht nur an der Treue, sondern auch an der

Gerechtigkeit Gottes verzweifeln. Die Hoffnung auf neues, ewiges Leben im Tod und über den Tod hinaus ist engstens mit dem christlichen Gottesglauben wie mit dem christlichen Bild vom Menschen verbunden; sie ist davon gänzlich unablösbar.

Dieses Leben ist für uns Christen nicht das Wartezimmer, in dem wir ungeduldig warten, bis sich die Tür zur Ewigkeit auftut. Das neue Leben hebt schon jetzt mitten in diesem Leben an. Paulus sagt uns: »So sollt ihr euch als Menschen begreifen, die für die Sünde tot sind, aber für Gott leben in Christus Jesus« (Röm 6,11).

Das ganze Leben eines Christen soll österlich sein. Die Auferstehung soll darum gegenwärtig werden mitten im Alltag. Immer dort, wo jemand sein Schicksal annimmt, es aus einer letzten Zuversicht geduldig und tapfer schultert und trägt, wo Eltern dem neuen Leben eines Kindes trotz Schwierigkeiten und Widerständen eine Chance geben, es annehmen und großziehen, wo langes Schweigen und vielleicht auch die Feindschaft, wo die Sprachlosigkeit aufgebrochen, wieder neu Kontakt und Kommunikation aufgenommen wird und Versöhnung geschieht, wo einer aus einem verpfuschten Leben ausbricht und einen neuen Anfang setzt, überall dort und in vielen anderen ähnlichen Situationen ereignet sich mitten im Alltag anfanghaft Auferstehung, bricht Hoffnung auf. Ostern geschieht, wo Menschen die Angst überwinden, wo sie sich nicht länger in ihre Wunschvorstellungen verkrampfen und sich fanatisch für ihre Ideen verkämpfen, wo sie loslassen können, wo sie frei werden für andere und sich hoffend auf Neues einlassen.

Um diesen österlichen Glauben leben und um die österliche Lebenspraxis durchhalten zu können, braucht es immer wieder neu die Erfahrung von Weg- und Glaubensgemeinschaft. Die Gegenwart des auferstandenen Herrn und des neuen österlichen Lebens verdichtet sich in besonderer Weise in der gemeinsamen Feier der Eucharistie. »Deinen Tod verkünden wir, und

deine Auferstehung feiern wir, bis du kommst in Herrlichkeit.«
Jeder Sonntag sollte ein Osterfeiertag sein. Deshalb sollen wir
Christen den Sonntag heilighalten und wissen, dass es seit apo-
stolischen Zeiten zum Christen gehört, den Sonntag als den
Herrentag mit der Feier der Eucharistie zu begehen.

Geschenkte Freiheit

»CHRIST IST ERSTANDEN« … »Verschwunden sind die Nebel
all«. Ja, sind sie es denn wirklich ? Kann man das so sagen angesichts von so viel Elend und Unrecht auf der Welt ? Kann, soll,
muss ich das wirklich glauben ? Auch die ersten Jünger hatten
ihre Fragen und ihre Zweifel. Auch wir dürfen uns unsere
Fragen eingestehen; wir brauchen sie nicht zu verdrängen.

Trotzdem, dieser Glaube ist alles andere als absurd. Das
Wunder der Auferstehung Jesu ist Gottes Antwort auf eine
unauslöschlich in unsere Herzen eingebrannte Sehnsucht; sie
entspricht einem Traum, noch mehr: einer Hoffnung von uns
Menschen. Spüren und denken nicht auch wir manchmal: Es
kann doch nicht immer so weitergehen. Es darf doch nicht wahr
sein, dass am Ende immer diejenigen siegen, die die stärkeren
Ellbogen haben. Es kann doch nicht wahr sein, dass am Ende
immer die Gewalt, die Lüge und der Hass die Oberhand behalten. Der Tod und all die schrecklichen Todesmächte können
doch nicht das letzte Wort sein. Könnten wir uns denn wirklich
damit abfinden, dass am Ende alles, was wir in unserem Leben
getan und erlitten haben, nichts war und dass unser Leben endet
in einer Wüste des Nichts?

Gott hat all die bösen Mächte des Todes, des Hasses, der Gewalt, die das Leben bedrohen und bedrücken, bloßgestellt; er
hat sie – entwaffnet, verspottet und blamiert. Er hat ein für alle
Mal gezeigt, dass das Leben, die Gerechtigkeit und die Wahrheit

das letzte Wort haben. Der Weg nach oben, der Weg zum Leben ist nicht länger verschlossen, blockiert und verbarrikadiert; er ist frei. »Schaut nicht nach unten, auf das Irdische, richtet euren Sinn und euer Streben nach oben!«

Frei sind nach Jesus nicht die Kleinmütigen, die aus Angst, zu kurz zu kommen, alles verzweifelt mitmachen und überall mitlaufen. Frei sind die Großmütigen, das heißt diejenigen, die den großen Mut und die Zivilcourage aufbringen, auch gegen den Strom zu schwimmen. Wirklich frei ist, wer nicht nur sich selber kennt und nicht egoistisch nur an sich selber hängt. Frei ist vielmehr, wer auch einmal über den eigenen Schatten springen kann und sich für andere einsetzt. Frei ist, wer die Augen und Ohren, den Kopf und das Herz frei hat für die Not, die Fragen und Anliegen der anderen und wer die Hände offen und frei hat, ihnen zu helfen. Frei ist, wer für eine große Sache, für das Leben, für die Freiheit und die Gerechtigkeit eintritt. Die Liebe ist die wahre Freiheit.

Jesus Christus, der uns in seiner Auferstehung vorausgegangen ist, befreit uns von einer verbissenen, hoffnungslosen Machermentalität. Er hat es für uns »gemacht«. Auf ihn dürfen wir uns verlassen. Zu ihm und durch ihn können wir beten, und wer betet, der weiß: Das Gebet erlöst von der Verzweiflung und von der Angst um unser Leben; es schenkt uns immer wieder neu Zuversicht, Hoffnung und inneren Frieden. Das Gebet gibt Mut und Kraft zum Leben. Mit Freimut beten und sein Herz vor Gott ausschütten dürfen, das ist ein Geschenk christlicher Freiheit.

Der Herr ist auferstanden,
er ist wahrhaft auferstanden!

DIESE BOTSCHAFT ist einfach unfasslich und unglaublich. Unfasslich und unglaublich ist sie nicht erst für uns heute; sie war es schon damals vor fast 2000 Jahren. Nicht nur der Hohe Rat, auch die Jünger Jesu selbst schüttelten ungläubig ihre Köpfe.

Der gemarterte und gekreuzigte Jesus Christus, dessen Herz am Kreuz mit einer Lanze durchbohrt und der in ein frisch gehauenes Grab gelegt wurde, er lebt.

Er ist im Tod zu seinem und zu unserem Vater, zu seinem und zu unserem Gott gegangen, und er ist in verherrlichter, leibhaftiger Gestalt seinen Jüngern persönlich erschienen. Er hat sie ausgesandt, diese Botschaft vom Tod des Todes und vom Sieg des Lebens über den Tod aller Welt zu verkünden.

Diese Botschaft von der Auferstehung Jesu Christi ist der Grund der Hoffnung auf unsere eigene Auferstehung.

Das menschlich Unmögliche ist von Gott her möglich, ja wirklich geworden. Das Leben, nicht der Tod hat das letzte Wort erhalten; die Liebe hat über den Hass und die Gewalt den Sieg davongetragen.

Viele jedoch gleichen dem modernen Menschen, der eine Wüstenwanderung unternimmt. Die unbarmherzige Sonnenglut dörrt ihn aus; er ist ermüdet und ermattet. Da sieht er in einiger Entfernung eine Oase, die ihn retten könnte. Aber da er ein moderner, aufgeklärter, skeptisch gewordener Mensch ist, der sich nichts vormachen lässt, denkt er: Aha, eine Fata Morgana, eine Luftspiegelung, die in Wirklichkeit gar nichts ist. Er kommt der Oase näher und sieht immer deutlicher die Dattelpalmen, das Gras und vor allem die Quelle. Aber er denkt: Das ist eine Hungerfantasie, die mir mein halb wahnsinniges Gehirn vorgaukelt. Das sprudelnde Wasser hält er für eine Gehörhalluzination. So bleibt er im heißen Sand liegen und stirbt. Kurze Zeit später finden ihn zwei Beduinen tot daliegen. »Kannst du so etwas verstehen?«, fragt der eine den anderen. »Die Datteln wachsen ihm ja fast in den Mund, und dicht neben der Quelle liegt er verdurstet da. Wie ist das möglich?« Der andere antwortet: »Der war halt ein moderner Mensch!«

Ostern ist die Alternative der Hoffnung zur verbreiteten Hoffnungslosigkeit und Lebensmüdigkeit unserer Zeit. An Ostern wurde das menschlich Unmögliche wahr und wirklich. An Ostern hat das Leben und hat die Hoffnung auf die Fülle und die Erfüllung des Lebens endgültig recht bekommen.

Wer glaubt, darf das Leben wagen und selbst noch im Sterben auf das Leben setzen, weil Gott es mit uns wagt. Der Glaube ist es also, der die Angst überwindet; der Glaube ist es, welcher den Kleinmut, die Hoffnungslosigkeit, die Zaghaftigkeit und Verzagtheit, die Frustration und Resignation überwindet. Wer glaubt, der darf aus der Fülle des Lebens leben.

Die Auferstehung, auf die wir hoffen, beginnt schon heute. Sie beginnt dort, wo wir aufstehen aus unserem Egoismus und unserem oft bornierten Interessendenken, wo wir uns öffnen für die Gerechtigkeit und für die Liebe, wo wir der Vergebung und Versöhnung Raum geben. Sie beginnt dort, wo wir aufstehen aus dem Grab unserer Mutlosigkeit und Müdigkeit, unseres Missmuts und unserer Trägheit, um es neu mit dem Gott zu wagen, bei dem alles möglich ist. Die Auferstehung beginnt dort, wo wir im Heute nicht das suchen, was unten, sondern das, was droben ist.

»Wer glaubt, zittert nicht«

MIT OSTERN ist etwas Entscheidendes für uns und an uns geschehen: Auch für uns hat ein neues Leben begonnen, auch uns ist eine neue Zukunft eröffnet.

Der Apostel Paulus sagt: »Wir alle, die wir auf Christus Jesus getauft wurden, sind auf seinen Tod getauft … und wie Christus durch die Herrlichkeit des Vaters von den Toten auferweckt wurde, so sollen auch wir als neue Menschen leben« (vgl. Röm 6,3–4): Wir sollen tot sein für die Sünde, aber leben für Gott. Wir sollen das Leben, das sich nur auf Irdisches richtet und nach irdischen Maßstäben handelt und sich darin verliert und verstrickt, ein Leben, das mit tödlicher Sicherheit im Tod endet – wir sollen dieses Leben zurücklassen und neu auferstehen zu einem neuen Leben, einem Leben, das allein und das für immer Zukunft hat, wir sollen uns aufmachen zu einem Leben für Gott.

Das erste Wort, das den durch den Karfreitag verschüchterten und verängstigten Jüngern gesagt wird, lautet: »Fürchtet euch nicht« (Mt 28,5). Papst *Johannes XXIII.* hat gesagt: »Wer glaubt, zittert nicht.«

Die Angst sei eine Grundbefindlichkeit des Menschen, hat ein bedeutender Philosoph schon vor bald hundert Jahren gesagt. Wir spüren alle, wie der Boden unter unseren Füßen wankt, weil es einfach nicht mehr so weitergeht und nicht mehr so weitergehen kann.

»Fürchtet euch nicht.« Denn der auferstandene Jesus geht uns voraus. Deshalb sollen wir uns aufmachen und die Frohe Botschaft seinen und unseren Brüdern weitersagen. Zu dieser Botschaft vom neuen Leben gibt es keine Alternative. Niemand hat uns Besseres und Zukunftsweisenderes zu sagen. Geben wir diesen Glauben darum weiter an unsere Kinder und Enkel. Es gibt für ihr Leben nichts Wichtigeres als solche Hoffnung.

Nehmen wir zugleich die neue Situation persönlich als Herausforderung an; suchen wir sie aus der österlichen Hoffnung zu gestalten. Denken wir nicht ängstlich nur rückwärtsgewandt, sondern zuversichtlich nach vorne. Wer an Ostern glaubt und wer weiß, dass er durch die Taufe zu einem neuen Leben berufen ist, der weiß: Es gibt zwar Katastrophen, es gibt das unheimliche Dunkel des Todes; aber er hat nicht das letzte Wort. Gott hat uns durch Ostern neue Zukunft verheißen; er hat uns Hoffnung geschenkt, Hoffnung, die Mut macht, nicht nur an der Vergangenheit zu hängen, sondern zuversichtlich aufzubrechen in die Zukunft, Hoffnung, die sich nicht allein an irdischen Maßstäben orientiert, sondern sich auf Gott und sein Wort einlässt, auf Gott, der uns Leben verheißt. Verlassen wir uns darum nicht auf die brüchigen Maßstäbe dieser Welt. Halten wir uns – statt an die Erwartungen und Versprechungen der Welt – an die Verheißungen Gottes und an sein Wort, das gestern, heute und in Ewigkeit gilt. Suchen wir als Getaufte im neuen Leben zu wandeln.

Der gläubige Thomas

Das Evangelium von der Begegnung Jesu mit dem Apostel Thomas gibt uns viel zum Nachdenken. Weil Thomas zunächst an der Auferstehung Jesu gezweifelt hat, spricht man vom »ungläubigen Thomas«. In Wirklichkeit müsste man aber vom »gläubigen Thomas« sprechen. Denn am Ende fällt Thomas ja vor Jesus nieder, betet ihn an und sagt: »Mein Herr und mein Gott« (Joh 20,28). Er ist also zum Glauben gekommen.

Aber in der Art und Weise seines Glaubens ist dieser Thomas uns sehr verwandt. Zuerst sagt er: »Wenn ich nicht die Male der Nägel an seinen Händen sehe und wenn ich meinen Finger nicht in die Male der Nägel und meine Hand nicht in seine Seite lege, glaube ich nicht« (Joh 20,25). Genau so denken und reden wir auch. Wir wollen selber sehen, wir wollen handgreifliche Beweise. Für uns gilt meist nur das, was man sehen, was man anfassen, was man feststellen kann. Wir wollen etwas in der Hand haben. Aber den Glauben an Gott, an die Auferstehung und an das ewige Leben, den kann man nicht sehen, nicht anfassen, nicht handgreiflich beweisen. So sind wir alle ein bisschen wie der ungläubige Thomas.

Es wird berichtet, dass sich die Jünger Jesu aus Furcht vor den Juden hinter verschlossenen Türen versammelt haben. Sie haben Angst gehabt, dass es ihnen ebenso geht wie Jesus, dass es auch ihnen an den Kragen geht. Auch unter uns geht die Angst um. Die Angst ist sogar ein Kennzeichen sehr vieler Menschen von heute. Dafür gibt es Gründe. Viele haben Angst, ihren Arbeitsplatz zu verlieren. Andere müssen Angst haben, abgeschoben zu werden, und sie wissen nicht, wie es danach weitergehen soll. Mütter haben oft Angst um ihre Kinder. Wieder andere haben Angst um ihre Gesundheit oder um die Gesundheit ihrer Angehörigen.

So sind wir alle nicht nur wie der ungläubige Thomas mit seinen Zweifeln, sondern auch wie die Jünger, die sich aus Angst hinter verschlossenen Türen verstecken. Fragen wir deshalb, welche Antwort uns Jesus gibt! Fragen wir, wie er den Jüngern und dem Thomas geholfen hat und wie er auch uns heute hilft!

Jesus antwortet auf die Zweifel des Thomas nicht, indem er ihm handfeste Beweise gibt. Es kommt gar nicht dazu, dass Thomas Jesus anfassen und anrühren kann. Viel wichtiger und allein ausschlaggebend ist die persönliche Begegnung zwischen Jesus und Thomas.

So ist es auch mit unserem Glauben. Man kann ihn nicht beweisen. Manche wollen Beweise, dadurch, dass sie nach Wundern fragen und suchen. Aber Jesus sagt uns, dass wir nicht nach Wundern suchen und nicht wundersüchtig sein sollen. Am Ende sagt Jesus: »Selig, die nicht sehen und doch glauben« (Joh 20,29).

Auch in unserem Alltag können wir nicht alles beweisen. Dass ein anderer Mensch mich liebt und mir treu ist, dafür kann ich Hinweise haben, aber keine Beweise. Wenn man sich das gegenseitig beweisen muss, dann ist die Liebe längst kaputt. Erst recht ist es so im Glauben. Es gibt viele Hinweise dafür, dass Gott da ist und dass er täglich und immer wieder neu für uns sorgt. Es gibt Spuren Gottes in unserem Leben. Deshalb ist es begründet, dass wir uns auf ihn verlassen. Glauben heißt: auf Gott vertrauen, auf ihn bauen und auf ihn das Leben setzen. Wer das versucht, der spürt, dass sein Leben damit einen Halt bekommt; er erfährt, dass er auf einem sicheren Boden steht und auf einem sicheren Fundament gebaut hat.

Der Glaube bewirkt nicht gleich ein Wunder. Er bläst unsere Fragen und Sorgen nicht einfach weg. Aber der Glaube vertreibt die Angst. Er nimmt uns die Bodenlosigkeit. Viele haben deshalb Angst, weil sie keinen Glauben haben, weil sie Gott und seiner Vorsehung nicht vertrauen und weil sie deshalb keinen Boden unter den Füßen haben. Viele Ängste, viele Zweifel und viele Verzweiflungen kommen daher, dass wir nicht wirklich glauben.

Vermutlich ist das alles auch dem Thomas aufgegangen, als er Jesus begegnet ist. Vermutlich hat sich Thomas sogar nachträglich ein wenig geschämt wegen seiner Zweifel und seines anfänglichen Unglaubens.

Der auferstandene Herr zeigt dem Thomas die Wunden an seinen Händen, seinen Füßen und seiner Seite. Sie sind mit der Auferstehung nicht verschwunden; sie sind noch da. Aber sie sind verklärt. So wird es auch mit dem sein, was wir in diesem Leben zu erleiden haben. Alles, was wir aus Liebe tun und erleiden, wird für immer Bestand haben; es wird eingehen in die ewige Verklärung. Das gilt von unserer täglichen, oft schweren Arbeit, von unserer Sorge für die Kinder und die Familie, von der Hilfsbereitschaft und der Freundlichkeit gegenüber anderen, von den Opfern, die wir bringen, und von den Krankheiten und Leiden, die wir zu ertragen haben. Unserem ganzen Leben gilt die österliche Verheißung.

Wenn wir so wie Thomas glauben, dann wissen wir: Ostern und Auferstehung ist nicht erst eine Sache von morgen und übermorgen. Ostern ist nicht erst nach dem Tod. Ostern beginnt schon hier und heute. Das ganze Leben eines Christen kann und muss österlich sein.

»Brannte uns nicht das Herz?«

Zunächst begegnen uns in der Emmaus-Erzählung zwei Menschen, die miteinander einen Weg gehen, die durch gemeinsame Erfahrungen und Erlebnisse miteinander verbunden sind und die nun versuchen, im Gespräch und durch den Austausch ihrer Gedanken weiterzukommen in ihrem Fragen und in ihrem Suchen.

Der Weg dieser Jünger ist ein Bild für das Leben eines jeden Menschen. Auch in unserem Leben gibt es viele solcher Menschen, mit denen wir ein Stück unsres eigenen Lebensweges teilen: Menschen, die uns in fruchtbaren Gesprächen teilhaben lassen an ihren Erfahrungen und Erlebnissen und uns so oftmals eine andere, eine neue Sicht der Dinge erschließen; Menschen, mit denen wir gute und beglückende Erfahrungen teilen; Menschen aber auch, die uns Begleiter wurden in den dunklen Stunden unseres Lebens, in den Stunden, in denen unsere Fragen unbeantwortet, unsere Gefühle ungeordnet und unsere Erfahrungen ungedeutet blieben.

Die entscheidende Wendung auf dem Weg der beiden Jünger

Das neue Leben

wird durch die Begegnung mit dem auferstandenen Herrn eingeleitet. Mitten im Dunkel ihrer Enttäuschung und Resignation bricht durch die Begegnung mit diesem unerkannten Wegbegleiter etwas auf. Das, was mit den beiden Jüngern geschieht, ist zunächst noch unbestimmt und ungedeutet. Und doch ist deutlich zu spüren, dass hier eine Kraft am Werk ist, die stärker ist als der Sog der Resignation und der Mutlosigkeit, der die Jünger erfasst hat. Im Innersten der Jünger wächst die Gewissheit, dass sich diese neue Kraft durchsetzen wird – auch wenn sie noch nicht genau erkennen, wie und warum.

»Brannte uns nicht das Herz« – so werden sie im Rückblick diese Erfahrung beschreiben, durch die sie auf dem Grund ihres Herzens schon von dem ergriffen waren, den sie mit dem Verstand erst später erkennen konnten – als ihnen beim Brechen des Brotes die Augen aufgingen.

Die Erfahrung der Jünger von Emmaus lehrt uns, dass in dem Moment, in dem uns die Augen für den Ernst der Sinnfrage geöffnet werden, die Antwort in unserem Innersten eigentlich schon gegeben ist. In dem Moment, als die Jünger in dem unbekannten Fremden Jesus Christus selbst erkennen, wird ihnen bewusst, dass sie in ihrem Innersten schon lange gespürt hatten, mit wem sie es zu tun hatten: »Brannte uns nicht das Herz, als er unterwegs mit uns redete und uns den Sinn der Schrift erschloss?« (Lk 24,32).

Und doch zeigt das Beispiel der Jünger ebenso, dass dieses Gefühl für sich genommen noch nicht ausreicht, um die entscheidende Wende zu bewirken. Erst als sie mit geöffneten Augen das ihnen Widerfahrene zu deuten vermögen, kommt es zu einer bewussten Entscheidung für einen neuen Anfang. Nur so kann die Glut des Glaubens, der Liebe und der Hoffnung, die durch die Begegnung mit Jesus Christus in ihren Herzen lebendig wurde, nach außen dringen, um ihrem Leben eine neue Gestalt zu geben. Noch in derselben Stunde brechen die Jünger auf und kehren nach Jerusalem zurück, um dort zu Zeugen der Auferstehung zu werden, um den anderen zu bezeugen, was sie unterwegs erlebt haben und wie sie Jesus erkannt haben, als er das Brot brach.

Solche Zeugen für die lebendige Gegenwart des Auferstandenen in unserer Welt brauchen wir heute mehr denn je. In einer Zeit, in der immer mehr Menschen davon sprechen, dass sie sich wie ausgebrannt fühlen, weil sie von ihrem Leben nichts oder zumindest nichts Neues mehr erwarten, in einer Zeit, die von einem erschreckenden Maß an Freudlosigkeit und oft auch Niedergeschlagenheit gekennzeichnet ist, sind Menschen wichtig, die etwas von der Glut erfahrbar werden lassen, die in ihren Herzen ist. Denn nur so können die Menschen unserer Zeit wieder neu auf die Sehnsucht aufmerksam werden, die in Wirklichkeit auch in ihnen noch lebendig ist, wenn auch allzu oft verborgen und verschüttet unter der Asche enttäuschter Erwartungen, fehlgeschlagener Versuche und schlechter Erfahrungen.

Ansteckende Zeugen für das Feuer des neuen Lebens in Jesus Christus können wir nur sein, solange die Glut in unseren Herzen nicht erloschen ist. Deshalb gehört es zu den wesentlichsten Inhalten eines geistlichen Lebens, immer wieder neu darum bemüht zu sein, Jesus Christus als Wegbegleiter nicht aus dem Blick zu verlieren.

Zur Grundgestalt eines Lebens in Weggemeinschaft mit Jesus Christus gehört die Begegnung mit der Heiligen Schrift, die Feier der Eucharistie und die Gemeinschaft mit den Menschen, die sich entschieden haben, ihr Leben in der Spur des auferstandenen Herrn zu gehen.

Unser Emmausweg

ZWEI JÜNGER sind miteinander auf dem Weg von Jerusalem nach Emmaus. »Sie sprachen miteinander über all das, was sich ereignet hatte« (Lk 24,14). Und was war da nicht alles geschehen: die Verhaftung, Folterung, Kreuzigung Jesu, der Verrat und die Flucht der Jünger, die Aufregung um die Nachricht der Frauen, Engel seien erschienen und hätten verkündigt, er sei auferstanden, und schließlich die eigene Resignation: »Hat doch alles keinen Wert.« Mit dem lebendigen und Leben schaffenden Gott haben sie offensichtlich nicht mehr gerechnet. Sie waren wie mit Blindheit geschlagen.

Während sie so dahingehen und Jesus unerkannt mit ihnen wandert, bleiben sie plötzlich traurig stehen. Sie bleiben stehen und erzählen von dem, was traurig macht. Sie wiederholen die gesamte Leidensgeschichte Jesu, die zugleich die Geschichte ihrer enttäuschten Hoffnung ist. Sie rekapitulieren ihre Angst und ihre Skepsis.

Auch das gehört zu unserem Emmausweg, dass wir die Vergangenheit nicht einfach wegwischen und als eine ungeliebte Episode abtun. Auch wir müssen wie die Emmausjünger stehen bleiben und innehalten.

Auf ihrem Weg, als sie traurig stehen bleiben und mit dem Kreuz nicht fertig werden, legt Jesus ihnen die Schrift aus: »Begreift ihr denn nicht?« (Lk 24,25). Musste nach dem Plan und Willen Gottes, so wie er schon den Propheten offenbart wurde, nicht alles so kommen? Versteht doch die Wege Gottes, sie sind nicht unsere Wege, sie haben ihre eigene Logik, und gerade darin sind sie wunderbar. Sobald die beiden Jünger dies verstehen, beginnt ihr Herz zu brennen. Da wird es ihnen innerlich wieder warm; sie fangen neu Feuer.

Allein das Wort Gottes erschließt uns wieder den ganzen Sinn des Lebens; es eröffnet uns die ganze Höhe, Tiefe, Länge und Breite unserer Existenz. Das menschliche Leben soll nach christlicher Vorstellung nicht karg und ärmlich sein; es darf und soll ein Leben aus der Fülle sein, aber ein Leben aus der ganzen Fülle, die letztlich nur Gott ist. Er allein ist groß genug, um die Größe unserer Sehnsucht auszufüllen.

Jesus belehrt die beiden Emmausjünger nicht nur mit Worten und lässt sie dann allein stehen. Er bleibt bei ihnen. Er bricht und teilt mit ihnen das Brot, er spricht den Lobpreis und feiert mit ihnen Eucharistie. Da erst gehen ihnen die Augen auf; sie erkennen ihn und kehren freudig und eilends nach Jerusalem zurück. Sie vereinigen sich mit den anderen Jüngern, denen in der Zwischenzeit eine ähnliche Erfahrung zuteilwurde, in der sie erkannten: »Der Herr ist wirklich auferstanden« (Lk 24,34). Er ist nicht tot, er lebt.

»Der Friede sei mit euch!«

»Der Friede sei mit euch!« (vgl. Joh 20,19.21). Als Jesus diese Worte sprach, waren die Jünger voller Angst. Sie wagten sich nicht offen zu zeigen, sondern versammelten sich hinter verschlossenen Türen. Sie wussten nicht, wie es nach dem Karfreitag weitergehen sollte. In dieser schwierigen Situation sagt Jesus: »Der Friede sei mit euch!« Jesus sagt und wünscht damit das Wichtigste, das es für uns Menschen gibt: den Frieden. Denn der Friede ist nicht nur das höchste Gut auf Erden; Friede ist für Jesus und das ganze Alte und Neue Testament Inbegriff des Heils und des Glücks, das Gott uns Menschen schenken will und das er uns durch das Sterben und die Auferstehung Jesu auch geschenkt hat.

Friede bedeutet, dass nicht geschossen und nicht gemordet wird, dass niemand aus seiner angestammten Heimat vertrieben wird. Friede bedeutet aber auch, dass Menschen in einer gerechten Ordnung gut zusammenleben und zusammenarbeiten, dass sie einander akzeptieren und einander als Menschen achten. Friede setzt also Gerechtigkeit für alle und die Wahrung der Menschenrechte für alle voraus. Wir sollen deshalb in Frieden leben, nicht nur mit den eigenen Freunden, auch nicht nur mit dem eigenen Volk.

Doch der Friede hat noch eine tiefere Wurzel. Der Friede beginnt im eigenen Herzen. Denn dort entstehen die bösen Gedanken und Absichten; dort wurzeln der Hass und die Gedanken der Rache, die dann zu Unrecht führen; dort wurzeln aber auch der Gerechtigkeitssinn und das Wohlwollen, das wir einander bezeugen sollen. Letztlich kann Friede nur sein, wenn wir den Frieden im eigenen Herzen tragen, wenn wir aus unserem Herzen alle Gedanken des Hasses, des Neides, der Missgunst und der Rache verbannen, wenn wir im Frieden mit uns und mit Gott leben.

Einen solchen Frieden hat Gott durch Kreuz und Auferstehung Jesu mit uns geschlossen. Er hat uns alle unsere Schuld vergeben und einen neuen Anfang gesetzt. Nun geht es darum, dass wir Christen uns als Menschen des Friedens erweisen. In der Bergpredigt preist Jesus nicht umsonst die Friedensstifter selig: »Selig, die Frieden stiften; denn sie werden Söhne Gottes genannt werden« (Mt 5,9). Dieses Wort gilt nicht nur für die große Politik. Das Friedenswerk beginnt in den Familien, am Arbeitsplatz, in der Nachbarschaft, in der Gemeinde und überall, wo wir mit anderen Menschen zusammenkommen. Wenn ein Christ zu anderen Menschen kommt, muss seine erste Botschaft immer lauten: »Der Friede sei mit euch!«

Das Evangelium berichtet uns, wie der auferstandene Jesus Christus den verängstigten Jüngern erschien und wie er besonders dem Apostel Thomas begegnet ist.

Thomas wollte zunächst nicht glauben, dass Jesus lebt. Aber seine Zweifel wurden überwunden, als er Jesus selbst begegnet ist. Da ging ihm plötzlich auf: Nein, nicht der Tod und die Todesmächte, nicht Hass, Lüge und Gewalt haben das letzte Wort; Gott ist ein lebendiger Gott, er ist ein Freund des Lebens, in seiner Liebe will er, dass auch wir leben. Ja, er will uns auch über den Tod hinaus ewiges Leben schenken. Deshalb brauchen wir als Christen letztlich keine Angst zu haben; wir dürfen Gott vertrauen, und wir dürfen auch dem Leben trauen. Wir dürfen darauf vertrauen, dass letztlich nicht der Hass und die Gewalt siegen, dass vielmehr das Gute, das wir tun, die Liebe, die wir üben, von Gott gesegnet und belohnt werden.

Versuchen wir wie der Apostel Thomas immer wieder vor Gott, der uns in Jesus Christus seine ganze Liebe gezeigt hat, auf die Knie zu fallen und zu beten: »Mein Herr und mein Gott!« (Joh 20,28). Behalten wir neben dem sonntäglichen Gottesdienst auch das gemeinsame Gebet in den Familien bei. Das wird uns untereinander zusammenhalten; das wird jedem Einzelnen von uns Kraft, Trost und Hoffnung schenken.

»Empfangt den Heiligen Geist«

NACH DEM KARFREITAG lebten die Jünger in Furcht und Schrecken. Aus lauter Angst versammelten sie sich nur hinter verschlossenen Türen. Sie hatten ja erleben müssen, wie ihr Meister, der nichts als die Liebe gepredigt und gelebt hatte, dem Hass und der Gewalt unterlegen war und grausam am Kreuz zu Tode gekommen war. Am Karfreitag hatten die Mächte des Todes, der Lüge, der Gewalt gesiegt über das Leben, die Wahrheit und die Liebe. Der ganze innere Unfriede unserer Welt war offenbar geworden.

Doch Gott hat mit der Auferweckung Jesu vom Tod die große Wende eingeleitet. Gott hat an Ostern nicht dem Tod, sondern dem Leben recht gegeben. Er hat dafür gesorgt, dass die

DAS NEUE LEBEN

Wahrheit siegt über die Lüge, die Liebe über den Hass und über die Gewalt. So hat Gott den Mächten des Friedens Eintritt verschafft in unsere friedlose Welt. Er hat Frieden gestiftet.

Ostern bedeutet darum für uns Grund zur Hoffnung auf Frieden. Denn Gott ist ein Gott des Lebens und des Friedens. Jesus Christus, unser auferstandener Herr, ist unser Friede. Wer an ihn glaubt, der darf Mut und Zuversicht haben, dass am Ende der Friede siegen wird. Wer an ihn glaubt, der weiß, dass er nie zu resignieren braucht. Wer an ihn glaubt, der findet Kraft, sich für den Frieden und die Gerechtigkeit einzusetzen. Der Apostel Paulus ruft uns zu: »Wenn Gott für uns ist, wer ist dann gegen uns?« (Röm 8,31).

Nachdem Jesus seine Jünger gegrüßt hatte mit den Worten: »Der Friede sei mit euch«, hauchte er sie an und sprach zu ihnen: »Empfangt den Heiligen Geist! Wem ihr die Sünden vergebt, dem sind sie vergeben« (vgl. Joh 20,21–23). Die Sündenvergebung ist das große Geschenk des auferstanden Herrn an seine Jünger.

Diese Ostergeschichte sagt uns, dass es nicht nur um den äußeren Frieden in der Welt geht, so wichtig dieser auch ist. Das Evangelium erinnert uns auch daran, dass nur dann Friede in der Welt außerhalb von uns sein kann, wenn der Friede zuvor in uns und in unseren Herzen Platz greift.

Denn Friede und Unfriede entscheiden sich letztlich in unserem Herzen. Es ist die Sünde, welche die Ordnung, die Gott unserem Leben gegeben hat, zerstört. Die Sünde bringt Lüge, Hass, Unrecht und Gewalt in die Welt. Sie ist so die Wurzel des Unfriedens und der Friedlosigkeit in der Welt. Nur wenn der Geist der Sünde, der Geist der Ichsucht, der Lüge, des Hasses und der Gewalt, aus unserem eigenen Herzen vertrieben wird und nur, wenn in unserem Herzen Gottes Heiliger Geist Einzug hält, kann Friede auch in der Welt sein.

Der Friede fängt also bei uns selber an; der Friede fängt in unserem eigenen Herzen an. Wir müssen immer wieder neu unser Herz reinigen; wir müssen uns immer wieder neu unsere Sünden vergeben lassen durch den Empfang des Sakraments der Buße. Wir müssen immer wieder neu beten: »Komm, Heiliger Geist, der Leben schafft, erfülle uns mit deiner Kraft.«

Thomas konnte zunächst nicht an das Wunder der Auferstehung und an die Möglichkeit eines neuen Anfangs glauben. Er schwankte und zweifelte. Aber als ihm der Auferstandene persönlich begegnete, da kam er zum Glauben. Er fiel auf die Knie und sprach: »Mein Herr und mein Gott« (Joh 20,28). Erst durch die persönliche Begegnung mit Jesus Christus wurde er zum Zeugen und zum Werkzeug des neuen Lebens und des Friedens.

Dieser Thomas sagt uns also, worauf es ankommt im christlichen Leben. Er sagt uns, woher wir die Kraft nehmen können, um in dieser Welt als Christen leben zu können. Wir brauchen immer wieder neu die Begegnung mit dem auferstandenen Herrn. Zwar ist uns die Begegnung mit ihm nicht in der gleichen leibhaftigen Weise möglich wie Thomas. Wir können Jesus Christus nicht so wie er berühren und betasten. Aber auch wir können ihm konkret begegnen und Kraft von ihm schöpfen. Wir begegnen ihm in seinem Wort. Wir begegnen ihm im Gebet. Wir begegnen ihm in den Sakramenten, besonders bei der Mitfeier der heiligen Messe und in der heiligen Kommunion. Wir begegnen ihm nicht zuletzt in unseren Brüdern und Schwestern, besonders in denen, die in Not sind. Denn Jesus selbst sagt uns: »Was ihr dem Geringsten meiner Brüder getan habt, das habt ihr mir getan« (Mt 25,40).

Der Friede, den der Geist schenkt

Jesus überwindet die Barrieren der Angst; er tritt durch die verschlossenen Türen mitten unter seine Jünger und spricht den Friedensgruß: »Friede sei mit euch« (Joh 20,19.21). Als Gabe des Friedens schenkt er ihnen den Heiligen Geist.

Frieden (Schalom) – das ist für die Heilige Schrift ein allumfassendes Heilswort und ein grundlegendes Hoffnungssignal. Frieden heißt bei Weitem mehr, als dass kein Krieg geführt wird. Schon dies ist nicht wenig. Frieden im Sinn der Heiligen Schrift bedeutet aber weit mehr. Frieden heißt: Alles – der Mensch, die Natur, die ganze Schöpfung – ist heil und ganz. Alle Entfremdung, die Entfremdung von Gott, die Entfremdung der Menschen untereinander wie zwischen Mensch und Natur, ist aufgehoben. Alle Zerrissenheit, alle Feindschaft und Unversöhntheit ist überwunden. Nicht zuletzt ist der Unfriede im eigenen Herzen gestillt. Diese Botschaft vom Frieden ist das, was alle ersehnen und was wir am notwendigsten brauchen. Friede ist das höchste Gut.

Die Botschaft vom Frieden hat für die Bibel freilich eine unabdingbare Voraussetzung: Der Friede in der Welt ist nicht möglich ohne den Frieden mit Gott. Ohne Versöhnung mit Gott keine Versöhnung in der Welt! Denn Gott ist Ursprung und Ziel aller Wirklichkeit; er ist Grund und Ziel unseres Lebens.

Wo Gott ausgeblendet wird, da gehen deshalb die Lichter aus; wo Gott als Fundament aufgegeben wird, da fällt alles andere zusammen, da haben wir nur noch Fragmente, Bruchstücke und Scherben in den Händen.

Gottes Geist ist von Ewigkeit her das Band der Liebe und der Einheit zwischen Vater und Sohn. Er hat aus dem Chaos den Kosmos geschaffen; ohne ihn fällt alles ins Chaos zurück. Er vergibt die Sünden und rettet vom Chaos, das die Sünde angerichtet hat. Er heilt deren Wunden und Narben, schenkt neu

Frieden, Trost, Gelassenheit und Gewissheit. Er führt die neue Schöpfung herauf, das Reich des Friedens, der Gerechtigkeit, der Wahrheit und der Liebe.

Nur eine neue Offenheit für Gottes Heiligen Geist kann uns vor dem Chaos bewahren. Nur der Heilige Geist, der alles umspannt und alles durchdringt, kann das Antlitz der Welt verändern, er allein kann die Herzen der Menschen zum Frieden wenden. Er allein kann dauernden Frieden stiften. Jesus Christus hat seinen Jüngern an Ostern den Geist bleibend verheißen. Sein Wort »Empfangt den Heiligen Geist« gilt auch heute, und es wirkt bis in unsere Gegenwart. Dies zu wissen ist wichtig. Denn diese Überzeugung des Glaubens an die bleibende Gegenwart des Geistes nimmt dunkle Ängste und bohrenden Zweifel. Wir sind heute so wenig gottvergessen und gottverloren wie jemals zuvor, wir leben bleibend im Heute Gottes. Weil Gottes Geist bleibend mit uns ist, dürfen wir ein frohes Ja sagen zu unserer Zeit, zu unserer Kirche und zu unserem Leben. Wenn wir offen hinschauen, dann werden wir merken, dass Gottes Geist überall in der Welt wirkt, wo Menschen nach der Wahrheit suchen, wo sie Hoffnung schöpfen und ihr Leben neu wagen, wo sie ausbrechen aus dem Gefängnis ihres Ichs und Schritte der Versöhnung tun, wo sie Frieden stiften unter den Menschen, Völkern, Religionen und wo sie arbeiten an einer besseren, gerechteren, barmherzigeren Welt. Diese Menschen gibt es mehr, als wir oft ahnen, und durch sie wirkt der Geist Gottes auch außerhalb unserer Kirchenmauern, um das Angesicht der Welt zu erneuern. Wir dürfen also trotz allem Ja sagen zu unserer Zeit: Sie ist auch heute eine Zeit des Heiligen Geistes.

Frieden

DIE BIBEL SPRICHT an vielen Stellen vom Frieden als einer Gabe Gottes. Im Alten Testament erneuert Jahwe immer wieder seinen Bund mit dem erwählten Volk Israel. Dabei verheißt er dem Volk seinen Frieden. Das hebräische Wort für Friede heißt Schalom. Dieses Wort ist der jüdische Gruß, den man bis auf den heutigen Tag in Israel hören kann. Unser deutsches Wort Frieden ist nur eine unzulängliche und schwache Übersetzung für das, was Schalom bedeutet: Alles ist in Ordnung, es bedeutet die Zufriedenheit, das »Mit-sich-im-Reinen-Sein«; Schalom bedeutet Wohlergehen, ein lebens- und menschenfreundliches Miteinander der Menschen und einen befriedeten Umgang mit der Natur; Schalom heißt aber auch Versöhntsein mit Gott und ein Sich-hineinnehmen-Lassen in die Weite seines Lebens.

Schalom, das ist im Neuen Testament der Gruß des Auferstandenen: Er tritt in die Mitte seiner Jünger und sagt: »Der Friede sei mit euch« (Joh 20,19.21). »Frieden hinterlasse ich euch, meinen Frieden gebe ich euch« (Joh 14,27). Jesus Christus ist der angekündigte »Friedensfürst« (Jes 9,4). Der Mensch erlangt erst dann den wahren Frieden, wenn er mit Christus verbunden ist.

Der Friede, den Jesus gibt, ist anders als der Friede, den die Welt schenkt. Der Friede der Welt ist von äußeren Umständen abhängig: dass wir von Krieg, von Krankheit und Not verschont bleiben. Der Friede Jesu dagegen beruht auf einer festen Beziehung und Verbundenheit mit ihm, die durch äußere Umstände, durch Not und Leid nicht zerstört werden kann. Auch in Schmerz und Verfolgung kann derjenige, der sich ihm anvertraut hat, in seinem Herzen Frieden haben. Er kann es, weil er weiß: Gottes Geist ist mir nahe. Nichts kann mich scheiden von der Liebe Christi und der Liebe seines Vaters.

Schalom – Friede: Dieses Wort beschreibt in einmaliger und umfassender Weise das, was Jesus gewollt hat, sein Anliegen, die

Mitte seiner Verkündigung, sein heilendes und ganzmachendes Handeln und Verhalten.

Menschen spüren in seiner Nähe, dass sie endlich wahrgenommen und ernst genommen werden. Sie werden vom Rand weg in die Mitte geholt, sodass sie wieder Raum zum Atmen haben. Menschen dürfen wieder sein und beginnen zu ahnen, was Leben sein kann, was Liebe vermag, wenn einer sich ganz vorbehaltlos ihnen zuwendet. Jesus lässt sich äußerlich und innerlich anrühren.

Menschen, die von anderen abgeschrieben werden, bekommen durch ihn wieder neuen Mut, neues Lebensrecht. Ihre Vereinsamung wird aufgebrochen. Menschen, die traurig sind, entdecken in seiner Nähe den Funken Glauben und Hoffnung, der noch in ihnen ist – den Glauben an sich selbst und an ihre Mitmenschen. Menschen ahnen, was ihrem Zusammenleben guttun würde, wenn sie sein Lebensgesetz entdecken, das da heißt: Das Böse kann nur durch das Gute überwunden werden.

Jesus Christus, der Friedensfürst, fordert uns auf, selber Friedensstifter zu sein und zu werden. »Selig, die Frieden stiften, denn sie werden Kinder Gottes genannt werden« (Mt 5,9). Diese Seligpreisung aus der Bergpredigt geht uns alle an. Der Friede beginnt nicht irgendwo, sondern bei uns selbst, im eigenen Herzen – so wie umgekehrt auch die Kriege im Hass und Neid in den Herzen der Menschen ihren Ursprung haben.

Im Licht des Lebens wandeln

Das Evangelium nennt keine Zeugen, welche den Vorgang der Auferstehung gesehen haben. Niemand hat's gesehen, erlebt, erfahren. Offensichtlich war es gar kein Vorgang, den man feststellen oder gar hätte fotografieren können.

Gewiss, das Grab war leer. So sagen es alle biblischen Berichte, und wir haben keinen Grund, am Wahrheitsgehalt dieser Erzählungen zu zweifeln. Aber die Tatsache des leeren Grabes allein besagt noch nicht viel. Man könnte den Leichnam Jesu ja auch umgebettet oder in betrügerischer Absicht gestohlen haben. So ist das leere Grab aus sich allein kein Beweis für die Auferstehung; es ist aber für den, der an die Auferstehung Jesu glaubt, ein Hinweis und ein Zeichen für Gottes machtvolles Handeln, das man – so sagt es das Evangelium – nicht »festhalten« kann.

Greifbar ist für uns dagegen das Glaubenszeugnis der ersten Jüngerinnen und Jünger. Sie waren alles andere als leichtfertige Fantasten, Träumer und Spinner. Sie waren Realisten, die der Karfreitag hart gebeutelt hatte. Maria von Magdala ist verzweifelt, sie sitzt da und weint; die Jünger sind voller Angst und Aufregung und tun die Osterbotschaft der Frauen als leeres Geschwätz ab. Später aber ziehen sie in alle Welt hinaus und verkünden: Den ihr – Juden und Römer gemeinsam – ans Kreuz geschlagen und getötet habt, den hat Gott auferweckt. Er hat ihn uns erscheinen lassen (vgl. Apg 10,39–41). Wir haben ihn gesehen. Er ist nicht im Tod geblieben; er lebt. Nicht etwa, dass er ins alte Leben zurückgekehrt wäre. Er lebt in neuer, in verklärter Weise; er lebt bei Gott, und er ist von Gott her in neuer Weise mit uns und bei uns.

In der persönlichen Begegnung mit dem verklärten, auferstandenen Herrn ist den Jüngern aufgegangen: Dieser Jesus, dem wir nachgefolgt sind, er hat recht gehabt. Gott hat ihm recht gegeben. Sein unbedingtes Vertrauen auf Gottes unbegrenzte Macht ging nicht ins Leere. Gott hat sich als stärker erwiesen als der Tod; er hat dem Leben recht gegeben gegen den Tod; die Liebe hat den Hass, die Wahrheit die Lüge besiegt.

Am Osterglauben entscheidet sich, ob wir dem Leben mehr trauen können als dem Tod und den Mächten des Todes. Aufgrund von Ostern dürfen wir im Licht des Lebens wandeln.

Damit ist Ostern die tiefste und letzte Antwort auf unsere Hoffnung. Denn dem Leben trauen und im Licht des Lebens wandeln – ist dies nicht genau das, was wir alle zutiefst wollen und ersehnen?

Die Osterbotschaft schenkt Zuversicht und Hoffnung. Sie sagt: In Jesu Auferweckung hat Gott ein für alle Mal dem Leben, der Liebe und der Wahrheit zum Sieg verholfen. Du brauchst also nicht im Schatten des Todes zu leben, du darfst im Licht des Lebens wandeln. Dir ist ewiges Leben verheißen. Wir müssen deshalb die Freundschaft mit Jesus erneuern. Die persönliche Begegnung mit ihm ist der Ursprung des Osterglaubens. Die Begegnung mit ihm im persönlichen Gebet, im Wort der Heiligen Schrift, in den Sakramenten ist die Quelle neuen österlichen Lebens. Ohne ihn können wir nichts tun (Joh 15,6). Nur von ihm her, mit ihm, in ihm und auf ihn hin können wir im Licht des Lebens wandeln.

Zeugnis geben

ZUM ZEUGESEIN GEHÖRT immer beides: Wahrnehmung und Vermittlung. Wer ein Geschehen nicht gesehen, nicht gehört, seine Bedeutung nicht erkannt hat, kann es auch nicht bezeugen. Wer das Gesehene, Gehörte, Erkannte nicht weitergibt, ist als Zeuge untauglich.

Die Apostel und Jünger sind alles andere als Fantasten, die sich ihre Welt so zurechtlegen, dass sie sich an ihren eigenen Fantasiebildern trösten können. Ihr Mut ist gesunken, ihr Herz ist voller Zweifel. Doch Jesus lässt sie seine Gegenwart erfahren und macht sie so zu einzigartigen Zeugen seiner Auferstehung. »Ihr seid Zeugen dafür«, schärft er ihnen ein (Lk 24,48). Und wie eine Antwort hierauf klingen die Worte des Petrus in der Apostelgeschichte: »Gott hat ihn von den Toten auferweckt. Dafür sind wir Zeugen« (Apg 3,15). Ohne das in seiner Einzigartigkeit nicht einholbare Zeugnis der Apostel und Jünger wüssten wir nicht von Jesus und seiner befreienden Frohbotschaft. Doch dieses Zeugnis entbindet uns nicht davon, uns selbst wie die Jünger mit allen Sinnen auf die bezeugte Wirklichkeit einzulassen. Ohne eigene Glaubenserfahrung und ohne immer wieder neue eigene Begegnung mit Jesus Christus können wir keine Zeugen sein. Wir müssen immer wieder wachsen in unserem Glauben an das, was wir bezeugen. Zeugnis setzt Überzeugung voraus.

Das Zeugnis, das die Jünger und Apostel ablegen, ist nicht nur der Bericht von einem vergangenen Widerfahrnis. Es ist zugleich Zeugnis von einem neuen Gottes-, Selbst- und Weltverständnis, einem Verständnis, das ihnen der Auferstandene selbst eröffnet hat. »Er öffnete ihnen die Augen für das Verständnis der Schrift«, heißt es im Evangelium (Lk 24,45). Die Schriften des Alten Bundes sind für die Juden mehr als ein Buch. Sie sind Zeugnisse ihrer eigenen Geschichte, der Überlieferungshorizont, in dem und aus dem heraus sie ihr Leben gestalten, der Quell, aus dem sie ihre Hoffnungen schöpfen. Wenn der Auferstandene den Jüngern die Schrift erschließt, dann lehrt er sie, die Welt und sich selbst mit neuen Augen zu sehen. Er öffnet ihnen den Blick für die Wahrheit dessen, was ist, für den Logos alles Wirklichen. Er eröffnet ihnen damit zugleich ganz neue Möglichkeiten zu leben und ruft sie auf, diese Möglichkeiten auch anderen zu erschließen.

Glaubenszeugnis ist mehr als Wortzeugnis. Es ist zutiefst und wesentlich Lebenszeugnis, Zeugnis von einem neuen Leben und Zeugnis durch ein neues Leben. In geradezu schneidender Deutlichkeit sagen uns dies die Worte aus dem 1. Johannesbrief: »Wer sagt: Ich habe ihn erkannt!, aber seine Gebote nicht hält, ist ein Lügner, und die Wahrheit ist nicht in ihm. Wer sich aber an sein Wort hält, in dem ist die Gottesliebe wahrhaft vollendet« (1 Joh 2,4–5). Die Glaubwürdigkeit des Zeugen entscheidet sich an seinen eigenen Lebensvollzügen. Es gilt, etwas von dem erfahrbar werden zu lassen, wovon wir mit unseren Worten Zeugnis ablegen.

»Gott aber …«

»Ihr habt ihn getötet – Gott aber hat ihn am dritten Tag auferweckt« (vgl. Apg 10,39–40). Das ist der Kernsatz der Osterpredigt des Apostels Petrus. Dieser Satz enthält eine Anklage und einen Triumph zugleich. Er stellt das böse Tun der Menschen dem Heilswirken Gottes gegenüber.

Zunächst erinnert Petrus noch einmal daran, wie Jesus von Nazaret in der Kraft des Heiligen Geistes aufgetreten ist, wie er umherzog von Dorf zu Dorf, von Stadt zu Stadt, um das nahe Reich Gottes zu verkünden, und wie er Gutes tat, indem er viele von ihren Krankheiten heilte. »Gott war mit ihm« (Apg 10,38). Aber selbst diesen gerechtesten, gütigsten und heiligsten aller Menschen, der die Gewaltlosigkeit predigte und lebte, trafen schroffe Ablehnung und blinder Hass. Die finsteren Mächte der Lüge und der Gewalt ruhten nicht, bis sie auch ihn zur Strecke brachten. Man unterzog ihn einem ungerechten Prozess, verspottete und folterte ihn und hängte ihn schließlich an den Schandpfahl des Kreuzes, wo er nach drei Stunden elendiglich starb.

Doch diese bittere Anklage ist für die Osterpredigt des Petrus noch nicht das Ganze. Sie ist nur die eine, die dunkle und finstere Seite der Geschichte. Ihr setzt der Apostel einen kräftigen Kontrapunkt entgegen: »Gott aber hat ihn am dritten Tag auferweckt.« Dem bösen und schändlichen Tun der Menschen stellt er Gottes Heilstat gegenüber. Sie hat einen unerwarteten Umbruch, eine alles auf den Kopf stellende Wende gebracht und

Das neue Leben

eine grundlegend neue Situation geschaffen. Gott hat einen Ausweg gefunden aus der heillos verfahrenen Lage der Menschheit, in der die Mächte des Bösen alle guten Ansätze immer wieder zunichtemachen. Er hat uns erlöst von der Macht des Bösen und in Jesu Auferweckung aus dem Tod einen neuen Anfang gesetzt. Nicht Hass und Gewalt, sondern Versöhnung und Liebe, nicht die Lüge, sondern die Wahrheit, nicht der Tod, sondern das Leben haben am Ende recht bekommen und den Sieg erlangt.

Für Christen gilt die österliche Botschaft: »Gott aber hat ihn am dritten Tag auferweckt.« Damit kommt eine neue Dimension ins Spiel. Damit kommt erst die eigentliche und wahre Realität ins Wort, die Wirklichkeit, welche wir in unserem rein innerweltlichen Denken meist vergessen oder geflissentlich auslassen.

Denn dieses »Gott aber« ist die Botschaft vom lebendigen Gott als der alles umfassenden und alles übersteigenden Wirklichkeit, von dem Gott, der selbst Leben und Tod umgreift, der Herr ist über Leben und Tod, der deshalb auch noch im Tod neues Leben schaffen kann, der das Leben will und nicht den Tod und der Jesus von Nazaret als ersten der Entschlafenen von den Toten auferweckt hat. Bei diesem lebendigen Gott ist Halt in jeder Situation; bei ihm ist immer Hoffnung möglich, bei ihm allein ist Hoffnung möglich. In der Auferweckung Jesu hat er sein Gottsein endgültig erwiesen.

Das »Gott aber« bringt uns noch auf einen weiteren wichtigen Gesichtspunkt. Es sagt uns, dass kraft der Auferweckung Jesu von den Toten auch dann, wenn wir uns total verrannt und verlaufen haben, wenn wir menschlich keinen Ausweg mehr sehen, ein Ausweg und ein neuer Anfang noch immer möglich ist. Deshalb spricht der Apostel Petrus in seiner Osterpredigt von der Vergebung der Sünden. Das klingt aufs Erste schrecklich altmodisch. Aber ist es das wirklich? Gibt es das wirklich nicht mehr, die Verstrickung in Sünde und Schuld? Und ist es, um aus dem Teufelskreis des Bösen, der Lüge und der Gewalt herauszukommen, nicht notwendig, dass ein Schlussstrich gezogen und ein ganz neuer Anfang geschenkt wird? Genau das meint das Wort von der Vergebung. Solche Versöhnung und solcher Frieden sind nur möglich, wenn durch Gottes neuschaffende Gnade Versöhnung und Frieden in uns aufkeimen. Nur in ihrem Herzen befriedete Menschen können friedenstiftend sein. Nur Erlöste können das lösende Wort sagen und wieder Versöhnung stiften, wo zuvor Hass und Feindschaft war.

Der Glanz der alten und der neuen Schöpfung

WIR MENSCHEN DÜRFEN UNS NICHT die – sagen wir – Naivität nehmen lassen, in dieser Welt die Spuren Gottes zu entdecken und in der aufblühenden Blütenpracht im Frühjahr wie in jeder Schneeflocke im Winter und erst recht auf jedem Antlitz von Menschen die Wunder der Schöpfung neu zu bestaunen und dann wie *Franziskus* zu sagen und zu beten: Gepriesen seiest du, Herr, wegen Bruder Sonne, Schwester Mond und aller deiner wunderbaren Geschöpfe. Wir sollten uns nicht schämen, unsere modernen und postmodernen Hemmungen hinter uns zu lassen und einfach einmal wieder schlicht »religiös« zu sein mitten im Alltag und zuzulassen, dass die Welt mehr ist als Welt, dass sie Spuren und Zeichen enthält, welche über sie und über uns und über alles, was wir im Guten und leider sehr oft auch im Bösen »machen« können, hinausweisen, ja dass ein Glanz auf ihr liegt, der ein Abglanz der Schönheit und Herrlichkeit unseres Gottes ist. Wir müssen die Sprache der Psalmen wieder lernen: »Herr unser Herrscher, wie gewaltig ist dein Name auf der ganzen Erde; über den Himmel breitest du deine Hoheit aus« (Ps 8,1). Wenn wir miteinander Eucharistie feiern, dann geht es uns aber nicht nur um den Glanz der Schöpfung, sondern um den Glanz der neuen Schöpfung, die mit Ostern und der Auferstehung anhebt.

Beides – der Glanz der alten und der neuen Welt – gehört zusammen. Denn in der Welt ist eine Dynamik am Werk, welche über sich hinausdrängt. Sie ist nicht mit sich selbst zufrieden. Sie lässt sich nicht rein immanentistisch verstehen. Sie seufzt und ist voller Wehen, sagt der Apostel Paulus. Unser Herz ist unruhig, sagt der große Kirchenvater *Augustinus*. Sie findet erst in Jesus Christus zu ihrem Ziel. Er ist die Fülle der Zeit, sagt die Bibel; er ist Schlüssel, Mittelpunkt und Ziel, der Punkt, auf den hin alle Bestrebungen der Geschichte und der Kultur konvergieren. Er heilt die Wunden der alten Schöpfung und bringt diese zugleich zu ihrer letzten Erfüllung. Er ist der hermeneutische Schlüssel, um die Welt in ihrem Elend wie in ihrer Größe zu verstehen.

Denn die österlich neue Schöpfung ist das endgültige Ja zur alten Schöpfung. Sie sagt: Gott ist Leben, er will nicht den Tod, sondern das Leben, das neue und ewige Leben. Er ist und bleibt uns und unserer Welt treu. Er lässt uns nicht fallen. Seine Treue umgreift das Leben und auch den Tod. Weil er uns mit unendlicher Liebe liebt, will er uns in alle Ewigkeit bei sich haben, und zwar mit Leib und Seele; am Ende will er alles in allem sein und alle Wirklichkeit verklären. So fällt von ihm her Licht auf unsere Welt und auch Kraft und Hoffnung, um die Fragen und Sorgen in dieser Welt zu bestehen. Denn die Verheißung der neuen Welt ist keine Vertröstung und keine Flucht aus dieser Welt. Sie weist uns ein in die Verantwortung für diese Welt. Sie stellt uns in die Verantwortung, den Glanz der Schöpfung, soweit es an uns ist, zu bewahren, damit auch unsere Kinder und Kindeskinder sich daran noch erfreuen können. Als Christen sollen wir daher Anwälte des Lebens sein.

Der Weg zur Auferstehung führt über das Kreuz, und die

Kirche als Kirche Jesu Christi, des Gekreuzigten, kann nie aus dem Schatten des Kreuzes heraustreten. Sie kann nicht die Kirche von Glanz und Glorie sein wollen.

Auf völlig unerwartete, wunderbare Weise waren binnen von nur zwei Generationen aus dem kleinen Häuflein am Anfang überall in den größeren Städten der damaligen Welt rings um das Mittelmeer lebendige Gemeinden entstanden. Das Wunder wiederholte sich immer wieder im Laufe der Geschichte. Oft genug wurde die Kirche totgesagt, und in keiner Epoche wurde sie so blutig verfolgt wie im 20. Jahrhundert.

Der Geist, der lebendig macht, der am Anfang aus dem Chaos den Kosmos gestaltete, der in aller Kreatur wirkt und lebendig ist, der allem, was ist, seinen Glanz verleiht, er hat Jesus Christus von den Toten auferweckt und endgültig den Durchbruch des neuen Lebens und der neuen Welt geschaffen.

Er bestellt uns zu Wächtern und Anwälten des Glanzes der Schöpfung und zu Boten des neuen Lebens. Er öffnet uns auch die Augen, dass wir diesen Glanz über der Welt, den Glanz Jesu Christi und auch den Glanz, der auf unserer Kirche liegt, wieder neu erkennen.

DIE GABE DES HEILIGEN GEISTES

Himmelfahrt Jesu Christi

»Ihr seid mit Christus auferweckt«, schreibt der Apostel Paulus. »Darum strebt nach dem, was im Himmel ist, wo Christus zur Rechten Gottes sitzt« (Kol 3,1). Wenn wir vom Himmel sprechen, meinen wir auch in unserer säkularisierten und oft banal gewordenen Sprache nicht nur das Firmament über der Erde. Auch bei uns kann das Wort Himmel noch für den Inbegriff menschlicher Erfüllung stehen. Wer zum Himmel aufschaut – sei es an einem leuchtenden Sommertag, sei es in sternklarer Nacht – spürt heute wie zu jeder Zeit: das, was greifbar vor uns liegt, ist nicht alles. Der Mensch ist mehr und will mehr.

So ist der Himmel nicht nur für Träumer, Pfaffen und Spatzen, wie spöttische Zungen wollen. Mit dem Himmel meldet sich die Frage an, die wir als Menschen nicht nur haben, sondern die wir zutiefst sind: die Frage nach Glück und Erfüllung. Auf diese Frage können wir uns selber keine endgültige Antwort geben. Wir können nur hoffend nach einer Antwort ausschauen. Wo aber die tiefste Sehnsucht des Menschen, die Gott ist, sich dem Menschen ganz schenkt und ihn ganz erfüllt, dort ist Himmel: dort, wo Gott endgültig beim Menschen und der Mensch endgültig bei Gott ankommt.

Mit Jesus Christus ist erstmals ein Mensch ganz und endgültig bei Gott angekommen und ganz und endgültig von Gott aufgenommen worden. Christi Himmelfahrt bedeutet den endgültigen Neuanfang und die endgültige Erfüllung der menschlichen Sehnsucht. So wird Jesus Christus in seiner Himmelfahrt eingesetzt als Herr der Welt. Er ist ihr bleibendes Maß und Ziel. Als solches wird er am Ende der Zeiten allen offenbar werden, wenn die Völker den Menschensohn »mit großer Macht und Herrlichkeit auf den Wolken des Himmels kommen sehen« (Mt 24,30). In der Wiederkunft Christi wird sich vollenden, was in der

Fleischwerdung des ewigen Wortes begann, was in seinem Wort und Werk offenbar wurde, was schließlich gipfelte in seinem Leiden, seiner Auferstehung und seiner Himmelfahrt.

Die Erfüllung, auf die wir Menschen pilgernd zugehen, der Himmel, den wir uns erhoffen, ist uns in Jesus Christus geschenkt. Er ist Gottes Gabe. Diese Erfüllung kann nicht »von unten« geleistet werden. Den Himmel erklimmt keiner durch seine eigenen Taten, auch nicht durch seine guten Taten. Gott eröffnet ihn uns in Freiheit und aus Gnade. Im geschichtlichen Ereignis der Himmelfahrt kommt die ganze Sehnsucht der menschlichen Geschichte zu ihrer Erfüllung. Zugleich ist diesem Geschehen eine innere geschichtliche Dynamik eigen. In sie werden wir durch den Glauben hineingenommen.

Die Erhöhung Jesu Christi ist damit zugleich die Erhöhung des Menschen und seiner Geschichte zu Gott. Die Botschaft von der Himmelfahrt Jesu erweist sich so als Botschaft der Hoffnung, der Hoffnung nämlich, dass unser Leben keine Kette beliebiger, sinnleerer Ereignisse und kein Jahrmarkt der Eitelkeiten ist, sondern die Stätte, an der wir mit Gottes Hilfe das aufbauen, was wir ewig sein werden. Die Himmelfahrt Christi macht uns zuversichtlich: Unsere irdische Geschichte endet nicht im Staub des Ackerbodens und in der Wüste des Nichts, sondern mündet am Ende der Tage ein in das Leben der kommenden Welt.

»Komm, Heiliger Geist«

»KOMM HERAB, O HEILGER GEIST, der die finstre Nacht zerreißt!« – »Ohne dein lebendig Wehn, kann im Menschen nichts bestehn, kann nichts heil sein noch gesund.« – »Was befleckt ist, wasche rein, Dürrem gieße Leben ein, heile du, wo Krankheit quält. Wärme du, was kalt und hart, löse, was in sich erstarrt, lenke, was den Weg verfehlt.«

Es ist die frohe und befreiende Botschaft des Evangeliums von Pfingsten, dass Jesus Christus uns nach seiner Auferstehung diesen heilenden und heiligenden Geist, der allein unsere Herzen ganz erfüllen kann, geschenkt hat. Zunächst waren die Jünger durch die bitteren Erfahrungen des Karfreitags verstört und verängstigt.

All die Hoffnung, die sie auf Jesus und seine Botschaft vom kommenden Reich Gottes gesetzt hatten, schien getrogen zu haben. Alles schien aus, alles verloren zu sein. Da tritt der auferstandene Herr in ihre Mitte und zeigt ihnen seine verklärten Wunden als leibhaftigen Beweis dafür, dass sie keine Furcht zu haben brauchen. Denn durch Jesu Auferweckung von den Toten hat Gott gezeigt, dass nicht Hass und Gewalt, sondern die Liebe, nicht der Tod, sondern das Leben das letzte Wort haben. Ostern hat die Hoffnung auf Leben, auf erfülltes und ewiges Leben endgültig begründet.

Gleichsam als Unterpfand dieses Sieges des Lebens, der Gerechtigkeit, der Wahrheit und der Liebe haucht er seine Jünger an und schenkt ihnen den Heiligen Geist. Durch ihn will der Auferstandene fortan die Erinnerung wachhalten an sich und seinen Ostersieg; durch ihn will er bleibend gegenwärtig und wirksam sein in der Welt; durch ihn soll das neue Leben fortan gegenwärtig sein in den Herzen der Gläubigen. Der Geist Gottes, der am Anfang der Schöpfung über den Urfluten brauste und das Chaos zum Kosmos machte, dieser lebendig machende Schöpfergeist, der alles ordnet und lenkt, der wurde uns durch Pfingsten in seiner Fülle zugesagt als Geist, der die Gebrechen der alten Welt heilt, der alles heiligt, alles erfüllt, allem seine Ausrichtung gibt und alles seiner ewigen Bestimmung entgegenführt.

Pfingsten ist das Fest der Fülle und der Vollendung. Denn an Pfingsten kommt das Heilswerk Jesu, das Kommen des Reiches des Lebens, des Friedens und der Freiheit, zu seinem Abschluss.

An Pfingsten wird uns endgültig der gute, der heilige Geist als Beistand gegen den Ungeist und die bösen Geister der Lüge und der Gewalt gegeben. Seit Pfingsten ist die Welt keine leere und bedrohliche Wüste mehr; vielmehr steht jedem, der sein Herz im Glauben öffnet, ein Leben in innerer Freiheit, in innerem Frieden und in Freude offen. Durch Pfingsten wird uns das neue Leben endgültig geschenkt. »Komm, Heilger Geist, der Leben schafft, erfülle uns mit deiner Kraft. Dein Schöpferwort rief uns zum Sein: Nun hauch uns Gottes Odem ein.«

Wir sehnen uns alle danach, dass alles noch einmal ganz anders und neu werde, dass die Wunden der Vergangenheit geheilt, die Verkrustungen und Verhärtungen aufgebrochen werden, dass ein neuer Anfang möglich wird, alle Tränen abgetrocknet werden und alles Leid ein Ende nehme. Doch wer anders als Gott und sein Schöpfergeist kann die Verwerfungen und Verkehrungen in der Welt und in unserem eigenen Leben überwinden und einen ganz neuen Anfang machen? Wer anders kann unser in sich verkrümmtes und verschlossenes Herz aufbrechen, und wer anders kann all die Höhen und Tiefen unseres Herzens wirklich bis auf den Grund ausfüllen als Gottes Geist?

Gottes Heiliger Geist ist darum überall dort am Werk, wo Menschen ausbrechen aus ihrem Egoismus, wo Verfeindete ihr Schweigen brechen, wieder miteinander reden und sich wieder die Hand reichen. Gottes Heiliger Geist ist am Werk, wo zwischen verfeindeten Völkern oder ethnischen Gruppen wieder Frieden möglich wird, wo Krisen in Ehen und Familien überwunden werden. Er ist am Werk, wo einer aus einem verbummelten und vertändelten, nur um sich selbst kreisenden Leben aufwacht, sich für eine große Sache begeistert und sich für seine Mitmenschen engagiert. Gottes Geist ist lebendig, wo Menschen, die lange Zeit gedankenlos und orientierungslos dahingelebt haben, auf einmal beginnen, nach der Wahrheit und dem tieferen Sinn des Lebens zu suchen, oder wo einer, der vielleicht jahrzehntelang meinte, ohne Gott und ohne Kirche auszukommen, plötzlich Gott in seinem Leben wiederfindet, sich bekehrt und ein neues Leben anfängt. Kurzum: Gottes Geist ist überall lebendig, wo Bekehrungen geschehen und Neuaufbrüche sich ereignen.

Darum beten wir: »Komm, Heiliger Geist.«

Die Gabe des Heiligen Geistes

NACH DEM TOD JESU wussten die Jünger nicht mehr, wie es weitergehen sollte. Ihre Hoffnungen und Erwartungen waren enttäuscht. Alles war ganz anders gekommen, als sie es sich vorgestellt hatten: Der, auf den sie gehofft und gebaut hatten, hatte am Kreuz ein schmachvolles Ende gefunden und die Seinen ratlos zurückgelassen. Die Jünger waren niedergeschlagen, niedergedrückt und verängstigt.

Doch dann geschieht plötzlich das Unerwartete und Unfassbare: Der, der gekreuzigt und begraben worden war, erweist sich als der von den Toten Auferstandene; er lebt und erneuert die Gemeinschaft mit seinen Jüngern. Er tritt in die Mitte derer, die die Mitte ihres Lebens schon verloren zu haben glaubten, und wünscht ihnen den Frieden.

In der Begegnung mit dem Auferstandenen geht den Jüngern auf: Jesu Botschaft hat nicht getrogen; sie ist von Gott bestätigt worden. Mit der Auferweckung Jesu ist sie Wirklichkeit geworden. Mit der Auferstehung Jesu ist Leben in Gott, Leben in Frieden und Freiheit endgültig angebrochen. Gottes schöpferischer und neuschaffender Geist, der in der Auferweckung Jesu am Werk war, ist nunmehr allen verheißen und über alle Wirklichkeit ausgegossen. Er ergreift die Herzen der Jünger, sodass sie nun selbst ganz Feuer und Flamme werden für Jesus Christus und seine »Sache«.

So kommt durch die Begegnung mit dem auferstandenen Herrn von Neuem Bewegung in das Leben der Jünger. Der Geist, der ihnen mitgeteilt, die Freude, die in ihren Herzen lebendig wird, lassen es nicht zu, dass sie weiter hinter verschlossenen Türen unter sich bleiben. In der Begegnung mit dem Auferstandenen werden die Türen zur Welt aufgerissen. Die Jünger werden in die Welt gesandt, um den Menschen das weiterzugeben, was sie selbst empfangen haben: den Heiligen Geist, der Leben schafft.

Dieser Geist ist fortan das eigentliche dynamische Element in der Kirche. Durch ihn setzt der Auferstandene einen neuen Anfang für die Jüngergemeinschaft: Er gibt den Jüngern Anteil an seinem göttlichen Leben. Der Geist ist es auch, der die Jünger dazu antreibt, das, was sie in ihrem Innersten erfahren haben, nach außen mitzuteilen.

Der Geist ist es, der das Herz der Glaubenden im Innersten trifft und es zugleich öffnet für den Anderen, um so alle Menschen zur Gemeinschaft des einen, alle Völker umgreifenden Gottesvolkes zu vereinen.

Die Gabe des Heiligen Geistes ist die Antwort Gottes auf die tiefe Sehnsucht aller Menschen nach Einheit und Frieden. Er ist die Antwort auch auf unsere Sehnsucht nach innerem Frieden und nach Erneuerung unserer Kirche.

Eine Kirche, die aus der lebendigen Verbundenheit mit dem auferstandenen Herrn wieder neu zum Zeichen des Heils auch für die Menschen unserer Zeit wird, eine solche Kirche wird wieder etwas von dem Schwung und dem Elan zurückgewinnen, der ihren Anfang geprägt hat und ihren Dienst an der Welt immer wieder getragen hat. Eine solche Kirche wird eine begeisternde Kirche sein, weil sie selbst »begeistert« ist, weil der Geist Jesu in ihr lebt und am Werk ist.

Wir wollen nicht nachlassen, um diesen Geist zu bitten, denn er allein kann uns den Weg weisen, auf dem wir als Kirche

Jesu Christi der Zukunft entgegengehen können. In dieser Erkenntnis dürfen wir unsere Bitte in den Worten vor Gott tragen, die *Rhabanus Maurus* vor über tausend Jahren in dem Pfingsthymnus »Veni Creator Spiritus« geprägt hat:

»Komm, Tröster, der die Herzen lenkt,
du Beistand, den der Vater schenkt;
aus dir strömt Leben, Licht und Glut,
du gibst uns Schwachen Kraft und Mut.«

Der Geist macht lebendig

DIE PFINGSTLICHE BOTSCHAFT vom lebendig machenden Geist Gottes ist eine Botschaft von der Hoffnung für alles Lebendige. Gott ist ja Leben; alles, was lebt, verdankt sich ihm, hat Wert nicht erst vom Menschen her und für den Menschen, sondern Eigenwert von Gott her. Dies ist eine Botschaft von der Ehrfurcht vor dem, was ist und was lebt, eine Botschaft von der Verantwortung des Menschen für das Leben auf dieser Welt und für die Bewahrung der Schöpfung. Dies ist eine Botschaft besonders für das menschliche Leben, auch für das ungeborene menschliche Leben, eine Botschaft der Hoffnung auch für das beschädigte, beeinträchtigte und behinderte Leben. Es ist eine Botschaft von der Vergebung der Sünde und Schuld und von der Hoffnung auf eine neue Schöpfung.

Wer an den Geist Gottes glaubt, für den endet unsere Welt und das Leben nicht in einer Wüste des Nichts; sie führt vielmehr hinein in die Freiheit der Söhne und Töchter Gottes im endgültigen Reiche Gottes. Die pfingstliche Botschaft vom Leben ist zugleich eine Botschaft von der Freiheit. »Wo der Geist des Herrn wirkt, da ist Freiheit« (2 Kor 3,17).

Die Botschaft vom lebendig machenden Geist ist schließlich –

als Botschaft vom Leben und als Botschaft von der Freiheit – zugleich eine Botschaft vom Frieden und von der Einheit. In dem Bericht vom ersten Pfingstfest ist davon die Rede, wie durch das Herabkommen des Geistes die babylonische Sprachverwirrung unter den Menschen und Völkern ein Ende fand und alle sich neu verstanden, als die Großtaten Gottes verkündet wurden. Wo alle einen Vater im Himmel verehren, sich zu dem einen Herrn Jesus Christus bekennen und im einen Heiligen Geist verbunden sind, da werden alle Menschen, ganz gleich, welcher Hautfarbe, welcher Nationalität und Kultur sie angehören, in der einen Familie Gottes zu Brüdern und Schwestern.

Eine dauerhafte Weltfriedensordnung wird nur möglich sein, wenn der Friede in den Herzen der Menschen selbst begründet ist. Denn im Herzen der Menschen haben Hass, Neid und Streit ihren Ursprung. Nur der heilige und heilende Geist kann die Verwundungen in den Herzen so vieler heutiger Menschen heilen und die Erstarrungen lösen; er allein kann die tiefste Sehnsucht der Menschen erfüllen. »Komm Schöpfer Geist, kehr bei uns ein; erfüll das Herz der Kinder dein.«

Geist, der Leben schafft

»Es ist gut, dass ich weggehe, andernfalls könnte jener andere Beistand, der Geist, den der Vater sendet, nicht zu euch kommen« (vgl. Joh 16,7). Es gehört zu den Grundgesetzlichkeiten der Heilsgeschichte, dass Gott sein Volk immer wieder in die Wüste schickt: in die Wüste, wo man so viel lassen muss – und doch ist die Wüste dann der Ort der Erneuerung, der Ort der ganz besonderen befreienden und heilenden Gegenwart Gottes. Wüste, bedeutet das nicht auch Lassen von unseren Illusionen, Lassen von einem falschen Triumphalismus?

Entscheidend ist die Gegenwart Gottes in seinem Heiligen Geist. Die Grundbotschaft des Alten und des Neuen Testaments heißt: Habt keine Furcht, ich bin da, ich bin mit euch, ihr seid mein Volk und ich euer Gott. Gott verheißt seine bleibende Gegenwart bei uns. Deshalb ist alle schreckliche Angst und Aufgeregtheit nicht unbedingt ein Zeichen des Glaubens, und wer glaubt, der wird sich nicht einfach apokalyptischen Beschwörungen vom bevorstehenden Untergang unserer Kirche hingeben. Gottes Geist ist da, darauf dürfen wir bauen.

Was sagt uns dieser Geist? Der Text des Evangeliums nennt ihn den »Geist der Wahrheit«. Wahrheit, das heißt nicht einfach Stimmung, nicht einfach Emotion, sosehr das auch im Glauben sein Recht hat, weil der Glaube den ganzen, ungeteilten Menschen in Anspruch nimmt. Aber dennoch ist er nicht einfach nur Stimmung und Emotion.

Auch der Irrationalismus, der gegenwärtig aufkeimt, ist eine Gefahr. Es geht um den Geist der Wahrheit, also nicht einfach um den Geist der Mehrheitsmeinung und der Umfragen. Wahrheit, das heißt biblisch Treue. Deshalb heißt es: Dieser Geist »wird euch an alles erinnern, was ich gesagt habe« (vgl. Joh 14,26). Nichts, absolut nichts wird er aus sich selber nehmen. Erinnern, bewahren, auch das ist ein wichtiges Wort in den Schriften des Neuen Testaments. Der Geist wirft nichts einfach über Bord, um sozusagen das Boot leichter zu machen und es damit erst recht den Wellen auszuliefern. Er schafft nicht eine neue und eine andere Kirche, wohl aber eine erneuerte Kirche, eine andere Art, diese eine und selbe Kirche zu sein. Er führt zurück zu dem, was er, Christus, uns gesagt hat; er führt uns zurück zu den Quellen, zur Quelle der Heiligen Schrift. Dies gehört zu den Geisterfahrungen der universalen Kirche dieser Zeit. Nur dort, wo Menschen zur Heiligen Schrift greifen, sie gemeinsam auslegen, »die Bibel teilen«, dort bringt der Geist auf oft erstaunliche Weise etwas in Bewegung.

Der Geist hält uns an, die großen Zeugnisse der Schrift und der Tradition zu vergegenwärtigen. Wissen wir denn überhaupt noch, welche Reichtümer wir hier verwalten, welche ungehobenen Schätze hier gegenwärtig sind? Wissen wir, merken wir überhaupt, dass viele da eine Tradition kritisieren, die sie überhaupt nicht mehr wirklich kennen? Gottes Geist ist ein prophetischer Geist. Er spricht hinein in die Situationen und legt sie aus, erhellt sie und deckt sie auf.

Und so können wir im Sinne des Johannesevangeliums sagen (vgl. Joh 16,5–15): Er deckt die Verkehrungen und Verkürzungen, die Verengungen und Verkrümmungen auf, um uns ein Leben aus der Fülle, aus der Fülle Gottes zu schenken. So ist er der Geist des universalen Dialogs, auch des kritischen Dialogs. Er situiert uns und seine Kirche inmitten der Konflikte der Gegenwart und macht so die Botschaft des Evangeliums aktuell; er befreit vom Bann des bloß gegenwärtigen Aktuellen, eröffnet neue Perspektiven und schenkt Hoffnung. Dabei ist er zugleich jene heilende Kraft für die Verwundungen und Verletzungen, die so viele Menschen heute in sich herumtragen. Diese prophetische und diese therapeutische Dimension müssen wir neu entdecken und fruchtbar machen, um so die Aktualität des Geistes und seiner Einführung in die ganze Wahrheit neu zu entdecken.

»Empfangt den Heiligen Geist«

»Empfangt den Heiligen Geist« (Joh 20,22). – Das ist die entscheidende Aussage des Evangeliums von Pfingsten und zugleich das große Geschenk, das Jesus nach seiner Auferstehung seinen Jüngern und seiner Kirche gemacht hat. Für immer hat er uns damit den Beistand des Heiligen Geistes verheißen, ja seine Kirche – wie der Apostel Paulus sagt – zum Tempel des Heiligen Geistes gemacht.

Es gibt ein Ermüden und Verdunsten des Glaubens, besonders eine Vernachlässigung des sechsten Gebotes. Die überzeugten Christen sind fast überall in eine Diasporasituation geraten, ihre Stimme und ihr Einfluss ist merklich schwächer geworden.

Wir müssen die Botschaft von Pfingsten neu ernst nehmen und auf die Wirklichkeit und Wirksamkeit des Heiligen Geistes bauen. Er allein kann uns aus unseren Schwierigkeiten heraushelfen. Wir brauchen also eine geistliche Erneuerung. Allein der Geist Gottes kann es bewirken, dass wir, die Christen, seine Kirche, wieder mehr Feuer und Flamme werden für Gott und sein Reich, dass wir zu Zeugen Jesu Christi werden, die »überzeugen«, dass wir uns nicht mehr verängstigt hinter verschlossene Türen zurückziehen, sondern freimütig heraustreten und hinausgehen in alle Welt, um dort das Feuer des Glaubens, der Hoffnung und der Liebe neu zu entzünden.

Wenn wir dem Zeugnis der Heiligen Schrift folgen, dann ist der Geist Gottes nicht irgendeine merkwürdige Sonderwirklichkeit neben oder über unserer Welt. Der Geist Gottes ist vielmehr der Atem und die innere Kraft, das Lebensprinzip und die Seele aller Wirklichkeit. In ihm und durch ihn ist alles geschaffen und hat alles Bestand.

Der Geist Gottes ist überall dort wirksam, wo Menschen suchen und fragen nach Wahrheit und Gerechtigkeit, wo sie aufbrechen und sich aufmachen und nach Frieden und Freiheit suchen.

In Jesu Auftreten und Wirken, in seinem Leben, Sterben und Auferstehen hat sich also die Hoffnung des Alten Testaments und die Erwartung der gesamten Menschheit erfüllt: Durch das Wirken des Geistes Gottes ist Gottes Reich als Reich der Freiheit und der Barmherzigkeit angebrochen. Doch Jesus hat diesen Geist nicht für sich behalten. Sterbend hat er ihn ausgehaucht und ihn nach seiner Auferstehung den Aposteln zugesprochen und für immer verheißen: »Empfangt den Heiligen Geist.« Durch seinen Geist ist Jesus Christus als der erhöhte Herr bleibend mit uns und unter uns. Er hat die Welt nicht sich selbst überlassen, sondern will sie durch die Macht und Kraft des Heiligen Geistes der endgültigen Vollendung und Verwandlung entgegenführen.

Es ist dies eine Verwandlung, die nicht auf Gewalt setzt, sondern ihren Anfang nimmt in der Verwandlung des menschlichen Herzens. Es ist dies eine Erneuerung, die nicht bei den anderen, sondern bei jedem Einzelnen von uns selber ansetzt – in Liebe, Freundlichkeit, Geduld, in Mut, Hoffnung und Zuversicht.

Der Geist Gottes wirkt überall, wo Leben ist, wo Leben geweckt wird, Leben bewahrt wird, wo Leben über sich selbst hinausdrängt, wo Leben nach Sinn und Erfüllung strebt. In besonderer Weise dürfen wir dort Spuren des Geistes Gottes erkennen, wo Menschen aus dem Gefängnis ihres Egoismus ausbrechen, in Liebe zueinander finden, einander vergeben und verzeihen, einander Gutes tun und helfen, ohne eine Gegenleistung zu erwarten. Nur in solcher sich hingebender Liebe und nicht in egoistischer Selbstverkrampfung und verkrampfter Selbstverwirklichung findet der Mensch zu sich und seiner Erfüllung.

Unsere letzte und tiefste Erfüllung finden wir Menschen freilich erst dort, wo wir unbedingt und endgültig angenommen und bejaht werden, wo wir durch den Geist Gottes endgültig in Liebe und Freundschaft mit Gott verbunden werden und an seinem göttlichen Leben teilhaben dürfen. Solche Gottesfreundschaft äußert sich in der Freude am Gebet und am Lesen der Heiligen Schrift, in der Teilnahme am Gottesdienst und den Sakramenten, und sie schenkt inneren Frieden, Gewissheit, Trost, Hoffnung und Freude. Sie gibt Kraft nicht zuletzt im Leiden, in der Erfahrung von Ungerechtigkeit, Ablehnung und Verfolgung und schenkt Tapferkeit und Großmut, sich allen Widerständen zum Trotz für Jesus Christus und sein Reich einzusetzen.

»Komm herab, o Heiliger Geist«

GOTTES GEIST IST ÜBERALL DORT AM WERK, wo unter Fragen und Schwierigkeiten, Versagen und Konflikten Neues und Besseres gesucht und erkämpft wird, wo es um mehr Freiheit und mehr Gerechtigkeit, um Frieden und Versöhnung geht. Im Mitsuchen, Mitarbeiten und Mitleiden in der Welt können wir deshalb etwas vom Geheimnis des Geistes Gottes erfahren.

Jeder Christ hat seine Geistgabe. Hier rühren wir an das tiefste Geheimnis der christlichen Existenz.

Jeder, der nicht oberflächlich dahinlebt, sondern in sein Leben hineinhört, erfährt etwas vom Geheimnis seines Lebens, das er auf keinen Begriff bringen kann. Er spürt in seinem Gewissen etwas von einem inneren Drängen zum Guten und einer Warnung vor dem Bösen. Viele gehen darüber hinweg. Sie sind so sehr mit ihren Plänen, der Verfolgung ihrer Interessen, der Wahrnehmung ihrer Vorteile beschäftigt, dass sie dafür weder Raum noch Zeit haben. Andere wollen sich gegen das unheimliche Geheimnis des Lebens absichern und sich einmauern. Sie ziehen die breite Straße, auf der alle gehen, einem vielleicht einsamen Weg vor.

Es geschieht aber auch, dass jemand plötzlich alle gewohnten Rücksichten aufgibt, verzeiht und hilft, obwohl es, menschlich gesehen, dumm und taktisch unklug ist, dass er einem anderen nochmals Vertrauen schenkt, obwohl er schon oft enttäuscht wurde, sich großmütig für eine große Sache engagiert, obwohl die Erfolgschancen vielleicht nicht so rosig sind, dass er in einer schwierigen Situation nicht verzweifelt, sondern tapfer und geduldig ausharrt. Wer so bereit ist, Gewohntes, allgemein gängige Maßstäbe, ja sich selbst loszulassen, der erfährt etwas von der frei machenden Kraft des Geistes Jesu Christi.

Die Gebetserfahrung ist die eigentlichste und tiefste Geisterfahrung. Dazu braucht es keiner großen, wohlgesetzten Worte.

Es ist ein schlichtes, einfaches Du-Sagen zu Gott als dem letzten und tiefsten Geheimnis. Daraus entsteht eine Gewissheit, ein Urvertrauen, das alle Angst des Daseins überwindet, weil wir uns absolut angenommen und geborgen wissen in Gottes Liebe.

Solche Erfahrungen kann man nicht »machen«; aber man kann einen Raum der Stille für sich schaffen, um offen und bereit dafür zu sein. Wenn solche Erfahrungen dann geschenkt werden, können sie das Leben verwandeln, können heilen und heiligen. Ohne solche Wandlungen in der Tiefe wird unser Christsein zum seelenlosen Aktionismus. Wo sie aber geschehen, da entsteht wahre Erneuerung in der Kirche und der Gesellschaft. Von der Einübung des Gebets und von Erfahrungen des Betens wird es deshalb entscheidend abhängen, ob unser Christsein lebendig ist oder ob es zu einem leeren, seelenlosen Betrieb erstarrt.

»Komm herab, o Heilger Geist,
der die finst're Nacht zerreißt,
strahle Licht in diese Welt …
Ohne dein lebendig Weh'n
kann im Menschen nichts besteh'n,
kann nichts heil sein noch gesund.
Was befleckt ist, wasche rein,
Dürrem gieße Leben ein,
heile du, wo Krankheit quält.
Wärme du, was kalt und hart,
löse, was in sich erstarrt,
lenke, was den Weg verfehlt …

Lass uns in der Zeit besteh'n,
deines Heils Vollendung seh'n
und der Freuden Ewigkeit.«

Gottes Geist schafft Lebensraum

HÄUSER KÖNNEN SEHR LEER und kalt sein, wenn sie nicht von Menschen belebt werden. Gegenstände und Dinge, die ich brauche, sind oft hart und kantig, wenn sie nicht fürsorglich und mit Liebe gegeben werden. Mit Geld allein können wir äußere Rahmenbedingungen schaffen, aber keine Lebensräume und schon gar nicht das Leben, das sie erfüllt.

»Ich hole euch heraus aus den Völkern, ich sammle euch aus allen Ländern und bringe euch in euer Land … Ich schenke euch ein neues Herz und lege einen neuen Geist in euch. Ich nehme das Herz von Stein aus eurer Brust und gebe euch ein Herz von Fleisch. Ich lege meinen Geist in euch und bewirke, dass ihr meinen Gesetzen folgt und auf meine Gebote achtet und sie erfüllt« (Ez 36,24–27).

Das Herz des Menschen verhärtet und wird zu Stein, wenn er sich dem Geist Gottes verschließt oder sich von ihm abwendet. Dann herrscht der Ungeist. Der bringt nicht Leben, sondern Tod und Verderben.

Das Herz der Menschen braucht deshalb Reinigung, stete Erneuerung und Umkehr. Und dies ist nicht so sehr eine Frage der Psychohygiene, sondern der Einsicht, dass nur Gott es ist, der uns das Herz von Stein nehmen und ein Herz von Fleisch geben kann. Wir müssen Gott bitten, dass er seinen Geist in uns legt und durch ihn bewirkt, dass wir seinen Gesetzen und Geboten folgen, weil wir in ihnen das Leben erkennen.

Dieser Geist Gottes schenkt in der Unrast Ruhe, haucht in der Hitze Kühlung zu und spendet Trost im Leiden und im Tod.

Ohne ihn ist im Menschen nichts heil und gesund, er wärmt, was kalt und hart ist, er löst, was in sich erstarrt, und er lässt aus der Dürre Leben wachsen.

Gottes Geist und Atem ist ein langer Atem, sein Geist überwindet auch Müdigkeit und Resignation. In der Kirche haben alle Dienste die Aufgabe, Leben zu schaffen, zu erhalten und zu fördern. Nicht die Häuser sind der Lebensraum. Die Menschen, die vom Geist Gottes erfüllt und angetrieben werden, »mit einem Herzen von Fleisch und nicht von Stein«, sind die Lebensräume, in denen wir leben können.

»Löscht den Geist nicht aus!«

DAS WORT FINDET SICH im 1. Brief des Apostels Paulus an die Thessalonicher. Der Apostel ruft seiner Gemeinde zu und mahnt sie eindringlich: »Löscht den Geist nicht aus!« (1 Thess 5,19).

Offensichtlich ist es doch möglich, dass wir Menschen Gottes mächtigen Geist vereiteln, ihn unwirksam machen und unterdrücken. Ja, so etwas ist möglich. Löschen wir diesen Geist in uns selbst nicht aus, lassen wir ihn nicht vertrocknen, sorgen wir dafür, dass er sich nicht verflüchtigt und dass er nicht langsam verdunstet. Die eigentliche Gefahr droht heute nicht von den Gegnern der Kirche, sondern von unserer eigenen Gleichgültigkeit und Bequemlichkeit. Unsere Sattheit und Trägheit ist der Tod des Glaubens.

Heute, in einem Zeitalter, wo alles geplant, gezählt, gemessen und gewogen wird, ist es schwer, die Bedeutung des Geistes zu erkennen. Wir leben in einer Zeit, wo sehr oft materielle Güter den Vorrang haben. Sie hängen wie Bleigewichte an uns und ziehen uns nach unten. Man muss freilich wache Augen und offene Ohren haben, um zu spüren, was der Geist heute wirkt, und man muss ein offenes, bereites Herz haben, um die zarten Pflänzchen, welche er setzt, vertrauensvoll wachsen zu lassen und den Geist nicht auszulöschen.

Eine Spur des lebendigen Geistes in der Kirche von heute besteht darin, dass die Zugehörigkeit zur Kirche schon heute und noch mehr in Zukunft vom Geist der Freiwilligkeit getragen ist. Früher galt oft, dass »man« in die Kirche geht – einfach weil alle gehen und weil nicht zu gehen bedeutet hätte, sich auszuschließen und ausgeschlossen zu werden. Heute und noch mehr morgen gehe »ich« zur Kirche, weil ich im Glauben davon überzeugt bin, dass dies wichtig, ja heilsbedeutsam ist für mein Leben. Die Kirche von morgen wird mehr als bisher eine Kirche der verantwortlichen Gewissensentscheidung des Einzelnen sein. Zahlenmäßig mögen es dann weniger sein als früher. Nirgends im Evangelium steht geschrieben, dass einmal alle Christen sein werden. Wenn aber die, die es sind, dies aus innerer Überzeugung sind, dann ist dies vom Wesentlichen her betrachtet ein Fortschritt. Denn das Gewissen – so sagt es das Konzil – »ist die verborgenste Mitte und das Heiligtum im Menschen«. Im Gewissen können wir Gottes Stimme vernehmen; durch das Gewissen wirkt Gottes Geist in uns.

Es geht darum, im eigenen Innern, im eigenen Gewissen dem Geist Gottes Raum zu geben und ihm im persönlichen Gebet zu antworten. Anders können wir in unserer schnelllebigen Zeit nicht menschlich und noch weniger christlich überleben. Löschen wir diesen Geist nicht aus!

Dieses Wort des Apostels will und kann uns Mut machen, uns auf die Dynamik des Geistes einzulassen und so neu Zukunft zu gewinnen. Es will uns sagen: Die Glut des Geistes ist noch da unter der Asche; entfacht sie neu zur lodernden Flamme!

KIRCHE – GEMEINSCHAFT
DES GLAUBENS

Lebendige Kirche sein

LEBENDIGE KIRCHE IST KIRCHE, welche auf dem einen Eckstein aufgebaut ist, den die Bauleute zwar verworfen haben, an dem sich viele auch stoßen, den Gott aber bestimmt und gesetzt hat (vgl. 1 Petr 2,7–8). Dieser unverrückbare Eckstein heißt Jesus Christus. In ihm ist die Hoffnung und Sehnsucht der Völker nach einem Ort, einem Tempel, in dem man Gott begegnen kann, in Erfüllung gegangen. Denn zu allen Jahrhunderten waren die Menschen auf der Suche nach etwas, was ihrem Leben einen letzten Halt und letzten Sinn gibt. Sie forschten und suchten, ob und wie sie Gott erfahren, ertasten und wie sie ihm begegnen konnten. In Jesus Christus ist diese Sehnsucht in Erfüllung gegangen. Er ist der Tempel Gottes, weil in ihm, wie die Schrift sagt, die Fülle der Gottheit leibhaftig wurde. Er ist wahrer Gott und wahrer Mensch in einer Person, der eine Mittler zwischen Gott und den Menschen. Auf seinem menschlichen Antlitz strahlt wider, wer Gott ist; in ihm und durch ihn geht Gott uns auf als Gott der Menschen, als Gott, welcher mit unter uns Menschen wohnt.

Lebendige Kirche können wir deshalb nur sein, wenn wir uns an Jesus Christus orientieren, wenn wir uns bewusst und entschieden in seine Nachfolge stellen und ihn als den Herrn anerkennen.

Der letzte Maßstab ist allein Jesus Christus. Er ist die Quelle, aus der wir immer wieder neu frisches, lebendiges Wasser schöpfen dürfen, welches uns, wenn wir in Gefahr sind, müde zu werden, erfrischt, belebt und ermuntert. Wer zurück zur Quelle will, der muss bereit sein, gegen den Strom zu schwimmen.

Aber wer hat uns denn Besseres und Tieferes anzubieten, wer hat uns etwas zu sagen, mit dem man besser leben und auch besser sterben kann, als Jesus Christus? Den Glauben weitergeben heißt, den Glauben weitergeben an Jesus Christus als den Eckstein, auf den man das Leben bauen kann. Lebendige Gemeinde, Kirche aus lebendigen Steinen ist also dort, wo man das Evangelium von Jesus Christus hört und liest, wo man darüber gemeinsam nachdenkt und wo man sich bemüht, dieses Evangelium ins Leben umzusetzen.

Lebendige Gemeinde und Kirche aus lebendigen Steinen ist dort, wo Gott gelobt und verherrlicht wird. Die Anbetung und die Verherrlichung Gottes ist das erste Ziel der Kirche. Es ist wichtig, dass wir uns auf diese Aufgabe besinnen. Wir sind in der Gefahr, die Welt zur totalen Arbeitswelt zu machen. Das Wochenende, der Urlaub sind für viele im Grunde da, um sich von der Arbeit für neue Arbeit zu erholen. Der Sinn des christlichen Sonntags ist damit allein nicht zum Ausdruck gebracht. Wir sollen uns zugleich über die Welt der Arbeit erheben. Der Mensch ist nicht nur ein Arbeitstier; Fest und Feier gehören ebenso zum Menschen.

Die Feier der Eucharistie ist Mitte und Höhepunkt des christlichen und des kirchlichen Lebens. Aus diesem Grund müssen die christlichen Sonn- und Feiertage erhalten bleiben. Sie gehören zu unserer europäischen Kultur. Wer sie aus einseitig wirtschaftlichen Gründen aushöhlt, bedroht einen wichtigen Eckpfeiler der Humanität in unserer Gesellschaft.

Maria ist Inbegriff der Kirche; sie ist die Mutter der Kirche, unser aller Mutter. Sie zeigt uns, was Kirche aus lebendigen Steinen ist. Sie zeigt es uns durch ihr schlichtes Ja des Glaubens und durch die Nachfolge des Gekreuzigten; sie ist uns auf dem Weg der Verklärung und Verherrlichung vorausgegangen. Nehmen wir sie zum Vorbild; rufen wir sie um ihre Fürsprache an. Dann wird es uns auch in unserer Zeit gelingen, nicht nur Kirche aus lebendigen Steinen, sondern Kirche als Zeichen, als Sakrament für die Welt zu sein.

Kirche – Gemeinschaft des Glaubens

DIE ENTSCHEIDENDE FRAGE ist die Frage, die Jesus im Evangelium seinen Jüngern gestellt hat: »Für wen halten die Leute den Menschensohn«, nein, »für wen haltet ihr mich?« (vgl. Mt 16,13–15).

Mit der Antwort auf diese Frage steht und fällt das Christsein. Im Christsein geht es letztlich nicht um viele einzelne Dogmen, Gebote und Verbote, es geht im Grunde nur um Eines, um Einen. Es geht um die Antwort des Petrus: »Du bist der Messias, der Sohn des lebendigen Gottes« (Mt 16,16). Wer an Jesus Christus, den Gottessohn und den Menschensohn, glaubt, an ihm festhält, auf ihm als dem Eckstein und Grundstein aufbaut, sich an ihm orientiert und ihm nachfolgt, der ist ein Christ. Jesus Christus ist der Eckstein und der Grundstein, den Gott selbst gelegt hat.

In Jesus Christus hat uns Gott endgültig, ein für alle Mal gezeigt, wer er selbst ist und wer wir als Menschen sind. Er hat sich geoffenbart als der gütige Vater, der barmherzig ist, der versöhnt und verzeiht, der alles und alle in seinen Händen hält, der jeden Einzelnen von uns kennt, mag, liebt, akzeptiert, auf den Verlass ist in jeder Situation, bei dem nichts unmöglich ist. In Jesus Christus hat sich Gott zusammenfassend einfach als die Liebe gezeigt.

Gott hat in Jesus Christus aber auch gezeigt, wer wir sind. Wir sind, jede und jeder Einzelne, von Gott gerufen, gewollt, von Gott berufen als seine Zeugen in der Welt, als Zeugen seiner Liebe. So sollten wir wieder mehr stolz und dankbar dafür sein, dass wir in Jesus Christus Orientierung, Hoffnung, Kraft und Mut haben. Wo werden uns denn sonst solche Worte des Lebens gegeben, wo gibt es denn heute eine Alternative zu Jesus Christus, wer hat uns mehr, wer hat uns Besseres und Tieferes zu sagen?

Jesus Christus selbst ist und bleibt die letztgültige Antwort auf unsere Fragen. Am Kreuz können wir uns festhalten auch in den dunkelsten Stunden unseres Lebens und noch im Sterben, und in Jesu Auferstehung haben wir Hoffnung für unser Leben und Sterben. Warum also haben wir heute so wenig Glaubensfreude, warum so viel feige Bekenntnisscheu, so wenig Bekenntnismut? Wenn wir meinen und Angst haben, wir könnten nicht antworten auf die Fragen, die uns gestellt werden, weil wir nicht Bescheid wissen, warum kümmern wir uns so wenig um unseren Glauben, um ihn dann vor aller Welt bekennen zu können, um ihn als Licht hinaustragen zu können in das Dunkel unserer Zeit?

Weil Jesus Christus in Ewigkeit bleibt, hat auch seine Kirche für immer Bestand. Die Pforten der Unterwelt, das heißt die Mächte des Todes, werden sie nicht überwältigen, so sagt es Jesus (vgl. Mt 16,18). Diese Kirche, die Bestand haben wird für immer, sind wir alle. Sie ist letztlich keine Kirche aus toten Steinen, keine bloße Institution und kein System, sondern eine Gemeinschaft des Glaubens, der Hoffnung und der Liebe. Sie ist Gottes Volk, berufen, Gottes Großtaten zu bezeugen. Dazu sind wir alle durch Taufe und Firmung berufen, alle haben wir Anteil an dem gemeinsamen Priestertum Jesu Christi. Alle sind deshalb mitverantwortlich für die Kirche und in der Kirche.

»Wo zwei oder drei in meinem Namen ...«

IN DIESEN WORTEN kommt etwas zum Ausdruck von einer Ursehnsucht der Menschheit. Sie begegnet uns, soweit wir uns historisch überhaupt zurückerinnern können. Immer wollten die Menschen eine Gottheit mitten unter den Wohnungen der Menschen haben. Deshalb bauten sie von allem Anfang an Tempel und Altäre. Sie wussten: Am Segen der Götter ist für

Menschen, Tiere und Felder alles gelegen. Es gehört vollends zur Grundbotschaft des Alten wie des Neuen Testaments, dass Gott ein Gott der Menschen ist und mitten unter uns Menschen wohnen will. Er ist kein einsamer Gott irgendwo über den Wolken, fern den Sorgen und Nöten, fern den Freuden und Hoffnungen der Menschen. Er will uns nicht einsam und verlassen sein lassen, keinen Einzigen von uns. Er will bei uns sein, mitten unter uns wohnen. Er will sich anrufen lassen in aller Not, und er hört unser Schreien und Flehen.

Aber Gott will nicht in Tempeln aus toten Steinen bei uns sein; er wohnt mitten unter uns in einem Tempel von lebendigen Steinen. »Wo zwei oder drei in meinem Namen beisammen sind, da bin ich mitten unter ihnen« (Mt 18,20). Wir Menschen, wir getauften Christen sind der Tempel Gottes. Durch uns will Gott in der Welt und unter den Menschen gegenwärtig sein. Unsere geschwisterliche Liebe soll Zeugnis geben von seiner Gegenwart und seiner Liebe.

Die Kirche im Sinn des Evangeliums ist kein mächtiger Bau aus toten Steinen, keine riesige, herzlose Organisation, kein anonymer Verwaltungsapparat, kein starres System, kein menschlicher Verein – die Kirche ist vielmehr eine weltweite Gemeinschaft, und diese ist die Wohnung Gottes unter den Menschen. Die Kirche ist darum gesandt, die Gegenwart Gottes mitten in unserem Alltag, mitten in unserem Leben und mitten in unserer Welt zu bezeugen, sie in ihren Gottesdiensten und Sakramenten zu feiern und dabei Gott zu loben und zu preisen, und schließlich ist die Kirche gesandt, die Gegenwart Gottes durch praktische Taten der Liebe wirksam werden zu lassen. Die Kirche – ganz menschlich und doch ganz göttlich, Gottes Wohnung unter uns Menschen.

Diese Kirche sind wir alle. Wir alle – Laienchristen, Ordenschristen, Priester – sind Kirche und tragen, jeder auf seine Weise, Verantwortung in der Kirche und für die Kirche. »Wo zwei oder drei in meinem Namen zusammenkommen, da bin ich mitten unter ihnen«, da ist Kirche.

Kirche verwirklicht sich auf verschiedenen Ebenen und in unterschiedlicher Weise: wo zwei unter vier Augen miteinander sprechen, auf der Ebene einer Gemeinde vor Ort und schließlich auf der Ebene der Gesamtkirche. An anderen Stellen des Neuen Testaments und der Überlieferung der Kirche wird deutlich: Kirche ereignet sich auch in der Familie. Sie ist die Grundzelle der Kirche und wird oft gleichsam als Hauskirche bezeichnet. Kirche verwirklicht sich schließlich in den Ordensgemeinschaften. Sie wollen in besonderer Weise Gott und seinem Reich Raum und Wohnung geben in unserer Welt.

Heiligung des Lebens kann nur in der Stille des Gebets und der Anbetung geschehen. Sie hat ihre Mitte im Leben aus dem Wort Gottes und aus der Feier der Eucharistie. Heiligung schließt aber nicht ab von der Welt, im Gegenteil, sie vollzieht die Bewegung Gottes zur Welt hin nach und wendet sich der Welt und den Menschen ganz neu zu. Kontemplation und Aktion gehören gewöhnlich zusammen. Die persönliche Heiligung wirkt sich aus in einer wachen Hellsichtigkeit für die »Zeichen der Zeit«, das heißt für das, was hier und heute nach Gottes Willen dran ist, in einer staunenswerten Erfindungsgabe, einem unermüdlichen Unternehmungsgeist und einer geradezu übermenschlichen Kraft zu apostolischem oder karitativem Einsatz. Das alles brauchen wir heute, um neue Wege zu erschließen, um anderen Menschen zu helfen, die Spuren Gottes in ihrem Leben zu entdecken und das Glück, das man selbst in Gott gefunden hat, auch ihnen mitzuteilen, damit sie das Leben in Fülle haben.

»Wo zwei oder drei in meinem Namen versammelt sind, da bin ich mitten unter ihnen.«

Wallfahrten

DIE WALLFAHRT SAGT UNS ETWAS WICHTIGES über unser menschliches Leben. Wir Menschen sind unterwegs. Das Sprichwort sagt: »Wer rastet, rostet.« Wir können uns nie auf dem Erreichten ausruhen. Oft gleicht unser Leben einem Abenteuer und einer Fahrt ins Ungewisse. Wir haben hier auf dieser Welt keine endgültige Heimat. In jedem Menschen steckt eine tiefe Sehnsucht nach einem endgültigen Ziel. Wir suchen, was bleibt und nicht vergeht. Wir suchen Bestätigung, Sicherheit und Beständigkeit im raschen Wechsel der Ereignisse. Wir suchen ein Glück, das nicht vergeht. Alles Streben nach Erfolg, nach mehr Besitz und Ansehen, nach mehr Genuss ist Ausdruck dieser Sehnsucht. Viele Menschen wollen Neues sehen und entdecken, Neues erleben. Auch darin steckt etwas von dieser Sehnsucht, die jeden Menschen irgendwo in seinem Innersten erfüllt.

Wir gläubigen Menschen sehen in dieser Sehnsucht letztlich die Sehnsucht nach Gott. Er allein kann uns endgültig ausfüllen, froh, frei und glücklich machen. Er ist unsere ewige Heimat. Ohne ihn bleibt alles andere Bruchstück und Fragment. Die Wallfahrtsorte, zu denen gläubige Menschen aller Zeiten immer wieder aufbrechen, sind Zeichen für dieses letztgültige Lebensziel. Sie sind heilige Orte, an denen Menschen die Gemeinschaft mit Gott und damit Heil und Heilung finden.

Für Israel, das ersterwählte Volk Gottes, war vor allem Jerusalem Ziel der Wallfahrt. Jeder Israelit war verpflichtet, jährlich mindestens einmal nach Jerusalem zu kommen. Die Mitfeier der Feste dort sollte dem Volk sein Woher und Wohin vor Augen führen. Sein Woher: dass es aus dem Land der Knechtschaft, aus Ägypten kam – sein Wohin: dass es unterwegs ist in die Zukunft Gottes hinein. Die Psalmen des Alten Testamentes sind zu einem großen Teil Wallfahrtslieder. Sie sprechen von der

Freude, von der Sehnsucht, vom Dank und von den Bitten des wandernden Gottesvolkes.

Wir Christen sind das neue Volk Gottes. Auch wir sind noch unterwegs. Das letzte Konzil hat die Kirche ausdrücklich als das pilgernde Gottesvolk, als Kirche, die unterwegs ist, bestimmt. Die Kirche ist eine vorläufige Größe. Ihr Ziel ist das kommende Reich Gottes, das Jesus in vielen Bildern und Gleichnissen geschildert hat: jene Fülle des Lebens und des Glücks, die »kein Auge gesehen und kein Ohr gehört hat« (vgl. 1 Kor 2,9).

So kennt die Christenheit viele große und kleine Wallfahrtsorte. Schon seit dem Altertum wandern oder fahren Christen zu den »Gnadenorten« in Jerusalem, Rom, Santiago de Compostela, später nach Lourdes, Fatima, Altötting, Kevelaer, Tschenstochau und zu den vielen kleinen Wallfahrtsorten. Es sind Orte, wo wir das Wirken und die Hilfe Gottes erfahren, wo wir Gott näherkommen können, wo wir von Neuem von ihm und seinem Geist ergriffen werden, um dann gestärkt an unseren Lebens- und Arbeitsplatz zurückkehren zu können.

Die Kirche – das Haus Gottes

DASS GOTT MITTEN unter den Menschen wohnt, ihnen helfend, heilend, beschützend beisteht, dass er Garant von Gerechtigkeit und Frieden sei, das ist eine Ursehnsucht der Menschheit von Anfang an.

Die Welt, unsere Welt, in der wir leben, ist erst die Baustelle dieses Reiches Gottes; auch unsere Kirche ist pilgernd unterwegs zu diesem Ziel. Auf einer Baustelle ist es ungemütlich, da zieht es und staubt es. Dennoch ist die Hoffnung auf Gottes Gegenwart keine leere Träumerei und keine weltfremde Utopie. An einer Stelle ist sie schon ein für alle Mal in Erfüllung gegangen und Realität geworden. Jesus Christus selbst ist der Tempel

Gottes. In ihm wohnt die Gottheit in ihrer ganzen Fülle leibhaftig (vgl. Kol 1,19). Er ist wahrer Gott und wahrer Mensch in einer Person. So ist Jesus Christus der Grund- und Eckstein der neuen Welt; er ist der Grundstein, auf dem wir aufbauen können, der Maßstab, an dem wir uns messen und ausrichten sollen. Er ist Herr und Haupt seiner Kirche; sie ist sein Leib.

Die Baugeschichte der Kirche geht weiter. Wir können nicht stehen bleiben. Die Kirche muss Gottes Gegenwart im Heute bezeugen, und sie muss dafür Sorge tragen, dass die Weitergabe des Glaubens in die Zukunft hinein gelingt. Aber für diese notwendige Bewegung und Dynamik gibt es einen Maßstab und einen bleibend gültigen Grundriss. Bei aller Lust am Umbauen darf uns der ursprüngliche Bauplan nicht abhandenkommen: Jesus Christus ist dieser Maßstab, an dem alles zu messen ist, was in der Kirche Geltung beanspruchen will. Wir können die von Jesus Christus gestiftete Grundstruktur der Kirche nicht ändern, wenn nicht die ganze Architektur ins Wanken geraten soll.

Denn diese Kirche ist nicht Menschenwerk, sie ist nicht auf den Flugsand der Geschichte gebaut. Jesus Christus hat den Tod in seiner Auferstehung ein für alle Mal bezwungen. So werden die Mächte des Todes auch die Kirche nicht überwältigen (vgl. Mt 16,18). Sie wird immer sein.

Im Wirrwarr der Meinungen ist es geradezu eine Gnade, einen festen Orientierungspunkt zu haben, eine nie versiegende Quelle, aus der wir Leben und Hoffnung schöpfen können. Und kann es etwas Besseres geben als Jesus Christus? Wo finden wir sonst solche Worte des Lebens?! Wo sonst solchen Grund der Hoffnung?!

Machen wir neu Gott zur Grundlage unseres Lebens, Jesus Christus zum Herrn und Heiland. Machen wir neu unser Leben selbst zum Tempel, zum Haus Gottes, unser Leben zur Nachfolge Jesu.

Aschermittwoch

SICH AM ASCHERMITTWOCH begegnen heißt sich an einer harten Schnittstelle des Lebens begegnen. Der gestrige Tag noch stand im Zeichen der Maskerade, des Närrischen, des Tanzes, des Lachens, der mehr oder weniger kultivierten Ausgelassenheit – ob auch der Lebensfreude oder nur der Flucht ins Vergnügen, das lässt sich von außen nicht beurteilen.

Der Aschermittwoch nimmt uns die Masken ab. Er will uns nicht die Lebensfreude nehmen, nein. Er verlangt von uns nicht, dass wir mit finsterem Gesicht herumlaufen.

Der Aschermittwoch führt uns jedoch die Wirklichkeit und Wahrheit unserer Existenz vor Augen, ungeschminkt, ohne Umschweife. Er erinnert uns an unsere Kreatürlichkeit, an unsere Gebrechlichkeit, an unsere Vergänglichkeit: »Staub bist du, und zum Staub wirst du zurückkehren.« Der Aschermittwoch ortet unser Leben. Er mahnt uns, nicht zu vergessen, dass wir mitten im Leben vom Tod umfangen sind, dass wir unser Leben nicht in unserem Besitz haben, dass wir es vielmehr todsicher weggeben müssen, ob wir wollen oder nicht, ja dass wir es in keinem Augenblick aus uns selbst zu leben vermögen.

Damit deutet uns der Aschermittwoch aber zugleich das Geschenk unseres Lebens. Er sagt uns: Mit jedem Atemzug empfängst du dein Leben neu, empfängst es aus der Hand deines Schöpfers, der dir in jedem Augenblick deines Daseins seinen Lebensodem einhaucht, der will, dass du lebst, dass du das Leben in Fülle hast.

Der Schöpfungsbericht kleidet diese Botschaft in ein höchst ausdrucksstarkes Bild: Wie ein Töpfer formt Gott den Menschen aus Lehm und bläst ihm seinen Odem ein. Das besagt: Wir sind als Menschen zerbrechlicher Ton. Wir sind als Menschen aber auch Gestalt gewordener Ausdruck des Schöpfers, sein Bild und sein Gleichnis. In uns atmet der Odem Gottes. Wir sind Leben von seinem Leben und haben somit Anteil an seinem Schöpfertum, an seiner Kreativität.

So verweist uns der heutige Tag und seine Botschaft zugleich auf unsere Größe wie auf unser Elend, auf unsere Erhabenheit wie auf die Zerbrechlichkeit unserer Existenz, auf unser Leben wie auf unseren Tod. Sich am Aschermittwoch zu begegnen heißt somit: sich im Bewusstsein von dem weiten Spannungsbogen unseres Daseins zu begegnen: im Spannungsbogen von schöpferischer Kraft und unverfügbarer Vorgegebenheit, von Freiheit und Verstocktheit, von Unendlichkeit und Endlichkeit, von Leben und Tod.

Die Botschaft des Aschermittwochs lässt sich mit einem Satz von *Blaise Pascal* zusammenfassen: »Das Wissen von Gott ohne Kenntnis unseres Elends zeugt den Dünkel. Das Wissen unseres Elends ohne Kenntnis von Gott zeugt die Verzweiflung. Das Wissen von Jesus Christus schafft die Mitte, weil wir in ihm sowohl Gott als unser Elend finden« (*Pensées* 527).

Diese Botschaft hat in Jesus Christus ihre einzigartige und unüberbietbare Erfüllung gefunden. In Jesus Christus hat sich Gott ganz und gar, ohne Rückhalt, auf uns Menschen eingelassen, in ihm hat er unsere Beschränkung, unsere Hinfälligkeit und unseren Tod auf sich genommen. Er »wurde wie ein Sklave und den Menschen gleich. Sein Leben war das eines Menschen; er erniedrigte sich und war gehorsam bis zum Tod, bis zum Tod am Kreuz« – heißt es im Philipperbrief (2,7–8).

Aber auch der schöpferische Akt, durch den uns Gott aus dem Nichts zu seinem Gegenüber macht und uns in seine Gemeinschaft ruft, findet in der Menschwerdung seine unüberbietbare Steigerung: In der Menschwerdung schafft Gott sich im Menschen nicht nur sein Ebenbild, er macht sich selbst zum Bild für uns Menschen. Mehr noch: Er offenbart uns seine Erhabenheit in Niedrigkeit: »Er hatte keine schöne und edle Gestalt, so dass wir ihn anschauen mochten, er sah nicht so aus, dass wir

Gefallen fanden an ihm. Er wurde verachtet und von den Menschen gemieden, ein Mann voller Schmerzen, mit Krankheit vertraut« – so heißt es in den Gottesknechtsliedern im Jesajabuch (Jes 53,2–3).

Jesus Christus ist in einzigartiger Weise Bild Gottes und zugleich Bild des wahren Menschen. Er zeigt uns: Nicht nur in unserer Erhabenheit, nicht nur in unserem Griff nach den Sternen sind wir Ikone Gottes. Auch und gerade in unserer Beschränktheit, Verletzlichkeit und Hinfälligkeit, auch in unserem Scheitern atmen wir Gottes Odem, ist Gott uns nahe.

Deshalb brauchen wir die Augen nicht zu verschließen vor der Begrenztheit unseres Daseins und unseres Schaffens. Im Gegenteil: Wenn wir uns über unsere Lage klar werden, wenn wir den Raum unserer Existenz mit dem Licht des Glaubens aufhellen und ausleuchten, dann erst erkennen wir eine Richtung, dann erst ergreifen wir die Chance zu echter Freiheit.

Viele Völker – eine Kirche

MASSGEBEND IST FÜR UNS unser christliches Menschenbild. Danach ist jeder Mensch geschaffen nach dem Bild und Gleichnis Gottes. Auf jedem, der Menschenantlitz trägt, liegt ein Strahl der Hoheit und Herrlichkeit Gottes. Darum sind alle Menschen gleich. Die Trennung, Entfremdung, Verfeindung und gegenseitige Unterdrückung der Menschen ist eine Folge der Sünde. Schon das Alte Testament stellt den Fremden unter Rechtsschutz. »Einen Fremden sollst du nicht ausbeuten. Ihr wisst doch, wie es einem Fremden zumute ist; denn ihr selbst seid in Ägypten Fremde gewesen« (Ex 23,9). »Die Fremden …, die in deinen Stadtbereichen wohnen, können kommen, essen und satt werden, damit der Herr, dein Gott, dich stets segnet bei der Arbeit, die deine Hände tun« (Dtn 14,29).

Jesus selbst lebte und starb unter der fremden römischen Besatzungsmacht. Er lehrte, in jedem Fremden ihm zu begegnen. »Ich war fremd und obdachlos, und ihr habt mich aufgenommen« (Mt 25,35). In Jesus Christus gilt nicht mehr der Unterschied zwischen Juden und Griechen, Sklaven und Freien, Mann und Frau; denn in ihm sind wir alle einer geworden (Gal 3,28; vgl. 1 Kor 12,13; Kol 3,11).

Seit dem letzten Konzil ist sich unsere Kirche deutlicher und tiefer dieser ihrer universalen Sendung zu allen Völkern bewusst geworden. Sie weiß, dass sich das eine Evangelium in vielen Kulturen ausprägen muss. Sie versteht sich als eine Kirche in und aus vielen Völkern und Kulturen, und sie hat dabei bewusst die vorrangige Option für die Armen, das heißt auch für die Fremden und die Migranten, getroffen. In diesem Sinne versteht sie sich gleichsam als Sakrament, das heißt als Zeichen und Werkzeug, der Einheit, des Friedens und der Versöhnung mit Gott und der Menschen untereinander.

Wenn wir als Christen und als Kirche bemüht sind, ein glaubwürdiges Spiegelbild der einen Kirche in und aus vielen Völkern zu sein, dann dürfen wir auch unsere Gesellschaft und vor allem unsere Politiker bitten und aufrufen, ihre Ausländerpolitik zu überdenken und sie nicht allein pragmatisch zu betreiben oder gar an Stimmungen zu orientieren, sondern sie mehr am christlichen Menschenbild und an den Grundwerten unserer Verfassung auszurichten.

Das Evangelium schließt mit einer Verheißung: »Ich bin bei euch alle Tage bis ans Ende der Welt« (Mt 28,20). Wahrlich, wir alle sind auf die Verheißung des Herrn angewiesen, dass er bleibend mit uns und unter uns ist. Er geht mit seinem Volk bei seiner Wanderung durch die Geschichte. Er ist mit uns als dem wandernden Volk Gottes.

Kirche der Verheißung

DAS EVANGELIUM IST GEEIGNET, uns die »Zeichen der Zeit« zu deuten und die Richtung des Weges, den wir als Christen zu gehen haben, zu weisen. Die Kirche mag empirisch betrachtet noch so sehr »Kirche in Not« sein, geistlich gesehen ist sie zuerst und vor allem Kirche der Verheißung. Sie lebt aus der Verheißung, und sie hat gerade in dieser Situation weit verbreiteter Ratlosigkeit eine Verheißung, und das heißt auch: eine Hoffnung für die Völker und für die Menschen zu bezeugen.

Die Sendung der Kirche wird vollends deutlich, wenn wir hören: »Geht zu allen Völkern und macht alle Menschen zu meinen Jüngern« (Mt 28,19). Dieses Wort reißt uns heraus aus unserer oft so kleinkarierten und larmoyanten Beschäftigung mit uns selbst und unseren oft doch sehr kleinlichen Problemchen. Es sagt uns, dass sich die Kirche nie einfach im Status quo einrichten darf; sie muss immer wieder neu den Mut haben, ihre eigenen Grenzen zu überschreiten. Sie muss Stadt auf dem Berg, Licht auf dem Leuchter sein (vgl. Mt 5,14–16). So ruft uns dieses Wort in eine universale Verantwortung für alle Völker, für die ganze Welt, für alle Menschen, auch für die, die nicht, nicht mehr oder noch nicht zu uns gehören. Es sagt uns noch einmal, was das letzte Konzil schon mit so viel Nachdruck gesagt hat: Die Kirche ist ihrem Wesen nach missionarisch (Ad Gentes 2). Oder, wie Papst *Paul VI.* in seinem Apostolischen Schreiben über die Evangelisierung so eindrücklich formuliert hat: Evangelisierung ist die eigentliche Identität der Kirche; die Kirche ist da, um zu evangelisieren, um allen Völkern die rettende Botschaft vom Heil zu bezeugen (Evangelii Nuntiandi 14).

Meist überlesen wir, dass da steht »zu allen Völkern«. Es heißt nicht einfach »zu allen Menschen«, sosehr das mitgemeint ist. Die Heilige Schrift, die so sehr die Gleichwertigkeit und Ebenbürtigkeit aller Menschen betont, huldigt dennoch nicht der aufklärerischen, alles nivellierenden Gleichheitsideologie. Sie respektiert die Vielfalt der Völker und Kulturen, ohne sie ideologisch-nationalistisch zu verabsolutieren. Wir Menschen existieren ja nicht einfach als blutleere, abstrakte Wesen; wir leben biologisch-genealogisch wie geistig-kulturell immer im Verbund eines bestimmten Volkes und seiner Geschichte. Das Evangelium muss deshalb eingehen in unser ganz persönliches Herz, und es muss ein Sauerteig sein für das gesamte Leben und die Kultur der verschiedenen Völker. Diese Idee einer Einheit in der Vielfalt müssen wir für den Einigungsprozess und für den Frieden in der Welt und auch in der Kirche nochmals neu durchbuchstabieren.

Die Sendung zur Evangelisierung der Völker ist integral; sie zielt nicht auf ein rein innerliches Seelenheil, sondern auf den Schalom, auf das Heil des ganzen Menschen. Das schließt bei den Propheten die Erfüllung der Forderungen der Gerechtigkeit zwingend mit ein. Denn der Friede ist das Werk der Gerechtigkeit (Jes 32,17). Jesus überbietet die Forderung nach Gerechtigkeit durch die der Barmherzigkeit. Er sendet seine Jünger nicht nur aus, um zu verkünden, sondern auch um zu heilen (Mt 10,7–8; Lk 9,1–2). Sie sollen sich der Menschen in ihren seelischen und in ihren leiblichen Nöten annehmen. Sie sind ausgesandt zum Dienst der Versöhnung (2 Kor 5,18).

Die Kirche hat nicht nur anderen eine Verheißung zu bringen; sie selbst lebt aus der Verheißung. Sie lebt aus dem Vertrauen auf das Wort des Herrn: »Seid gewiss: Ich bin bei euch alle Tage bis zum Ende der Welt« (Mt 28,20).

Die Kirche ist nicht unsere Kirche; sie ist seine Kirche. Er ist ihr Herr und ihr Haupt, die Kirche ist sein geheimnisvoller Leib. Er aber hat am Kreuz bereits Frieden gestiftet; er ist unser Friede (Eph 2,13–17). In Christus ist die Kirche darum, wie das letzte Konzil gesagt hat, Sakrament, das heißt Zeichen und Werkzeug der Einheit unter den Menschen und den Völkern (Lumen Gentium 1 u. a.). Sie hat eine versöhnende und eine Frieden stiftende Mission. Sie respektiert nationale und kulturelle Unterschiede, auch Unterschiede von politischen Systemen, aber sie übersteigt und relativiert sie im gemeinsamen Glauben an den einen Gott, den einen Herrn Jesus Christus, den einen, alle verbindenden Heiligen Geist.

Eine neue Stadt entsteht

Aber stimmt das: »Eine neue Stadt entsteht?«

Wir alle suchen sie – die neue Stadt – und wir ersehnen sie von ganzem Herzen. Gemeint ist:

eine Welt, in der es keine Gewalt und keinen Hass mehr gibt, eine Stadt des Friedens,

eine Welt, in der Gerechtigkeit herrscht und die Menschenwürde und das Lebensrecht jedes einzelnen Menschen respektiert wird, eine Stadt, die Platz hat für Kinder wie für Alte, für Kranke, Behinderte und Gesunde und wo alle, Einheimische und Fremde, in Frieden miteinander leben,

eine Kirche, die Heimat ist für alle Gläubigen, in der das Lob Gottes aus ganzem Herzen erklingt und in der Liebe, Toleranz, Geschwisterlichkeit nicht nur gepredigt, sondern auch gelebt werden, eine Kirche, die leuchtendes Zeichen und tatkräftiges Werkzeug einer neuen Stadt ist.

Sie scheint himmelweit entfernt zu sein, diese neue Stadt. Ist sie also nur ein Traum und eine Fata Morgana?

»Eine neue Stadt entsteht«, das ist zunächst eine Aussage unseres Glaubens. Jesus Christus ist der Anfang, das Fundament und das Maß der neuen Stadt, die wir erhoffen. Seit Jesus ist die neue Stadt nicht mehr weit weg in der Zukunft. Mit ihm ist sie vom Himmel herabgekommen. In ihm ist Gott selbst mitten unter uns.

Von ihm müssen wir uns anstecken und begeistern lassen, ihm müssen wir nachfolgen, um Bauleute der neuen Stadt zu sein. Denn in ihm ist auf einem menschlichen Antlitz ein für alle Mal aufgeleuchtet die Güte, Liebe, Gerechtigkeit und Barmherzigkeit Gottes; in ihm hat uns Gott unsere letzte Bestimmung offenbar gemacht. Er kann uns Orientierung sein in dieser orientierungslosen Zeit. Er ist das Brot, das unseren Hunger nach Leben letztlich allein stillen kann. Er ist der Weg, die Wahrheit und das Leben.

»Eine neue Stadt entsteht« – das ist eine Überzeugung unseres Glaubens. Das ist auch eine Aussage unserer Hoffnung. Diese Hoffnung auf Gottes Zusage in Jesus Christus trügt nicht; sie ist unerschütterlich. Jesus Christus ist menschlich gesehen am Kreuz geendet, und er hat am Kreuz gesiegt. Nichts anderes hat er seinen Jüngern verheißen. Die neue Stadt, das neue Jerusalem, das vom Himmel kommt, lag schon immer, solange die Geschichte währt, im Kampf mit der alten Stadt, dem Babylon des Hochmuts und der Zügellosigkeit. Die Sache Jesu Christi schien schon oft wie im Todeskampf zu liegen, und sie ist noch aus jeder dieser Auseinandersetzungen gestärkt hervorgegangen.

»Eine neue Stadt entsteht« – das ist eine Aussage des Glaubens und der Hoffnung. Es ist auch ein Bekenntnis zur Liebe. Sie ist in Jesus Christus erschienen; sie ist das Grundgesetz der neuen Stadt und ihrer Ordnung. In der Eucharistie schenkt sich uns Jesus Christus jedes Mal ganz und gar; er zieht uns hinein in seine Freundschaft. Er sagt uns aber auch: »Ein Beispiel habe ich euch gegeben, damit ihr so handelt, wie ich an euch gehandelt habe« (Joh 13,15). »Wie ich euch geliebt habe, so sollt auch ihr einander lieben« (Joh 13,34).

AUS DEN SAKRAMENTEN LEBEN

Beim Namen gerufen

GOTT BRAUCHT IMMER WIEDER NEU Menschen wie *Klara* und *Franz von Assisi,* die ihm ihre Hände und Füße, ihre Augen und Ohren, ihren Mund und nicht zuletzt ihr Herz, ja ihr ganzes Leben zur Verfügung stellen, damit aus der Welt ein Garten, ein Weinberg wird.

Ruft Gott heute niemand mehr oder nicht genügend? Weit gefehlt. Gott ist seit dem Anfang der Schöpfung am Rufen und Berufen. Jeder Einzelne von uns, du und ich, sind ein leibhaftiger Ruf Gottes. Denn alles, was wir sind und haben, alle unsere Anlagen und Fähigkeiten, wir selbst als Mann und Frau sind, weil Gott gesagt hat: Ich will, dass du bist. Ich mag dich, ich liebe dich, ich trage und führe dich und ich sende dich. Keiner von uns ist einfach eine Seriennummer, ein bloßes Rädchen im Räderwerk der Welt, eine Laune des Schicksals oder ein Zufallsprodukt. Jeder und jede ist einmalig, sozusagen ein Unikum und ein Original. Jeder ist und hat Berufung, und es liegt alles, buchstäblich alles daran, diese Berufung zu erkennen und sie zu leben.

Bei der Taufe, da sind wir alle bei unserem Namen gerufen worden. Seither sind wir nicht mehr namenlos anonym. Da hat auch uns, so wie die ersten Jünger und Jüngerinnen, der Ruf Jesu getroffen: »Du folge mir nach!« Das kann sehr verschieden aussehen. Nicht nur Priester und Ordensleute, auch Laien haben eine Berufung. Sie ist gewöhnlich mit ihren Fähigkeiten und ihrem Beruf verbunden als Lehrer, Erzieherin, Krankenschwester, Arzt, Handwerker usw. Ehe und Ehelosigkeit sind Berufungen. Jeder und jede muss seinen Dienst an seinem Platz tun.

Gott ruft auch immer wieder Einzelne in besonderer Weise: Abraham, Mose, die Propheten, Frauen wie Sara, Hanna, Debora, Ester, Judit und vor allem Maria. Sie haben alle oft lang und schwer um ihre Berufung gerungen. Warum ich? Kann ich das? Soll ich das? Schließlich haben sie ihre eigenen Pläne und Wünsche, ihr ganzes Lebensprojekt dem Plan Gottes unterstellt. Sie haben sich frei gemacht, haben losgelassen und sich ganz, sozusagen mit Haut und Haaren, ihrer Berufung verschrieben. So sind sie zum Segen geworden für andere, für ihr Volk, für die Menschheit. Denn bei jeder Berufung sagt Gott wie bei Abraham: »Du sollst ein Segen sein!« (Gen 12,2). Wir sind berufen zur Liebe, zum Dienst.

Meist steigen Berufungen zunächst zaghaft anklopfend im Herzen auf. Sie sind zuerst ein zartes Pflänzchen, das wachsen und reifen muss, das man hegen und pflegen muss, das man freilich auch ersticken und ausreißen kann. Meist braucht es einen längeren Weg des Überlegens, Erprobens, des Gesprächs mit anderen und vielfältiger Erfahrungen, nicht zuletzt des Gebetes. Enttäuschungen, Durststrecken, Krisen gehören zu diesem Weg – dann aber auch die Freude und das übergroße Glück, seinen Weg gefunden zu haben.

Die Salbung

DIE SALBUNG MIT ÖL war für die Menschen im Altertum ein wichtiger Vorgang. Sie war – wie noch heute – ein Heilmittel bei Verwundungen, sie diente der Stärkung und Kräftigung und sie verlieh der Haut Glanz und Schönheit. Doch es gibt ja nicht nur äußere Wunden, es gibt auch tief innerliche Verwundungen der Seele durch bittere Enttäuschungen und Verletzungen; es gibt auch eine innere Kraft- und Schwunglosigkeit, die Erfahrung von Ohnmacht, Wert- und Bedeutungslosigkeit – und andererseits kommt alle wahre Schönheit von innen, aus einem glücklichen Herzen und einem frohen Gemüt. Nicht nur unser Leib, auch unsere Seele bedarf der Salbung. Sie sehnt sich nach Heilung, Stärkung und Glanz.

Diese Sehnsucht geht in Jesus Christus in Erfüllung, denn Christus heißt »der Gesalbte«. Ihm wurde die ganze Fülle des Heiligen Geistes verliehen. In ihm ist wieder alles heil und gesund geworden; in ihm ist die ganze Kraft des Lebens, die Fülle des Lebens erschienen; in ihm ist die Schönheit und Herrlichkeit Gottes in unserer Welt aufgeleuchtet.

So ist er gesandt, die Frohe Botschaft von Gottes Heil und Herrlichkeit den Armen, den Notleidenden und Zerschlagenen zu verkünden. Er soll ihre Wunden heilen, ihnen neu Mut und Zuversicht schenken und sie mit Freude erfüllen. Jesus zog, so berichtet die Apostelgeschichte, vom Heiligen Geist gesalbt umher, Wohltaten spendend (Apg 10,28).

Er zieht umher. Er ist nach seinem Tod und seiner Auferstehung bleibend unter uns gegenwärtig. Er lässt uns teilhaben an seiner Salbung mit dem Heiligen Geist. In der Kirche und in den Christen geht Jesu Salbung weiter. Christen, das heißt Gesalbte. Der Apostel Paulus sagt uns, Gott habe uns gesalbt und uns den Heiligen Geist in unser Herz gegeben (2 Kor 1,21–22; vgl. 1 Joh 2,20.27). Wir dürfen als Christen teilhaben an der Geistfülle Jesu; wir sind hineingenommen ins dreifaltige Leben Gottes. Dort werden unsere inneren Wunden geheilt, wird uns Kraft und Lebensmut zuteil, werden wir mit Gottes Herrlichkeit, mit seiner Freude und seinem Frieden erfüllt.

Als Zeichen für diese Berufung sind wir in der Taufe mit Katechumenenöl gesalbt worden, damit die Wunden der Sünde geheilt werden. Wir sind in der Taufe und bei der Firmung außerdem mit Chrisam gesalbt worden als Zeichen für die königliche Würde und den Adel des Christseins. Bei schwerer Krankheit und in Todesgefahr erhalten wir zur inneren und äußeren Gesundung die Krankensalbung. Auch zur Priester- und zur Bischofsweihe gehört die Salbung mit heiligem Öl als Zeichen der geisterfüllten Teilhabe an der Vollmacht Jesu selbst.

Gelegentlich hat man den Eindruck, dass solches Öl mangelt im Getriebe der Kirche. Statt Öl ist manchmal Sand im Getriebe. Deshalb knirscht es, und ab und zu läuft auch einmal etwas heiß. Es fehlt am Öl des Heiligen Geistes. Wo er fehlt, da nützt alles Schmieröl des äußeren Aktivismus nichts. Was wir vor allem brauchen, ist die Glut, die Kraft und der Schwung, der Glanz und die Freude von Gottes Heiligem Geist.

Möge uns das heilige Öl Zeichen und Ansporn werden, mit Heiligem Geist Gesalbte zu sein zum Heil und zur Heilung der Welt.

Heilige Messe feiern

MITTE UND HÖHEPUNKT unseres christlichen Lebens ist ja die Feier des Gottesdienstes. Doch was ist der Gottesdienst anderes als ein Fest unseres Glaubens? Der Gottesdienst ist nicht nur private Andacht und persönliche Besinnung; er ist nicht nur Unterweisung und Belehrung im Glauben. Das alles hat gewiss im Gottesdienst auch seinen Platz. Ganz entscheidend aber geht es im Gottesdienst darum, Gott zu loben und zu preisen, ihm Dank zu sagen, ihm zu huldigen und ihn als den Herrn und den Spender aller guten Gaben anzurufen, ihn um sein Erbarmen zu bitten. Kurzum, es geht darum, unseren christlichen Glauben an Gott, den Schöpfer und Erhalter der Welt, an Gott, den Erlöser, festlich zu begehen. Im Gottesdienst geht es darum, freudig zu feiern, dass Gott unser Gott ist, der mitten unter uns wohnt.

Wo der Glaube in dieser Weise festlich begangen und gefeiert wird, da gehört Musik notwendig mit dazu. Da gilt, was der Apostel sagt: »Singt Gott in eurem Herzen Psalmen, Hymnen und Lieder« (Kol 3,16).

Dass Gottesdienst und Musik unlösbar zusammengehören, das wissen bis heute die Naturreligionen in Afrika. Das findet sich aber auch in den Psalmen des Alten Testaments. Nicht umsonst endet der Psalter mit den Versen »Halleluja! Lobet Gott in seinem Heiligtum, lobt ihn in seiner mächtigen Feste! ... Lobt ihn mit dem Schall der Hörner, lobt ihn mit Harfe und Zither! Lobt ihn mit Pauken und Tanz, lobt ihn mit Flöten und Saitenspiel! Lobt ihn mit hellen Zimbeln, lobt ihn mit klingenden Zimbeln! Alles was atmet, lobe den Herrn! Halleluja!« (Ps 150). Jesus selbst hat sich in diese Tradition hineingestellt. Er hat selbst den Psalter gebetet und gesungen. Die Evangelien berichten uns, dass er nach dem Gesang des Hymnus vom Letzten Abendmahl aufstand und hinaus in den Ölberggarten ging. Von der Jerusalemer Urgemeinde wird uns berichtet, dass sie unter Jubelgesängen zum Brotbrechen zusammenkam.

Das ganze Leben des Christen soll Liturgie, Eucharistie, das heißt Danksagung, sein. Es soll in die gottesdienstliche Versammlung einmünden und aus ihr auch immer wieder neu Kraft schöpfen und Ansporn erhalten. In diesem Sinn ist der Gottesdienst Mitte und Höhepunkt des ganzen christlichen Lebens.

Fest und Feier sind etwas Urmenschliches. Denn in Fest und Feier, da begehen wir der urreligiöse Überzeugung, dass unser Leben getragen und geborgen ist von einer tieferen und umfassenderen Wirklichkeit, von einem letzten Geheimnis, das wir in der Sprache der Religion Gott nennen. In der christlichen Liturgie, da feiern wir, dass Gott sich in Jesus Christus endgültig als unser Gott, als Gott der Menschen erwiesen hat, dass er uns erlöst und befreit und zum ewigen Leben bei ihm und mit ihm berufen hat. In der Liturgie geht es nicht darum, was wir tun sollen und tun müssen; in der Liturgie feiern wir voll Freude und Dank, was Gott für uns getan hat, da erinnern wir uns der Großtaten Gottes in der Geschichte des Heils.

Noch mehr: in der Liturgie ist Gott durch Jesus Christus im Heiligen Geist mitten unter uns gegenwärtig, da halten wir Ausschau nach dem ewigen Ziel, dem kommenden Reich Gottes. Da bricht schon jetzt etwas herein in unsere Welt von der Herrlichkeit des Himmels und vom ewigen Gesang des »Heilig, Heilig, Heilig« der himmlischen Liturgie. Liturgie ist die Unterbrechung des grauen Alltags. Brauchen wir nicht gerade heute diese andere Dimension, die Spuren und Zeichen des Himmels auf Erden, wenn unser Leben nicht ganz banal und eintönig werden soll? Ja, wir brauchen die festliche Feier der Liturgie und ihres Glanzes.

Dafür brauchen wir auch die Kirchenmusik und die Orgel. Denn die Musik bringt wie keine andere Kunst die Harmonie zum Klingen, welche den Kosmos durchwaltet; sie bringt die Sehnsucht des menschlichen Herzens nach dem Ewigen zur Sprache. In ihr drückt sich aber auch die Klage und die Trauer aus, welche uns in dieser Welt oft befällt. Zugleich schenkt sie Trost und Zuversicht. Sie ist wie ein Funke der Hoffnung auf die endgültige Versöhnung dieser unversöhnten, friedlosen Welt. So ist die Musik ein einziges »Sursum corda«, ein »Erhebet die Herzen«. Sie reißt uns hinein in das alles umfassende und alles durchwaltende Geheimnis des Göttlichen; sie ist eine Ahnung und ein Vorgeschmack unserer wahren Berufung.

Im neunten Buch seiner *Bekenntnisse* beschreibt *Augustinus*, wie er in Mailand die Gottesdienste in der Bischofskirche des heiligen *Ambrosius* erlebte: »Wie weinte ich bei den Hymnen und Gesängen auf dich, mächtig bewegt vom Wohllaut dieser Lieder deiner Kirche! Die Stimmen drangen in mein Ohr und in ihrem Strom träufelte die Wahrheit in mein Herz, das Gefühl für Gott taute auf, es flossen die Tränen, und mir war dabei wohl.«

Zum Altare Gottes will ich treten

DER ALTAR IST SEIT ALTER ZEIT ein Bild für Jesus Christus. Er ist das Fundament und der Eckstein, auf dem alles ruht und der alles zusammenhält. Wir alle wissen, wie wichtig es im Leben ist, festen Grund unter den Füßen zu haben, klare Bezugs- und Orientierungspunkte zu kennen. Die Not vieler Menschen besteht heute darin, dass ihnen eben dieser Grund und diese Orientierung fehlen. So geraten sie in Angst und in Panik; sie gehen wie im Nebel ziellos im Kreis herum. Als Christen wissen wir, worauf wir bauen und woran wir uns orientieren können: an Jesus Christus. Einen anderen Grund kann niemand legen (vgl. 1 Kor 3,11)!

Jesus Christus bleibt in seiner Kirche gegenwärtig. Er ist der Mittelpunkt und der Bezugspunkt jeder Gemeinde. In der Eucharistie werden Tod und Auferstehung Jesu für uns gegenwärtig als Grund und Ziel unseres Lebens.

So wird der Altar für uns zum Bezugspunkt, sozusagen zum Schnittpunkt eines Koordinatensystems. Wenn wir uns um den Altar versammeln, bekennen wir, dass unser Leben auf Christus hin bezogen ist, dass wir uns an ihn halten und uns an seinem Leben ausrichten. Umgekehrt werden wir vom Altar aus ausgesandt, hinaus in die Gemeinde, in die Familie, den Beruf, die Welt der Arbeit und der Freizeit und in die politische Verantwortung in unserer Gesellschaft. Im Altar sammelt sich, was sich im Leben entfalten soll.

Damit ist der Altar auch ein Anruf an uns. Wenn wir hier das Opfer Christi feiern, dann hat das Konsequenzen für unser Leben.

Gott nimmt uns ohne Bedingung an, er weiß um unsere Schwächen, unsere innere Not und Begrenztheit. Ist es nicht so, dass die Menschen gerade heute einen Ort suchen, an dem sie angenommen sind, eine Gemeinschaft, die nicht zuerst auf

Leistung und Aktivismus Wert legt? Wir leben primär von Gottes Gaben. Vergessen wir darum das Danken nicht und tragen wir ihm unsere Anliegen und Nöte vor. Ich meine, es ist für uns Geschenk und Verpflichtung zugleich, dass wir als Christen regelmäßig vom Altar her Orientierung nehmen. Sich regelmäßig zum sonntäglichen Gottesdienst um den Altar zu versammeln, kann daher nicht nur ein »Angebot« sein, so wie man im Kaufhaus das beste und billigste Angebot aussucht. Der Sonntag ist »Gebot« für unser Leben, wenn es wirklich und wahrhaftig gelingen soll. Die Feier der Eucharistie sollte daher Mitte und Höhepunkt unseres christlichen Lebens sein.

Der Altar ist aber auch Auftrag für eine unsere Welt umgestaltende Zivilisation der Liebe. Jeder von uns ist durch Taufe und Firmung berufen, die erlösende und heilende Gemeinschaft mit Jesus Christus vom Altar aus hinauszutragen. Wir sollen missionarisch wirken und das Große, das wir empfangen haben, anderen weitergeben. Die Welt braucht unser Zeugnis von Gottes barmherziger Liebe.

Brot für das Leben der Welt

JESUS CHRISTUS OFFENBART SICH als derjenige, der von Gott dem Vater, dem Ursprung und Quell allen Lebens, gesandt ist, um diesen unseren Hunger zu stillen. »Dies ist das Brot, das vom Himmel herabgekommen ist. Wer von diesem Brot isst, wird leben in Ewigkeit« (vgl. Joh 6,51). Jesus selbst ist also das Brot für das Leben der Welt. Er ist der Weg, die Wahrheit und das Leben.

Jesus Christus schenkt uns über das tägliche Brot hinaus durch sein Wort Orientierung und Perspektive für unser Leben. Und was brauchten wir in dem Wirrwarr der vielen Worte mehr als Licht und Richtung, eine Wegweisung, auf die wir uns verlassen können und auf die wir unser Leben bauen können? Jesu Wort ist wirklich Brot für das Leben in der Welt.

Doch Gott will den ganzen Menschen. Deshalb ist Gott nicht nur gegenwärtig im Wort, sondern auch durch leibhaftige Zeichen. Unter den Gestalten von Brot und Wein ist Jesus Christus selbst die Speise, die er uns reicht. Unter den Gestalten von Brot und Wein empfangen wir seinen heiligen Leib und sein heiliges Blut als Brot und Trank für das Leben der Welt.

Machen wir deshalb den Gottesdienst wieder mehr zum Mittelpunkt unseres Lebens, und machen wir unser ganzes Leben zum Gottesdienst. Lernen wir wieder neu die Haltung der Ehrfurcht und der Anbetung. Wo sie verloren gehen, da wird unser Leben innerlich krank, da wird unsere Welt hohl und leer. Brauchen wir nicht gerade heute erneut und verstärkt das Brot für das Leben der Welt?! Haben wir nicht allen Grund, uns auf die Eucharistie als Höhepunkt und Mitte unseres Lebens zu besinnen?

Wenn wir bei der Eucharistiefeier die Schöpfungsgaben von Brot und Wein darbringen und darüber Gottes Heiligen Geist herabrufen, damit er sie verwandle in Leib und Blut unseres Herrn Jesus Christus, dann geschieht an diesen Gaben stellvertretend etwas für die ganze Schöpfung. Die eucharistische Wandlung nimmt die kosmische Verwandlung unserer Welt vorweg. Denn am Ende soll die ganze Natur und der gesamte Kosmos hineingenommen werden in die neue Schöpfung, in der Gott alles in allem ist. Darum ist die Eucharistie nicht nur die private Angelegenheit eines jeden Einzelnen von uns; sie ist ein öffentliches Zeichen und Zeugnis, eine Vorfeier des Reiches Gottes, das einmal die gesamte Wirklichkeit ergreifen wird.

Die Familie – Quelle des Lebens

DIE FAMILIEN SIND DIE QUELLE des Lebens für die Kirche wie für den Staat. Familien sind die Ur- und Grundzelle des Lebens; Gott hat Ehe und Familie bereits am Anfang der Schöpfung grundgelegt. Er wollte, dass aus der gegenseitigen Liebe von Mann und Frau die Quelle des neuen Lebens wird. Gott will uns Menschen als seine Mitarbeiter in der Weitergabe des Lebens. Gott hat ja den Menschen nach seinem Bild und Gleichnis geschaffen. Da Gott aber Liebe ist, hat Gott uns Menschen für die Liebe geschaffen. Nur wer Liebe erfährt und Liebe schenkt, findet zum Glück und zur Erfüllung seines eigenen Lebens und wird Quelle des Lebens für andere. Der konkrete Ort dafür ist nach Gottes Willen normalerweise die Partnerschaft in der Ehe und das Leben in der Familie.

Viele meinen, Ehe und Familie hätten ausgedient, sie seien ein auslaufendes Modell. Sie wollen sie durch sogenannte alternative Lebensgemeinschaften ersetzen. Das kann auf die Dauer nicht gut gehen. Man kann die Schöpfungswirklichkeit Gottes nicht umkrempeln. Früher oder später wird sich die Natur des Menschen zu Wort melden und sich rächen. Und in der Tat, es deutet sich längst ein Umdenken an. Wenn man Umfrageergebnissen Glauben schenken darf, dann wünscht sich die große Mehrheit der jungen Menschen, wenn man sie nach ihren Vorstellungen von einem glücklichen Leben fragt, ein Leben in lebenslanger Partnerschaft und mit Kindern. Das ist es, wozu Gott uns geschaffen und bestimmt hat. Das ist es, was der Staat zu schützen und zu fördern hat. Alles andere verstößt gegen Gottes Schöpfungsordnung und gegen das Glücksverlangen des Menschen.

Die Familien sind die Urzelle der Gesellschaft und des Volkes. In der Familie kann man lernen, was man später im Beruf und im Staat braucht: offene Türen, das heißt gegenseitige

Rücksichtnahme, Solidarität, Hilfsbereitschaft. Werden diese grundlegenden Verhaltensweisen nicht in der Familie gelernt und eingeübt, dann kommt es zu den bedauernswerten Ausbrüchen der Gewalt, wie wir sie immer wieder erleben. Die Familie ist die Wiege und die Schule der Kultur und des sozialen Verhaltens. Sie ist die Lebensquelle eines Volkes.

Das Leben in der Familie ist keine Idylle und keine Insel der Seligen. Wir müssen sie realistisch sehen als Ort mannigfacher alltäglicher Konflikte. Partnerschaftliche Liebe ist ein großes Wort und ohne Zweifel auch eine ganz große Sache; aber wir wissen auch, wie viele daran gegenwärtig scheitern. Für sie sind Ehe und Familie plötzlich kein Paradiesesgarten mehr, sondern eine Wüste, in der sie zu verdursten drohen. Das ist eine Tragödie für die Partner und ganz besonders für die Kinder und für unser ganzes Volk. Eheliche Partnerschaft will im Alltag in gegenseitigem Respekt, in gegenseitiger Toleranz und Geduld, in immer wieder neuem Gespräch gelebt und immer wieder neu erprobt werden. Sie ist jeden Tag eine neue Herausforderung.

Quelle des Lebens kann nur sein, wer selbst aus tiefen Quellen schöpft und lebt. Die eigentliche Tragödie ist die, dass wir Gott, den Urquell allen Lebens, weithin vergessen haben. Deshalb drohen wir zu verdursten und zu vertrocknen. So gilt der Ruf Jesu: »Wer Durst hat, komme zu mir, und es trinke, wer an mich glaubt« (Joh 7, 37–38).

Nur wer um den gütigen Vater im Himmel weiß, sich an ihm und seinem Vorbild orientiert, sich und den anderen von ihm immer wieder angenommen und getragen weiß, sich gemeinsam in guten und in weniger guten Tagen bei ihm aufgehoben weiß, wer also bewusst mit Gott und aus Gott lebt, der hat auch in schwierigen und krisenhaften Situationen, die es wohl in jeder Ehe und Familie gibt, die Kraft, durchzuhalten in einem Leben, so wie Gott es zu unserem eigenen Besten von uns will.

Berufung

JEDER MENSCH und erst recht ein Christ ist ein von Gott Berufener. Wir existieren alle nur, weil Gott uns gewollt und beim Namen gerufen hat. Überall, wohin wir im Alten und im Neuen Testament schauen, begegnet uns aber auch immer wieder die Tatsache, dass Gott zu allen Zeiten einzelne Menschen in besonderer Weise berufen und in Dienst gestellt hat für ihr Volk und für die anderen.

Das beginnt mit Abraham, dem Stammvater des Glaubens, den Gott wegruft von »Haus und Hof«, den er auf den Weg setzt in ein Land, das er vorher nicht gekannt hat, und den er zum Stammvater seines Volkes macht. Die Berufungsgeschichte geht weiter bei den anderen Erzvätern; sie setzt sich fort beim jungen Samuel und beim jungen David; sie geht weiter bei den Propheten: bei Amos, Jesaja, Jeremia, Ezechiel und vielen anderen.

Auch Jesus hat nicht nur das Volk Israel allgemein zur Umkehr und zum Glauben an das kommende Reich Gottes gerufen. Er hat einzelne Jünger namentlich in seine besondere Nachfolge gerufen, »damit sie bei ihm seien und er sie sende« (Mk 3,14). Es hat ihn bedrückt, dass das Volk ohne Hirten orientierungslos und führungslos ist (vgl. Mt 9,36). So hat er Hirten auserwählt, dass sie in seiner Nachfolge und nach seinem Vorbild gute Hirten sind, Hirten, die gemäß dem heutigen Evangelium bereit sind, ihr Leben hinzugeben, das heißt ihr Leben einzusetzen, es dranzugeben und es zu verschenken, damit andere das Leben in Fülle haben (vgl. Joh 10,10–11).

Berufung gehört von allem Anfang an zur Kirche. Die ganze Kirchengeschichte ist eine einzige Berufungsgeschichte. Immer wieder und zu allen Zeiten hat Gott einzelne Männer und Frauen berufen. Bei allen Heiligen und bei allen, welche der Kirche neue Impulse gebracht haben und sie von innen her erneuert haben, ließe sich das zeigen. Berufungen kommen vor allem in Notsituationen, in denen Gott Menschen braucht, die bereit sind, für ihr Volk einzuspringen. Und wo immer die Kirche wirklich lebt und lebendig ist, da entstehen Berufungen.

Im Glauben dürfen wir von der Zuversicht ausgehen, dass Gott sein Volk zu keiner Zeit ohne Berufungen lässt. Es kommt nur darauf an, sie zu hören, sich ihnen nicht zu verschließen und sich auf sie einzulassen. Oft müssen diejenigen, an die sie ergehen, zuerst mit Gott ringen, bis sie bereit sind und sagen: »Hier bin ich, Herr. Sende mich« (vgl. Jes 6,8). Damit werden sie unerwartet aus ihrem normalen Alltag herausgerufen. Sie erscheinen ihren Zeitgenossen fremdartig, erfahren Widerspruch. Aber wehe, wenn es solche Menschen nicht mehr gäbe, welche dazu bereit sind, anderen – ob gelegen oder ungelegen – den Weg, die Wahrheit und das Leben aufzeigen.

Wir brauchen Hirten, die diesen Weg der Wahrheit und des Lebens nicht nur zeigen, sondern die ihn selber gehen: mit anderen und für andere. Das strahlt aus und das überzeugt. Denn glaubhaft ist allein die Liebe. Eine größere Liebe hat jedoch niemand, als wer sein Leben hingibt für seine Freunde (Joh 15,13).

Der Stille und der Besinnung Raum geben. Wir leben in einer Kultur der Zerstreuung und des Vielerlei, der rasch wechselnden Angebote und der Fast-Food-Erfüllung. Wir verlieren den Sinn für das tiefe Geheimnis des Lebens. Das macht uns hektisch, orientierungslos und innerlich leer.

Jesus Christus Raum geben. Jesus Christus ist der neue Mensch. In ihm hat uns Gott konkret gezeigt, wer wir Menschen sind, welches der Wert und welches die Würde unseres Daseins ist, wozu wir berufen sind, was also Sinn und Sendung unseres menschlichen Daseins ist. Der Geist Gottes ist der Geist Jesu; er will Jesus Christus in uns und in dieser Welt Gestalt gewinnen lassen.

Berufung besteht darin, in die Nachfolge Jesu, in die Gemeinschaft und in die Freundschaft mit ihm berufen zu sein.

Dazu zwingt Jesus niemand; aber er lädt uns ein wie die ersten Jünger: »Kommt und seht!« (Joh 1,39). Er geht eine Wegstrecke mit uns wie mit den Jüngern von Emmaus; er erklärt uns den Sinn der Schrift und damit den Sinn unseres Daseins (Lk 24,13– 35). Berufung entdecken und klären wir, indem wir uns von Jesus einladen lassen, bei ihm zu sein, uns von ihm begleiten lassen und von ihm unser Leben deuten lassen. Berufungen entstehen und reifen im Umgang mit Jesu Wort, besonders mit der Heiligen Schrift, und in der Begegnung mit Jesus Christus in den Sakramenten. Letztlich reifen Berufungen nur in einem Klima des Gebetes.

Der Hoffnung Raum geben. Durch Ostern hat Gott endgültig die Hoffnung aufgerichtet. Ostern hat uns gezeigt: Diese Hoffnung ist stärker als die Furcht und alle Zweifel; sie ist stärker als selbst der Tod. Sie überlebt und besiegt alle Mächte dieser Welt. Sie wird endgültig recht behalten. Der Geist Gottes, der der Kirche für immer verheißen ist, ist der Sachwalter dieser Hoffnung. Wir wären schlechte, ja wir wären gar keine Christen, wenn wir die Hoffnung aufgäben.

Diakon und Priester

»SEID WIE MENSCHEN, die auf die Rückkehr ihres Herrn warten, der auf einer Hochzeit ist!« (Lk 12,36). Wachen, beten, bereit sein – das sind Grundworte priesterlicher Existenz. Mit diesen Worten ist das ausgedrückt, auf was es in besonderer Weise ankommt: ein Leben angesichts der Ewigkeit. Alles Zeitliche tritt da zurück. Es geht um das eine Wesentliche: um ein angespanntes und doch auch wieder gläubig gelöstes Bereitsein für Gott – für ihn allein. Denn Gott allein genügt.

Die Hochzeit und das Hochzeitsmahl sind in der Heiligen Schrift oft gebrauchte Bilder für die Ewigkeit, in die am Ende alles einmündet. Diese beiden Bilder sagen uns: Die Ewigkeit in Gottes Gegenwart und in innigster Gemeinschaft mit ihm ist nicht die Langeweile unendlich ausgedehnter Zeit. Sie ist Hohe Zeit, weil sie ein einziges Fest der Freude, das Geschenk unendlicher Liebe, weil sie Fülle und Erfüllung des Lebens und das Leben in Fülle ist. Um uns dieses Leben in Fülle zu schenken, ist Jesus Christus in die Welt gekommen (Joh 10,10). In dieses Hochzeitsmahl ist uns unser Herr Jesus Christus vorausgegangen; zu ihm wird er uns am Ende heimholen.

Jedes Mal, wenn wir die heilige Eucharistie feiern, wird dieses Hochzeitsmahl schon jetzt gegenwärtig. Jedes Mal, wenn wir Eucharistie feiern, öffnet sich der Himmel, ragt unsere Erde und unsere Zeit bereits jetzt hinein in den himmlischen Hochzeitssaal, neigt sich der Himmel auf die Erde herab, um sie mit himmlischer Freude zu erfüllen. Jedes Mal sind wir eingeladen, mit all den Engeln und Heiligen Gott zu loben und zu preisen und darin seines Lebens, seiner Liebe, seiner Freundschaft und seiner Gemeinschaft schon jetzt teilhaftig zu sein.

Es ist bezeichnend, dass beide Dienste, der des Diakons und der des Priesters, im Zusammenhang des Letzten Abendmahls, bei dem Jesus schon auf das himmlische Mahl vorausblickte (Lk 22,17), eingesetzt wurden. Der Diakonat bei der Fußwaschung. Denn durch sie wollte uns Jesus ein Zeichen seiner Diakonie, seines hingebenden Dienens gegeben, und er hat uns zugleich aufgetragen, dass auch wir so handeln, wie er gehandelt hat (Joh 13,15). Das Priestertum hat Jesus beim Letzten Abendmahl eingesetzt, indem er sprach: »Tut dies zu meinem Gedächtnis« (Lk 22,19).

Der Dienst von Diakon und Priester ist also begründet im Letzten Abendmahl und hingeordnet auf das himmlische Hochzeitsmahl, das beim eucharistischen Mahl gegenwärtig wird. Der Diakon soll die Gaben von Brot und Wein, Früchte der Erde und der menschlichen Arbeit, zum Altar bringen, damit sie dort verwandelt werden in Leib und Blut Jesu Christi, und er soll den heiligen Leib und das heilige Blut austeilen als Brot und Trank des ewigen Lebens. Er soll in diesen Gaben unsere Erde, unser Leben zu Gott hintragen, um sie durch Gottes Heiligen Geist verwandeln zu lassen. Der Priester soll in der Vollmacht, die ihm bei der Priesterweihe vermittelt wird, bei der Eucharistie im Namen Jesu Christi handeln und in der Kraft des Heiligen Geistes Brot und Wein in Christi Leib und Blut verwandeln, damit wir so durch, mit und in Jesus Christus schon jetzt teilhaben am himmlischen Hochzeitsmahl, damit wir schon jetzt das Fest feiern können, das eine ganze Ewigkeit dauert.

Gesandter an Christi statt

»HÖRE ISRAEL, Jahwe, unser Gott, Jahwe ist einzig« (Dtn 6,4). Ihn sollen wir lieben aus ganzem Herzen, mit ganzer Seele und ganzer Kraft. Der ungeteilte Dienst für Gott und sein Reich, ja die Leidenschaft für Gott und sein Reich, eine Leidenschaft, die alles andere hintanstellt und die alles auf eine einzige Karte setzt, ist das Motiv und der tragende Grund priesterlicher Existenz.

Es gibt nur einen einzigen Gott. Er allein kann uns wirklich helfen, retten, ausfüllen und glücklich machen. Zu ihm müssen wir uns wieder bekehren, uns zu ihm hinkehren mit ganzem Herzen, ganzer Seele und mit allen Kräften. Wir brauchen Menschen, die uns das nicht nur sagen, sondern die das auch leben, indem sie die Botschaft von Gott und seinem Reich zu ihrem Beruf, ja zum Inhalt ihres ganzen Lebens machen.

Als Gesandtem an Christi statt ist dem Priester der Dienst der Versöhnung aufgetragen. Was könnte wichtiger sein, als Frieden und Versöhnung zu stiften, da so viel Gewalt, so viel

Hass und Streit, so viel Egoismus in der Welt ist, wo brutale Kriege geführt werden, da so viel Unversöhntes in uns selbst steckt, da es auch in der Kirche und in unseren Gemeinden so viel Unmut und Misstrauen, Polarisierungen, Dialog- und Kommunikationsunfähigkeit gibt? Wonach sehnen wir Menschen uns denn mehr als nach Frieden und Versöhnung?

Um an Christi statt und wie Jesus Christus selbst wirken zu können, muss der Priester sich täglich um Freundschaft und Gemeinschaft mit Jesus Christus bemühen. Ohne ihn kann er nichts tun (vgl. Joh 15,5).

Die tägliche Feier der Eucharistie sollte die Mitte seines Lebens sein. Gott überfordert uns nicht. Was er von uns will, das schenkt er uns auch. So erinnert uns Jesus daran, dass wir nicht die »Macher« der Kirche und des Friedens sind. Wäre es so, dann wäre es in der Tat schlecht bestellt. Jesus aber sagt: »Mir ist alle Macht gegeben im Himmel und auf der Erde« (Mt 28,18). Er, der durch sein Kreuz und seine Auferstehung Tod und Teufel überwunden hat, er ist auch Herr und Hirt seiner Kirche. Er führt sie durch alle Stürme der Zeit und durch alle Anfeindungen der Hölle hindurch. So fügt er hinzu: »Seid gewiss: Ich bin bei euch alle Tage bis zum Ende der Welt« (Mt 28,20). Das will sagen: Seid gewiss, die Kirche ist kein leckgeschlagenes und bald sinkendes Schiff. Die Kirche wird alle Stürme überstehen.

Priester dieser Kirche sind Zeugen der Hoffnung, der Hoffnung auf Frieden und Versöhnung, der Hoffnung auf Gerechtigkeit, der Hoffnung für das Leben. Am Anfang waren es auch nur elf, und diese elf haben die Welt verändert.

Priester sind Zeugen der Hoffnung, Boten der Freude. Ihre Freude und ihre Hoffnung wird anstecken; sie wird trösten, ermutigen und bestärken. Sie wird überzeugen.

Lehrer zu sein ist heute nicht leicht. Oft will man die Wahrheit nicht mehr hören, und man sucht sich Lehrer nach eigenem Geschmack: Lehrer, die den Menschen nach dem Munde reden und ihnen sagen, was sie gerne hören wollen (2 Tim 4,3). Man will oft nichts mehr wissen von den Geboten, die Jesus uns halten gelehrt hat. Man macht sie verächtlich und lächerlich und setzt sich über sie hinweg. Seien wir aber überzeugt: Jesu Wort gilt bis ans Ende der Zeit. Jesus Christus ist derselbe gestern, heute und in Ewigkeit (Hebr 13,8). Er ist auch heute der Weg, die Wahrheit und das Leben (Joh 14,6).

Priester sein

DIE MENSCHEN WOLLEN und brauchen Priester, die ihnen das Wort Gottes auslegen, die ihnen das eucharistische Brot brechen, die sie begleiten auf ihrem Lebensweg, ihnen den Dienst der Versöhnung leisten, ihnen Bruder und Freund und die Hirten ihrer Gemeinden sind. Es sind besonders die jungen Christen, die den Priester als Partner wollen.

»Bittet den Herrn der Ernte, dass er Arbeiter in seine Ernte aussende« (Mt 9,37–38). Wer so im Namen Jesu betet, dem wird gegeben werden (Joh 16,23). Gott hat die Berufung und Aussendung der Arbeiter im Weinberg des Herrn zu seiner eigenen Sache gemacht. Er steht dafür gerade. Er hat sie aber auch zu unserer Sache gemacht durch das Gebet. Priesterberufe kann man nicht machen; man kann sie auch nicht einfach lautstark einfordern. Sie sind ein Geschenk, und sie sind Frucht des Gebetes. Aber beten wir genug darum? Sind wir überzeugt von der Macht dieses Gebets?

»Er zog durch alle Städte und Dörfer, lehrte in ihren Synagogen, verkündete das Evangelium vom Reich und heilte alle Krankheiten und Leiden« (Mt 9,35). Dann aber geht es um die Frage: Wie geht es weiter nach Jesus?, und es folgt die große Aussendungsrede: Die Wahl der Zwölf, die Anweisungen für die Mission, die Aufforderung zum furchtlosen Bekenntnis.

An dieser Aussendungsrede fällt auf, dass die Vollmacht, mit der Jesus lehrt und heilt, nunmehr auf die Zwölf übertragen wird, dass aber auch die Haltung und das Schicksal Jesu zur Haltung und zum Schicksal der Jünger erklärt wird. Wie Jesus selbst sollen sie arm und wehrlos sein, müssen sie mit Anfeindung, Ablehnung und Verfolgung rechnen. Sie werden wie Schafe mitten unter die Wölfe geschickt. Wie Jesus stehen sie aber auch unter Gottes Fürsorge. »Macht euch keine Sorgen«, »fürchtet euch nicht vor ihnen« (vgl. Mt 10,19.26). Die Jünger sollen nach dem Vorbild des guten Hirten ihr Leben einsetzen und drangeben. Denn »wer das Leben gewinnen will, wird es verlieren; wer aber das Leben um meinetwillen verliert, wird es gewinnen« (Mt 10,39). In und durch seine Jünger spricht, wirkt, leidet und lebt Jesus weiter in der Geschichte. Deshalb gilt: »Wer euch aufnimmt, der nimmt mich auf, und wer mich aufnimmt, nimmt den auf, der mich gesandt hat« (Mt 10,40). So steht es am Schluss der Aussendungsrede.

Das Leitbild des Priesters ist damit ein für alle Mal klar. Menschsein, Menschwerden, menschliche Bildung sind die erste und die grundlegendste Voraussetzung für den Dienst des Priesters. Es nützt ihm keine noch so große amtliche Vollmacht, es nützen ihm auch keine hohe Theologie und keine noch so gute pastorale Methode, wenn es an menschlicher Herzensbildung mangelt, wenn es an Liebenswürdigkeit, Freundlichkeit, Aufrichtigkeit, Gerechtigkeitssinn und Verlässlichkeit fehlt, wenn der Priester nicht beziehungsfähig, beziehungsfreudig ist und wenn er nicht durch persönliche Selbstlosigkeit glaubwürdig wirkt.

Jesus spricht und wirkt weiter durch seine Jünger; er ist bleibend gegenwärtig in und durch seine Kirche, der er bleibend seinen Beistand verheißen hat (vgl. Mt 28,20). Man muss Jesus und die Kirche zwar unterscheiden – scheiden und auseinanderdividieren kann man sie jedoch nicht. Dass an der empirischen

Kirche vieles zu kritisieren ist, merkt jeder. Dass die Kirche aber jemals ganz von Jesus abgegangen sei, kann man nur sagen, wenn man selbst von Jesus abgegangen ist. Denn dass Jesus seine Kirche liebt und sich für sie hingegeben hat, das kann man in der Schrift lesen (Eph 5,25). Ohne Liebe zur Kirche kann man darum nicht Priester sein, kann man letztlich auch nicht Christ sein. In die konkrete Kirche hineinzuwachsen, sie kennenzulernen, um in ihr und mit ihr Jesus Christus finden und lieben zu lernen ist deshalb eine grundlegende Aufgabe.

Mönch sein

EIN MÖNCH IST EINER, der Gott sucht und über alles liebt. In seiner Regel schreibt der heilige *Benedikt,* wenn ein Neuling, ein Novize, ins Kloster einzutreten wünsche, dann solle man prüfen, ob er Gott sucht. Und gleich in den ersten Kapiteln der Regel, wo es um den Weg mönchischen Lebens geht, schreibt *Benedikt*: »Vor allem Gott lieben aus ganzem Herzen, aus ganzer Seele und mit aller Kraft.« Es geht den Mönchen also gar nicht um etwas Außerordentliches oder gar Abstruses; es geht um die Erfüllung des Hauptgebots Jesu, Gott in allem und über alles zu lieben, ihn allem anderen, und sei es noch so groß und schön wie Ehe und Familie, vorzuziehen. Deshalb darf nach der Regel der Benediktiner dem Gottesdienst nichts vorgezogen werden.

Mönche wollen also ernst damit machen, dass Gott ist und dass er die eigentliche, die letzte, die tiefste, die alles umfassende, alles durchdringende und alles doch auch überbietende Realität ist. Sie wollen bezeugen, dass unser Leben letztlich nur von Gott her, in ihm und auf ihn hin Sinn und Erfüllung finden kann. »Der Mönch ist der religiöse Mensch schlechthin«; er ist damit auch »der wegweisende Mensch, der einen Pfad nicht nur anderen predigt, sondern ihn auch selbst geht« *(Walter Nigg).*

Es sind nicht die schlechtesten, sondern die wachsten Zeitgenossen, welche die innere Leere, in die wir geraten sind, bemerken und erneut die religiöse Sehnsucht spüren, die zu uns Menschen gehört. Darum müssen wir die Ehrfurcht vor dem Geheimnis Gottes wieder lernen, uns vor ihm niederwerfen, niederknien und ihn anbeten. Wir brauchen Orte und Zeiten der Stille und der Besinnung, um Gott als das tiefe, unfassbare und doch wunderbare, tröstliche und beseligende Geheimnis in unserem Leben und über unserem Leben zu erahnen. Etwas aus dem abgeschiedenen Leben der Mönche tut uns allen not, damit wir dann in unserem Alltag Gott in allen Dingen zu finden vermögen und so Halt und Inhalt, Sinn und Ziel unseres Lebens zurückgewinnen. Kurzum: Wir müssen wieder mehr betende Menschen werden.

Ein Mönch ist einer, der den Ruf Jesu zur Nachfolge ganz ernst nimmt und sich bemüht, radikal Jesus Christus nachzufolgen. Nicht umsonst lautet das erste Wort der Regel des heiligen Benedikt »obsculta«, »höre«. Und das erste Zitat aus der Heiligen Schrift stammt aus dem 13. Kapitel des Römerbriefs des Apostels Paulus: »Die Stunde ist gekommen, vom Schlaf aufzustehen« (Röm 13,11). Ja, es war von allem Anfang an eine wichtige Funktion der Mönche, die etwas verschlafene Christenheit aufzurütteln und aufzuwecken. Die ersten Mönche wollten sich nicht mit einem verbürgerlichten und weltlich angepassten Christentum begnügen. Sie wollten die Seligpreisungen der Bergpredigt und den Ruf Jesu zur Nachfolge wieder ganz ernst nehmen. Sie wollten ernst damit machen, dass Jesus selbst arm, ehelos und gehorsam gelebt hat.

Das Mönchtum blieb und bleibt ein heilsamer Erinnerungsposten an den Ruf Jesu. Man hat das Mönchtum darum schon als eine Schocktherapie des Heiligen Geistes bezeichnet *(Johann Baptist Metz)*. Wir müssen Jesu Ruf zur Nachfolge wieder ernst nehmen und vom Schlaf aufstehen. Wir brauchen junge Menschen, die hochgemut sind und sich ganz und ungeteilt der Nachfolge Jesu verschreiben, die das Ideal der Mönche aufgreifen und damit den anderen ein Licht in der Dunkelheit der Zeit aufstecken, ihnen Wegweisung und Weggeleit geben.

Auch die Mönche wussten, dass ihr Leben für Gott in der Nachfolge Jesu nur in der Kraft des Heiligen Geistes und seiner Gnade möglich ist. Gleich im Vorwort seiner Regel schreibt der heilige *Benedikt,* dass wir dies alles nicht aus unserer natürlichen Kraft zustande bringen und deshalb die Hilfe der Gnade erbitten müssen. Nur durch den Heiligen Geist kann uns die Tugend, wie er an anderer Stelle sagt, nicht zur Last und Beschwer, sondern zur Freude werden.

Wir können vom Mönchtum neu lernen, worauf es auch beim Christsein in der Welt ankommt: Gott muss wieder Mittelpunkt unseres Lebens werden, gerade im Alltag der Welt; wir müssen uns gerade in der gegenwärtigen Verwirrung wieder entschlossener an Jesus Christus orientieren und an seinem Wort Maß nehmen; und wir müssen es wieder lernen, auf Gottes Geist und sein gnadenhaftes Wirken zu vertrauen, um so Mut zu fassen, als Christen in dieser Welt zu leben und zu wirken.

SCHWEIGEN – HÖREN – ANTWORTEN

Mit leeren Händen

»Zwei Männer gingen zum Tempel hinauf, um zu beten; der eine war ein Pharisäer, der andere ein Zöllner« (Lk 18,10). Altbekannt ist uns dieses Gleichnis, und doch kann es uns immer wieder erschrecken. Pharisäer – Zöllner. Komme ich da auch vor? Welcher könnte ich sein? Habe ich etwas auf dem Kerbholz, sodass ich jetzt besser hinter einer Säule oder nahe dem Ausgang stünde wie der Zöllner? Oder gehöre ich zu den »besseren Christen«?

Wer ist ein rechter, ein guter Christ? Schauen wir uns Pharisäer und Zöllner genauer an! Der Pharisäer dankt Gott. Das ist gut so. In eine »Schieflage« gerät sein Danken aber dadurch, dass er sich von einem anderen Menschen absetzt, den er für »minder« hält. Dadurch ist nicht mehr Gott wichtig für sein Leben, sondern er selbst. Er stellt sich nicht als der kleine Mensch vor den großen und heiligen Gott. Er rechnet nicht mehr damit, dass er wie jeder andere vor Gott ein Armer ist, dass er nichts in der Hand hat. Der Pharisäer, der ernsthaft fastet, Geld spendet und rechtschaffen lebt, rechnet dies alles Gott gegenüber so auf, dass er meint, aufgrund seiner Leistungen gerechtfertigt, im Recht zu sein.

Anders der Zöllner. Er arbeitet als Kollaborateur mit der römischen Besatzungsmacht zusammen. Wahrscheinlich bereichert er sich dabei. An sich ist er ein armer Schlucker; aber das bisschen Macht, das er besitzt, nützt er weidlich aus. So scheint an ihm nichts Gutes zu sein – oder doch? Seine Haltung vor Gott stimmt. Er weiß und bekennt, dass seine Hände leer sind. Er weiß, dass er bitten muss: »Gott du, versöhne dich mit mir, dem Sünder« *(Fridolin Stier)*. Er streckt Gott seine leeren Hände hin. In diese leeren Hände kann Gott alles legen, sein ganzes Erbarmen. Die vollen Hände, das stolze und selbstbewusste Herz des Pharisäers bieten Gott keinen Raum. Wer sich bereits voll dünkt, kann sich nicht erfüllen und beschenken lassen von Gottes unendlicher Liebe. Gott liebt die leeren Hände.

Hier tut sich die Herzmitte der Botschaft Jesu und unseres Glaubens auf. Was Jesus im Gleichnis vom Pharisäer und Zöllner ausdrückt, das hat er selbst ganz gelebt. Er hat sich selbst entäußert, ist arm und klein geworden, gehorsam bis zum Tod. Er war ganz eins mit Gott, seinem Vater, der die leeren Hände der Armseligen füllt, der die Sünder umkehren lässt, der die Fesseln von Unheil und Schuld löst.

Nehmen wir uns den Zöllner zu Herzen. Haben wir den Mut, Schuld und Versagen anzuerkennen. Machen wir uns frei von Selbstgerechtigkeit und jenem Unschuldswollen, dass die Schuld immer nur bei den anderen sucht. Der Zöllner weiß, dass seine Hände leer sind. Gott allein ist die vollgültige Antwort auf unsere Fragen und unsere Not. Was vor Gott zählt, ist der ehrliche Neubeginn.

Doch was heißt das? Das Evangelium gibt uns die Antwort: Wenn wir uns neu zu Gott kehren, dürfen wir aus der Versöhnung leben. Gottes Ja ist unerschöpflich, seine Gnade jeden Morgen neu. Jeder von uns ist darauf angewiesen. Keiner kann von sich sagen: Alles ist bei mir in Ordnung. Jeder darf mit Gottes unbegrenzter Vergebungsbereitschaft rechnen. Was haben wir, das wir nicht empfangen haben (vgl. 1 Kor 4,7)? Noch mehr: Was brauchen wir mehr, als dass einer da ist, der uns unbedingt annimmt, der mir verzeiht und mich liebt?

Suchen wir auch heute den Glauben an den barmherzigen Gott mit Wort und Tat und mit unserem ganzen Leben zu bezeugen. Dann wird Gottes Barmherzigkeit unsere leeren Hände füllen. Dann werden wir ein Segen sein für unsere Welt.

Beten

DAS GEBET IST DER ERSTE und der wichtigste Ausdruck des Glaubens an Gott. Es ist sozusagen der Ernstfall des Glaubens, aus dem heraus wie aus einer Quelle alles andere erst fließt, seine Kraft, seine Ordnung und seinen Schwung erhält.

Beten heißt: mit diesem Gott wie mit einem guten Freund sprechen. So sagt es *Teresa von Avila*. Beten heißt also mit Gott selbst sprechen, auch wenn wir ihn nicht sehen, nicht fühlen und nicht greifen können. Er ist dennoch da. Er ist sogar viel realer als alles, was wir sonst als real bezeichnen. Niemand kann als Christ leben, ohne zu beten. Wer nicht betet, verliert sein Innerstes, verliert seine Mitte, verliert seine Orientierung.

Wenn wir als Christen von unserem Glauben überzeugt sind, dann wissen wir: Keiner von uns hat sich selbst gemacht, die Welt ist nicht aus sich geworden. Da ist einer, Gott, der mich und dich gewollt hat, der uns und die Welt geschaffen hat und der uns in jedem Augenblick am Leben erhält. Warum? Weil er uns liebt. Er will und er mag uns, er sagt Ja zu uns und schenkt uns das Leben. Steht es uns da nicht an zu sagen: »Lieber Gott, danke!« Ich danke dir, dass du da bist, mich magst, auch wenn andere mich vielleicht verlassen. Ich danke dir, dass du da bist und ich dir alles sagen kann, was mich freut und was mich manchmal bedrückt.

Gott liebt uns so sehr, dass er mitten unter uns sein wollte. In Jesus Christus ist er selbst Mensch geworden, Mensch so wie wir alle, allein die Sünde ausgenommen. Er wollte unser Freund und Bruder sein, alles mit uns teilen. Er hat sogar sein Leben für uns hingegeben, um uns zu erlösen und uns das Leben zu schenken.

Jesu Leben ist ein immerwährendes Gebet. Wie Jesus von Gott spricht, wie er Menschen heilt, wie er auf Menschen zugeht, wie er sie herausfordert – das alles spricht von Gott als einem Freund der Menschen.

Zum Beten sollten wir uns bereiten, still werden, nicht nur einfach den Mund halten, sondern uns sammeln und Gott vor Augen haben. Er ist der Vater und Freund unseres Lebens. Wir brauchen die Stille im Gottesdienst und in der persönlichen Betrachtung. Sich Zeit nehmen für das Gebet, und zwar regelmäßig!

Sich eine Ordnung des Gebetes schaffen, sozusagen als Geländer für den Tag und für die Woche. Das Morgen- und Abendgebet, das Tischgebet, der Sonntagsgottesdienst, Einkehrtage und Exerzitien sind Orte der Freundschaft mit Gott. Beten macht froh und frei.

Auf Ihn hören

UNSER HALT LIEGT DARIN, dass wir uns an den halten, der alle Welt in seinen Händen hält, der alle Geschichte lenkt und in dessen Händen auch unser Leben liegt. »Erkennt, dass Gott ist unser Herr, der uns erschaffen ihm zur Ehr, und nicht wir selbst; durch Gottes Gnad ein jeder Mensch sein Leben hat.«

In allem und über alles hinaus, was in unserem Leben und in unserer Welt wankt und schwankt, ist er der Herr. In seinem Sohn Jesus Christus hat, wie das Neue Testament sagt, alles Bestand. Er ist in allem Wandel der Zeit gestern, heute und morgen derselbe. Wie den Jüngern, die Jesus auf den Berg Tabor mitnahm, gilt auch uns: »Das ist mein geliebter Sohn, an dem ich Gefallen gefunden habe; auf ihn sollt ihr hören« (Mt 17,5). Wenn wir in diesem Glauben standhaft bleiben, dann werden wir das Leben gewinnen.

Auf Jesus Christus hören und im Glauben standhalten, wie geht das? Es ist einfacher, als viele denken, und doch schwer genug, damit jeden Tag neu anzufangen. Um auf Gott und seinen Sohn Jesus Christus hörende Menschen zu sein, müssen wir zuerst wieder mehr stille Menschen werden, die nicht in äußerer Betriebsamkeit aufgehen, die nicht nur die rasch wechselnden Signale von außen wahrnehmen und hektisch darauf reagieren, sondern Zeit und Raum haben, auch auf die inneren Signale, auf die Stimme ihres Gewissens zu hören und ihr Raum zu geben in ihrem Leben. Es kann nicht gut gehen, wenn man alles mitmacht, was »man« sagt, »man« denkt, »man« tut. Es gilt, in sich selbst hineinzuhören und der leisen, aber doch bestimmten Stimme zu folgen, welche Gott selbst in unser Herz eingepflanzt hat.

Diese Stimme unseres Gewissens ist oft undeutlich, sie ist überlagert und verdeckt vom Stimmengewirr um uns herum. Deshalb hat Gott uns durch Jesus Christus sein Wort auch äußerlich gesagt. In Jesus Christus sagt er uns konkret, wie geglücktes, sinnvolles und erfülltes Menschsein aussehen kann. Auf ihn, Jesus Christus, und seine Boten sollen wir deshalb hören. Mit Jesus Christus sollten wir immer wieder neu freundschaftlichen Kontakt aufnehmen im Gebet. Nicht nur unser Leib, auch unsere Seele will atmen. Das Gebet ist das Ausspannen und Ausatmen der Seele. Im Gebet geben wir dem Bleibenden und Ewigen Raum in uns. Im Gebet bauen wir auf das, was Bestand hat im Wechsel und Wandel der Zeit. Im Gebet bekommen wir immer wieder neu festen Boden unter die Füße; im Gebet werden wir das Leben gewinnen.

Auf Jesus Christus hören, sich zu ihm bekennen und darin standhaft bleiben, darauf kommt es entscheidend an.

Schweigen – Hören – Antworten

»Tre Fontane« in Rom ist ein Ort, an dem die monastische Tradition der Zisterzienser und später der Trappisten, eines Reformordens der Zisterzienser, lebendig ist. Wir erinnern uns damit: Die Kirche steht nicht nur auf dem Fundament der Hierarchie und des Amtes sosehr es wichtig, ja grundlegend gerade für unser katholisches Kirchenverständnis ist. Wir sind dankbar, dass wir dieses Petrusamt als Dienst der Einheit und der Freiheit haben. Aber die Kirche steht auch noch auf dem anderen Fundament der Charismen, des kontemplativen und den mystischen Elements. Die Hierarchie ohne dieses kontemplative, mystische Element würde starr werden und der Todesstarre verfallen. Die Mystik, die Kontemplation ohne das hierarchische Rückgrat verliert und verflüchtigt sich. Deshalb hat Rom immer Raum gegeben für neue geistliche Bewegungen, neue Ordensbewegungen, hat diese unterstützt und hat von dort her sich erneuert und neue Lebenskraft erhalten. Mönchtum – so sagt es der heilige *Bernhard von Clairvaux*, und er ist der große Heilige der Zisterzienser, der auch hier an diesem Ort gelebt und gewirkt hat – *Bernhard* sagt, das Mönchtum sei der schönste Schmuck der Kirche. Dies ist nicht nur wichtig für die Ordensfrauen, die Ordensmänner, die Ordensleute. Dies ist wichtig für uns alle. Das, was zum Mönchtum seinem Wesen nach gehört, muss eine Dimension von uns allen sein.

Äußerlich leben wir in einem Zeitalter der Kommunikation, der Information, der Medien.

Trotzdem oder gerade deshalb sind wir wie überflutet von Information, von Reizen. Wir wissen oder können alles wissen, aber wissen wir auch das wirklich Wissenswerte? Wer hilft uns da, auszuwählen unter diesem riesigen Angebot der Information? Wer hilft uns, das alles zu verstehen, uns ein Urteil darüber zu bilden?

Das Zweite Vatikanische Konzil sagt uns, das Gewissen sei das Heiligtum in jedem einzelnen Menschen. Der große Denker und Theologe *John Henry Newman* sagte im 19. Jahrhundert: Dort im Inneren, im Gewissen, vernehmen wir das Echo der Stimme Gottes. So müssen wir neu lernen, hörende Menschen zu sein, zu hören, was Gott uns sagt.

Gott begegnet und spricht zu uns auf vielfältige Weise. Gewiss und vor allem in seinem Wort, in der Heiligen Schrift. Er spricht zu uns aber auch in äußeren Zeichen, in äußeren Begegnungen mit Menschen im Alltag. Er spricht zu uns durch die Zeichen der Zeit und nicht zuletzt auch durch die Kirche. Für uns geht es deshalb darum, etwas zu hören vom Sinn des Lebens, nein, noch viel mehr, vom Sinn meines eigenen Lebens: Warum bin ich da, was ist meine Aufgabe, was verlangt und was will Gott hier und heute von mir?

Das Mönchtum bildete sich heraus, als die Kirche nach der konstantinischen Wende groß und mächtig wurde und als sie in der Gefahr war, verbürgerlicht zu werden, sich anzupassen. Damals zogen die ersten Mönche hinaus in die Wüste von Ägypten, und diese Wüstenväter haben auch unser westliches Christentum beeinflusst. *Martin von Tours* war einer der Ersten bei uns im Westen, die von den Wüstenvätern inspiriert waren. Hundert Jahre später berief sich *Benedikt von Nursia*, der Vater des abendländischen Mönchtums, auf *Martin von Tours*. Und aus diesem abendländischen Mönchtum *Benedikts* entwickelte sich im 11. Jahrhundert auch der Orden der Zisterzienser. *Bernhard von Clairvaux* war einer der Großen, aber er zog sich auch nicht nur hinter Klostermauern zurück. Er hatte einen gewaltigen politischen Einfluss. Er rief zur Reform der Kirche und des Papsttums auf. Und hier an diesem Ort, in Tre Fontane, schrieb er seinen berühmten Brief an Papst *Eugen II.*: Du bist nicht Nachfolger des Kaisers *Konstantin*, sondern Nachfolger des einfachen und schlichten Apostels Petrus.

Das Mönchtum war immer wieder auf der Suche nach den Quellen, nach den Ursprüngen, auch nach den Ursprüngen im Inneren, im Zentrum.

Wir müssen uns auf diese innere Mitte, diesen inneren Ausgangspunkt zurückbesinnen. Die Kirche muss wieder spiritueller, sie muss innerlich oder, ganz einfach gesagt, sie muss frömmer werden.

Tre Fontane – die drei Quellen. Auf diese drei inneren Quellen, das Schweigen, das Hören und das Antworten, darauf müssen wir uns besinnen.

Es geht um eine neue Kultur des Alltags, wo Zeiten und Räume sein müssen des Stillewerdens, des Gebets, des Hörens, des Schweigens und des Redens. Und es geht neben dieser Alltagskultur um die neue Sonntagskultur, darum, dass wir einmal in der Woche diesen ruhenden Pol haben, wo wir uns Zeit nehmen für das, worauf es wirklich ankommt in unserem Leben: Zeit für Gott und Zeit für die tiefere Gemeinschaft, die wir als Christen untereinander haben; Zeit, um einzutauchen in Tod und Auferstehung Jesu Christi, um uns von dort her unser Leben deuten lassen, von dort her Kraft, Mut, Hoffnung zu schöpfen für den Alltag. Es geht gerade heute, wo wir so nach außen und so extrovertiert leben, um die Betonung und Kultivierung der inneren Werte. Letztlich geht es dabei um das eine Gebot, das Jesus uns gegeben hat und in dem er alles andere zusammengefasst hat: Gott über alles zu lieben, ihn zur Nummer eins zu machen im Leben, und den Nächsten zu lieben wie sich selbst.

Oder wie *Bernhard von Clairvaux,* der an diesem Ort gelebt hat und der der große Heilige, der Kirchenlehrer und Mystiker der Zisterzienser ist. Er sagte: Es geht um den »Geschmack für Gott« und um den »Geschmack am Nächsten«, um die Freude an Gott, aber auch um die Freude am Nächsten.

Kontemplation

DIE JÜNGER KOMMEN abgehetzt und müde zurück von ihrer ersten Aussendung. Die Leute bedrängen sie von allen Seiten, sodass sie nicht einmal mehr zum Essen kommen. Jesus sieht, dass sie physisch wie seelisch nicht so weitermachen können. So nimmt er sie mit an einen einsamen Ort, wo er mit ihnen allein ist und wo sie sich etwas ausruhen können. Jesus weiß: Das Apostolat verträgt auch und gerade in Zeiten größter Beanspruchung keine Hektik und Hetze; es braucht Ruhe und Sammlung, Sammlung um Jesus und Ruhe in ihm. Allein aus solcher Sammlung kann dann fruchtbare Sendung entstehen.

Die Augustinusregel bringt diese Einsicht gleich im ersten Kapitel zum Ausdruck: »Vor allem, geliebteste Brüder – heißt es dort –, soll Gott geliebt werden, sodann der Nächste; denn das sind die Hauptgebote, die uns gegeben worden sind.« Dieser Satz trifft ins Zentrum der Botschaft Jesu; er trifft die Mitte christlicher und priesterlicher Existenz; er markiert das, worauf es im Christen-, Priester- und Ordensleben, worauf es in der Kirche letztlich einzig und allein ankommt. Nicht die Observanz und Reform äußerer Ordnungen, Regeln und Gebräuche ist entscheidend. Schon gar nichts erreichen wir durch hektische Geschäftigkeit und blinden Aktionismus.

Alles steht und fällt mit der Liebe zu Gott und den Nächsten. Denn so sagt es der große Mönchsvater *Augustinus* zu Beginn seiner *Bekenntnisse:* Unser Herz ist und bleibt unruhig und unerfüllt, es bleibt suchend umherschweifend, bis es ruht in Gott.

Kontemplation, Stille, Gebet, Betrachtung sind darum unabdingbar und zentral für jede Priester- und Ordensgemeinschaft. Allein aus dem Geist der Liebe zu Gott aus ganzem Herzen und aus allen Kräften kann wahre Erneuerung kommen. Der heilige *Augustinus* und der heilige *Norbert* wussten dies, und sie praktizierten es auch. Sie waren beide große Beter. In ihrer Ordensregel war ihnen die Regelung des gemeinsamen Betens ein vorrangiges Anliegen.

Die Gottvergessenheit und die Gottlosigkeit sind die eigentliche Not und Krise unserer Zeit. Deshalb brauchen wir heute Männer und Frauen, welche ein Gegenzeugnis ablegen, indem sie die Gottesliebe exemplarisch leben und so Ruhe und Friede ausstrahlen in unserer so unruhigen und friedlosen Welt. Nur wenn zuerst in unseren eigenen Herzen das Feuer der Gottesliebe brennt, können wir das Feuer des Reiches Gottes unter der Asche neu entfachen und damit die Welt in Brand stecken. »Allein den Betern kann es noch gelingen, das Schwert ob unsren Häuptern aufzuhalten«, so beginnt ein berühmtes Sonett von *Reinhold Schneider,* das in den schlimmen Jahren des Krieges hektografiert heimlich von Hand zu Hand weitergegeben wurde.

Sammlung der Versprengten und Stiftung von Gemeinschaft sind ein Grundmotiv, welches die gesamte Geschichte Gottes mit den Menschen durchzieht. »*Ein* Christ ist *kein* Christ«, sagte deshalb zu Recht der Kirchenschriftsteller *Tertullian.*

Niemand hat dies so tief verstanden wie der heilige *Augustinus.* Er war ein wahres Genie der Freundschaft. In seinen *Bekenntnissen* schreibt er, echte Freundschaft werde allein durch jene Liebe zusammengekittet, welche der Heilige Geist in unsere Herzen ausgegossen hat. So kann er in seiner Regel sagen, es sei das erste Ziel des Klosters, in Eintracht zusammenzuwachsen und ein Herz und eine Seele in Gott zu haben. Ja er überbietet diese Aussage an späterer Stelle noch einmal und sagt, wir sollten im anderen Gott begegnen und ehren, weil wir ja Gottes Tempel sind. Gott im anderen und in der Gemeinschaft begegnen, das ist die zweite Grundidee *Augustins* für die Begründung des Ordenslebens.

Ihre tiefste Gemeinschaft erfahren Christen in der Feier der heiligen Eucharistie. Sie ist für *Augustinus* das Sakrament der Einheit und das Band der Liebe. Der heilige *Norbert* wird nicht umsonst oft mit der Monstranz in der Hand abgebildet, weil er einer Legende zufolge für die wahre und wirkliche Gegenwart Christi in der Eucharistie und für die Notwendigkeit des Priestertums für die Eucharistie gestritten hat. Er erinnert uns an die Bedeutung der eucharistischen Anbetung, welche wieder mehr zu einem Zentrum unseres gemeinschaftlichen Lebens werden sollte. Denn – so lehrt es uns *Augustinus* – auf dem Altar ist unser Geheimnis gegenwärtig, da hebt die Verwandlung der Welt an.

Die erste Evangelisierung unseres Kontinents ging von Klöstern aus, welche nach außen ausstrahlten und welche die Menschen anzogen. Heute suchen viele Menschen nach Orten der Stille und der Orientierung, nach Orten, an denen sie geistlich beheimatet sind, wo sie eine Atmosphäre des Gebets und des Friedens umfängt, wo sie Annahme und Gastfreundschaft erfahren, wo sie sich immer wieder stärken können für den rauen Alltag. Wer zur Quelle finden will, der muss etwas beschwerlich bergaufwärts steigen. Er muss zurückgehen, um so, durch unverdorbenes Quellwasser erfrischt, wieder kraftvoll vorwärts schreiten zu können.

Mystik und Politik

GOTT ALLEIN STILLT WAHRHAFT unseren Hunger; er allein ist groß genug, um die ganze Weite und Tiefe unseres Herzens auszufüllen, wenn wir ihm Platz machen, wenn wir Platz machen für andere, einfach leben und teilen.

Der Weg zurück zu den Quellen, zum Evangelium und zum evangeliumsgemäßen Lebensstil bedeutet zugleich einen Weg nach oben und nach innen, einen Weg in die Stille des Gebetes und der Anbetung, des ehrfürchtigen und staunenden Umgangs mit Gott. Wer so zurück, nach oben und nach innen geht, der geht in der rechten Weise nach vorn.

Der Weg nach innen zu den Quellen des geistlichen Lebens und der Weg hinaus in die Welt sind kein Gegensatz; sie gehören unlösbar zusammen. Die Leidenschaft für den Gott der Menschen ist zugleich Leidenschaft für den Menschen. Gottesliebe und Nächstenliebe zusammen bilden das eine Hauptgebot Jesu Christi.

Kontemplation und Aktion, Mystik und Politik gehören zusammen. Mystisch zu leben bedeutet nicht, Visionen und Ekstasen zu haben; Mystik heißt auch nicht fromme Gefühle und außerordentliche religiöse Erlebnisse. Das kann dazukommen, ist aber nicht das Wesentliche. Die Mystik ist die Vollgestalt des Glaubens. Was aber heißt glauben? Glauben heißt sein Leben nicht auf das bauen, was man sieht: auf Hab und Gut, Ehre, Prestige, Genuss und anderes, sondern auf Gott, den man nicht sieht, der aber realer ist als alle sogenannten Realitäten der Welt. Glauben heißt Gott trauen und auf ihn bauen.

Da Gott das Leben ist, heißt Gott trauen auch: dem Leben trauen und Hoffnung haben. Da Gott unser aller Leben ist und jeden Menschen liebt, liebt, wer Gott liebt, auch den anderen. Gottesliebe und Nächstenliebe lassen sich nach dem Evangelium Jesu nicht trennen. Darum gehören Mystik und Politik zusammen. Denn Politik – so wie wir sie hier verstehen – bedeutet sich einsetzen für eine Welt, in der alle leben können.

Das Rosenkranzgebet

VIELEN MAG DAS ROSENKRANZGEBET heute fremd geworden sein. Sie halten es vielleicht für eine langweilige Leier. In Wirklichkeit war der Rosenkranz immer das Sturmgebet der Christenheit in schweren Zeiten. Nicht umsonst wurde das Rosenkranzfest für die Gesamtkirche im 16. Jahrhundert eingeführt, als nicht nur Wien, sondern ganz Europa von den mächtigen Heeren der Türken bedroht war. Und stehen wir heute nicht vor ganz anderen, aber doch sehr gefährlichen Bedrohungen, vor Bedrohungen nicht so sehr von außen als von innen? Droht uns nicht ein innerer Werteverfall? Droht der Glaube nicht auszutrocknen in den Herzen sehr vieler ? Droht uns dadurch nicht eine schreckliche Orientierungs- und Ratlosigkeit?

Es gibt auch heute keinen anderen Ausweg aus der Krise. Ich bin fest überzeugt: Nur das inständige Gebet um den Heiligen Geist kann uns retten. Denn nur Gottes Geist kann uns einen neuen Anfang schenken, nur er kann neue Glut des Glaubens und der Liebe wecken, nur er kann eine so dringend notwendige innere Wende in unserem Volk bewirken. Der Geist Gottes kann und muss uns neu zu Jesus Christus, unserem Retter und Heiland, zurückführen.

So haben wir allen Grund, uns wie die ersten Jünger dem Gebet Marias anzuschließen. Und was ist das Rosenkranzgebet anderes, als dass wir Maria betend begleiten auf ihrem Weg mit Jesus? Im Rosenkranzgebet denken wir mit Maria an Jesu freudenreiche Geburt, an sein schmerzhaftes Leiden und an seine glorreiche Auferstehung. Wir beten uns sozusagen in die großen Heilsgeheimnisse unseres Glaubens hinein. Im Rosenkranzgebet machen wir Maria zu unserer Wegbegleiterin im Glauben und zu unserer Schwester in der Hoffnung auf das endgültige Kommen von Gottes Reich.

Maria – Wegbegleiterin im Glauben! Sie ist ja das Urbild des

Glaubens. Sie hat sich ganz eingelassen auf Gott, sie ist ganz seinem Ruf und Auftrag gefolgt. Sie hat einfach Ja gesagt: »Mir geschehe, wie du gesagt hast« (Lk 1,38). Das heißt glauben: ganz auf Gott trauen und bauen, sein Leben ganz auf ihn setzen und an ihm orientieren. Wer so glaubt, der hat Boden unter den Füßen, dessen Leben hat Halt und Inhalt, der braucht nicht in Angst zu versinken. Der weiß: Der Gott, der in Jesus Christus Mensch geworden ist, der in ihm für uns gelitten hat und gestorben ist und der Jesus von den Toten auferweckt hat, der ist mit uns und bei uns in jeder Situation.

Deshalb ist uns Maria auch Schwester in der Hoffnung. Sie ist den Weg Jesu mitgegangen, sozusagen durch dick und dünn, bis unter das Kreuz. So durfte sie an Ostern nicht nur Zeugin des neuen Lebens werden, sondern sie durfte durch ihre Aufnahme in die himmlische Herrlichkeit selbst an diesem neuen Leben teilhaben. So kann sie uns das Ziel und die Bestimmung unseres Lebens zeigen. Sie kann uns sagen: Nichts kann uns trennen von der Liebe Gottes in Jesus Christus. Wir sind für immer, für ewig bei ihm geborgen.

Solcher Glaube und solche Hoffnung tut uns not. Sie könnten uns befreien aus der eigentlichen und tiefsten Not unserer Zeit. Denn unsere Gottvergessenheit ist unsere eigentliche Not. Sie macht unser Dasein nicht nur halt-, sondern auch perspektivlos. Beten wir, dass uns die Weitergabe des Glaubens an unsere Jugend besser gelinge, beten wir um mehr Priester- und Ordensberufe, beten wir für mehr Einheit in unserer Kirche, beten wir für den Frieden in der Welt.

MARIA –
VORBILD IM GLAUBEN

Das Fest der Geburt Mariens

Die Geburt Mariens feiern wir, weil sie den geboren hat, durch den wir alle neu geboren sind. Jesus Christus ist die Mitte, auf die unser Fragen und Suchen, unser Handeln und Wirken bezogen sein muss, wenn es für unsere Existenz als Glaubende bedeutsam und für die Menschen fruchtbar werden soll.

»Alle hat Gott dazu bestimmt, an Wesen und Gestalt seines Sohnes teilzuhaben« (Röm 8,29). Dieser Satz aus dem Römerbrief ist so etwas wie ein biblischer Schlüssel zum Verständnis des Festes der Geburt Mariens: Nur dann, wenn das Leben eines Menschen auf Christus hin geboren ist, kann es zu seiner wahren Bedeutung und zu seiner tiefsten Erfüllung gelangen. Maria ist ein solcher Mensch, der ganz und gar auf Christus hin geboren ist. Maria ist geradezu das Urbild eines Menschen, der in seiner ganzen Existenz offen ist für den Willen Gottes und das Neue, das Gott mitten in unserer menschlichen Geschichte wirken will, um den unheilvollen Zusammenhang von Sünde und Schuld zu durchbrechen.

In der Sendung seines Sohnes führt Gott die große Wende für das Geschick aller Menschen herbei. In Jesus Christus bricht das Neue und Unerwartete mitten hinein in unsere Welt. Und doch geschieht das nicht einfach unvermittelt: Es gibt Vorboten und Vorläufer dieser neuen Lebenschance, die Gott allen Menschen eröffnen will. Maria und Johannes sind solche Wegbereiter, die in ihrer ganzen Existenz schon ein Vorzeichen des kommenden Heils sind. Und so sprechen die liturgischen Texte dieses Festes auch immer wieder von Maria als dem »Zeichen der Hoffnung für die ganze Welt«, als der »Morgenröte des Heils«, weil aus ihr die »Sonne der Gerechtigkeit« hervorgegangen ist.

So erschließt uns dieses Fest in ganz grundlegender Weise etwas von der Art, in der sich Gott zu uns Menschen verhält. Denn so wie Maria bei diesem Fest gerade nicht als die Handelnde in den Blick kommt, sondern als die Erwählte, als die nach Gottes ewigem Plan Berufene (Röm 8,28), so ist eben letztlich immer Gott der Wirkende – er ist es, der die Initiative ergreift, wenn es um das Heil des Menschen geht.

Und doch schafft Gott das Neue nicht unvermittelt, er handelt nicht über die Köpfe der Menschen hinweg, sondern sucht Menschen, die sich seinem Willen öffnen, um durch sie das Große, das er wirken will, in kleinen, zeichenhaften Anfängen anzukündigen.

Die gemeinsame Feier der Eucharistie ist ein Zeichen dafür, dass der Dienst eines jeden Einzelnen seinen Grund in der Mitte hat, die uns alle miteinander verbindet: in der Gemeinschaft und in der Sendung durch Jesus Christus selbst.

Das, was uns verbindet, reicht tiefer als alles, was uns je trennen könnte! In dem Maße, wie es uns gelingt, offen zu werden für Gott und die Mitmenschen, werden wir vielleicht auch etwas von der unbeschwerten Seligkeit dieses Festes der Geburt Mariens verkosten, die aus Freude am Geschenk der Erlösung alles zu vergessen vermag, was an Bedrängnis, an Sorge und an Problemen allzu schnell in den Vordergrund tritt. Denn wir wissen und wir vertrauen darauf, »dass Gott bei denen, die ihn lieben, alles zum Guten führt« (Röm 8,28).

Maria – voll der Gnade

MIT DER GEBURT MARIAS, welche die Mutter des Erlösers Jesus Christus werden sollte, beginnt Gott sozusagen mit der Vorbereitung unserer Erlösung und der Erlösung der ganzen Welt. Die Geburt der Gottesmutter Maria ist sozusagen die Morgenröte, welche den Aufgang der Sonne unseres Heils, das Kommen Jesu Christi in unsere Welt ankündigt. Wir glauben, dass Gottes Vorsehung Maria vom ersten Augenblick ihres Daseins an von allem Makel der Sünde und des Unheils bewahrt hat. So hat Gott durch sie die Erlösung nicht nur vorbereitet; bei ihr hat die kommende Erlösung bereits vorausgewirkt. Die Geburt Marias ist für uns ein Zeichen: Gott plant und Gott will unser Heil – das Heil aller Menschen und das Heil der ganzen Welt. Wir stehen unter Gottes Heilsverheißung.

Maria hat ja, als ihr die Botschaft gesagt wurde, sie solle die Mutter des Erlösers werden, gefragt: Wie soll das geschehen? Der Engel antwortete ihr: »Der Heilige Geist wird über dich kommen, und die Kraft des Höchsten wird dich überschatten« (Lk 1,35). Im Evangelium erhält Josef, der in schwere Zweifel gefallen und in große innere Bedrängnis gekommen war, dieselbe Antwort. Es wird ihm gesagt: Das Kind, das seine Verlobte Maria erwartet, »ist vom Heiligen Geist« (Mt 1,20).

Die Geschichte und die Geschicke der Welt werden nicht allein von irdischen Mächten bestimmt. Dort, wo alle menschlichen Möglichkeiten zu Ende sind, da hat Gott noch immer Möglichkeiten. »Bei Gott ist« – wie der Engel zu Maria sagte – »alles möglich« (vgl. Lk 1,37). Denn Gottes Heiliger Geist schafft über alle Möglichkeiten von uns Menschen hinaus neues Leben; er wirkt das Heil, und er hat uns auch den Heiland Jesus Christus geschenkt; er führt eine neue Schöpfung herauf.

Maria ist uns ein großes Vorbild. Sie hat sich, als sie die überraschende Botschaft des Engels erreichte, keinen Augenblick lang gesperrt oder gar verweigert; sie war sofort ganz offen und ganz bereit, auf Gottes Willen einzugehen. Sie sagte: »Mir geschehe, wie du gesagt hast« (Lk 1,38). Sie wird uns in der Heiligen Schrift beschrieben als die große Beterin. Mit den Aposteln zusammen hat sie nach der Himmelfahrt Jesu um das Kommen des Heiligen Geistes gebetet. Sie erinnert uns daran, dass das Gebet die eigentliche Kraft und Macht in der Geschichte ist. Die Beter und die Beterinnen halten die Welt und die Kirche zusammen; sie sind die Kraftquelle, aus der allein die Erneuerung kommen kann. Wir müssen deshalb wieder viel mehr betende Menschen, betende Familien, betende Gemeinde und betende Kirche werden. Schließlich nennen wir Maria im »Gegrüßet seist du Maria« mit den Worten des Engels »voll der Gnade«. In der Frömmigkeitstradition wird Maria als Braut und als Gefäß des Heiligen Geistes bezeichnet. Sie war ganz von ihm erfüllt und hat sich auch ganz von ihm erfüllen lassen. Sie hat sich ganz von Gottes Geist in Dienst nehmen lassen und war ganz Werkzeug des Heiligen Geistes, um diesen Geist der Liebe, des Friedens, der Versöhnung und der christlichen Freiheit der Welt weiterzugeben.

Solche geistlichen Menschen nach dem Beispiel Marias brauchen wir heute; wir brauchen sie heute vielleicht mehr als je zuvor. Wir alle sind dazu berufen; uns allen steht das Angebot und das Geschenk des Heiligen Geistes offen. Es liegt an uns, Nein zu sagen zu den falschen Einflüsterungen des materialistischen und egoistischen Ungeistes und uns zu öffnen für den Heiligen Geist, ihm Raum zu geben und Werkzeug einer geistlichen Erneuerung zu werden.

»Denn Gott hat uns nicht den Geist der Verzagtheit gegeben, sondern den Geist der Kraft, der Liebe und der Besonnenheit« (2 Tim 1,7). Wir stehen unter der Verheißung Gottes. Gott hat diese Verheißung wahr gemacht in Jesus Christus, und er hat uns seinen Heiligen Geist gesandt als Beistand und als Tröster. In Maria stellt Gott uns das Urbild der Hoffnung vor Augen; sie ist gleichsam die Morgenröte der neuen Schöpfung. In der Lauretanischen Litanei rufen wir sie an als Morgenstern, als Heil der Kranken, Zuflucht der Sünder, Trost der Betrübten, Hilfe der Christen. Rufen wir sie deshalb an, dass sie uns helfe, den Glauben zu vermehren und zu vertiefen, unsre Hoffnung zu stärken und unsere Liebe neu zu entzünden. Bitten wir sie, dass sie ihre schützende Hand halte über unser Leben.

Maria – erfüllt vom Geist Gottes

DAS ERSTE UND GRUNDLEGENDE, was die Heilige Schrift uns von Maria überliefert, ist ihre Erwählung von Ewigkeit her. Im Augenblick der Ankündigung der Geburt Jesu spricht Gott das jüdische Mädchen Maria aus Nazaret an. Er ruft sie beim Namen, er sagt sein ewiges Ja zu ihr. »Sei gegrüßt, Maria, du Gnadenvolle.«

In dieser unergründlichen Erwählung durch Gott ist Maria ein Urbild jedes Menschen geworden. An ihr wird deutlich: Wir sind kein Zufallsprodukt, keine Laune des Schicksals. Wir sind erwählt vor Grundlegung der Welt. Gott steht zu jedem Menschen – von Anfang an; jeder und jede ist – wie es in einem eindrucksvollen Bildwort beim Propheten Jesaja heißt – in Gottes Hand geschrieben, von ihm angesprochen und beim Namen gerufen (vgl. Jes 49,16; 43,1). Er, der uns ins Dasein gerufen hat, wendet sich jedem Menschen in Liebe zu. Er ruft uns in die Gemeinschaft mit ihm. Der Mensch muss nicht zuvor etwas sein oder etwas geleistet haben. Er darf sich bedingungslos von Gott geliebt wissen. Jedes Menschenleben ist im Blick Gottes unendlich kostbar und wertvoll.

Maria nimmt das Ja Gottes an, indem sie ihr Ja spricht zu dem, was Gott mit ihr vorhat. »Mir geschehe, wie du es gesagt hast« (Lk 1,38).

In der Erwählung der Gottesmutter klingt bereits an, was für Maria zur alles bestimmenden Kraft ihres Weges mit Gott wurde: Von Anfang an ist sie die von Gottes Geist Erfüllte.

Maria war ein Mensch, der sich vom Geist Gottes leiten und beeinflussen ließ. Sie hat ihr Leben zu Gott hin offen gehalten. In ihrem Leben war Platz für den Heiligen Geist und seine Möglichkeiten: »Der Heilige Geist wird über dich kommen« – so sagte der Engel bei der Ankündigung der Geburt Jesu –, »und die Kraft des Höchsten wird dich überschatten« (Lk 1,35).

»Wes Geistes Kind seid ihr« – so beginnt ein Lied, das von Jugendlichen gern gesungen wird. »Wes Geistes Kind seid ihr« – diese Frage ist aktuell. In letzter Zeit ist wieder einmal von einem neuen Zeitalter die Rede. Maria zeigt uns den Weg, der vom Tod ins neue, ewige Leben führt. Sie ist das große Zeichen für die Erlösung, in die Gott uns durch Jesus Christus führt.

Das Leben ist weniger trostlos und hoffnungsarm, vielmehr reich und froh, wenn wir dieses große Zeichen »Maria« in unserem Leben realisieren. Gott stellt uns Maria vor Augen: Seht, ihren Weg geht auch ihr, auch aus Existenzangst, Krankheitsangst und Todesangst hole ich euch heraus. Gott hält jeden in seiner Hand und – er hält Wort: Die Tür ist weit offen, die uns Menschen in seine Zukunft führt. Maria ist uns Zeichen, Begleiterin und Fürsprecherin auf diesem Weg.

Glaubend unterwegs mit Maria

LEBEN HEISST UNTERWEGS SEIN. Im Leben ist man nie fertig. Jeder Tag ist neu und anders, immer wieder neue Gesichter, neue Aufgaben, neue Herausforderungen, neue Erfahrungen und Erlebnisse. Wehe dem, der sitzen und stehen bleibt. Leben heißt unterwegs sein. Doch unterwegs wohin? Wohin geht die Reise? Was ist das Ziel? Was ist der Sinn des Lebens?

Wie kommt es, dass so viele überhaupt nicht mehr wissen, wozu sie da sind, dass sie keinen Sinn mehr sehen, dass am Himmel ihres Lebens kein Stern mehr leuchtet und dass sie von keiner Hoffnung mehr träumen? Sie leben stumpf in den Tag hinein, werden gleichgültig, lassen sich für nichts begeistern. Weil wir Menschen solche Gleichgültigkeit und Stumpfheit in der Regel nicht lange aushalten, greifen sie als Ersatz zum Alkohol oder zur Droge.

Wir sollten unterwegs sein und unterwegs bleiben mit Maria. Mit ihrem bereitwilligen Ja ging sie ein Wagnis ein gegen alles, was damals und auch heute üblich und gängig war und ist. Sie glaubte Gott mehr als den Menschen.

Glaubend mit Maria unterwegs zu sein, das heißt zuerst, kein außengeleiteter Mensch zu sein, kein Mensch, der all das nachplappert, was »man« heute sagt. Mündige und freie Menschen können wir nur sein und werden, wenn wir uns wirklich offen halten für die Stimme, die in uns spricht, wenn wir auf unser Gewissen hören. Es gibt nicht nur Entdeckungsfahrten nach außen, man kann auch Entdeckungsfahrten zu sich selbst machen, eine Reise ins eigene Innere antreten. Dabei werden wir eine leise, aber doch unüberhörbare Stimme entdecken, die mahnt und warnt, die lobt und tadelt. Diesem inneren Kompass, der jedem von uns mitgegeben ist, sollten wir folgen.

Man kann das Gewissen übertönen und abtöten. Viele tun das und verlieren und verraten sich damit selbst. Versuchen wir uns offen zu halten, uns auf den Weg zu machen, um immer wieder neu hörende Menschen zu sein, die dieser inneren Stimme folgen, und in der Stimme des Gewissens den Ruf Gottes an uns zu vernehmen.

Maria hört auf die Stimme Gottes, sie sagt Ja zu dem Weg und zu der Aufgabe, die ihr ganz persönlich anvertraut ist. Dieser Weg führt sie zunächst über das Gebirge von Judäa zu ihrer Base Elisabet. Maria hält es sozusagen nicht allein bei sich in Nazaret aus; sie sucht Gemeinschaft.

Darin drückt sich etwas ganz Wesentliches aus. Als Menschen sind wir keine Einzelgänger, wir brauchen und wir suchen andere, mit denen wir uns verstehen, mit denen wir sprechen und mit denen wir etwas gemeinsam unternehmen können. Wir brauchen Partnerschaft auf dem schwierigen und oft steinigen Weg des Lebens. Einsam und unverstanden zu sein, das kann schwer und schlimm werden. Freundschaft und Liebe dagegen machen das Leben erst groß, weit, erfüllt und glücklich.

MARIA – VORBILD IM GLAUBEN

Wie Maria zu anderen unterwegs sein, das ist eine hohe Kunst – die Kunst der Liebe. Sie müssen wir heute wieder neu lernen. Liebe bedeutet, wenn sie wahre Liebe und nicht bloß Liebelei ist, dass wir die Mitte und den Schwerpunkt unseres Lebens nicht mehr in uns selbst haben, dass wir nicht bloß um unsere eigenen Wünsche, Bedürfnisse und Interessen kreisen, sozusagen immerfort nur Prozessionen um unser eigenes liebes Ich machen, sondern dass wir aufbrechen und das Gravitationszentrum unseres Lebens in den anderen verlegen.

In der Liebe muss man die Welt sozusagen mit den Augen des anderen betrachten, aus seiner Perspektive heraus denken und urteilen. Man muss – ganz einfach gesagt – den Egoismus, der in uns allen steckt, überwinden und für den anderen da sein. Liebe geht darum nicht ohne Taktgefühl, nicht ohne Rücksichtnahme und Ehrfurcht. Liebe kann man nicht konsumieren; sie ist kein Konsumartikel, den man für sich besitzt, Liebe ist ein Geschenk, das man empfängt, um es weiterzuschenken. Wer liebt, macht sich selbst zum Geschenk für andere, so wie Jesus Christus sich durch Maria zum Geschenk für uns gemacht hat.

Maria war glaubend unterwegs, um auf die Stimme Gottes in ihrem Gewissen zu hören; sie war unterwegs zu Elisabet, um mit ihr solidarisch zu sein. Das Entscheidende aber ist: Sie war unterwegs zu Gott. Sie ist aufgebrochen und hat sich auf den Weg gemacht, weil Gott es so von ihr wollte und weil sie bereit war, sich ganz für Gott und sein Reich in Dienst nehmen zu lassen. Weil sie so geglaubt hat, wird sie seliggepriesen.

Das Herz des Menschen ist so groß und so weit, dass nur einer, nur Gott groß genug ist, um es auszufüllen. Wir brauchen in unserem Leben einen festen Ruhepunkt. Allein in Gott und im Gebet können wir ihn letztlich finden. Gott kann, Gott will unserem Leben Halt und Inhalt geben. Er sagt in Jesus Christus ein unbedingtes Ja zu einem jeden von uns. Sagen auch wir Ja zu ihm.

Mariä Heimsuchung

»Jesus, den du, o Jungfrau, zu Elisabet getragen hast.« Maria trägt das göttliche Kind in ihrem Schoß; sie macht sich auf den Weg und unternimmt die beschwerliche Drei-bis-vier-Tage-Wanderung ins Bergland von Judäa. Sie geht für drei Monate zu ihrer Base Elisabet. Sie trägt das Kind und mit dem Kind die Frohbotschaft Gottes. Aber sie ist mit dieser Botschaft noch ganz allein; sie ist ihr ganz persönliches Geheimnis. So sucht sie die Gemeinschaft mit der Frau, die mit ihr empfindet, ihr Schicksal, ihren Glauben und ihre Hoffnung teilt. Diese beiden Frauen bilden nun so etwas wie die erste Gemeinde. Sie sind sozusagen der Grundstock der Kirche. Noch mehr! In ihrem Zusammentreffen geschieht die erste Begegnung zwischen Johannes und Jesus. Hier begegnen sich der letzte und größte der Propheten des Alten und der Anfang des Neuen Bundes.

Über dieser Begegnung liegt das Frische und Wunderbare jedes neuen Anfangs. Es hüpft nicht nur das Herz der beiden Frauen; es hüpft auch das Kind im Schoß der Elisabet. Wo Menschen mit Jesus zusammenkommen, dort kommt etwas in Bewegung. So war es damals, so ist es im übertragenen Sinn überall dort, wo Menschen Jesus Christus, ihrem Retter und Heiland, begegnen. Wo Menschen zusammenkommen und solcher Gnade begegnen, dort bricht ihr Dank in Jubel aus. Sie singen Lieder und Hymnen, wie sie der Geist eingibt. Sie sagen Dank und feiern Eucharistie. Sie feiern Danksagung, weil sie sich in ihrer ganzen Existenz verdankt wissen.

Darin besteht die marianische Grundhaltung: Sich ohne eigenes Verdienst ganz von Gottes großer Barmherzigkeit getragen und durchdrungen zu wissen und mit Dank und Lob dem Herrn zu antworten. »Meine Seele preist die Größe des Herrn, und mein Geist jubelt über Gott, meinen Retter« (Lk 1,46–47).

Solche Danksagung ist keine momentane Hochstimmung, die schnell wieder verfliegt. Sie verhallt nicht folgenlos. Sie hat konkrete soziale Auswirkungen. Sie kehrt die normalen Verhältnisse radikal um. Denn der Herr »stürzt die Mächtigen vom Thron und erhöht die Niedrigen. Die Hungernden beschenkt er mit seinen Gaben und lässt die Reichen leer ausgehen« (Lk 1,52–53). Dem, der Jesus Christus begegnet, wird ein neues Koordinatensystem eingepflanzt. Er muss umdenken und umkehren. Er sieht mit anderen Augen, weil Hoheit und Niedrigkeit, Armut und Reichtum in Gottes Augen anders aussehen als in menschlichen.

Was Maria im Magnifikat besingt, das nimmt vorweg, was Jesus selbst in den Seligpreisungen der Bergpredigt lehrt: »Selig, die arm sind vor Gott …, selig die Trauernden …, selig die Barmherzigen …« (vgl. Mt 5,3–12). Das ist die wahre Revolution der Weltgeschichte, die Umkehr aller Verhältnisse, die Wende und der neue Anfang. Darum ist Maria Hoffnung und Glaubenszentrum von Millionen armer, leidender und Hilfe suchender Frauen, aber auch Männer geworden. Maria lehrt uns Gott loben, und sie lehrt uns als neue Menschen aus Gott leben.

Magnifikat

Es ist wahr, was Maria selbst im Magnifikat vorausgesagt hat: »Selig werden mich preisen alle Geschlechter« (Lk 1,48). Marienverehrung gehört schon ins Neue Testament, und sie gehörte schon immer zu unserem Glauben. Sie ist auch heute aus unserem katholischen Glauben nicht wegzudenken. Im Gegenteil, gerade heute haben wir allen Grund, eine gesunde Marienverehrung zu erneuern.

Wir brauchen Maria als Fürsprecherin und Trösterin in vielen Nöten. Man ruft die Gottesmutter nicht umsonst an. Wir brauchen Maria als mächtige Fürsprecherin in den Nöten unserer Kirche. Maria ist ja Urbild und Schirmherrin der Kirche. Jeder kann frei seinen Glauben leben und öffentlich bezeugen. Aber der Glaube so vieler ist schwach geworden. Die Kirche erlebt gegenwärtig eine Krise von innen, welche nur die Beter und Beterinnen überwinden können. Wir brauchen Maria schließlich als Fürsprecherin und Helferin in den Nöten unserer Zeit.

Schließen wir uns Maria an, die nach der Himmelfahrt Jesu sich mit den Aposteln im Abendmahlssaal zum Gebet um das Kommen des Heiligen Geistes versammelt hat. Beten wir um den Geist der Stärke und des Trostes, der Einsicht und der Liebe für uns. Beten wir um den Geist der Erneuerung aus der Tiefe und aus der Mitte für unsere Kirche. Beten wir um den Geist der Gerechtigkeit und des Friedens für unsere Welt. Beten wir überhaupt wieder mehr als Einzelne, und beten wir vor allem wieder mehr gemeinsam in unseren Familien. Nehmen wir uns an Maria ein Vorbild, die eine große Beterin war.

Wir brauchen Maria als leuchtendes Vorbild und Leitbild für unser Leben. Es gibt in unserer Zeit so viel Verwirrung der Geister und so viel Ratlosigkeit der Herzen; viele wissen nicht mehr, woran sie sich in ihrem Leben halten können, und viele Eltern fragen, was es noch wert ist, dass sie das, woran sie selbst sich halten in der Erziehung ihren Kindern weitergeben.

In dieser Situation wird uns Maria als leuchtendes Vorbild vor Augen gestellt – Maria, die Sängerin des Magnifikat: »Hochpreiset den Herrn meine Seele, und mein Geist frohlockt in Gott, meinem Heiland« (Lk 1,46–47). Damit ist eine Spur vorgezeichnet und eine Richtung angegeben, die uns weiterhilft.

Diejenige, welche das Magnifikat sang, war ein einfaches junges Mädchen. Sie war eine junge Frau aus dem Volke, die aus dem damals gottvergessenen Nest Nazaret stammte. Aber sie hatte ein großes und weites Herz und eine saubere Gesinnung.

Noch mehr, sie hatte einen schier unglaublichen Mut. Wenn man es recht versteht, war sie eine im guten Sinn des Wortes emanzipierte junge Frau. Sie wagte es, ganz allein und menschlich auf sich gestellt ihren Weg zu gehen, einen Weg, den vorher und nachher keine andere Frau gegangen ist. Sie hat sich auf ein wirkliches Abenteuer eingelassen, als ihr der Engel verkündete, dass sie die Mutter des Erlösers werden sollte. Sie wusste ja selbst nicht, wie das gehen sollte und was das alles mit sich bringen würde. Aber sie hat großmütig Ja gesagt und sich damit ganz Gott und ganz ihrem Volk und den Menschen zur Verfügung gestellt. Sie hat sich eingelassen auf das Abenteuer der Liebe Gottes. »Ja, ich bin eine Magd des Herrn. Mir geschehe, wie du gesagt hast« (Lk 1,38).

Verständlicherweise konnte sie ihr Geheimnis nicht für sich allein behalten. So eilt sie über das Gebirge zu ihrer älteren Base Elisabet. Auch sie hat das Wunder der Liebe und Barmherzigkeit Gottes am eigenen Leib erfahren. Obwohl sie schon eine ältere Frau war, hat Gott ihr doch noch ein Kind geschenkt. So war auch sie wie Maria gesegneten Leibes. Als sich dann die beiden Frauen begegneten, da bricht es aus Maria heraus; da singt sie sich aus der Seele, was ihre tiefste Überzeugung und ihr persönlichstes Geheimnis ist: »Hochpreiset den Herrn meine Seele, und mein Geist frohlockt in Gott, meinem Heiland.« Maria orientiert sich ganz und gar an Gott. Sie lässt sich mit allen Fasern ihres Herzens und mit ihrem ganzen Leben auf Gott ein. Ihm will sie dienen und in ihm den Menschen. Ihn will sie mit ihrem ganzen Leben loben. »Hochpreiset den Herrn meine Seele.«

Maria erinnert sich an die Geschichte ihres Volkes, und sie singt und jubelt im Magnifikat über Gottes Barmherzigkeit, die waltet von Geschlecht zu Geschlecht. Sie hat sie in ihrem Leben erfahren, und sie trägt in ihrem Schoß den Erlöser der Welt, Jesus Christus, Gottes ewigen Sohn, in dem Gott sich endgültig unser angenommen und uns das wahre und ewige Leben geschenkt hat. Gibt es denn eine bessere und eine glaubwürdigere Antwort und eine überzeugendere Botschaft als die, die uns Gott in Jesus Christus gegeben hat? Wohin wollen wir denn sonst gehen?

Unser Christsein ist oft viel zu kleinmütig geworden, viel zu wehleidig, viel zu sehr voll von allen möglichen Vorbehalten. Maria weist uns eine andere Richtung. Sie sagt uns, dass das Lob Gottes unser Leben froh und frei macht. Machen wir deshalb den Gottesdienst wieder mehr zur Mitte unseres Lebens!

Ave Maria

EINER DER SCHÖNSTEN und aussagekräftigsten Texte des Neuen Testamentes ist das Magnifikat. Der Kirche ist dieser Lobpreis Mariens von Anfang an so wichtig und wertvoll geworden, dass sie ihn jeden Abend im kirchlichen Stundengebet in der gesungenen oder gesprochenen Vesper erklingen lässt. Unser Beten ist in erster Linie bestimmt vom Lobpreis Gottes. Sicher haben wir immer viele Bitten und Klagen auf dem Herzen, die wir zu Gott bringen wollen und auch dürfen. Doch was letztlich bleiben wird, ja bis in alle Ewigkeit hinein, ist das Lob und die Verherrlichung Gottes.

Was lässt Maria in das großartige Magnifikat einstimmen? Gott hat an ihr gehandelt, sie hat es am eigenen Leib erfahren. Deshalb bricht sie in den Lobpreis Gottes aus. Aber nicht nur an ihr hat Gott gehandelt; die gesamte Geschichte der Welt und der Menschheit ist geprägt vom Handeln Gottes, sie trägt dessen Signatur. »Der Mächtige hat Großes an mir getan« beginnt Maria ihr Preislied, und im Blick auf die Geschichte fährt sie fort: »Er (Gott) vollbringt mit seinem Arm machtvolle Taten« (Lk 1, 49.51).

Großartige Frauen wurden in der Geschichte der Kirche

schon früh mit Maria, der Mutter Jesu, verglichen. Maria tritt für uns ein. Im Ave Maria beten wir: »Heilige Maria, Mutter Gottes, bitte für uns Sünder, jetzt und in der Stunde unseres Todes.« Betend drücken wir damit unsere Zuversicht aus, dass wir durch Marias Fürsprache aus Not und Tod gerettet werden. Maria hat uns Jesus Christus geschenkt, der den ewigen Tod besiegt hat.

Von Maria wird gesagt, dass sie treu war. Bis unter dem Kreuz blieb sie Jesus treu. Mit Recht wird sie »treue Jüngerin Jesu« genannt.

In ihrem Magnifikat, das sehr deutlich an das berühmte Danklied der alttestamentlichen Hanna nach der Geburt des Samuel erinnert, kommen die alttestamentlichen Verheißungen zu ihrer Erfüllung. In Marias Preislied erweist sie sich als die Prophetin, die neben, ja über den großen Frauen und Männern aus der Geschichte ihrer Volkes steht. Wie sie weiß auch Maria, dass Gott allein Ehre und Ruhm, Preis und Dank gebühren.

Gottes Taten werden aber auch sichtbar und erfahrbar in und durch Menschen, die ernst machen mit der Nachfolge Jesu, die sich an Wort und Weisung Jesu orientieren und danach täglich neu zu leben versuchen, Menschen, die in der großen Weltgeschichte, aber auch im alltäglich Kleinen umzusetzen suchen, was beispielsweise in den Seligpreisungen der Bergpredigt Jesu anklingt: Frieden stiften, Barmherzigkeit üben, Trauernde trösten. An all das müssten wir uns erinnern.

Dieses Magnifikat ist nicht nur auf die Erfahrungen Marias mit Gottes Taten begrenzt, es spricht auch von den Taten Gottes an Israel. Gott handelt an seinem Volk. Er nimmt sich Israels, seines Knechtes, an. Er führt das zum guten Ende, was mit der Verheißung an Abraham begonnen hat. Gottes Taten gehen weiter, auch und gerade heute. An uns ist es, sie in unserem Leben, in unserer Kirche zu entdecken und sie zuzulassen. In diesem Bemühen kann uns Maria, die große Prophetin und

Retterin, helfen. Maria ruft uns wie ihr Sohn Jesus zur Umkehr, zum Leben aus dem Glauben und zum Gebet. »Die Zeit ist erfüllt, das Reich Gottes ist nahe. Kehrt um und glaubt an das Evangelium!« (Mk 1,15). Dies sind nach dem Zeugnis des Markusevangeliums die Worte Jesu bei seinem ersten öffentlichen Auftreten.

Kirche des Magnifikat

DAS EREIGNIS DER HEIMSUCHUNG MARIENS, des Besuchs Marias bei ihrer Cousine Elisabet, ist ein wunderschönes Bild für die Kirche, ein Bild für die Kirche der Zukunft. In der Begegnung der beiden Frauen haben wir die Keimzelle der Kirche. Es ist die Kirche des Magnifikat. Sie könnte, nein sie muss auch das Bild der Kirche der Zukunft sein. Die Kirche des Magnifikat ist eine Kirche des Lobpreises, des Jubels und der Freude. Dieser Jubel bricht aus Maria geradezu heraus. Sie gedenkt der Großtaten Gottes seit dem Stammvater des Glaubens, Abraham. Sie preist Gott für seine Treue von Geschlecht zu Geschlecht. Sie dankt ihm, weil er Großes an ihr getan hat, sie zur Mutter des Erlösers berufen hat und sie den Heiland der Welt unter ihrem Herzen in ihrem Schoß tragen darf.

Noch ein zweiter Zug gehört zu dieser Kirche des Magnifikat. Es ist eine Kirche der Hoffnung und der Zuversicht. Maria erinnert daran, wie Gott immer wieder auf die Niedrigen, die Kleinen, die Armen schaut und für sie da ist, wie er aber die Mächtigen vom Thron stürzt. Sie erinnert an Sara, die noch im hohen Alter gegen alle Regeln der Natur einen Sohn erhalten hat, sie nimmt den Lobgesang der Hanna auf, der nach langem Gebet Samuel geschenkt wurde, und sie denkt an sich selbst, die ja auch nicht wusste, wie alles geschehen soll und die aus der Kraft des Heiligen Geistes Jesus Christus empfangen hat.

Die Kirche hat Zukunft allein aus der Kraft Gottes und seines Geistes. Es besteht kein Grund zur Resignation und zur Verzagtheit. Gott ist wunderbar und immer gut genug für ein Wunder. Er ist auch heute am Werk. Im Vertrauen auf ihn dürfen wir darum mutige Schritte wagen und getrost der Zukunft entgegengehen.

Und schließlich noch ein Drittes und Letztes. Die Kirche des Magnifikat ist eine Kirche der Begegnung und des Dialogs. In der Begegnung und im Austausch der beiden Frauen liegt die Urzelle der Kirche. Glauben lässt sich nicht anders in die Zukunft transportieren als durch menschliche Begegnung. Strukturen, Papiere, Sitzungen – das alles ist notwendig; aber es hilft nur, wenn es Begegnungen ermöglicht. Denn Feuer kann sich nur am Feuer, Licht nur am Licht entzünden.

Mutter des guten Rates

EINES DER SCHÖNSTEN MARIENGEBETE, die wir in der katholischen Kirche kennen und pflegen, ist die Lauretanische Litanei. Unter den vielen Anrufungen und Bitten, die dort aufeinanderfolgen, findet sich die Bitte: »Maria, du Mutter des guten Rates, bitte für uns!«

Ja, Rat brauchen wir alle. Heute mehr denn je. Oft sind wir ratlos in unserem eigenen Leben, oft ratlos auch in der Kirche. Wie sollen wir alles verstehen? Wie soll es weitergehen? Für jeden Menschen ist es wichtig, jemand zu haben, der einem, wenn es darauf ankommt, einen guten Rat geben kann. Es ist wichtig, um jemand zu wissen, der mit seiner Erfahrung weiterhelfen kann – vorausgesetzt natürlich, dass man sich beraten lässt und nicht selbstherrlich meint, allein zurechtkommen zu können. Wie kam man dazu, Maria als Mutter des guten Rates anzurufen? Ein Anhaltspunkt für diese Bitte ist die Schriftstelle von der

Hochzeit zu Kana. Dort erweist sich Maria als gute Ratgeberin. Maria sieht die Not des jungen Brautpaares. Sie hat mit wachen Augen registriert, in welcher Verlegenheit die Hochzeitsleute stecken. Der Wein war ausgegangen – und das mitten im frohen Hochzeitsfest.

Maria übernimmt die Initiative und wendet sich an ihren Sohn: »Sie haben keinen Wein mehr« (Joh 2,3). Sie sagt nicht, was er zu tun hat. Sie vertraut darauf, dass er das im Augenblick Notwendige tun wird. So wendet sie sich an die Diener, die für die Bewirtung der Gäste verantwortlich sind, und sagt zu ihnen: »Was ER euch sagt, das tut« (Joh 2,5).

Doch welchen Rat gibt sie uns? Maria verweist auf Jesus Christus. Was er sagt, das hilft weiter. Auf sein Wort hören, sich von ihm leiten lassen – das ist der gute Rat Mariens. Wer das tut, dem werden sich die nächste Fragen stellen: Was sagt ER uns? Was will ER von mir? Was bedeutet sein Ruf an mich?

Wer richtig beraten sein will, der muss im Gespräch mit Gott bleiben, und das heißt, er muss beten, er muss um die Gabe des Heiligen Geistes bitten, um den Geist des Rates und der Einsicht, der Weisheit und der Erkenntnis, um die Gabe der Unterscheidung.

Ein wertvolles Gebet, das uns hilft, immer wieder Christus zu begegnen, von ihm her Orientierung zu finden, ist das Rosenkranzgebet.

Im Rosenkranzgebet schaut man gewissermaßen aus der Perspektive Mariens auf das Leben, Wirken, Sterben und Auferstehen Jesu. Man hat das Rosenkranzgebet auch schon als das Jesus-Gebet des Westens bezeichnet. Durch das immer wieder neue Wiederholen nimmt der Beter die Heilstaten Jesu ganz in sich hinein. Er verinnerlicht sie. Es genügt ja nicht, die Glaubenswahrheiten nur mit dem Verstand zur Kenntnis zu nehmen. Sie müssen mit den Tiefenschichten des Herzens und der Person aufgenommen werden.

So ist der Rosenkranz eine große Meditation des Christusgeheimnisses. Durch den Rosenkranz werden wir hineingenommen in die Lebens- und Leidensgemeinschaft Jesu. Im Rosenkranz weist uns die Gottesmutter auf Jesus , ihren Sohn: Was er sagt, was er tut, lebt und leidet, das tut, lebt und leidet. So kann man auch heute jedem den guten Rat geben, zum Rosenkranz zu greifen. Er hat sich gerade in Notzeiten der Christenheit als das Sturmgebet der Christenheit erwiesen und bewährt. Wir können nicht darauf verzichten.

Es ist ein guter Rat, zum Rosenkranz zu greifen. Durch das Beten des Rosenkranzes gibt uns Maria einen guten Rat, dessen bin ich sicher. Sie führt uns zu dem, der Gottes ewiger Ratschluss ist, zu Jesus Christus. Wenn er neu aufgeht in unserem Herzen, sind wir gut beraten.

Maria – Mutter des Trostes

KEINER VON UNS LEBT in einer »heilen Welt«. Jeder hat Stunden, wo er sich einsam und allein fühlt, wo er denkt, dass niemand ihn versteht und niemand ihn mag; jeder hat Tage, da ihm nichts glückt und gelingt, Stunden, da er schwach ist und versagt; jeder erlebt Enttäuschungen, Stunden, da Zweifel aufkommen und wir der Verzweiflung nahe sind, wo wir die Flinte ins Korn werfen und aufgeben möchten. Viele trifft es hart, wenn sie jahrelang leidend sind, von Schmerzen geplagt werden oder einen lieben Angehörigen plötzlich verlieren. Es gibt kein Menschenleben ohne Tränen, keinen Tag, ohne dass Kinder weinen. Das ist die Wirklichkeit, das ist die Wahrheit.

Wie gut tut es da und wie sehr sind wir alle darauf angewiesen, dass jemand zu uns steht, uns nahe ist, zärtlich uns die Hand auf die Schulter legt, uns seine Anteilnahme bekundet und uns Mut macht zum Weitermachen, zum Weitergehen und

Weitererertragen! Solcher Trost ist eine Kraft zum Leben, die wir alle – der eine so, der andere anders – brauchen und die wir uns doch nicht selber schenken können. Trost zu erfahren ist immer ein Geschenk. Trost ist Gnade.

So dürfen wir mit dem Apostel sagen: »Gepriesen sei der Gott und Vater Jesu Christi, unseres Herrn, der Vater des Erbarmens und der Gott allen Trostes« (2 Kor 1,3).

Diesen Trost hat Maria uns geschenkt. Sie hat sich ihm ganz geöffnet, ihn durch den Heiligen Geist, den Tröster, im Glauben und in ihrem Schoß empfangen und ihn so der Welt geboren. Sie ist die Mutter des Trostes. Wirklich trösten kann sie uns deshalb, weil auch sie die ganze Trostlosigkeit der Welt erfahren und durchgestanden hat. Unglaubliches hat Gott ihr zugemutet. Im gläubigen Vertrauen auf Gott hat Maria diese Herausforderungen angenommen: als Wohnungslose hat sie ihren Sohn geboren, Flucht und Verfolgung sind ihr nicht erspart geblieben, mit Schmerzen musste sie den Zwölfjährigen suchen, später wurde sie von Jesus, den auch sie nicht mehr verstehen konnte, zurückgewiesen, aber sie folgte ihm bis unters Kreuz, und sie erlebte ihre bitterste Stunde, als sie ihren toten Sohn auf ihrem Schoß trug und in ihren Händen hielt.

Sie, die »Schmerzensmutter«, kann Trösterin der Betrübten, Hilfe in allen Nöten sein. Denn »das ist das Geheimnis des wahren Trostes: Nur solche sind fähig, andere zu trösten, die selbst von großen Prüfungen heimgesucht wurden, das Bedürfnis nach Trost fühlten und ihn empfingen« (*John Henry Newman*).

»In ihrer mütterlichen Sorge trägt sie Sorge für die Brüder (und Schwestern) ihres Sohnes, die noch auf der Pilgerschaft sind und in Gefahren und Bedrängnissen weilen, bis sie zur seligen Heimat gelangen. Deshalb wird die selige Jungfrau in der Kirche unter dem Titel der Fürsprecherin, der Helferin, des Beistands und der Mittlerin angerufen« (Zweites Vatikanisches Konzil, Lumen Gentium 62).

Wir wollen Maria bitten, dass sie uns allen den wahren Trost wieder erschließt, dass sie uns den Sinn und den Geschmack für Gott, die Freude an Gott wieder neu schenkt. Denn »die Freude an Gott ist unsere Stärke« (Neh 8,10). Wir wollen sie bitten, dass sie uns neue Glaubensfreude und Glaubensglut schenkt, damit wir unseren Kindern und Enkeln den Glauben lebendig weitergeben können. Wir wollen sie bitten, dass sie unserer Zeit neue Offenheit für Gott und sein Reich erfleht.

Wir wollen Maria bitten, dass die Verheißung wahr werde: »Frieden hinterlasse ich euch, meinen Frieden gebe ich euch« (Joh 14,27). Wir wollen sie vor allem bitten um den Frieden, den die Welt nicht geben kann: den Frieden und den Trost im eigenen Herzen. Als Mutter des Trostes ist sie auch die Königin des Friedens. Denn nur wer den Frieden in sich trägt, kann Frieden stiften in der Welt. Bitten wir Maria also um Frieden in der Welt, um einen Frieden in Freiheit, Gerechtigkeit und Wahrheit.

Mit Maria zu einem erneuerten Pfingsten

Zwischen Ostern und Pfingsten gelegen, feiern wir den Neuanfang in der Auferstehung Jesu Christi und bereiten uns zugleich für die pfingstliche Erneuerung durch den Heiligen Geist. Maria ist Symbol und Typus dieses Neuanfangs und dieser Erneuerung im Heiligen Geist. Sie ist die Hoffnung und Freude, die Gott uns bereitet hat.

Für die Zeit zwischen dem Oster- und Pfingstfest berichtet uns die Apostelgeschichte, wie die Apostel im Abendmahlssaal versammelt sind. Sie verharren dort alle einmütig im Gebet zusammen mit den Brüdern – also Verwandten – Jesu, zusammen mit den Frauen, die Jesus begleiteten, zusammen vor allem mit Maria, der Mutter Jesu (Apg 1,14). Maria gehört zu Jesus Christus und seinem Heiligen Geist. Sie gehört zur apostolischen Kirche des Anfangs. Von der ersten Stunde an ist sie dabei. Erneuerung kann es daher nicht ohne eine gesunde Marienverehrung geben, sondern nur mit ihr.

Stellen wir darum Maria an den Platz, der ihr zukommt, an den Platz, an den Gott selbst sie gestellt hat in seiner Geschichte mit den Menschen!

Gehen wir vom Bericht der Apostelgeschichte aus, so wird uns als Erstes und Wichtigstes vor Augen gestellt: »Sie alle verharrten dort einmütig im Gebet … mit Maria …« Die pfingstlich erneuerte Kirche kann also nur eine betende Kirche sein. In ihr muss fortwährend das »Veni Sancte Spiritus, Veni creator Spiritus« erklingen. »Sende aus deinen Geist, und das Antlitz der Erde wird neu!« (vgl. Ps 104,30).

Wie Maria können wir immer nur Werkzeug sein und dem Wirken des Heiligen Geistes bereitwillig zustimmen: »Mir geschehe nach deinem Wort« (Lk 1,38). Im Gebet um das Wirken des Heiligen Geistes ist Maria auch heute mit uns vereint. Als die Mutter Jesu Christi, des Hauptes der Kirche, ist sie zugleich die Mutter des Leibes Christi, der die Kirche ist. So bleibt sie unsere Fürsprecherin und Helferin. Sie bittet mit uns um die Glut des Heiligen Geistes, damit die Kirche auch in einer veränderten Zeit und Gesellschaft ihren Weg findet und auch gehen kann.

In der Liebe zur Kirche geht uns Maria voraus. Sie gehört nicht zu den Aposteln, sondern wir nennen sie »Königin der Apostel«. Damit wird nichts Überschwängliches ausgesagt, keine irgendwie dichterische Poesie. Denn ihr »Ja« zum Kommen Jesu hat das apostolische Zeugnis überhaupt erst ermöglicht. Ihr Einverständnis wurde zum apostolischen Fundament der Kirche. Maria hat ja nicht rein äußerlich ihr Ja-Wort gegeben, nicht passiv oder in einer Art Gehorsam, vielmehr ist sie innerlich mitgegangen, hat mitgefühlt, mitgedacht. Sie war beim Herrn, mit ihm hat sie solidarisch alles mitgetragen und mitgelitten.

Maria ist unser Vorbild. Sie war ein junges Mädchen, groß geworden in dem armseligen Nazaret. Und doch hat sie den Messias aufgenommen. Sie hatte Mut und Hoffnung. Sie hat durchgehalten im Vertrauen auf den Heiligen Geist, auch wenn sie nicht immer alles verstanden hat – denken wir nur an das Kreuz ihres Sohnes, unter dem sie stand. Sie hat aber darauf vertraut, dass Gott sie führt, dass er bei ihr ist, wie ihr der Engel gesagt hat: »Der Herr ist mit dir!« Deshalb fürchte dich nicht! (vgl. Lk 1,28.30). Das ist das Wesentliche und das Zentrum unseres Glaubens: Mit Maria sind wir als Volk Gottes unterwegs – in der Kraft und Glut des Heiligen Geistes –, unterwegs zu einem erneuerten Pfingsten. Darum beten wir, wie die Apostel damals, mit ihr zusammen: Komm, Heiliger Geist! Erfülle die Herzen der Gläubigen.

Maria – Mutter der Betenden

NACH DER HIMMELFAHRT JESU versammeln sich die Apostel zusammen mit den Frauen, die Jesus nachgefolgt sind, mit Maria, der Mutter Jesu, und mit seinen Brüdern im Abendmahlssaal. Sie alle verharren dort einmütig im Gebet um das Kommen des Heiligen Geistes.

Es war nach der Himmelfahrt Jesu. Himmelfahrt – das bedeutet: Jesus Christus hat durch seine Auferstehung endgültig alle Mächte und Gewalten des Bösen und des Todes überwunden. Die Wahrheit hat gesiegt über die Lüge, die Gerechtigkeit über die Gewalt, die Liebe über den Hass, das Leben über den Tod. Jesus Christus ist der Herr der Welt und der Geschichte. Er ist der Anfang und das Ziel, das A und das O; er hält die Fäden der Geschichte und unseres Lebens zusammen.

Die Gottesmutter Maria macht in einmaliger Weise anschaulich, was der Heilige Geist ist, wo und wie wir ihn erfahren können. Denn sie war und sie ist »voll der Gnade«, »voll des Heiligen Geistes«. Sie ist die Braut des Heiligen Geistes, sein reinstes Gefäß und sein Werkzeug. Von Ewigkeit her hat Gott sie erwählt, er hat sie liebevoll ausgedacht, ausgesucht und berufen, Mutter seines Sohnes zu sein. Deshalb war sie vom ersten Augenblick ihres irdischen Daseins an ohne Makel der Sünde, ganz heilig. In ihr und durch sie hat Gott unserer Welt die Treue gehalten. Er hat sie, als sie der Sünde und dem Elend verfiel, nicht fallen gelassen. Er hat seinen ewigen Heilsplan für die Welt durchgehalten und in diesem einen vollkommensten Geschöpf gezeigt, dass die Sünde und das Böse nicht allmächtig sind. Sie zeigt, dass Gottes Geist nicht ganz aus der Welt gewichen und verschwunden ist. In Maria hat Gott ein Zeichen seiner fortdauernden Treue wirklich werden lassen.

So ist Maria ein Zeichen für uns alle. Sie ist ein Zeichen dafür, dass Gott bleibend zu seiner Welt und zu uns Menschen steht, dass er uns und unsere Welt hält, trägt und liebt. Sie ist ein Zeichen dafür, dass jeder und jede Einzelne erwählt und gerufen ist. Gott spricht zu jedem sein Ja. Jeder ist gewollt, jeder getragen, jeder geführt, jeder geliebt. Jeder hat unendlichen Wert und unveräußerliche Würde.

Durch Jesus Christus, der durch Maria in diese Welt gekommen ist, damit wir das Leben haben und es in Fülle haben, ist Gottes Heiliger Geist jedem von uns verheißen und zugesprochen. Gott will unser Heil; er will das Heil jedes einzelnen Menschen. Doch wirksam werden kann Gottes Geist, der Leben schafft, nicht ohne uns. Gott wirkt nicht über unseren Kopf hinweg. Er will unser freies Ja.

Wieder ist Maria ein Zeichen, wo und wie Gottes Geist wirkt. Sie spricht auf die Botschaft des Engels ihr »fiat«: »Ich bin die Magd des Herrn; mir geschehe, wie du es gesagt hast« (Lk 1,38). So kann sie, vom Heiligen Geist überschattet, Mutter des Messias werden.

Maria ist uns vorausgegangen. Am Anfang wusste auch sie nicht, wie alles geschehen sollte. Was Gott durch den Mund des Engels von ihr wollte, stand wie ein Berg vor ihr. Und am Ende stand sie unter dem Kreuz. Menschlich gesehen stand sie vor einem Scherbenhaufen. Sie war die Schmerzensmutter, die den zermarterten Leib ihres toten Sohnes auf dem Schoß trug. Schlimmeres kann einer Mutter nicht passieren. So blieb ihr nichts erspart.

Aber sie stand unter dem Kreuz. Sie hielt stand, und sie hielt durch. Sie wusste: Gott ist mit den Armen, mit den Kleinen, mit den Trauernden, den nicht vom Leben Verwöhnten, mit den Kranken und Leidenden, mit den ungerecht Verfolgten. Sie werden erhöht, getröstet, geheilt, begnadet. Sie wusste, dass ihr Sohn leiden musste, um so in seine Herrlichkeit einzugehen. So wird sie Zeugin von Ostern. Sie erfährt Ostern am eigenen Leib und an der eigenen Seele, indem sie mit Leib und Seele in die himmlische Herrlichkeit aufgenommen wird. Sie erfährt an sich selbst: Die Verklärung ist das Ziel der Wege Gottes. Nichts ist umsonst. Gottes Geist wird am Ende auch unseren armseligen Leib verwandeln. Unser Weg führt durch Leid und Kreuz zur Auferstehung und zur Herrlichkeit des neuen Lebens. Maria ist die Mutter unserer Hoffnung.

Die beste Interpretin dieser Hoffnung ist das Gebet. So finden wir Maria nach der Himmelfahrt als Beterin im Abendmahlssaal. Sie ist Beterin in der Kirche und mit der Kirche, die Beterin um das Kommen des Heiligen Geistes und die Beterin um die Erneuerung im Heiligen Geist.

Maria zeigt uns: Das Gebet ist die stärkste Macht in dieser Welt. Deshalb lehrt sie uns beten in den großen Anliegen unserer Kirche: für die Weitergabe des Glaubens an unsere Kinder und Jugendlichen, damit sie nicht verloren gehen – für Priester- und Ordensberufe, damit wir auch in Zukunft genügend Hirten haben – für die Bekehrung der Sünder und der vielen neuen

Heiden – für den Geist der Umkehr und der Buße von uns Christen – für die Versöhnung der getrennten Christenheit – für Gerechtigkeit und Frieden in der Welt. Sie sagt uns: Ihr müsst wieder mehr betende Kirche, betende Gemeinden, betende Familien werden.

Das große Zeichen am Himmel

DAS ZEICHEN der von der Sonne umglänzten und von Sternen bekränzten Frau ist für unsere Zeit in ganz besonderer Weise wichtig. Denn dieses Zeichen wurde von Johannes, dem Seher auf Patmos, in der Zeit der beginnenden Christenverfolgungen geschaut. Das war eine Situation, in der es aus zu sein schien mit dem kleinen Häuflein der Christen; wehrlos schien es dem mächtigen Staatsapparat des Römischen Reiches ausgeliefert zu sein. Der Drache, das Tier aus dem Abgrund, schien die junge, noch ungefestigte Christenheit zu verschlingen.

Heute gibt es bei uns keine derartige blutige Verfolgung. Niemand ist in Gefahr, sein Glaubensbekenntnis mit dem Leben bezahlen zu müssen. Aber täuschen wir uns nicht! Machen wir uns nichts vor! Die Welt, in der wir leben, ist nicht so harmlos, wie es scheint. Die Gegenmacht, der Drache, ist auch heute am Werk, er hat sich nur besser verkleidet, und er weiß sich raffinierter zu verstecken. Maria ist Symbol des Volkes Gottes, welches in schwerer Zeit unterwegs ist. Sie, die Sonnenumglänzte und Sternenbekränzte, ist das leuchtende Gegenbild zu dem anderen Zeichen, dem Drachen. Er, der groß und feuerrot, mit sieben Köpfen und zehn Hörnern und sieben Diademen auf seinen Köpfen auftritt, ist Inbegriff der Maßlosigkeit und Übertreibung, der Eitelkeit, des Wichtigtuerischen, Aufgeblasenen, Hochmütigen. Er, der nicht dienen will, macht sich selbst zu Gott und wird zum eitlen Götzen.

Ganz anders Maria. Sie wird seliggepriesen, weil sie geglaubt hat, das heißt, weil sie ganz auf Gott gebaut und ihm allein getraut hat. Ihr kam es nur auf eines an: den Willen Gottes zu erfüllen. »Siehe, ich bin die Magd des Herrn, mir geschehe, wie du gesagt hast« (Lk 1,38). Sie wusste: Der Herr »zerstreut, die im Herzen voll Hochmut sind; er stürzt die Mächtigen vom Thron und erhöht die Niedrigen« (Lk 1,51–52). Weil sie so im Glauben ganz die demütige Magd war, deshalb hat Gott sie erhöht und an ihr die Verheißungen des Glaubens, die Verheißung des ewigen Lebens schon jetzt Wirklichkeit werden lassen.

Er hat auf die Niedrigkeit seiner Magd geschaut, sodass von nun an alle Geschlechter sie seligpreisen. So darf Maria uns Zeichen sein, Zeichen des wahren Lebens, Zeichen des Sinns und der Erfüllung des Lebens, Zeichen der ewigen Bestimmung des Menschen. Sie sagt uns, worin die wahre Größe des Menschen liegt: nicht in Eigennutz und Großmannssucht, sondern im Dienst am Leben und im Einsatz für Gottes Sache.

Maria – unsere Mutter im Glauben

IN EINZIGARTIGER WEISE verkörpert ja Maria das Leitwort, das ich mir als Wahlspruch für mein Wirken ausgewählt habe: »Die Wahrheit in Liebe«. Wenn jemand die Wahrheit in Liebe getan hat, war es Maria. Und wenn jemand fürbittend uns hilft, dass auch wir die Wahrheit in Liebe tun, ist es wiederum Maria. Sie ist unsere Mutter im Glauben.

In allen Zeiten der Heilsgeschichte, besonders in kritischen Entscheidungssituationen, waren es immer wieder Frauengestalten, die aus ihrem Glauben heraus Mut fassten und Verantwortung für das ganze Volk übernahmen. Immer wieder waren es Frauen, die Gottes rettende und befreiende Gegenwart unter uns bezeugten. Das Alte Testament nennt uns etwa Sara, die Frau des Abraham, Hanna, die Mutter Samuels, die Königin Ester und viele andere. Als die Fülle der Zeit kam, in welcher Gott seinen Sohn in die Welt sandte, damit er unser Bruder werde und uns alle befreie von der Not der Sünde, des Irrtums und des Todes, war es wiederum eine Frau (vgl. Gal 4,4), an die sein Ruf erging: »Du hast bei Gott Gnade gefunden«, sagt der Engel zu Maria. »Du wirst ein Kind empfangen, einen Sohn wirst du gebären, dem sollst du den Namen Jesus geben« (Lk 1,31). Die Antwort Marias bezeugt die Großmut und Hochherzigkeit ihres Glaubens und ihre ganze Bereitschaft zum Dienen: »Ich bin die Magd des Herrn; mir geschehe, wie du es gesagt hast« (Lk 1,38). Mit diesem Wort stellt sich Maria als Tochter Israels in die große Reihe der Glaubenden seit den Stammvätern Abraham, Isaak und Jakob. Sie erweist sich als Tochter der Mütter des Glaubens wie Sara und Hanna. Sie macht den Ungehorsam Evas, der Mutter aller Lebenden (Gen 3,20), wieder rückgängig. Wie alle großen Frauengestalten des Alten Testaments baut sie ganz auf Gott, sie traut ihm, weil sie weiß: Bei ihm ist kein Ding unmöglich (vgl. Lk 1,37). So übereignet sie sich ganz ihm; mit allen ihren menschlichen, fraulichen Kräften stellt sie sich Gottes Heilsplan zur Verfügung.

Maria tut dies, ohne zu wissen, wie alles geschehen soll. Diese Frage ist bei ihr kein Einwand eines ungläubigen Zweifels, sondern Zeugnis dafür, dass auch sie schlicht und nüchtern den Weg des Glaubens und nicht den der seligen Schau gegangen ist. Auch ihr Glaubensweg führte durch Nacht und Dunkel. Aber sie hat ausgeharrt. So ist sie unsere Weggefährtin geworden. Sie ist sogar in einer ganz einmaligen Weise den Weg des Glaubens gegangen, wie keine andere Frau vor ihr und nach ihr. Indem sie sich ganz mit Herz und Sinn Gottes Wort öffnete, empfing sie in und durch ihren Glauben das ewige Wort Gottes, den Sohn. Bevor sie Gottes Sohn unter ihrem Herzen trug, hat sie ihn in ihrem Herzen getragen (*Augustinus*).

Auch in ihrem weiteren Leben ging Maria mutig und nüchtern den Pilgerweg des Glaubens. Das Neue Testament berichtet uns keine außerordentlichen, wunderbaren Ereignisse aus dem Leben Marias: keine Wunder, keine Visionen und keine Ekstasen. Das Neue Testament berichtet uns allerdings, dass Maria von Jesus scheinbar schroff zurückgewiesen wurde (vgl. Joh 2,4); einmal drohte sie sogar an ihrem Sohn irrezuwerden (vgl. Mk 3,20–21). Bezeugt wird uns vor allem, dass sie den Kreuzweg mitgegangen ist und unter dem Kreuz ausgeharrt hat (Joh 10,25–27). Dort vereinigte sie sich innerlich ganz mit dem Opfer ihres Sohnes. Am Ende blieb auch ihr das Schwerste nicht erspart, das einer Mutter zustoßen kann: Sie musste den zermarterten Leichnam ihres toten Sohnes auf ihrem Schoß tragen. Alles schien zu Ende, alles schien umsonst.

Doch nochmals harrte sie aus. Denn bei Gott ist kein Ding unmöglich. Sie durfte erfahren, dass Gott im Tod neues Leben schafft. Sie begegnete ihrem vom Tod zum Leben erstandenen Sohn. Nach seiner Himmelfahrt blieb sie inmitten der jungen Kirche als die große Beterin zurück. Zusammen mit den Aposteln erflehte sie das Kommen des Heiligen Geistes (vgl. Apg 1,14).

Maria lebte in einem Zustand des Wissens und des Nichtwissens zugleich. Sie wusste um Gottes Größe, Macht und erbarmende Liebe. Zugleich wusste sie, dass man das Geheimnis Gottes nicht dingfest machen kann. Wagend muss man sich vielmehr auf Gott einlassen und sich ihm in der ganzen Großmut des Herzens anvertrauen. Dieses gläubige Ausharren auf den unbegreiflichen Gott hin kann man als die eigentlich marianische Haltung bezeichnen *(Romano Guardini)*.

Im Glauben überantwortet sich der Mensch ganz und mit allen seinen Kräften, mit seinem Verstand, seinem Willen, seinem Herzen Gott, um so in Gott Stand, Halt und Inhalt des Lebens zu gewinnen. Noch mehr: Wer glaubt, überwindet alle

Verkrampfungen und Verengungen, dessen Herz wird weit und groß, er öffnet sich ganz und schafft so Raum für das Wirken von Gottes Geist. Er wird, ähnlich wie Maria, voll der Gnade; ihm wird die Fülle des Lebens, die Freude und der Frieden Gottes geschenkt. Wer glaubt, der erfasst die Wahrheit, nein: den hat sie erfasst. Er kann sie in Liebe verwirklichen und weiterschenken.

So verehren wir Maria als den Sitz der Weisheit. In ihrer Schule lernen wir, was Lebensweisheit ist. Wahre Weisheit besteht darin, sein Leben nicht an Vordergründigem, an den Bedürfnissen des Tages und an den Interessen des eigenen Ichs zu orientieren. Weisheit heißt, sein Leben vom letzten Ziel her zu orientieren und ihm so Richtung und Sinn zu geben. So ist Gottesfurcht der Anfang aller Weisheit (Ps 111,10; Spr 1,7; 9,10).

Nehmen wir Maria, das Urbild des glaubenden Menschen, zu unserem Vorbild und Leitbild. Erwählen wir sie als Helferin, Fürsprecherin und Wegbegleiterin auf der Wanderschaft unseres Lebens.

Maria ist uns Urbild, Weggenossin und Helferin in unserem Glauben an Gott und an Jesus Christus. In ihr wird in reinster und lauterster Weise anschaulich, zu welcher Größe wir im Glauben berufen sind und zu welcher Glückseligkeit wir gelangen sollen. Maria ist maßgebendes Urbild der Kirche als Ort und Hort der Wahrheit und der Weisheit. Als Beterin ist Maria vor allem unsere Mutter. Denn das Gebet ist der Ernstfall des Glaubens. Beten wir wie Maria, beten wir mit Maria um das Kommen des Geistes Gottes in unser Leben und in unsere Kirche. Seien wir uns ihrer machtvollen Fürbitte gewiss.

»Heilige Maria, Mutter Gottes, bitte für uns Sünder, jetzt und in der Stunde unseres Todes, Amen.«

GLAUBE –
ALLEIN DIE LIEBE ZÄHLT

Orientierung an der Welt des Kindes

KINDER HABEN VIEL MEHR FANTASIE, Träume und Hoffnungen, als unsere weithin banale und triviale Erwachsenenwelt das ahnt. Kinder verstehen Symbole. Kinder sind religiös, wenn wir es ihnen nicht gewaltsam abgewöhnen, indem wir sie in den engen Käfig unserer eindimensionalen Welt hineinzwingen. Jeder von uns hat es schon erfahren, dass Kinder nicht nur von uns Erwachsenen lernen; sie bereichern auch uns, und nichts ist so schwer zu beantworten wie Kinderfragen. Kinder können nachfragen und staunen, wo wir uns längst mit platten Alltagsantworten begnügen. Aber Kinder haben auch ein sehr feines Gespür für die Wahrhaftigkeit und Echtheit dessen, was wir ihnen sagen. Sie lassen sich nichts vormachen. Sie schauen auf unser Leben. Sie brauchen Zeugen gelebten Glaubens. Diese allein können zum Glauben anstecken und anstiften. Sie haben Autorität. An sie kann man sich halten, weil sie selbst Halt haben.

Viele Eltern, viele Erzieherinnen und Erzieher mögen sich mit dieser Aufgabe überfordert fühlen. Sie sind ja selbst erst unterwegs mit Fragen, Problemen und Vorbehalten. Wer wäre je schon fertig mit seinem Menschsein und Christsein?

Was ist jedoch auf jeden Fall unerlässlich? Das Kind muss von uns als Kind angenommen werden. Das meiste, was wir über das Kind wissen oder zu wissen meinen, ist ein Wissen der Erwachsenen, allenfalls ein Aufarbeiten ihrer Erinnerungen. Immer wieder ist man versucht, das Kind vom Erwachsensein her zu deuten. Es ist noch nicht erwachsen, noch in der Entwicklung, noch unmündig. So wird nicht selten das Kindsein abgewertet, weil es nur vom Ziel des erwachsenen Menschen her beurteilt wird.

Wenn das Kind Kind bleiben soll, braucht es zwar bildende Erziehung und Führung, nicht aber eine Formung, die alles von

GLAUBE – ALLEIN DIE LIEBE ZÄHLT

der Leistung eines Erwachsenen und von den Zielen heutiger gesellschaftlicher Ideale her sieht.

Wir dürfen den Kindern nicht die Zeit und Freude zum Beispiel am unverzweckten Spiel nehmen und sie immer noch früher mit den gesellschaftlichen Zwängen der Erwachsenenwelt in Kontakt bringen. Drill, Stress und Terminkalenderhektik nehmen heute schon vielen Kindern die schönste Zeit ihres jungen Lebens weg. Wenn man das Kind nicht Kind sein lässt, ist man in Gefahr zu manipulieren, das heißt das Kind als ein Objekt der Indoktrination, der ideologischen Gängelung und der bloßen Beeinflussung zu begreifen. Wer das Kind in seiner eigenen Wirklichkeit annimmt, muss auf es selbst in seiner Eigenart eingehen und muss sich auch von ihm führen lassen.

Der christliche Glaube ist in besonderer Weise dazu aufgerufen, in unserer von Erwachsenen verfügten und bestimmten Welt dem Kind einen Platz und ein Leben nach seiner Würde und Eigenart zu ermöglichen. Er muss das Kindsein verteidigen und schützen, wenn es in seinem Reichtum und in seiner eigenen Art eingeschränkt und auf ein verengtes Modell von Wirklichkeit fixiert zu werden droht. Gott ist ein Kind geworden. Darum braucht sich der Mensch des Kindseins nicht zu schämen. Der christliche Glaube muss dem Kind helfen zu lernen, dass es immer wieder über die verkürzte Wirklichkeitserfassung unserer Welt hinausgeführt wird und zu elementaren und ursprünglichen Erfahrungen gelangt: die Quelle, das Brot, die Erde, das Reichen der Hände … Wir müssen dem Kind die ursprüngliche Größe und Weite der Schöpfung erschließen, gerade wenn ihre Wirklichkeit von unseren eigenen Systemen und dem, was wir »machen« können, gefährdet wird.

Kinderfragen machen oft die Weisheit dieser Welt zunichte und offenbaren unser Nichtwissen und unsere Ahnungslosigkeit; Kinder können einen das Staunen lehren, das wir meist schon verlernt haben; Kinder wissen um die Hintergründigkeit des Daseins, wenn sie Märchen erzählt bekommen; sie haben noch eine lebendige Vorstellungskraft, die neue Möglichkeiten des Denkens und Fühlens offenbart; Kinder können spielerisch mit der Wirklichkeit umgehen, wo wir oft nur auf bestimmte Aspekte fixiert sind; Kinder können sich etwas sagen lassen, von Herzen fromm und andächtig sein … Man kann sicher zeigen, dass in solchem Kindsein nicht bloß eine vergangene und rasch zu überholende Phase der Entwicklung der Menschheit und des einzelnen Menschen steckt, sondern dass sich darin gerade eine ursprüngliche Weise des Menschseins als Geschöpf offenbart. Wenn wir mehr von diesem Kindsein lernen würden oder uns erhalten könnten, wären wir auch andere, tiefer verwurzelte Menschen. Dies sagt uns der Sinn und die Weisheit der Jesusworte: »Wenn ihr nicht umkehrt und wie die Kinder werdet, könnt ihr nicht in das Himmelreich kommen. Wer so klein sein kann wie dieses Kind, der ist im Himmelreich der Größte« (Mt 18,3–4).

Du meinst mich?

DU … Jeder von uns ist auf der Suche nach einem Du, einem Du, dem er sich anvertrauen kann, das ihn versteht, das mit ihm geht und zu ihm steht. Wir alle sind auf Liebe und Treue angewiesen. Glücklich darum, wer dieses Du gefunden hat. Wir wissen aber auch, wie schwierig diese Suche und wie zerbrechlich solches Glück ist. Gewöhnlich finden wir es nur der Spur nach. Vielleicht sind wir sogar schon bitter enttäuscht worden. Trotzdem, die Sehnsucht bleibt; sie ist in unser Herz eingebrannt. Die Hoffnung, der Hunger und der Durst nach Liebe und Geborgenheit lässt sich nicht auslöschen. Sie gehören zu uns Menschen.

Es ist die Grundüberzeugung und die Grundbotschaft unseres Glaubens: Gott ist dieses Du, das wir suchen und das uns allein ganz ausfüllen kann. Er ist längst vor uns da, längst bevor wir waren. Sonst wären wir gar nicht. Er ist da als unser Schöpfer. Wir haben uns ja nicht selbst gemacht. Alles, was wir sind und haben, ist, weil er es gut mit uns meint. Und wie wunderbar hat er uns doch ausgedacht und gemacht. Schauen wir doch nur unsere Hände an. Schauen wir einander in die Augen. Hören wir auf den Schlag unseres Herzens. Wie wunderbar funktioniert alles. Welches Wunder ist unser Leib mit seinen Kräften, unsere Seele mit all ihren feinen Empfindungen. Wie wunderbar und wie schön hat Gott uns ausgedacht und geschaffen. Wir sind, weil er gut ist, weil er uns will, weil er Ja sagt zu uns, zu jedem von uns.

Er steht nicht nur am Anfang. Er ist bei uns, wenn wir allein sind – wenn wir betroffen sind – uns ausgestoßen fühlen – nicht mehr weiter wissen – Angst haben – nicht mehr mögen – Hilfe brauchen – Schmerzen und Krankheit zu ertragen haben – wenn wir Fehler begangen haben und in der Patsche sitzen. Er ist auch da, wenn wir Fragen haben und Zweifel uns plagen: Warum so viel Unrecht? Warum so viel Leiden? Warum der Krebs? Warum Kriege? Warum, warum, warum? Er ist auch da, wenn wir heiter und fröhlich, wenn wir gut aufgelegt sind – wenn äußerlich und innerlich die Sonne scheint – wenn uns etwas gut gelingt – wenn wir lieben Menschen begegnen – wenn wir Freude haben an den Schönheiten der Natur. In all den kleinen und großen Dingen des Alltags begegnet er uns. Immer sind wir bei ihm geborgen; immer nimmt er uns an, so wie wir sind. Niemals lässt er uns im Stich. Immer hat er Zeit für uns. Er ist immer ansprechbar. Vor ihm können wir jederzeit unser Herz ausschütten. Die Leitung zu ihm ist nie besetzt.

Dieses Du Gottes passt in keine unserer Schubladen; Gott sprengt alle unsere Vorstellungen und unsere bornierten Schemata. Gott ist unbegreiflich, unendlich, unfassbar und unsichtbar. Aber er hat sich fassbar und sichtbar gemacht in Jesus.

Durch Jesus hat er ganz und endgültig gezeigt, wie und wer er ist: ganz Liebe, ganz Barmherzigkeit, ganz Sanftmut und ganz Zärtlichkeit, aber auch ganz Feuer und Glut. Dieses Du ist das Herz der Welt und hat ein Herz für jeden, auch für die Fremden, auch für die uns Unsympathischen, auch für dich und mich. Zu ihm dürfen wir schlicht Du sagen. Du, Gott, bist meine Freude, du mein Friede. Du hältst mich in deinen Händen. Bei dir bin ich geborgen, jetzt und für immer.

Genau mich hat Gott gemeint, mich – einen aus Milliarden von Menschen auf der Erde. Mich mit meiner kurzen Lebenszeit innerhalb der Milliarden Jahre seit der Erschaffung der Welt. Mich – ein winziges Moment, ein kleiner Wicht. Fast nur ein Husch und ein Hauch. Mich aus einer ganz bestimmten Familie mit all ihren Problemen. Mich aus diesem Volk mit seiner guten, aber auch mit seiner bösen Geschichte. Mich mit all meinen geringen Fähigkeiten und meinen weniger geringen Fehlern, all den Halbheiten, den Bruchstücken und Brüchen in meinem Leben. Mich, der ich oft so mutlos und traurig bin, voller Fragen und mit manchen Schrammen, mit Verwundungen, mit Ecken und Kanten. Mich mit meinen Fragen: Wer bin ich? Woher bin ich, und wohin gehe ich? Was ist mein Leben, welches der Sinn und was das Glück meines Lebens?

Mich also hat er von aller Ewigkeit her im Sinn. Mich hat er, so wie ich bin, ausgedacht und liebevoll gestaltet, gewollt und gerufen. Mich mit Leib und Seele und mit allen meinen Kräften. Mich hat er an sein Herz gedrückt. Ganz verrückt ist er auf mich. So ist er mir ganz persönlich nachgelaufen, hat mich gesucht und auch gefunden in Jesus Christus. Mir wollte und will er Freund sein. Für mich ist er deshalb am Kreuz gestorben. Mir hat er seinen Heiligen Geist geschenkt, und mir hat er seine Liebe ins Herz ausgeschüttet. Vor ihm, bei ihm darf ich einfach sein. Für ihn bin ich unendlich liebenswert. Das gibt meinem Leben Wert und Würde, gibt ihm Ansehen und Glanz.

Deshalb bin ich ganz einmalig, unwiederholbar, unnachahmlich. Ohne mich würde etwas fehlen in der Welt; ohne mich wäre die Welt ärmer. Deshalb darf ich mich nicht vernachlässigen, mich nicht wegwerfen, mein Leben nicht verpfuschen. Im Gegenteil! Ich bin wertvoll. So soll ich, kann ich, darf ich Ja sagen zu mir selbst. Ich soll, ich kann, ich darf mich annehmen. Ich soll, ich kann, ich darf mein Leben leben und mein Leben wagen. Es gehört mir. Ich darf mein Leben wagen, weil Gott es mit mir wagt. Es wurde mir geschenkt. Gott, du hast es mir geschenkt. Du hast mich mir zum Geschenk gemacht. Ich danke dir, und ich lobe und preise dich dafür.

Ruhe und Unruhe zugleich

»WIE DER HIRSCH LECHZT nach frischem Wasser, so schreit meine Seele, Gott, nach dir. Meine Seele dürstet nach Gott, nach dem lebendigen Gott« (Ps 42,2–3). Ebenso ruft der Beter des 63. Psalms: »Gott, du mein Gott, dich suche ich, meine Seele dürstet nach dir. Nach dir schmachtet mein Leib wie dürres, lechzendes Land ohne Wasser« (Ps 63,2). Rufe der Sehnsucht sind dies, Schreie einer nach Gott dürstenden Seele. *Gott fehlt* – dies ist den Betern aller Zeiten nicht nur eine schmerzliche theoretische Feststellung. Du, Gott, fehlst mir, wie das Wasser und die Luft zum Leben! Das ist der existenzielle Ruf des Menschen und die Grundsignatur jeder christlichen Religiosität.

Der Glaube, so sagen es die Meister des geistlichen Lebens, kann sich nicht in sich selbst beruhigen und abschließen, er bleibt vielmehr in seinem Innersten unruhig, ausgespannt auf Gott hin. »Man findet Gott nur, indem man ihn immer sucht«, so drückt es *Henri de Lubac*, aus, und er beruft sich dabei auf einen der großen Kirchenväter, *Gregor von Nyssa:* »Gott bleibt immer der Gesuchte.« Jeder rechte Glaube ist von einer fortwährenden inneren Unruhe und Sehnsucht getrieben, die um den unaufhebbaren Abstand zu dem Ziel weiß, auf das er sich richtet und von dem er angezogen wird.

So kann er nicht anders, als sich darauf zu verlassen, dass der Geist einspringt und zu Hilfe kommt – dass Gott, an den und auf den hin wir glauben, diesem Glauben gnadenhaft beisteht und ihn schenkt. Dies ist die Schwachheit unseres Glaubens, der gerade in dieser Schwäche stark ist. Von dieser Schwachheit ist die Rede, wenn es heißt: Der Geist nimmt sich unserer Schwachheit an. Er nimmt sich der Schwachheit des Glaubens an, er tritt für uns beim Vater ein mit einem Seufzen, das wir nicht in Worte fassen können (vgl. Röm 8,26).

Gott erforscht die Herzen und sieht das Verborgene. Dies ist zweifellos ein Appell zur Wahrhaftigkeit und Aufrichtigkeit der Nächstenliebe, des Gebetes und des Fastens. Gott schaut nicht auf unsere äußeren Taten. Nicht, als ob diese gleichgültig wären; Gott aber schaut ins Herz; ihm kommt es darauf an, dass das Herz dabei ist. Ohne diese Wahrhaftigkeit verkommt Religiosität und erst recht der Christusglaube zur hohlen Fassade.

Wenn es darum heißt, wir sollten in unsere Kammer gehen, um zu beten, dann wurde dies in der geistlichen Schriftauslegung als Bild für das Innerste, das Herz des Menschen gedeutet. Dort, so der heilige *Augustinus,* begegnet Christus dem Menschen. »Gott«, so betet er in seinen *Bekenntnissen,* »vor dessen Augen offen liegt der Abgrund des menschlichen Herzens, was sollte dir in mir verborgen sein, auch wenn ich's dir nicht bekennen wollte? Dich könnte ich wohl vor mir, aber nicht mich vor dir verbergen.« Und an anderer Stelle: »Doch du, Gott, warst innerlicher als mein Innerstes.«

Das ist eine Absage an das Äußerliche und ein Appell zur christlichen Innerlichkeit und Wahrhaftigkeit.

»Der Herr ist mein Hirte«

DER VÖLKERAPOSTEL PAULUS nennt Gott den »Vater des Erbarmens und Gott allen Trostes« (vgl. 2 Kor 1,3). Sein Wort ist es, das den Menschen in seiner Schwachheit und Gebrechlichkeit ansprechen und anrühren möchte. Gottes Wort, die Heilige Schrift mit ihrem ganzen Reichtum, ist Quelle der Hoffnung und des Trostes. Was sind uns in der Bibel nicht Worte voller Kraft und Zuversicht geschenkt, die mit uns gehen wollen, uns begleiten, ja die uns aufrichten, gerade dann, wenn wir niedergedrückt und niedergeschlagen sind. So zum Beispiel das Wort aus dem Matthäus-Evangelium: »Kommt alle zu mir, die ihr euch plagt und schwere Lasten zu tragen habt, ich werde euch Ruhe verschaffen« (Mt 11,28) oder der so zuversichtlich klingende Psalm 23: »Der Herr ist mein Hirte, nichts wird mir fehlen … Muss ich auch wandern in finsterer Schlucht, ich fürchte kein Unheil. Denn du bist bei mir; dein Stock und dein Stab geben mir Zuversicht« (Ps 23,1.4).

Diese Worte, voll an Kraft und Zuversicht, weisen letztlich hin auf das eine Wort, das menschgewordene Wort des Trostes: auf Jesus Christus selbst. In ihm, in seinem Leben und Leiden, in seinem Sterben und in seinem Auferstehen wird uns Menschen von Gott her gezeigt, wie kostbar und wertvoll ihm der Mensch und gerade der leidende Mensch ist. In Jesus Christus gibt Gott die einzige Antwort, die dem leidenden und kranken Menschen wirklich hilft, mit der er leben und mit der er auch sterben kann: Gott geht mit! Gott sagt in Jesus Christus: »Wenn du leidest, Mensch, bist du nicht alleingelassen. Im gekreuzigten und verlassenen Jesus bin ich dir nahe, stehe ich dir zur Seite, leide ich mit dir. Ich bin dir nirgends näher als gerade dann, wenn du leidest! Schau also auf das Kreuz. Glaube an die Auferstehungsmacht Jesu Christi, und dein Leiden wird sich verwandeln!«

Das ist keine billige Vertröstung, sondern das ist ein Gott, der in seiner Sympathie dem Menschen gegenüber so weit geht, dass er mit ihm leidet, ihm im wahrsten Sinn des Wortes beisteht.

Wer solchen Trost erfährt, der kann, wie der Apostel Paulus sagt, auch andere trösten helfen; der findet die Kraft, die zu trösten, die wie er in Not sind (vgl. 2 Kor 1,4). Es ist beeindruckend, wie kranke Menschen, die durch vielfältigen Trost aufgerichtet wurden, so viel Kraft finden, dass sie ihre Angehörigen aufzurichten vermögen, die mit ihnen leiden, die sich um sie und ihr Wohlergehen große Sorgen machen.

Solche Menschen ermutigen andere, die schwer krank sind, mit ihrer Situation immer mehr zurechtzukommen, bis hin zu dem Augenblick, wo sie zu ihrer Krankheit, zu ihrer Behinderung, zu ihrem Leiden ein ehrliches Ja sagen können: ein Ja, das gereift ist durch viele bittere Stunden und durchwachte Nächte, durch Bitterkeit und Auflehnung. Es ist ein schwerer Weg, aber es ist ein Weg, der den kranken Menschen weiterbringt.

Allein die Liebe zählt

ALS MODERNE MENSCHEN und als Kinder unserer Zeit gehen wir meist davon aus, dass wir unser Leben selbst in die Hand nehmen müssen. Die moderne Wissenschaft und Technik hat uns fast unbegrenzte Möglichkeiten in die Hand gegeben, um – so meinen wir – zumindest auf längere Sicht alle Probleme in den Griff zu bekommen. Weil wir an die Machbarkeit aller Dinge glauben, meinen viele, auch die Kirche und ihre Probleme seien machbar. Inzwischen sind die meisten von uns wohl etwas vorsichtiger geworden mit diesem Fortschrittsenthusiasmus. Wir wissen inzwischen sehr genau, dass wir mit unserem Fortschritt auch neue Probleme produzieren. Wir erfahren, dass der äußere Wohlstand nichts nützt, wenn wir darüber innerlich verkümmern. Nicht nur unser Leib, auch unsere Seele hat Hunger und Durst; sie hungert und dürstet nach Sinn, nach Liebe, nach Glück. Ob wir glücklich sind, darüber entscheidet aber nicht primär, was wir haben; es kommt darauf an, was wir sind.

Woraus leben wir also als Einzelne und als Gemeinde? Die christliche Botschaft gibt uns eine überzeugende Antwort auf diese Frage. Sie sagt uns: Als Geschöpfe leben wir nicht aus uns selbst. Weder die Welt noch uns haben wir selbst hervorgebracht. Niemand von uns hat das Wunderwerk der Schöpfung erfunden und konstruiert. Dass wir jeden Tag zu essen haben und ein Dach über unserem Kopf, dass wir in Freiheit und Frieden leben dürfen, während dem weit größeren Teil der Menschheit dies alles mangelt, das ist nicht allein unser Verdienst. Das alles ist Geschenk. Dafür müssten wir jeden Tag aufs Neue aus ganzem Herzen Gott dem Schöpfer und dem Geber aller guten Gaben danken. Wir leben nicht aus uns selbst, wir leben, weil er gut ist und weil er es gut mit uns meint.

Wir alle sind auf Vergebung angewiesen; wir alle bedürfen der Erlösung. Wir alle und jeder Einzelne von uns ist darauf angewiesen, dass uns Jesus, der gute Hirt, entgegenkommt, uns aus den Dornen, in denen wir uns verstrickt haben, befreit, uns auf seine Schultern nimmt und uns zum wahren Leben zurückbringt. Wir alle können nur aus der unendlichen Barmherzigkeit Gottes leben.

Die Barmherzigkeit Gottes leben und im Leben bezeugen. Gottesliebe und Nächstenliebe gehören für Jesus unmittelbar zusammen. Die Aufforderung, gegenüber seinen Mitmenschen barmherzig zu sein, kehrt deshalb in den Evangelien oft und oft wieder. Denken wir nur an die Seligpreisungen der Bergpredigt: »Selig, die Barmherzigkeit üben, sie werden Erbarmen finden« (Mt 5,7). Jesus macht unsere Barmherzigkeit gegenüber den Armen, Verfolgten, Notleidenden aller Art sogar zum Kriterium seines Urteils im Gericht (vgl. Mt 25,31–46). Die Barmherzigkeit ist der Maßstab, an dem wir alle einmal gemessen werden. Am Ende können wir nichts mitnehmen; allein das, was wir aus Liebe und Barmherzigkeit getan haben, wird Bestand haben. Allein die Liebe zählt für immer.

Die Liebe, welche Stärke ist, ist so souverän, dass sie auch von sich selbst absehen kann, dass sie sich in den anderen versetzen und die Welt mit seinen Augen ansehen kann. Es bedeutet nicht Schwäche, sondern Großmut, wenn man verzeihen kann. Nur ein barmherziger Mensch ist ein wirklich menschlicher Mensch. Stünde es nicht gerade uns Christen an, so wie Jesus die anderen mit auf unsere Schultern zu nehmen, ein Herz für sie zu haben und uns ihre Not und ihre Probleme zu Herzen gehen zu lassen? Recht und Gerechtigkeit sind hohe Güter der Menschheit. Aber Recht ohne Barmherzigkeit bleibt kalt; es kann zum höchsten Unrecht werden. Das Recht gibt jedem das Seine. Aber wir schulden dem anderen eben nicht nur dieses oder jenes; was der andere und was auch wir selbst brauchen, ist Verstehen, Annahme, Liebe, persönliche Wärme. Erst die Barmherzigkeit wird der Würde des anderen voll gerecht; erst eine Kultur und Zivilisation der Liebe ist eine wahrhaft menschliche Zivilisation. Die Liebe, die wir anderen schenken, kehrt ins eigene Herz zurück.

Gott ist Liebe

GOTTES RECHT UND GERECHTIGKEIT wird überboten von seiner Liebe. Er ist ein Gott, der ein Ohr hat und der hören kann, wenn wir zu ihm rufen. Er ist ein Gott, der ein Auge hat für die Not der Menschen. Er ist ein Gott, der ein Herz hat, der helfen kann und hilft, wenn man zu ihm ruft. »Gott ist Liebe« (vgl. 1 Joh 4,16).

Dies ist eine aufregende und geradezu revolutionäre Botschaft. Sie sagt uns, woraus wir wirklich leben: nicht aus dem, was wir leisten und was wir haben. Das Immer-mehr, Immerschneller macht unsere Seele nicht wirklich satt; der rein äußere Fortschritt lässt uns vielmehr innerlich veröden. Nicht nur unser Leib, auch unsere Seele hat Hunger und Durst. Sie hungert und dürstet nach Glück, nach Sinn und letztlich nach Liebe. Sie sucht nach jemand, der uns ganz und gar annimmt und bejaht.

Dieses Ja ist uns von Gott her bereits in der Schöpfung begegnet. Alles, was wir sind und was wir haben, ist nicht selbstverständlich. Gottes Liebe zeigt sich nicht nur in der Schöpfung. In der Geschichte hat Gott die Menschen immer wieder angesprochen als seine Freunde und uns zur Gemeinschaft mit sich eingeladen. ER ist in Jesus Christus selbst Mensch geworden, um unser aller Bruder zu sein.

So ist er ganz ein Gott der Menschen, der seine Sonne aufgehen lässt über Gerechten und Ungerechten, über Frommen und Sündern (vgl. Mt 5,45). Wie er uns mahnt, unseren Nebenmenschen siebenundsiebzig Mal, das heißt unendlich oft zu vergeben (vgl. Mt 18,22), so ist auch er bereit, jedem zu vergeben, der umkehrt und Buße tut.

Zu diesem Gott dürfen wir beten. Wir sollen ihm nicht nur danken, wir dürfen ihn auch bitten. Das Gebet, besonders das Bittgebet, ist der Ernstfall des Glaubens. Nicht nur unser Leib, auch unsere Seele braucht immer wieder eine Verschnaufpause, wo sie Atem schöpfen kann. So wie menschliche Beziehungen veröden und absterben, wenn man nicht immer wieder miteinander spricht, so ist es auch mit unserer Beziehung zu Gott. Es gibt kein Christsein ohne Gebet, und es gibt kein intensives Christsein ohne intensives, inständiges Gebet. Im Beten auf den hörenden, barmherzigen Gott hören, das bedeutet, selbst ein hörender und barmherziger Mensch zu werden, der ein Herz hat für andere. Ein betender Mensch sein heißt zugleich ein menschlicher Mensch werden, der Liebe empfängt und Liebe weiterschenkt.

Schau nicht nur nach unten, nicht nur zurück, auch nicht nur nach vorn. Schau nach oben. Dort tut sich die eigentliche Weite und die größere Perspektive auf. Hört nicht auf zu beten, und ihr werdet leben.

»So sehr hat Gott die Welt geliebt«

DIE HOFFNUNG AUF DAS NEUE und ganz andere scheint unausrottbar zum Menschen zu gehören. Ohne diese Hoffnung kann niemand leben. Diese urmenschliche Hoffnung auf eine andere und größere Dimension, auf das Wunder des Neuen spricht Jesus an, wenn er im Gespräch mit Nikodemus (vgl. Joh 3,1–13) von der neuen Geburt, vom neuen und ewigen Leben und vom Geist spricht, der weht, wo er will. Diese Hoffnung auf das Neue meint er, wenn er an die Dimension des Himmels über der Erde erinnert. So gibt Jesus gegen alle Skepsis und Resignation der Hoffnung des Menschen recht. Jesus weiß um den Mehrwert des Menschen. Der Mensch, der geschaffen ist nach dem Bild und Gleichnis Gottes, findet die Erfüllung seines inneren Hungers und Durstes allein in der Gemeinschaft mit Gott. Nicht der Himmel ist eine Vertröstung, vielmehr wird die Erde letztlich trostlos, wenn man sie vom Himmel abkettet und die Hoffnung auf ewiges Leben eskamotiert.

Was ist der Grund solcher Hoffnung? Nach dem Evangelium das Zeugnis dessen, der vom Himmel herabgestiegen ist, das Zeugnis des Menschensohnes. Dieses Zeugnis lautet: »So sehr hat Gott die Welt geliebt, dass er seinen einzigen Sohn hingab« (Joh 3,16).

»Gott ist Liebe«, so fasst der 1. Johannesbrief diese Botschaft zusammen (1 Joh 4,16). Dass Gott ist und dass er kein toter, sondern ein lebendiger, liebender Gott ist, bedeutet: Das, was ist, ist nicht alles, was ist, und schon gar nicht alles, was sein wird. Der letzte und tiefste Grund aller Wirklichkeit ist Leben und Liebe. Liebe ist der letzte und tiefste Sinn des Seins – Liebe, die jedem Einzelnen von uns gilt, die jeden Einzelnen von uns meint und jeden Einzelnen von uns annimmt und bejaht. Wie Gott schöpferische Liebe ist, ist er schöpferische Möglichkeit über alles Bestehende und selbst über alles hinaus, was wir Menschen uns ausdenken können.

Liebe kann man nicht beweisen; sie erweist und imponiert sich selber. Man kann sich ihr aber verschließen – oder ihr im eigenen Leben eine Chance geben. Wer sich der Liebe als Grundakkord seines Lebens aufschließt, der gibt auch der Hoffnung eine Chance, der Hoffnung nämlich, dass nicht Lüge, Hass und Gewalt, dass nicht die destruktiven Mächte des Todes, sondern Wahrheit, Barmherzigkeit, Freiheit, Frieden das letzte Wort haben. Wer an die Liebe glaubt, der gibt dem Leben recht und nicht dem Tod.

Wer an die in Jesus Christus offenbarte Liebe glaubt, der hat das Leben – das ewige Leben. Wagen wir das Leben, weil Gott es mit uns wagt, weil wir in allem, was da kommt, von ihm getragen und gehalten sind? Wollen wir selber Zeugen solcher den Egoismus und das nackte Interessendenken überwindenden Liebe, Zeugen der Versöhnung, der Barmherzigkeit und des Friedens sein?

Bleiben in Gottes Liebe

»WENN IHR MEINE GEBOTE HALTET, werdet ihr in meiner Liebe bleiben, so wie ich die Gebote meines Vaters gehalten habe und in seiner Liebe bleibe« (Joh 15,10). Das ist hohe Theologie. Sie bringt zum Ausdruck, was die Welt im Tiefsten zusammenhält:

die ewige Liebe zwischen Vater und Sohn, ihr gegenseitiges Ineinanderbleiben und ihre innige Gemeinschaft. Gott ist also von Ewigkeit her Liebe zwischen Vater und Sohn. Der tiefste Grund und der letzte Sinn aller Wirklichkeit ist darum nicht etwa ein blindes Schicksal, eine Laune des Zufalls oder ein ehernes Gesetz des Werdens und Vergehens. Die Wirklichkeit ist in ihrem tiefsten Grund Liebe und Treue.

An dieser Liebe gibt Gott uns bereits in der Schöpfung Anteil. Keiner von uns könnte auch nur einen Atemzug tun, ohne dass Gott ihn trägt und spricht: Ich will, dass du bist und dass du bleibst. Wir alle sind, so sagt es der Kirchenvater *Augustinus,* weil Gott gut ist und weil er treu ist. An dieser Liebe und Treue gibt uns Gott noch viel innigeren Anteil durch Jesu Wort und Werk. Jesu Liebe gipfelt darin, dass er sein Leben hingibt für seine Freunde, dass er uns einbezieht in seine Beziehung zum Vater. Er tut dies aus freiem Willen, aus reiner Gnade und purer Liebe.

Wir sind hineingestellt in das Licht der Offenbarung. Wir wissen um die ewige Liebe als Grund und Sinn unseres Daseins. Durch die Taufe auf den Namen Jesu Christi und die Gemeinschaft mit ihm ist unser Leben der Unstetigkeit, dem Suchen ohne Finden, dem Umhergetriebensein und der Verlorenheit entrissen. Wir sind vor Anker gegangen in dem, was bleibt. Wir haben bleibenden Grund unter den Füßen; unsere Existenz ist für immer geborgen in Gottes Liebe und Gottes Treue.

In Jesus Christus ist uns ja Gottes Liebe und Gottes Treue in letzter Endgültigkeit und absoluter Unüberbietbarkeit erschienen. Deshalb ruft Jesus dazu auf, in der Gemeinschaft mit ihm zu bleiben: »Bleibt in mir, dann bleibe ich in euch« (Joh 15,4). Ohne ihn können wir nichts tun; ohne ihn sind wir wie die Rebe, welche vom Weinstock abgeschnitten wird und verdorrt. Nur gehalten von ihm, dem lebendigen Weinstock, haben wir Kraft und Leben, können wir in Treue durchhalten.

Das Bleiben in Jesus Christus geschieht konkret durch das

Bleiben in seinem Wort, durch das ständige Sich-Hineindenken, ja Sich-Hineinbeten in das, was er uns sagt. Sein Wort ist nicht toter Buchstabe, sondern Geist und Leben; es ist uns Licht, das die Dunkelheit unseres Daseins erhellt und uns sichere Orientierung schenkt. Am innigsten und tiefsten erfahren wir die Gemeinschaft mit Jesus Christus in der heiligen Eucharistie, durch die heilige Kommunion: »Wer mein Fleisch isst und mein Blut trinkt, der bleibt in mir und ich in ihm« (Joh 6,56). Und was ist diese Gemeinschaft anderes als innigste persönliche Freundschaft mit Jesus Christus: »Ich nenne euch nicht mehr Knechte, sondern Freunde« (vgl. Joh 15,15).

Christ sein

CHRISTSEIN, DAS HEISST ZUNÄCHST: sich an Jesus Christus orientieren, ihn zum Maßstab nehmen. Es heißt auf ihn hören, was er mir zu sagen hat, was er tut. Was hat uns Jesus zu sagen? Welchen Weg weist er dir und mir? Sein Lebensprogramm heißt: »Die Zeit ist erfüllt, das Reich Gottes ist nahe. Kehrt um und glaubt an das Evangelium!« (Mk 1,15). Das ist sein Anspruch. Mit diesen knappen Sätzen fasst es das älteste Evangelium zusammen. Einfache und doch schwerwiegende Worte sind das.

Anders ausgedrückt heißt das: Die Zeit des Wartens ist zu Ende. Mit mir, mit Jesus von Nazaret bricht etwas Neues an. Gott will endlich herrschen, wie im Himmel, so auf Erden, und seine Herrschaft soll eine Segensherrschaft sein. Habt Vertrauen zu mir und meiner Frohen Botschaft. Kehrt um, das heißt ändert euer Denken, wendet euch mir zu. Verlasst die ausgetretenen Trampelpfade, die euch doch nicht weiterbringen. Lasst euch ein auf meinen Weg. Lasst euch auch befreien aus den Fesseln eurer Schuld, eurer Angst, eurer Verstrickungen und Erstarrungen. Lasst euch von mir beschenken mit einem neuen Leben, einem Leben in Fülle!

Ein neues Leben beginnen: ein Leben, wie es »eigentlich« (das heißt von Gott her) sein müsste; ein Leben ohne all die unglücklichen Abhängigkeiten, Einschränkungen und Prägungen; ein Leben mit einem großen Ziel in einer hellen Zukunft.

Reich Gottes – das hat mit mir zu tun. Da, wo wir hingestellt sind, da sollen wir dem Reich Gottes zum Durchbruch verhelfen, es sichtbar machen. Das Reich Gottes ist nicht am Ende der Welt, wie sich auch Himmel und Erde nicht am Ende der Welt berühren, sondern es ist mitten in der Welt, wo der Himmel schon als Keim in der Erde steckt; das Reich Gottes ist an dem Ort, den Gott uns zugewiesen hat.

Überall da will das Reich Gottes aufbrechen und sichtbar werden, wo Menschen die Situation annehmen und gestalten, in die sie gestellt sind, da, wo Menschen einander annehmen, einer den anderen, so wie er ist.

»Du hast mehr Möglichkeiten, als du ahnst, ganz zu schweigen von den ungeahnten Möglichkeiten Gottes mit dir« (Bischof *Franz Kamphaus*).

Treue zu Christus

EIN BISCHOF BERICHTETE nach einem Besuch in Rumänien von einer Ordensschwester, die nach der Schließung der Nuntiatur in Bukarest, in der sie gearbeitet hatte, als »Spionin« verhaftet worden war und 14 Jahre im Gefängnis zugebracht hatte. Dreimal hat man ihr die Freilassung angeboten, wenn sie ihr Leben als Ordensschwester aufgebe. Sie dürfe sogar in Freiheit als Ordensschwester leben, wenn sie mit dem Geheimdienst zusammenarbeite. Es ist erstaunlich, zu welch großmütiger Antwort diese Ordensschwester schließlich findet. Sie sagt:

»Freiheit ist ein hohes Gut; ein höheres Gut ist aber, sich treu zu bleiben.«

Das ist das Zentrum und die Mitte unseres Glaubens und unseres Lebens als Christ: nämlich Gott, den Menschen und sich selbst treu zu bleiben.

Wir können uns selbst nur dann treu sein, wenn wir die Treue zu Jesus Christus bewahren und wenn uns Christus in seiner Treue hält. Dazu brauchen wir nicht viele Worte, sondern eine tief empfundene Freundschaft zu Jesus Christus.

Wer manche Höhen und Tiefen durchgemacht und durchlitten hat, hat auch Einsicht in die Treue Gottes. Er weiß dann, dass es nicht allein auf unsere Leistung und unser Tun ankommt. Er kann loslassen und, wenn es darauf ankommt, sich einem neuen Lebensabschnitt zuwenden. Er kann das tun, weil er die Breite der Wohltaten Gottes, die Länge seiner Verheißungen und die Höhe seiner Majestät erahnt und weil die Bekanntschaft mit ihm aufleuchtet.

Der Acker Gottes

PAULUS WEISS, dass der Glaube ein Weg ist, ein Prozess. Da kommt keiner von uns jemals ans Ende, jeder steht immer wieder neu am Anfang. Stillstand wäre Rückschritt. Und dann sagt Paulus von der Gemeinde, sie sei Gottes Ackerfeld (vgl. 1 Kor 3,9).

Der Apostel will damit dreierlei sagen. Damit auf einem Acker etwas wächst – das weiß jeder –, muss man zunächst umpflügen, man muss Furchen ziehen, man muss Verhärtungen und Verkrustungen aufbrechen. Man kann nicht einfach alles so wachsen lassen. Man muss den Wildwuchs beschneiden, das Unkraut beseitigen, den Boden bereiten. So ist es in einer christlichen Gemeinde. So ist es auch im Leben jedes einzelnen Christen. Da muss umgegraben werden, da muss immer wieder Umkehr, Umdenken, Kurskorrektur stattfinden. Buße und Umkehr sind unerlässlich für jeden Christen und für jede Gemeinde.

Wo sind bei mir, wo sind bei uns Verkrustungen und Verhärtungen? Wo sind wir festgefahren in Gewohnheiten, die wir nicht mehr infrage stellen? Wo gibt es Wildwuchs? Wo wird die Saat des Wortes Gottes in meinem Leben erstickt?

Es gibt nur einen festen Grund, der in Ewigkeit bleibt: Gottes eigenes Wort. Es gibt wesentliche Orientierung. Damit ein Acker Frucht bringt, muss er gewiss zunächst umgepflügt und bereitet werden. Aber dann kommt das Säen und Pflanzen. Denn aus nichts wird hier nichts. Nun ist so ein Samenkorn etwas ganz Kleines und Unscheinbares. Ein Pflänzchen, das man im Frühjahr setzt, ist sehr winzig, klein und schwach. Säen und Pflanzen ist sozusagen ein Akt des Vertrauens. Ob aus dieser kleinen, winzigen Sache etwas Großes und Schönes wie eine Blume oder ein Fruchtstrauch werden kann? Auf Hoffnung hin sät man aus und pflanzt man. So tut das auch der Apostel. Die Saat, die er ausstreut, ist das Wort Gottes, das er einsenken will in die Herzen der Menschen. Auch dieses Wort Gottes ist nach außen hin nichts Großartiges. Er verkündet einfach Gottes frohe Botschaft von unserem Heil, weil er glaubt und überzeugt ist: dieses Wort ist das Wort, ist das Brot des Lebens. Er ist überzeugt davon, dass wir nicht vom Brot allein leben, sondern letztlich von jedem Wort, das aus dem Mund Gottes kommt. Dieses Wort Gottes ist Orientierung, Nahrung, Licht und Leben.

Wer einen Acker oder einen Garten bestellt, muss warten können. Er muss Geduld haben, bis etwas wächst. Jeder von uns weiß, dass man das nicht einfach machen kann. Man kann zwar durch das Düngen ein bisschen nachhelfen. Aber man kann das Wachstum nicht einfach organisieren, man kann die Pflanzen nicht »in die Länge ziehen«. Das Wachsen hängt auch nicht nur von uns ab. Es hängt ab von der Sonne und vom Regen. Letztlich ist jede Ernte ein Geschenk Gottes. Früher wusste man noch besser, dass man Erntedank feiern muss, weil man vom Segen des Himmels abhängig ist. Auch im Christen- und Gemeindeleben ist dies so. Christsein ist Gnade.

Wir können das Reich Gottes nicht machen, nicht organisieren und konstruieren. Aber eines können wir tun. Wir können beten: »Dein Reich komme.« »Komm, Schöpfer Geist, erfülle du die Herzen der Gläubigen, schenke du ihnen Glut des Glaubens, der Hoffnung und der Liebe. Schenke du uns wieder mehr geistliche Berufe.« Gott liebt die leeren und betenden Hände.

Hoffnung

WAS IST HOFFNUNG? Um dieser Frage näherzukommen, eine kleine Geschichte. Sie heißt: »Die Blume in der Wüste«.

Es war einmal eine kleine Blume, die stand mitten in der Wüste. Täglich wartete die kleine Blume auf einen Regentropfen. Jemand hatte ihr mal erzählt, wie wichtig und schön der Regen sei. Doch wenn es wirklich nach Regen roch, kamen die Geier und fingen alle Hoffnung ab. Mit Mühe hielt sich die kleine Blume im lockeren Boden und hatte einfach Angst: Angst vor der sengenden Hitze, Angst vor der Einsamkeit, Angst vor dem nächsten Sturm. Ein Kolibri (das ist ein kleiner Vogel) sah ihre Traurigkeit und sagte dies den anderen Tieren weiter. Doch der Stier hatte kein Interesse. Für ihn galt nur, was stark ist. Auch der Bernhardiner blieb kalt. Ihn rührte nichts. Sein Hobby war die Langeweile. Und die Elster, die immer so große Töne schwang, sagte, sie habe zu viele Termine und deshalb wirklich keine Zeit. Da war der Kolibri verzweifelt. Denn was sollte ausgerechnet er, der kleinste unter den Vögeln, tun? Da schwirrte er kurzentschlossen zu den Ameisen und berichtete ihnen von den großen Traurigkeiten der Blume. Ohne zu zögern bildeten die kleinen Ameisen eine lange Kette und schleppten Grassamen und Früchte bis an die Wurzel des Kummers. Sie benetzten alles ein wenig mit Tau, und es dauerte nicht lange, da wuchs Leben mitten in der Wüste, und die kleine Blume entwickelte sich zu strahlendem Glanz, den ihr vorher niemand zugetraut hatte. Das alles war nur möglich, weil der Kolibri die Ameisen benachrichtigt hatte. Was also ist Hoffnung?

Hoffnung ist eine Kraft, die die Welt verändern und zum Blühen bringen kann. Ohne Hoffnung kann niemand leben. Ohne Hoffnung verdorren wir wie die kleine Blume. Dabei ist es wichtig, dass der einzelne Mensch nicht nur still für sich alleine »dahinhofft«; er muss seine Wünsche und Hoffnungen anderen mitteilen und so Freunde gewinnen. Wo zwei gemeinsam eine Hoffnung haben, ist der erste Schritt zur Erfüllung schon getan. Der kleine Kolibri hat gemerkt, was der kleinen Blume in der Wüste fehlte. Er hat sich dafür eingesetzt, dass die kleine Blume wieder hoffen kann, dass es ihr besser geht. Er hat der Blume dazu verholfen, dass sie aufblühen und so anderen Freude machen konnte.

Zu Weihnachten haben wir daran gedacht, dass Gott in Jesus für uns Mensch geworden ist. Wir haben gefeiert, dass Gott auf unserer Seite steht. Gott wird Mensch, weil er uns liebt. Gott wird ein Kind, weil er besonders die Kinder liebt. Wir stehen und leben nie mehr allein; denn Gott steht immer an unserer Seite. Er ist bei uns. Für ihn ist jeder Mensch, jedes einzelne Kind wichtig. Er will jedem Hoffnung schenken. Hoffnung zu verbreiten, das ist unsere Aufgabe.

Freude am Glauben

VOM HEILIGEN GEIST ERFÜLLT bricht es voll Freude aus Jesus heraus: »Ich preise dich Vater, Herr des Himmels und der Erde, dass du all das den Weisen und Klugen verborgen, den Unmündigen aber offenbart hast« (Lk 10,21). Und Jesus fügt im Blick auf seine Jünger hinzu: »Selig die Augen, die sehen, was ihr seht« (Lk 10,23).

Freude ist ja etwas anderes als Ausgelassenheit, Spaß, Pläsier, Amüsement, sie ist kein billiger Optimismus, der alles durch eine rosarote Brille sieht. Wahre Freude ist nicht ohne die Gegenerfahrung des Leidens zu haben. Ausgerechnet die Menschen, die schon viel gelitten haben, können sich auch am meisten freuen.

Ja, wirkliche Freude geht durch Entbehrung und Leid hindurch. Freude kommt dort auf, wo man das Gute und Schöne eben nicht als selbstverständlich, sondern als Geschenk empfindet. Freude besiegt das Leid, sie überbietet und übersteigt es. Sie lacht trotz allem und spottet über die bösen Mächte und Gewalten. Sie ist getröstet, weil sie Zeichen wahrnimmt, dass die Wirklichkeit in ihrer Tiefe trotz allem stimmt. Freude ist die Erfahrung einer trotz allem alles umgreifenden und übergreifenden, durch nichts zu erschütternden Stimmigkeit der Welt.

Solche Freude kann nur dort aufbrechen, wo Glaube da ist, Glaube daran, dass die Wirklichkeit mehr ist als das, was man sieht, mehr als das, was man berechnen, planen und machen kann, mehr als was man haben und konsumieren kann, mehr auch als all das Negative und Destruktive dieser Welt. Freude entzündet sich an einer Instanz und an einer Wirklichkeit, die mehr ist als alles dies. Freude setzt letztlich voraus, dass Gott ist, dass er da ist, dass er sich in vielleicht kleinen und unscheinbaren Zeichen zeigt und als gütig erweist und dass er am Ende Recht und Gerechtigkeit herstellt.

Freude entzündet sich darum an der Erfahrung der Schöpfung, an der Schönheit einer einzigen Blume – und wie viele gibt es nicht von ihnen! Zeigt diese Schöpfung nicht einen unvorstellbaren Reichtum und eine unzerstörbare und unerschöpfliche Lebenskraft, die uns immer wieder staunen macht? Dürfen wir nicht immer wieder von ihren Früchten genießen und uns daran laben? Jawohl, wir dürfen uns der guten Schöpfungsgaben erfreuen. Gott hat sie auch für uns und zu unserer Freude gemacht.

Freude entzündet sich an der Botschaft, dass Gott uns vor aller Ewigkeit, noch längst bevor wir geboren wurden, gekannt und liebevoll bei unserem Namen gerufen hat, dass er uns erwählt hat als seine Kinder und uns durch Jesus Christus seine Liebe und Barmherzigkeit geoffenbart hat. In diesem Glauben wissen wir, dass wir keine bloße Nummer, kein austauschbares Rädchen im Räderwerk der Welt, keine Laune des Schicksals und kein Zufallsprodukt der Evolution sind. Wir sind wer, weil wir gewollt, angenommen und geliebt sind. Wir sind, sei und komme was da wolle, geborgen in Gottes Liebe.

Freude entzündet sich vollends und geradezu überschwänglich an der Botschaft von Ostern und Pfingsten. Denn Jesu Auferweckung von den Toten heißt doch, dass nicht Unrecht und Gewalt, dass nicht Lüge und Hass das letzte Wort haben, dass Gott vielmehr der Gerechtigkeit, der Wahrheit und der Liebe recht gegeben hat. Das österliche Halleluja stimmen wir an, weil an Ostern das Leben ein für alle Mal triumphiert hat über den Tod und die vielen schrecklichen Mächte des Todes. An Ostern hat Gott die Welt wieder stimmig gemacht und so Osterfreude ermöglicht.

Durch den Heiligen Geist, den Gott an Pfingsten und seit Pfingsten in die Herzen der Gläubigen ausgießt, lässt er uns schon jetzt Anteil haben an diesem neuen, unzerstörbaren, ewigen Leben. Denn Gottes Heiligen Geist erfahren wir konkret immer dann, wenn einer oder ein ganzes Volk ausbricht aus dem Teufelskreis von Hass und Gewalt, wenn Verständigung und Versöhnung möglich werden.

Zu einem Leben aus der Freude des Glaubens gehört die Freude an Gottes Wort, das wir viel zu wenig kennen und deshalb viel zu wenig schätzen. Dazu gehört die Freude an Gebet und Gottesdienst. Wir haben in dem Maße Grund zur Zuversicht und zur Freude, in dem wir das, was Mitte und Höhepunkt des ganzen christlichen Lebens ist, die Feier der Eucharistie, der Danksagung, zur Grundhaltung unseres Lebens machen.

Nächstenliebe

»MEISTER, WAS MUSS ICH TUN, um das ewige Leben zu gewinnen?« (Lk 10,25). Das ist die entscheidende Frage, die nicht nur der Gesetzeslehrer von damals Jesus stellte – es ist die entscheidende Frage, welche jeder von uns, welche vor allem junge Menschen sich stellen. Etwas moderner übersetzt heißt diese Frage: Wie muss ich es anpacken, dass mein Leben gelingt, dass es rund wird, dass ich es zu etwas bringe, dass es glückt?

Glücklich werden wir, wenn wir dem Ruf und der Berufung folgen, die jeder Mensch in sich trägt. Denn Gott hat von Ewigkeit her für jeden von uns einen Plan gemacht und jedem seinen Platz zugedacht; er hat ihn ins Dasein gerufen, damit er diesen Platz einnehme und ausfülle. Das Glück des Lebens besteht darin, diesen Platz, diese Aufgabe, diese Berufung zu finden und sie dann auch auszufüllen. Das Elend und die Krise aber bestehen darin, dass viele junge Menschen nicht mehr wissen, wozu sie da sind, was der Sinn ihres Lebens ist, welches ihre Berufung ist, was sie mit ihrem Leben anfangen sollen. Sie kommen sich unnütz und überflüssig vor. Sie sind Menschen ohne Berufung und ohne Zukunft.

Jesus gibt im Evangelium die Antwort. Dort sagt er uns, was der Inhalt eines gelungenen Lebens ausmacht: Gott lieben aus ganzem Herzen, ganzer Seele und aller Kraft und den Nächsten wie sich selbst.

Gott begegnen wir vor allem im Nebenmenschen. Er ist Gottes Bild und Gleichnis. Gott und der Nächste gehören darum zusammen. »Was ihr dem geringsten meiner Brüder getan habt, das habt ihr mir getan«, sagt Jesus (Mt 25,40).

Wirklich frei ist, wer auch von sich frei ist, wer loslassen kann, wer schenken und teilen kann. Wahre Freiheit besteht im Dasein für Gott und für die anderen. Gott und dem Nächsten zu dienen, das ist nicht Last, das ist Erfüllung, das ist Glück, das ist Leben – Leben, das nimmer aufhört, ewiges Leben.

Ja, wie geht das denn? Wie soll ich das machen? Oder wie der Gesetzeslehrer im Evangelium: »Und wer ist mein Nächster?« (Lk 10,29). Jesus hält zur Antwort keine Predigt und keine Vorlesung. Er erzählt eine Geschichte, ein Gleichnis. Es ist das weltbekannte und weltberühmte Gleichnis vom barmherzigen Samariter.

Das Aufregende und Spannende an diesem Gleichnis ist, dass Jesus ausgerechnet einen Samariter zum Vorbild erhebt. Denn die Samariter standen bei den Juden nicht hoch im Kurs; sie galten den Juden als unrein. Darüber setzt sich Jesus hinweg. Er zieht den Samariter dem Priester und dem Leviten vor. Warum? Weil es ihm nicht auf das fromme Getue ankommt, sondern auf den konkreten, alltäglichen Dienst, der darin besteht, dass ich mich auf den konkreten Menschen einlasse, der mir begegnet und der meine Hilfe braucht.

Solcher Samariterdienst ist konkret. Er kostet wertvolle Zeit. Der Samariter war ja auf Geschäftsreise und hatte sicher keine Zeit zu verlieren. Doch das vergisst er, weil ihm die Not des halbtot Daliegenden zu Herzen geht. Er schaut nicht einmal auf seine gute Reisekleidung. Er beugt sich herab in den Staub, kommt dem Daliegenden ganz nahe; er reinigt seine Wunden, gießt Öl und Wein hinein und verbindet sie.

Das Leben als Dienst zu verstehen ist nicht das Selbstverständlichste von der Welt. Im Gegenteil, Egoismus, Hab- und Geltungssucht steckt in uns allen. Wir haben die Liebe nicht aus uns. Nicht umsonst bezeichnet sie Paulus als eine Gabe.

Danken

PAULUS SAGT IM EPHESERBRIEF, er höre nicht auf, für den Glauben seiner Gemeinde an Jesus, den Herrn, zu danken.

Es überrascht, wie oft sich dieses Motiv des Dankes in den Briefen des Apostels findet. Zum Jammern und Klagen hätte er wahrlich genug Grund (und mehr Grund als wir) gehabt. Aber er sieht, was Gott Großes in aller menschlichen Unansehnlichkeit wirkt und welchen Reichtum er uns, seiner Kirche, anvertraut hat. Haben nicht auch wir Grund zum Danken?! Wie viele schwierige und fast aussichtslos erscheinende Situationen konnten mit Gottes Hilfe gemeistert werden?! Wie viel Glaube, Hoffnung und Liebe sind aufgeblüht?! Auch in der Gegenwart gibt es Grund zum Dank. Es gibt vor allem viel mehr Beter und Beterinnen, als die meisten wissen.

Solcher Dank zeigt uns, dass wir den Mut nicht sinken zu lassen und nicht zu verzagen brauchen. Jesus Christus ist auch heute Herr und Hirt seiner Kirche. Wir dürfen unsere Situation deshalb als Herausforderung begreifen. Noch mehr: In diesem tiefgreifenden, in seinen ganzen Ausmaßen erst ahnungsweise wahrnehmbaren Umbruch in der Kirche wie in der Gesellschaft und in der gesamten Welt müssen wir die Wegzeichen Gottes erspüren und ihnen aus der Kraft christlicher Hoffnung entsprechen. Auch unsere Zeit ist Gottes Zeit!

Ohne Gott fällt alles auseinander, fällt alles ins Nichts. Der

Tod Gottes wäre – wie sein »Prophet« *Friedrich Nietzsche* hellsichtig erkannte – auch der Tod des Menschen. Der Gottesglaube dagegen sagt jedem Einzelnen von uns: Du bist unbedingt angenommen, bejaht, geliebt bis in den Tod und auf ewig über den Tod hinaus.

Dieser Gottesglaube verändert das Leben und die Welt. An Gott glauben heißt, dass unsere Freiheit verantwortliche Freiheit ist, dass wir Ehrfurcht haben müssen vor dem Leben und dass uns die Schöpfung zu bewahren aufgegeben ist. Wenn der eine Gott der Vater aller Menschen ist, dann sind alle Menschen Brüder und Schwestern, die sich mit Toleranz und Respekt begegnen müssen.

Was wir gegenwärtig vor allem brauchen, ist: neue Zuversicht und neue Hoffnung. Wir müssen uns neu bewusst werden, welchen Reichtum die christliche Botschaft vom lebendigen Gott in der einen weltweiten Gemeinschaft der Kirche für uns und für unsere so richtungslos gewordene Welt bedeutet. Dazu gibt es auch heute keine Alternative. So müssen wir mit dem Apostel beten: »Er erleuchte die Augen eures Herzens, damit ihr versteht, zu welcher Hoffnung ihr durch ihn berufen seid, welchen Reichtum die Herrlichkeit seines Erbes den Heiligen schenkt und wie überragend groß seine Macht sich an uns, den Gläubigen erweist durch das Wirken seiner Kraft und Stärke« (Eph 1,18–19). Solche Glaubensgewissheit vertreibt alle Verzagtheit; sie macht Mut und spornt an zu neuem Tun. Dafür dürfen wir danken.

MUSICA SACRA –
KIRCHENMUSIK

Musik – Zeichen der Hoffnung

KIRCHENMUSIK UND LITURGIE bilden eine innere Einheit. Die Liturgie ist wesentlich auf die Kirchenmusik angewiesen. Einer liturgischen Feier, in der nicht gesungen wird, fehlt ein wesentliches Element, und wer in der Kirchenmusik nicht mehr sehen möchte als schmückendes Beiwerk, unterschätzt ihren Wert.

»Die Hoffnung hebt sich wie ein Lied.« Diese Aussage bringt etwas zur Sprache von dem inneren Zusammenhang zwischen Liturgie und Musik; es weist die Richtung für die Beantwortung der Frage, warum es Kirchenmusik überhaupt geben kann und warum Musik für die Kirche so wichtig ist. Das entscheidende Stichwort ist das Wort »Hoffnung«.

Wer hofft, sieht etwas, was der Hoffnungslose nicht sieht. Er sieht über das Gegebene hinaus. Er sieht selbst in der größten Dunkelheit ein Licht am Horizont, ein Licht, das ihn auf seinem Weg führt, ein Licht, das ihm Mut macht und ihn stärkt. Hoffnung ist für uns nicht nur wichtig, wenn wir in einer verzweifelten Lage stecken. Letztlich ist alles, was wir tun und denken, von irgendeiner Hoffnung getragen. Wir hoffen, dass wir Begonnenes gut zu Ende bringen, dass wir eine Idee verwirklichen können. Wenn wir morgens aufstehen, beginnen wir den Tag in der Hoffnung, dass wir ihn auch gut beenden. Wenn wir uns abends schlafen legen, sind wir zuversichtlich, dass wir am nächsten Tag wieder aufwachen.

Als Menschen sind wir Wesen der Hoffnung, und in der Hoffnung überschreiten wir uns selbst. Denn hoffend sind wir uns immer selbst voraus, sind wir bei dem, was noch nicht ist. In letzter Konsequenz zielt echte Hoffnung immer auf das Absolute. Daher kann sie letztlich nur in Gott Erfüllung finden. Daher können wir Menschen als Wesen der Hoffnung nur in Gott ganz bei uns selber sein. Er allein kann die Antwort sein auf die Frage, die wir uns selber sind.

Was Hoffnung heißt, findet in der Musik einen einzigartigen Ausdruck. In der Musik kann die Sehnsucht des Menschen nach dem Ewigen in ganz besonderer Weise zur Sprache kommen. Sie ist die geistigste aller Künste. Sie spricht unser Herz am unmittelbarsten an. Ein zeitgenössischer Philosoph nannte die Musik einmal einen »Spiegel der Hoffnung«, und ein anderer, der den Begriff »Hoffnung« ins Zentrum seines Denkens rückte, schrieb einmal: »Musik zeigt hier an: es gibt ein Reis, nicht mehr, aber auch nicht weniger, das zu der ewigen Freude blühen könnte und das in der Finsternis fortbesteht.«

Der christliche Glaube gibt der menschlichen Hoffnung einen Grund, ein Ziel, einen Namen: Jesus Christus. Der Glaube setzt die Dinge zu Gott ins Verhältnis und lässt sie somit in einem anderen Licht erscheinen. Durch den Glauben an Jesus Christus erhält unser Leben ein Ziel und damit eine Richtung, sodass wir mit Paulus sagen können: »Wir rühmen uns unserer Hoffnung auf die Herrlichkeit Gottes« (Röm 5,2).

Gerade dies ist ja das Wunderbare: dass die künftige Herrlichkeit nicht abseits von unserem Leben aufscheint, sondern mitten in unserem Leben, mitten in unserer Unzulänglichkeit und Gebrechlichkeit. Deshalb dürfen wir uns freuen, deshalb sind Festlichkeit und Feierlichkeit wesentliche Elemente der Liturgie, deshalb bilden Liturgie und Musik einen inneren Zusammenhang. Die Musik drückt aus, was in der Liturgie zutiefst geschieht. Die Kirchenmusik ist inniger und sinnlicher Ausdruck unserer christlichen Hoffnung auf die endgültige Ankunft Jesu Christi. Sie ist zugleich ein Vorschein des himmlischen Lobgesangs, der erschallen wird, wenn Gott alles in allem ist. Nicht umsonst schildert der Evangelist Johannes in der Geheimen Offenbarung die Menschen in ihrer Vollendung bei Gott als singende und musizierende Menschen.

Der singende Jesus

DIE THEOLOGISCHE BEGRÜNDUNG der Kirchenmusik findet man im Abendmahlssaal und auf dem Weg Jesu zum Ölberggarten. Der Evangelist Markus berichtet uns: »Nach dem Lobgesang gingen sie zum Ölberg hinaus« (Mk 14,26). Jesus hat also den Psalm nicht nur gebetet, er hat ihn mit seinen Jüngern gesungen. Über den singenden Jesus hat man in der Theologie leider wenig nachgedacht. Hätte man es getan, müsste man die Kirchenmusik noch viel mehr schätzen und pflegen. Denn Kirchenmusik – das ist nichts anderes, als einzustimmen in den Lobgesang Jesu. In der Kirchenmusik bei der Feier der Eucharistie tönt Jesu Lobgesang durch die Jahrhunderte weiter aus dem Mund des Leibes Christi, der die Kirche ist. So mahnt und ermutigt uns schon das Neue Testament: »Singt Gott in eurem Herzen Psalmen, Hymnen und Lieder« (Kol 3,17).

Musik bringt wie keine andere Kunst die Harmonie zum Klingen, welche den Kosmos durchwaltet; sie bringt die Sehnsucht des menschlichen Herzens nach dem Ewigen zur Sprache. In ihr drückt sich aber auch die Klage und die Trauer aus, welche uns in dieser Welt oft befällt. Zugleich schenkt sie Trost und Zuversicht. Sie ist wie ein Funke der Hoffnung auf die endgültige Versöhnung dieser unversöhnten, friedlosen Welt. So ist die Musik ein einziges »Sursum corda«, ein »Erhebet die Herzen«. Sie reißt uns hinein in das alles umfassende und alles durchwaltende Geheimnis des Göttlichen; sie ist eine Ahnung und ein Vorgeschmack unserer wahren Berufung.

Die Musik als geistigste aller Künste muss uns herausreißen aus der Gefahr der Mittelmäßigkeit. Sie soll uns immer wieder neu daran erinnern, dass wir als Menschen mehr sind, dass wir zur Freiheit, zum ewigen Leben berufen sind.

Die Kirchenmusik ist Ausdruck dessen, was wir als Christen sind; die Kirchenmusik ist aber auch eine Hilfe, um unsere christliche Sendung in der Welt zu erfüllen. Schon immer war christliche Kunst eine wichtige Brücke zwischen Kirche und Welt und ein wichtiges Mittel, um die Herzen der Menschen, auch derer, die außerhalb der sichtbaren Kirche stehen, anzuziehen und zu gewinnen. Sie spricht eine Sprache, die auch die Herzen derer erreicht, die unsere normale Sprache nicht mehr verstehen.

Die Musik bringt die Harmonie der Welt nicht nur zur Sprache, sie hat in unserer unversöhnten Welt eine heilende und versöhnende Kraft.

Musik – Brücke zum Herzen

THEODOR W. ADORNO hat einmal den Satz geprägt: »Ästhetische Verhaltensweise ist die Fähigkeit, mehr an den Dingen wahrzunehmen, als sie sind.« Wohlgemerkt: »mehr als sie sind« und nicht »mehr als sie scheinen«. Es geht der Kunst nicht nur darum, vordergründigen Schein zu entlarven, sondern darum, das faktisch Gegebene selbst zu übersteigen. Es geht ihr um die Umwandlung der Welt im Hinblick auf eine mögliche Versöhnung. Das Kunstwerk lebt nach *Adorno* von der Diskrepanz zwischen dem, was ist, und dem Wahren, das sein soll.

Angesichts der drohenden Banalisierung unseres Lebens kommt der Kunst eine zentrale Bedeutung zu. In ihr hebt die Verwandlung der Materie dieser Welt schon an. In ihr deutet sich an, was fehlt, was krank und brüchig, was verlogen ist. In ihr wird die Hoffnung nach dem, was mehr ist, wachgehalten. Die Kunst ist heute sozusagen die natürliche Verbündete der christlichen Botschaft. Sie sollen beide nach einer langen Zeit der Entfremdung wieder Freundschaft miteinander schließen.

Dies gilt besonders von der Musik. Sie ist die geistigste aller Künste. Sie ist gewiss auf Instrumente angewiesen, und sie greift physikalische und mathematische Gesetze der Schwingung und des Rhythmus auf. Aber sie verwandelt diese materiellen Vorgegebenheiten in ein reines Klingen, das nicht nur unser Ohr erreicht, sondern auch Schwingungen unseres Herzens bewirkt.

So bringt die Musik die Sehnsucht des menschlichen Herzens nach dem Ewigen zur Sprache. In ihr drückt sich aber auch die Klage und die Trauer aus, welche uns in dieser Welt oft befällt. Sie vermag zu trösten und frischen Mut zu spenden. Sie ist Ausdruck der Freude und des Jubels; durch sie können wir Gott für seine Großtaten danken und ihn preisen. Die Musik kann so ein wichtiger Begleiter sein auf dem Weg des Menschen zu sich selbst und zu Gott. Sie gibt dem Menschen Kunde von seiner wahren Bestimmung. Sie lässt ihn aufhorchen, reißt ihn heraus aus der Geschäftigkeit seines Alltags und kann ihm helfen, sich die Tiefen seines Seins neu zu erschließen.

In ihrem tiefsten Sinn erhebt Musik Anspruch auf Wahrheit. Sie will Wahrheit »ins Gebilde ziehen« (*Adorno*). Sie protestiert gegen das Banale und transzendiert das, was ist. Sie spricht damit den Menschen in der Tiefe seines Herzens an.

Angesichts der zunehmenden Säkularisierung unserer Kultur gewinnt der Bereich des Ästhetischen für die Verkündigung an Bedeutung. Die Töne der Musik können auch diejenigen noch erreichen, welche das Wort der Verkündigung längst nicht mehr erreicht. Die Musik kann das Schisma zwischen Glauben und Leben, Glauben und Kultur, das das Drama unserer Epoche ist, überbrücken und aufheben. Die Kirche ist deshalb auf die Musik angewiesen. Sie kann ihr Brücke sein auf dem Weg zu den Herzen der Menschen.

In der Musik kommt die Schöpfung schon jetzt zum Klingen und Schwingen und wird hineingenommen in den Lobpreis des Schöpfers. In der gottesdienstlichen Musik hebt die kosmische Liturgie schon heute an.

MUSICA SACRA - KIRCHENMUSIK

Kirchenmusik

KIRCHENMUSIK IST MEHR als schmückendes Beiwerk zur Liturgie. Kirchenmusik und Liturgie bilden vielmehr eine innere Einheit. Das Zweite Vatikanische Konzil hat sich nicht gescheut zu sagen, dass der gottesdienstliche Gesang einen »notwendigen und integrierenden Bestandteil der feierlichen Liturgie ausmacht« (Sacrosanctum Concilium 112). Die Liturgie ist wesentlich auf die Kirchenmusik angewiesen, und der Dienst der Kirchenmusiker ist selbst ein liturgischer Dienst.

In einer Zeit, in der es schwieriger geworden ist, den Glauben an die kommende Generation weiterzugeben, hat dieser Dienst sogar an Bedeutung gewonnen. Die Musik erreicht heute viele, die das Wort der Verkündigung kaum noch erreicht. Das zeigt sich in Gottesdiensten, die kirchenmusikalisch niveauvoll gestaltet sind, das zeigt sich auch auf Musiktagen und in Konzerten mit kirchenmusikalischen Werken.

Wie keine andere Kunst spricht die Musik die Menschen unmittelbar an. Wie keine andere Kunst vermag sie die Menschen über sich selbst hinauszuführen. Sie bringt Menschen zusammen, kann überall auf der Welt verstanden werden und hat somit eine universale, völkerverbindende Dimension. Wie *Arnold Schönberg* sprach auch *Theodor W. Adorno* von der Wahrheit der Musik. Die Musik kann das aufscheinen lassen, was das faktisch Vorhandene übersteigt. Sie lässt mehr an den Dingen sehen, als was sie sind. Wie keine andere Kunst vermag Musik die Sehnsucht des Menschen nach Vollendung wachzuhalten und zum Ausdruck zu bringen. *Adorno* nannte die Musik daher einmal ein »Bild der Hoffnung«, und *Ernst Bloch,* der bedeutende Philosoph der Hoffnung, sagte einmal: Musik ist das »Pfand des Drüben … Nachtblume des Glaubens, die stärkt im letzten Dunkel, und mächtigste transzendente Gewissheit zwischen Himmel und Erde.«

Ist es nicht gerade das, was die Musik und die christliche Frohbotschaft so eng miteinander verbindet? Denn die christliche Botschaft ist eine Botschaft der Hoffnung und des Lebens. Auch sie will die Sehnsucht nach endgültigem Heil wach halten. Sie will nicht, dass wir uns zufriedengeben mit den bescheidenen, oft genug spießigen Vorstellungen vom bürgerlichen Glück. Sie will uns vielmehr über uns hinausführen und uns öffnen für die Möglichkeiten, die wir von Gott her empfangen.

Das neue Leben kommt auf dem Weg des Kreuzes, der Schmerzen, des Leidens und des Sterbens. Es geht hindurch durch die Klage: »Vergeblich habe ich mich bemüht, habe meine Kraft umsonst und nutzlos vertan« (vgl. Jes 49,4a). Auch das gehört zum Glauben, und dieses Klagen bringt auch die Kirchenmusik in der Passionsmusik herzergreifend zum Ausdruck. Doch im Lied vom Gottesknecht wandelt sich die Klage wiederum in den Lobpreis Gottes und seiner Treue. »Aber mein Recht liegt beim Herrn, und mein Lohn bei meinem Gott« (Jes 49,4b). In der Auferweckung Jesu, die wir am Osterfest feiern, hat Gott endgültig den Tod bezwungen und uns das Leben in Fülle erwirkt. Unsere Sehnsucht läuft nicht ins Leere. Ihre Erfüllung ist inmitten aller Bruchstückhaftigkeit und Unvollendetheit bereits real und hat einen Namen: Jesus Christus. Ihm gilt das festliche Oster-Halleluja. Denn in ihm und mit ihm hat die neue Heilszeit, das Reich Gottes, schon begonnen.

In den Klageliedern der Karwoche wie im österlichen Halleluja geben wir unserer Glaubensgewissheit Ausdruck, wir stimmen ein in die Klage wie in das Lob der Schöpfung. Die Musik, die in unseren Gottesdiensten erklingt, drückt aus, was in der Liturgie geschieht: die Besinnung auf unsere Verlorenheit ohne Gottes rettende Tat wie die Vergegenwärtigung des Heils, das uns in Jesus Christus endgültig zuteilgeworden ist.

Musica sacra

FRIEDRICH NIETZSCHE SCHREIBT: »Bessere Lieder müssten sie mir singen, dass ich an ihren Erlöser glauben lerne: erlöster müssten mir seine Jünger aussehen!« Bessere Lieder und wirkliche Erlöste könnten dazu hinführen, den Glauben an den Erlöser neu zu lernen oder den gelernten Glauben besser zu verstehen.

Die Töne der Kirchenmusik können auch diejenigen noch erreichen, welche das Wort der Verkündigung längst nicht mehr erreicht. Sie können Hinweis und Wegzeiger zu Gott sein.

So kann die Kirchenmusik das Schisma zwischen Glauben und Leben, Glauben und Kultur überbrücken und aufheben. Durch die Musik sollen Kirche und Welt wieder versöhnt werden. »Wenn die Kirche die Welt verwandeln, verbessern, ›humanisieren‹ soll – wie kann sie das tun und dabei zugleich auf die Schönheit verzichten, die mit der Liebe eng zusammengehört und mit ihr der wahre Trost, die größtmögliche Annäherung an die Auferstehungswelt ist? Die Kirche … muss eine Heimstatt des Schönen sein« (*Joseph Ratzinger*).

Trotz der vielen Sprachen – die Musik können alle verstehen. Sie ist wesentlich übernational und überzeitlich: Alle können sich daran freuen, und keine Grenze kann auf Dauer verhindern, dass Musik alle Kulturen verbindet und die Herzen aller Völker zusammenführt.

Da die Musica sacra Ausdruck des Glaubens und Ausfluss des vom Geist Gottes erfüllten Herzens ist, werden durch sie alle miteinander und untereinander tiefer verbunden, die, wie Papst *Johannes XXIII.* einmal sagte, den gleichen Herrn lieben und die gleiche Heilige Schrift lesen.

Die Kirchenmusik wirkt ökumenisch verbindend. Sie bezeugt, dass die Spaltung der Christenheit nicht bis an die Wurzel gegangen ist. So lernen wir, mit einer Stimme und schließlich mit einem Herzen zu singen und uns untereinander besser zu verstehen. Nicht zuletzt durch die Kirchenmusik kann das Nahziel ökumenischen Bemühens erreicht werden: dass der Spaltung das Gift der Feindseligkeit entzogen wird und der gemeinsame Reichtum des Glaubens neu entdeckt wird. So wichtig die Dimension der Musik ist und so wesentlich ihre ökumenisch verbindende Kraft – das Allerwichtigste ist damit noch nicht gesagt. Die Musica sacra sucht in ihrem tiefsten Wesen nicht nur Menschen untereinander zu verbinden. Sie will Band sein zwischen Gott und den Menschen. Sie will sich jenes Wort, das aus dem Munde Gottes kommt und das uns Menschen lebensnotwendig ist, mit Herz und Mund zu eigen machen und mit Lob und Dank, unter Klage und mit Bitten Gott zurückgeben.

Die Musica sacra ist uns notwendig, uns, die wir nur in und mit Gott verbunden leben können. Denn Musik vermag es, in die tiefen Kammern des Gemütes hinunter- und in die verborgenen Winkel unseres Herzens hineinzudringen. Ja sie gelangt bis auf den Grund, auf dem die Urmächte des Lebens nach uns greifen. Aus dem Glauben heraus, in dem die Musica sacra verankert ist, kann sie Trost in unsere Angst hineinsingen, unserer Bitte und unserer Klage Ausdruck verleihen, unser Leid mit Tönen der Hoffnung durchsetzen und die Schönheit endgültiger Vollendung aufleuchten lassen mitten im Chaos der Welt.

So verstanden ist Musik gleichsam eine Ausdrucksform des Gebets, ebenso vielschichtig, ebenso individuell wie zugleich universal. Sie trägt unser ganzes Menschsein vor Gott hin, verbunden mit dem Flehen um Erlösung und Heil.

ALTER, KRANKHEIT
UND ABSCHIED VOM LEBEN
IN DIESER WELT

Behindert

DA WAR EINE BISLANG unbekannte Insel, auf der lauter Menschen lebten, die hinkten. Eines Tages kam einer von einer anderen Insel zu ihnen; er lachte laut, als er alle die hinkenden Menschen sah. Dann wollte er ihnen beibringen, wie man richtig geht. Doch da lachten sich die Einwohner fast zu Tode. So etwas hatten sie noch nicht gesehen. Sie hielten den Neuankömmling für einen Sonderling und dachten nicht daran, sich auf seine Gangart einzustellen. Sie verspotteten ihn, bis er schließlich die Insel wieder verließ.

Mir ging es vor einiger Zeit ähnlich, als ich einen ganzen Tag bei Sprach- und Hörbehinderten war. Sie unterhielten sich alle in ihrer Gebärdensprache. Ich verstand kein Wort und konnte mich auch nicht verständlich machen. Plötzlich kam ich mir wie behindert und ausgegrenzt vor. Das war für mich eine ganz eigenartige, neue Erfahrung. Ich dachte: Offenbar ist es gar nicht so einfach zu sagen, wer normal ist und wer behindert ist. Ich merkte aber auch, wie gut sich die Behinderten miteinander verständigen konnten, jedenfalls besser als die, welche sich nur anschreien. So hatte ich eine große Achtung vor den Behinderten, und ich merkte, dass auch ich viel von ihnen lernen könnte.

Der Aussatz war zur Zeit Jesu eine schlimme Krankheit; er war bei den damaligen medizinischen Kenntnissen unheilbar. Aber ebenso schlimm war, dass man um diese Menschen einen großen Bogen machte. Man hatte nicht nur Angst vor Ansteckung. Man mied sie und hatte Angst vor ihnen, weil sie anders waren und als verabscheuenswürdig galten. Sie waren aus der Gemeinschaft ausgestoßen, durften sich nicht innerhalb der Dörfer und Städte aufhalten und mit keinem Gesundem Kontakt haben.

Doch bei Jesus war das alles ganz anders. Der Aussätzige im

heutigen Evangelium hatte offensichtlich schon einiges von Jesus gehört und wusste, dass Jesus im Unterschied zu den anderen gegenüber allen Menschen, besonders für die Menschen in irgendwelcher Not, aufgeschlossen und hilfsbereit war. Sonst hätte er es gar nicht wagen dürfen, an ihn heranzutreten und ihn um Hilfe zu bitten.

Und ist es nicht wunderbar, wie Jesus ihm begegnet? Er stößt den armen Aussätzigen nicht zurück und wendet sich nicht ab. Jesus hat Mitleid mit ihm; er streckt die Hand nach ihm aus und legt sie auf ihn. Die Umstehenden müssen da ganz entsetzt gewesen sein. Doch Jesus sagt: »Ich will es – werde rein!« Da verschwand nicht nur der Aussatz. Jesus schickt ihn zu einem Priester und gibt ihn damit ganz offiziell der menschlichen Gemeinschaft zurück. Jesus heilt also den armen Aussätzigen ganz; er heilt ihn an Leib und Seele. Und er heilt nicht zuletzt die gestörten und zerstörten Beziehungen zwischen den Menschen. Jesus holt aus der Isolation heraus und stiftet Gemeinschaft.

Bei Jesus gelten die Barrieren, die wir Menschen um uns und um unsere Gruppe aufrichten, offensichtlich nicht. Er hebt die Grenzen auf, die wir um uns herum machen und die uns dann gegenseitig behindern. Denn mit solchen Abgrenzungen grenzen wir nicht nur andere aus, wir grenzen auch uns selber ein. Denn wir betrügen uns so um die Begegnung mit Menschen, die anders sind als wir und die uns bereichern könnten. Weil man sich gegenseitig nicht kennt, hat man Angst voreinander. Statt Freundschaft, die allen Beteiligten guttut, entsteht dann sehr schnell Feindschaft, die allen schadet und die ein Zeichen des Unheils ist. Schauen wir also auf Jesus. Überwinden wir die Angst und die Vorurteile; dann werden wir alle reicher und glücklicher miteinander.

Jeder Mensch und wir alle als Menschen haben Grenzen, zu denen wir Ja sagen müssen. Jeder von uns ist ein Original, und es wäre jammerschade und eine schreckliche Verarmung, wenn wir nicht original, sondern eben nur normal wären und wenn jeder ganz gleich wie der andere wäre. Indem wir verschieden sind, verschieden als Männer und Frauen, verschieden in der Hautfarbe, in der Sprache, in den Sitten und Gebräuchen, in unseren körperlichen, seelischen und geistigen Fähigkeiten, können wir uns gegenseitig ergänzen und bereichern. Erst durch diese Vielfalt wird die Welt farbig und bunt. Denn jeder Einzelne ist für Jesus und vor Gott unendlich wertvoll. Jeder hat Wert und Würde, ganz unabhängig von seiner Begabung und seinem Aussehen. Und das hat Konsequenzen für das Verhältnis zwischen denen, die als behindert, und denen, die als nicht behindert gelten. Wenn wir Christen sind und uns an Jesus halten, dann dürfen wir uns nicht gegenseitig ausgrenzen. Wir müssen unbehindert miteinander umgehen. Denn nicht nur die Behinderten brauchen die Hilfe und den Schutz von uns, den Nichtbehinderten. Auch wir Nichtbehinderten können sehr viel von den Behinderten lernen.

Jedes Mal, wenn ich in eine unserer Einrichtungen zu Behinderten komme, dann lerne ich sehr viel. Dann geht mir neu auf, dass es zu uns als Menschen gehört, Grenzen und bestimmte Behinderungen zu haben. Ich bewundere dann die Geschicklichkeit und die Energie, mit der Behinderte mit ihrer Situation fertig werden, und staune, was sie alles leisten können. Ich staune, wie einfühlsam und anhänglich, wie fröhlich und herzlich Behinderte sind, welchen Lebensmut und welche Zuversicht sie haben. Das sind innerlich reiche Menschen, die mich reich machen. So werde ich jedes Mal nachdenklich und begreife neu, dass es im Leben und für das Glück des Lebens gar nicht allein und auch nicht zuerst auf Leistung und Erfolg und all die Äußerlichkeiten ankommt, die wir gewöhnlich so wichtig nehmen. Der Apostel Paulus geht im Blick auf Jesus sogar noch einen Schritt weiter und sagt: »In der Schwäche liegt unsere Kraft« (vgl. 2 Kor 12,9–10).

Effata – Öffne dich!

WIE GOTT ÜBER DIE BEHINDERTEN DENKT, sagt uns das Evangelium in einer sehr eindringlichen Weise. Es erzählt uns, wie die Leute einen Taubstummen, also einen mehrfach Behinderten, einen, der zugleich hör- und sprechbehindert ist, zu Jesus bringen.

Was das bedeutet, nicht hören und nicht sprechen zu können, das erlebte ich, als ich einmal einen ganzen Tag bei Hör- und Sprechbehinderten war. Voll Staunen sah ich, wie sie sich mühelos mit Zeichen verständigten. Ich aber konnte kein Wort verstehen, und ich konnte mich auch nicht verständlich machen. Nun war ich plötzlich der Behinderte, und ich stand wie ausgeschlossen am Rand. Plötzlich merkte ich, was das bedeutet, behindert zu sein und nicht unbehindert mit anderen Kontakt aufnehmen zu können. So aber geht es allen Behinderten, etwa denen, die sich nur im Rollstuhl bewegen können. Sie können nicht wie die anderen mitmachen und fühlen sich ausgeschlossen. Sie tun sich schwer und sind in vielem auf andere angewiesen.

Was tut nun Jesus mit dem Taubstummen? Er verachtet ihn nicht und geht nicht achtlos an ihm vorbei; er geht auf ihn zu, nimmt ihn zu sich und heilt ihn, indem er zu ihm sagt: »Effata!«, das heißt: »Öffne dich!« (vgl. Mk 7,34).

Jesus will uns damit zeigen, dass jeder Mensch für ihn gleich wertvoll ist. Ob einer behindert ist oder gesund, das macht für ihn keinen Unterschied. Jesus liebt alle gleich, und er will allen Menschen die frohe Botschaft bringen von Gottes Barmherzigkeit und Liebe, welche ohne Ansehen der Person jedem Menschen gilt: den Männern und Frauen, den Juden und Heiden, den Schwarzen und Weißen, den Deutschen und Ausländern, den Erfolgreichen und denen, die es in den Augen der anderen zu nichts bringen, den Gesunden und den Behinderten. Gott will für alle das Beste. Ja, Jesus bringt die Liebe Gottes sogar besonders nicht den Starken und Reichen, sondern den Armen und den Schwachen. Bei Jesus gelten andere Maßstäbe, als sie sonst in der Welt gelten.

Alle beruft Jesus in das Reich seines himmlischen Vaters, wo es all das Schlimme dieser Welt, das Leiden, die Schmerzen, den Kummer, die Tränen und auch den Tod einmal nicht mehr geben wird. Als Vorzeichen für diese neue Schöpfung macht Jesus den Taubstummen heil, damit er wieder sprechen und hören kann. Damit will Jesus uns allen Mut und Hoffnung machen. Er will uns sagen: Du brauchst nicht aufzugeben; du brauchst nicht zu verzweifeln; du bist nicht endgültig ausgegrenzt. Auch du bist berufen in die Gemeinschaft mit Gott und in die große Gemeinschaft aller Heiligen, in die Jesus uns vorausgegangen ist bei seiner Himmelfahrt, um uns allen einen Platz zu bereiten.

Mit dieser Botschaft ist es Jesus blutig ernst. Er ist ja selbst klein und schwach geworden, ein kleines, schwaches Kind, ein armer Wanderprediger, er hat Hunger und Durst empfunden, gelitten und Schmerzen ertragen, und er ist elend am Kreuz gestorben. So kann er mitfühlen mit allen, die schwach sind und leiden. Gerade die Behinderten dürfen wissen: Durch Jesus steht Gott auf ihrer Seite. Ja, der Apostel Paulus sagt es uns sogar ganz deutlich: Gott hat das Schwache erwählt, um das Starke zu beschämen (vgl. 1 Kor 1,26–29). Denn Gott hat den schwachen Jesus auferweckt und in den Himmel erhoben. Gottes Kraft erweist sich in der Schwäche. Deshalb dürfen wir, wenn wir schwach sind, umso mehr aus Gottes Kraft leben. Wir dürfen im Blick auf Jesus am Kreuz und auf seine Auferstehung Mut und Hoffnung schöpfen.

Dieses »Effata« gilt den Behinderten; es gilt ebenso den Nichtbehinderten. Effata, das heißt für uns: Öffnet euch für Gottes Maßstäbe, die andere sind als die der Welt. Für Gott richtet sich der Wert eines Menschen nicht nach dem, was er leistet und wie viel er Erfolg hat. Bei Gott zählt nicht nur das gesunde, vitale Leben. Keiner von uns weiß, ob er nicht schon morgen durch einen Unfall schwerbehindert ist; keiner kann sagen, wie es ihm im Alter einmal gehen wird. Keiner von uns kann jeden Tag fit und vital sein. Krankheit und Schwäche gehören zum Menschen, und es ist unehrlich und unmenschlich, dies verstecken und verbergen zu müssen. Auch wir, die Gesunden, müssen unsere Schwächen akzeptieren; in dem Maße, als wir dies tun, werden wir auch Behinderte akzeptieren können.

»Effata«, »Öffne dich!« – dieses Wort gilt uns allen. Wir alle müssen unsere Augen und Ohren öffnen, dass wir sehen und hören, wo der andere uns braucht. Wir müssen unseren Mund öffnen für ein gutes und tröstendes Wort. Wir müssen unsere Hände öffnen, um einander zu helfen. Wir müssen unser Herz öffnen für die Liebe und die Hoffnung. Wir müssen uns ganz öffnen für Gott und füreinander.

Älter werden

DAS GLEICHNIS VOM SENFKORN, dem kleinsten aller Samenkörner, das in den Boden gesenkt zu einer riesigen Staude heranwächst, deutet zunächst unser Leben, und das heißt auch unser Älterwerden, unser Wachsen und Reifen.

Unser aller Leben bewegt sich ja in wachsenden Ringen. Niemand von uns ist jemals fertig. Unser menschliches Leben hebt an in unscheinbaren Anfängen, und es bewegt sich normalerweise in einem großen Spannungsbogen und in mancherlei Umbrüchen über Kindheit, Jugend und Erwachsenenalter hin zur Reife und zur Vollendung und zum Erlöschen im Alter. Wachsen und Reifen ist ein Grundgesetz allen Lebens, auch des alternden und alten Lebens. Äußerlich betrachtet mag es scheinen, als laufe und rinne das Leben im Alter sozusagen einfach aus. Aber Wachstum und Reifen geschieht nicht nur nach außen, es soll mit zunehmendem Alter ein Wachstum und Ausreifen nach innen werden und so ganz neue Dimensionen des Menschseins ausschöpfen und auch ausleiden. Und liegt nicht über manchem alten Gesicht bereits etwas vom Glanz und der Schönheit der Ewigkeit?

Das Gleichnis vom Senfkorn hat jedoch noch eine andere, eine tiefere Dimension. Es ist ein Gleichnis vom Reich Gottes. So sagt es uns etwas von der letzten, tiefsten und höchsten Sinnbestimmung des Menschen und der Welt. Nichts macht es deutlicher und anschaulicher als das Alter, dass unser menschliches Leben aus sich selbst ein Bruchstück, ein Torso und ein Fragment bleibt. Es rundet sich nicht einfach ab, und es geht auch nicht einfach auf. Es bleiben Fragen, es bleiben unerfüllte Hoffnungen, es bleiben Enttäuschungen und auch schuldhaftes Versagen. Wenn nicht Resignation das letzte Wort sein soll, wenn vielmehr ein letzter Sinn sein soll, dann sicherlich nicht in dieser Welt und in diesem Leben. Einen letzten Sinn zu retten und die Hoffnung aufrechtzuhalten ohne Gott wäre eitel.

Die christliche Botschaft vom Kommen des Reiches Gottes, das heißt vom Kommen Gottes selbst in diese Welt und in unser Leben, ist die Antwort auf die Frage, die wir als Menschen letztlich selber sind und bleiben. Denn diese Botschaft meint zutiefst, dass da ein unbedingtes Ja zu jedem von uns gesprochen ist, ein Ja, das unser Leben und auch unser Sterben umgreift, ein Ja, das sich auch im Sterben durchhält und neues Leben, ewiges Leben begründet.

Nur weil in dieser unbedingten Weise ein Ja zu uns allen gesprochen ist, können und dürfen wir jeden Tag immer wieder neu Ja sagen zu uns und zu anderen, auch in unserer und ihrer Hinfälligkeit und Gebrechlichkeit. Wir alle sind im Grunde nur ein kleines und winziges Senfkorn, das am Ende einfach der

Erde anvertraut wird, dem aber ein menschlich unvorstellbar großes Wachsen und Aufblühen zum ewigen Leben verheißen ist.

Die Bibelausleger rechnen das Gleichnis vom Senfkorn zu den paradoxen Gleichnissen, die zeigen sollen, wie aus kleinen und unscheinbaren Anfängen unerwartet Großes werden kann. Nicht das äußere Ansehen und Aussehen ist entscheidend, und wie unansehnlich können alte Menschen unter Umständen sein. Für den, der glaubt, schlummert in ihnen mehr. Sie haben eine ewige Bestimmung. Sie reifen einer ewigen Vollendung entgegen. »Was gesät wird, ist verweslich, was auferweckt wird, unverweslich. Was gesät wird, ist armselig, was auferweckt wird, herrlich. Was gesät wird, ist schwach, was auferweckt wird, ist stark«, sagt der Apostel Paulus (1 Kor 15,42–43).

Aus Leistungsbilanz wird Lebensbilanz

VIELE ALTE MENSCHEN FÜHLEN SICH vereinsamt und alleingelassen, sie haben niemand, der sie besucht, sie anhört, sie berät und ihnen hilft, wo es notwendig ist. Dazu kommen heute nicht selten Enttäuschungen, wenn ihre Kinder, Enkel, Nichten und Neffen im religiös-sittlichen Leben andere Wege gehen, als sie es erwartet haben und für richtig halten. Da fragen sich Eltern und Großeltern, was sie denn falsch gemacht haben, wenn sich ihre Kinder so vom Glauben wegentwickelt haben und auf Distanz zur Kirche gegangen sind. Vielleicht werden sie wegen ihres Glaubens und ihrer Treue zur Kirche sogar belächelt und als dumm und rückständig hingestellt. Oft machen sich alte Menschen auch Vorwürfe, sie fühlen sich schuldig angesichts der Gleichgültigkeit ihrer Kinder gegenüber dem Glauben der Kirche. Und da ist schließlich noch ein anderes Problem, vielleicht sogar das schwerste von allen. Im Alter erfährt man zunehmend die Gebrechlichkeit und Hinfälligkeit des Menschseins. Die Kräfte schwinden, die Gesundheit lässt zu wünschen übrig, Krankheit, Leiden und Schmerzen melden sich zu Wort und machen das Leben oft genug zur Last.

Was viele an Enttäuschungen erleben, ist nicht neu. Das hat es immer wieder gegeben.

All das, was Eltern in der Erziehung ihren Kindern an Gutem vermittelt und ausgesät haben, was an christlicher Atmosphäre im Elternhaus gewachsen ist, ist nicht umsonst und wird nicht verloren gehen. Es mag vielleicht über lange Zeit hin verdeckt und verschüttet sein. Aber der Tag kann kommen, da all das wieder freigelegt wird. Gott hat viele Möglichkeiten, an die Türe eines Herzens zu klopfen. Wir können das nicht machen und nicht erzwingen. Der Glaube ist ein Geschenk, um das wir nur gläubig beten können und beten dürfen. Bekehrung ist Gottes Sache; wir können sie nicht organisieren. An uns ist es auszusäen; Gott aber lässt wachsen.

Für Gott ist der Mensch mehr als das, was er leistet und produziert. Gott fragt nicht, ob ein Mensch nützlich ist oder nicht. Entscheidend für Gott ist nicht, was ein Mensch tut und leistet, sondern was er ist. Während der Zeit der beruflichen Tätigkeit ist für die meisten die Leistungsbilanz bestimmend. Im Alter tritt die Leistung in den Hintergrund, und es tritt hervor, was im Letzten zählt, nämlich das Leben. Aus der Leistungsbilanz wird Lebensbilanz, und auf sie kommt es letztlich an, nach ihr werden wir am Ende von Gott gefragt. Insofern bedeutet das Alter gegenüber der Jugend und der durch Beruf und Arbeit bestimmten Lebenszeit keinen Rückschritt, sondern einen Fortschritt und ein Ausreifen. Es tritt zurück, was im Grunde Oberfläche und Äußerlichkeit ist, und die wahren und bleibenden Werte treten hervor. Im Alter haben wir die Chance, das Leben ganz neu zu entdecken und es im Grunde intensiver zu leben, als dies jungen Menschen gewöhnlich gegeben ist. Stellen wir uns deshalb entscheidenden Lebensfragen: Warum lebe ich? Für was und für wen lebe ich? Was gibt meinem Leben letztlich Halt und Ziel und Hoffnung? Eine solche Altersweisheit gibt innere Freiheit und Gelöstheit. Sie befreit von den Zwängen des Berufes und des Leistens, von der Hektik des Alltags; sie gibt Distanz und lässt über manche Torheiten jüngerer Menschen lächeln. Der alt gewordene, weise Mensch ist ausgestattet mit einem kräftigen Schuss Humor, und er verzweifelt nicht an Kleinigkeiten; er sieht hinaus in das Weite, und er kann dabei auch einmal über sich selbst lachen.

Leben im Alter

DAS EVANGELIUM gibt einen wichtigen Tipp für das Leben im Alter. Die Jünger fragen Jesus nach dem Weg, dem Weg des Lebens und dem Weg zum Leben, und Jesus antwortet ihnen: »Ich bin der Weg, die Wahrheit und das Leben« (Joh 14,6). Diese Worte erinnern an etwas ganz Grundlegendes. Unser Leben ist ein Weg; wir sind nie fertig, wir sind stets unterwegs: vom Kindesalter zur Jugendzeit mit all ihrem Sturm und Drang zum Erwachsenenalter mit dem Ernst des Lebens, aber auch der Zeit, da wir unsere Familie und unsere berufliche und wirtschaftliche Existenz aufbauen, schließlich zur Zeit des Alt- und Älterwerdens, in der die Lebenskurve langsam wieder abnimmt. Aber auch wer aus dem aktiven Berufsleben aussteigt, ist noch längst nicht fertig, er hat das Leben noch längst nicht hinter sich, sondern meist noch einen langen Weg vor sich, und es ist wichtig, aus der Lebensphase des Alters etwas zu machen und sie aktiv zu gestalten.

Es kommt ja nicht allein darauf an, wie alt man wird, sondern wie man alt wird. Es geht nicht nur darum, wie viel Jahre dem Leben zugefügt werden, sondern wie man das Alter mit

Leben erfüllt. Auch das Alter ist eine wichtige Lebensspanne und eine Wegstrecke, die uns von Gott gegeben und aufgegeben wird. Das Alter ist sozusagen der Herbst des Lebens, in dem nach der Hitze des Sommers unser Leben wie eine Frucht ihre letzte Reife erhalten kann.

Martin Buber hat einmal gesagt: »Alt sein ist etwas Herrliches, wenn man nicht verlernt hat, was anfangen heißt.« Mit dem Älterwerden hört das Lernen keineswegs auf. Es ist ein lebenslanger Vorgang. Das heißt nicht, jeder könne und müsse bis zu seiner letzten Stunde eine Schule besuchen oder Kurse absolvieren. Das kann gewiss auch nützlich sein. Lebenslang zu lernen heißt vor allem, auch noch im Alter Fragen zu stellen und sich Anfragen zu stellen. Auch alte Menschen sollen Anteil nehmen am Zeitgeschehen. Sie sollten offen bleiben für neuere Entwicklungen. Gewiss, nicht alles, was neu ist, ist damit auch schon gut oder besser; aber auch nicht alles, was alt und vergangen ist, war gut und besser, als es heute ist. In die Diskussion darüber, was richtig und gut ist, sollen sich auch älter gewordene Menschen einschalten; sie sollen ihre Lebenserfahrung einbringen.

Oft sind ältere Menschen für die Kinder und Jugendlichen die einzigen Zeugen des Glaubens, und sie dürfen ihre Funktion für die Weitergabe des Glaubens keinesfalls unterschätzen.

Jesus antwortet auf die Frage nach dem Weg, den wir gehen müssen, ganz konkret: »Ich bin der Weg, die Wahrheit und das Leben.« Er ist der Weg zum Vater und zum ewigen Leben. Das ist eine Botschaft, eine frohe Botschaft, gerade für alte Menschen. Denn in dem Maße, als die äußeren Lebenskräfte abnehmen und der Tod unausweichlich näherrückt, stellt sich die Frage, was nach dem Tod kommt. Es hat keinen Sinn, und es ist auch ganz und gar unehrlich, diese Frage zu verdrängen und vor ihr davonzulaufen. Dem Tod kann ohnedies niemand davonlaufen; er ereilt früher oder später jeden von uns. So müssen wir der Frage, welche der Tod an uns stellt, standhalten. Im Glauben wissen wir ja, dass unser Leben am Ende nicht einfach ausrinnt und versandet. Unser Leben ist letztlich ein Weg zum Vater, der drüben auf uns wartet und uns einmal mit seinen gütigen Vaterhänden empfängt. Diesen Weg vom Tod zum Leben ist uns Jesus Christus durch Kreuz und Auferstehung vorausgegangen, um uns eine ewige Wohnung und ein ewiges Zuhause zu bereiten.

Altern und Unsterblichkeit

DER GREISE SIMEON war alt und gebrechlich. Seine Augen konnten kaum mehr sehen. Er musste von anderen gestützt werden, wenn er in den Tempel gehen wollte. Viel hat er erlebt, viel erfahren. Da wäre sicher auch Grund gewesen zur Verbitterung und Verärgerung, denn vieles musste er leiden. Aber er war ein Gerechter und ein Frommer. Ein frommer Mensch zu sein heißt nicht, ein Frömmler und ein bigotter Mensch zu sein. Ein frommer Mensch ist der, der ganz auf Gott baut. Weil er auf Gott vertraut, weiß er: Die Tatsachen dieses Lebens, und mögen sie noch so hart und unabänderlich sein, haben nie das letzte Wort. Da ist Hoffnung über diese Tatsachen, über dieses unser Leben hinaus. Und so war Simeon in seinem Alter ein großer Hoffender. Seine Hoffnung hat ihn wiederum nicht getrogen. Er durfte noch den schauen, den er erhofft hatte, den Heiland und Erlöser der Welt. So konnte er in Frieden scheiden.

Unser Leben mag uns zwar oft vorkommen wie ein langer, mühsamer, dunkler Tunnel. Aber am Ende dieses Tunnels leuchtet ein Licht. Da ist ein Ausgang hinüber ins Leben, ins neue und ewige Leben. Es ist nicht umsonst, durch diesen Tunnel hindurchzugehen. Gottes Sohn Jesus Christus ist selbst diesen Weg gegangen. Er ist nicht ein Gott, der regungslos über den Wolken thront. Nein, er ist herabgestiegen, ist Mensch geworden – wie du und ich, mit allem, was dazugehört. Nur eines war ausgenommen: die Sünde. Er hat sich eingelassen ins ganz gewöhnlich Menschliche, bis ins Leiden, bis hinein ins Sterben. Deshalb gibt es für den, der an Jesus Christus glaubt, grundsätzlich keine Situation mehr, die gottlos und ganz gottfern wäre. Gott hat das Dunkel gelichtet, die Schmerzen auf sich genommen, unsere Wunden getragen. Er hat den Tod besiegt, er hat dem Leben recht gegeben und uns durch das Leiden, durch das Sterben hindurch einen Weg eröffnet zum ewigen Leben, zum ewigen Frieden, zur ewigen Freude.

Laurentius war ein Diakon in Rom. Der Diakon hatte damals die Güter der Kirche zu verwalten. *Laurentius,* der Christ, wurde von den heidnischen Machthabern festgenommen und vor Gericht gebracht. Der heidnische Richter sagte ihm: »Zeig mir die Schätze der Kirche.« *Laurentius* antwortete: »Ja, ich komme in drei Tagen wieder und zeige dir die Schätze der Kirche.« Nach drei Tagen kam er und brachte alle Armen, Kranken und Leidenden aus der Gemeinde von Rom mit und sagte dem Richter: »Hier, das sind die Schätze, das sind die Reichtümer der Kirche.«

Warum? Weil sie, die Kranken, die äußerlich Armen, die Behinderten, uns, den Gesunden, sagen: Leben ist nicht nur blühende Kraft, strotzendes Jugendalter, tatkräftiges, erfolgreiches Erwachsensein. Zum Leben gehört auch das Altwerden, die Zeit, besinnlich und nachdenklich zu werden, die Stille, die Weisheit des Alters, die Zeit zum Beten, das Ausreifen für die Ewigkeit. Sie sagen uns, dass zum Leben auch die Gebrechen gehören, die Behinderungen, die Krankheiten und die Grenzen. Oft sind es Grenzen, die uns schmerzlich sind und die man als junger Mensch vielleicht nicht einsehen will, gegen die man protestiert. Aber Grenzen zu haben ist menschlich, und es gehört zum Menschsein, Grenzen anzunehmen, Ja zu sagen zu dem, der man ist, Ja zu sagen, weil Gott Ja sagt zu jedem Einzelnen von uns. Deshalb ist jeder einzelne Mensch unendlich viel wert vor Gott.

Sorge für die Kranken

Die Kirche ist gesandt, den Menschen die Botschaft des Heils, die in Jesus Christus offenbar gewordene Liebe Gottes nicht nur zu verkünden, sondern auch erfahrbar werden zu lassen.

Heil und Heilung gehören nicht nur sprachlich zusammen. Jesu Heilsverheißung gilt dem ganzen Menschen mit Leib und Seele. Sie gilt insbesondere denen, die sie am meisten brauchen: den Armen, den Kranken, den Ratlosen und den Trostlosen, den Sterbenden.

Deshalb kann es nicht überraschen, dass die Sorge für die Kranken schon sehr früh als ein wesentlicher Dienst der Christen angesehen wurde. Ja das frühe Christentum hat gerade dadurch seine Ausstrahlung gewonnen, dass die Verkündigung des Evangeliums eng mit dem Zeugnis der Liebe zu den Armen, Fremden, Kranken und Sterbenden verbunden war.

Zwar gab es schon in der griechischen und römischen Antike so etwas wie Vorläufer unserer Krankenhäuser. Aber Krankenhäuser für die wirklich Notleidenden sind sozusagen eine christliche Erfindung. In den viel gerühmten mittelalterlichen Spitälern hatten sie eine Blütezeit.

Als dann die Industrialisierung zu enormen technischen und wirtschaftlichen Fortschritten führte, aber zugleich gewachsene soziale Strukturen zerstörte, da waren es christliche Hospital- und Pflegevereine und vor allem die damals teilweise neu entstandenen Pflegeorden, die sich in den Dienst der Kranken stellten.

Im 20. Jahrhundert haben sie sich der Dynamik der modernen Hochleistungsmedizin geöffnet und ihre Einrichtungen zu modernen Heilstätten gemacht. Christliche Nächstenliebe und Barmherzigkeit einerseits und medizinische, pflegerische und organisatorische Professionalität und Rationalität andererseits schließen sich ja nicht aus, sie können und müssen sich vielmehr gegenseitig ergänzen und befruchten.

Aus dem Geist christlicher Nächstenliebe und Barmherzigkeit sind unsere katholischen Krankenhäuser entstanden, ohne ihn haben sie als katholische Krankenhäuser keine Daseinsberechtigung und auf die Dauer auch keine Überlebenschance.

Ein Markenzeichen eines katholischen Krankenhauses muss es sein, dass der Patient in der Mitte steht, nicht nur ein krankes Organ des Patienten. Krank ist immer der ganze Mensch, und wir wissen, dass gerade die Situation des Krankseins und eines Krankenhausaufenthaltes über die unmittelbare Krankheit hinaus viele menschliche Fragen aufbrechen lässt, die sonst oft verdeckt sind oder verdrängt werden: Beziehungsprobleme, familiäre Probleme, berufliche Probleme, Sinnprobleme und nicht zuletzt auch religiöse Probleme, bis hin zu den Theodizee-Problemen: Warum muss ich leiden? Warum gerade ich? Warum will Gott das von mir? Kann er das überhaupt wollen, und warum lässt er das zu? Den Patienten in die Mitte stellen heißt sich diesen Fragen und Nöten zuwenden und den Patienten nicht nur als Objekt der Pflege, sondern als Subjekt ernst nehmen. Soll dies gelingen, dann ist neben ärztlicher Kunst menschliche Zuwendung, Mitgefühl, Einfühlsamkeit und seelsorgerliche Betreuung gefragt. Das wiederum nimmt Zeit in Anspruch, vielleicht viel Zeit, und diese Zeit zu haben, ist nicht nur eine persönliche Anfrage an die Ärzte und an die Pflegenden, sondern auch ein organisatorisches, strukturelles und institutionelles Problem und nicht zuletzt auch ein wirtschaftliches Problem.

Im umfassenden Sinn verstandene Heilung will dem Kranken einen Weg zum Leben erschließen, was auch heißen kann, die eigene Krankheit anzunehmen und notfalls auch Ja zu sagen zum Sterben hinein in die große Hoffnung, die uns der Gekreuzigte und Auferstandene schenkt.

Den Patienten so in die Mitte stellen kann man nur, wenn man auch die Pflegenden in die Mitte stellt. Das ist ein zweites Markenzeichen eines katholischen Krankenhauses. Pflegende können nur die Zuwendung weitergeben, die sie selbst empfangen haben. So müssen sie menschlich und christlich begleitet werden. Nur dadurch kann über sie und durch sie eine christliche Atmosphäre und ein Heil-Klima erhalten und gefördert werden, das einem Krankenhaus sein christliches Profil gibt.

Wenn unsere katholischen Krankenhäuser bei aller unverzichtbaren und selbstverständlichen medizinischen Rationalität und bei aller Beachtung moderner marktwirtschaftlicher Gesetzlichkeiten unter Einbeziehung modernsten Managements etwas aufscheinen lassen von Gottes Barmherzigkeit und wenn sie dies im Gottesdienst immer wieder feiern, dann tun sie stellvertretend etwas für unser gesamtes Gesundheitssystem.

Ohne das Zeugnis christlicher Barmherzigkeit stirbt am Ende auch die Gerechtigkeit und trocknet menschliche Hilfsbereitschaft aus. So haben wir allen Grund, die christliche Wurzel, aus der unser gesamtes Krankenhauswesen entstanden ist, zu erhalten und zu pflegen.

Krank sein

EIN KRANKER MENSCH steht da mit einer verdorrten Hand. Das ist volkstümlich ausgedrückt. Der Mann hatte ein schweres Schicksal; er ist, vielleicht nach einem Gehirnschlag, halbseitig gelähmt. Jesus stellt ihn in die Mitte. Er wehrt einer damals weit verbreiteten Vorstellung, ein solcher Schlag sei etwas Dämonisches oder eine Strafe Gottes. Nein, bei Jesus darf sich der Mann sehen lassen und sich zeigen. Jesus grenzt den Kranken nicht aus; er drückt ihn nicht an den Rand; er schiebt ihn nicht ab. Im Gegenteil, diesem Kranken gilt Jesu besondere Zuwendung, ja Jesus stellt seine Heilung noch über den Sabbat. Heilende Nächstenliebe ist für ihn zugleich Gottesdienst. »Was ihr dem geringsten meiner Brüder getan habt, das habt ihr mir getan« (Mt 25,40).

Jesus ist gekommen, um den Armen die gute Botschaft zu bringen. Er ist gekommen, um zu heilen. Deshalb sendet er auch seine Jünger aus, nicht nur, um die frohe Botschaft von Gottes Barmherzigkeit zu verkünden. Gott ist ein Freund des Lebens. Seine Heilsverheißung gilt dem ganzen Menschen mit Leib und Seele.

Christliche Identität bedeutet, dass wir den Menschen, den pflegebedürftigen und den pflegenden, in die Mitte stellen. Diese implizite Christlichkeit der ganzen Atmosphäre, des Umgangs miteinander und der dies ermöglichenden und befördernden Strukturen ist die unabdingbare Voraussetzung dafür, dass wir in unseren katholischen Krankenhäusern glaubwürdig und überzeugend auch ausdrücklich von Gott sprechen, beten, trösten, segnen und Gottesdienst feiern können. Auch wenn Jesus durch seine Heilung den Sabbat bricht – es muss doch auch immer wieder Sabbat, das heißt Sonntag und Festtag, werden. Das ist nicht nur eine christliche, das ist auch eine menschliche Notwendigkeit. Die bequeme Vernachlässigung des Sonntags und seine Zurückdrängung aus rein wirtschaftlichen Überlegungen gehört zu den Torheiten und zu den sehr kurzsichtigen Unmenschlichkeiten unserer Zeit.

Die mittelalterlichen Spitäler waren nicht umsonst sehr oft Heilig-Geist-Spitäler. Er ist es, der Wunden heilt und die Herzen tröstet und versöhnt.

»Ich bin der Herr, dein Arzt«

IN DIESEM WORT drückt sich die grundlegende Einsicht aus, dass »Heilung« nicht auf die erfolgreiche äußere Anwendung der medizinischen Kunst auf einzelne Krankheitsfälle beschränkt werden darf, sondern tiefer und umfassender verstanden werden muss. Wenn ich krank bin, dann ist nicht nur mein Fuß oder mein Herz krank; krank bin immer ich; krank ist der ganze Mensch.

Entsprechend muss die »Heilung« immer den ganzen Menschen im Blick haben, den konkreten, einmaligen Menschen mit seiner persönlichen Lebensgeschichte, mit seinem Verhältnis zu anderen Menschen und nicht zuletzt mit seiner Beziehung zu Gott. Gott ist es, der jedem Menschen das Leben schenkt und erhält, der seine schützende Hand über jedes Leben hält und es einst vollenden wird.

Die Beziehung zu Gott hat darum auch etwas mit unserer leiblichen und seelischen Gesundheit zu tun. Wo die Beziehung zu Gott fehlt oder gestört ist, da fehlt etwas für den Menschen Wesentliches, da verkrüppeln wir innerlich, und dies kann uns seelisch wie leiblich krank machen. Die Begegnung mit Gott dagegen tut uns Menschen innerlich und äußerlich gut.

So ist es zu verstehen, dass uns das Bild des »heilenden Gottes« in der Heiligen Schrift immer wieder begegnet. Es ist eines der schönsten und tiefsten Bilder, in denen das Verhältnis Gottes zu uns Menschen seinen Ausdruck findet. Es sagt uns: Gott will unser Bestes; er heilt und heiligt uns.

Der Gott, der sich dem Mose im brennenden Dornbusch offenbarte, war es, der sein Volk vor den Krankheiten und Plagen bewahrte, mit denen er die Hartherzigkeit der Ägypter bestrafen wollte. Der Gott Israels war es, der sein Volk aus der Sklaverei befreite und durch alle Gefahren hindurch in das Land der Verheißung führte. Die Israeliten erlebten ihren Gott als einen, der in der Stunde größter Not für sein Volk »da« war. Sie erfuhren ihn als einen Gott, der das Elend seines Volkes nicht übersehen und seine Klage nicht überhört hatte und den Seinen so zum Retter und Begleiter wurde.

Das Verhältnis Israels zu seinem Gott steht von nun an unter dem positiven Vorzeichen dieser grundlegenden Glaubenserfahrung. Jahwe ist der Gott, der seinem Volk eine neue Lebensperspektive eröffnet hat, der durch seine Gebote und Weisungen Wegweiser zum Leben aufgestellt hat, damit Israel nicht von diesem Weg der Freiheit abirrt und sich in neue Formen der Sklaverei und der Unfreiheit verstricken lässt.

Die grenzenlose Liebe dieses »heilenden Gottes« erfährt in der Person und im Handeln Jesu eine einzigartige Verdichtung und erhält in ihm ihre endgültige Gestalt. »Nicht die Gesunden brauchen den Arzt, sondern die Kranken« (Mt 9,12) – dieser Kernsatz fasst die unzähligen Begegnungen Jesu mit kranken und leidenden Menschen wie in einem Brennglas zusammen. Die liebevolle Zuwendung zu diesen hilfsbedürftigen und am Rande des Lebens stehenden Menschen ist das vielleicht deutlichste Zeichen für die grenzenlose Liebe Gottes, die allen Menschen ohne Ausnahme gilt. In der Begegnung mit Jesus Christus können diese Menschen, denen alle Lebensperspektiven genommen schienen, regelrecht wieder neu »aufleben« und »aufatmen«. Sie spüren neuen Boden unter ihren Füßen.

Wenn Jesus uns Gott als unseren Vater verkündet, dann sagt er uns damit: Gott sagt zu jedem Einzelnen von uns »Ja, ich will, dass du bist«, »Du darfst sein«, »Ich habe dich so ausgedacht, ich habe dich so geschaffen, wie du bist, ich habe dich mit ewiger, unendlicher Liebe geliebt, und ich möchte dich für immer ganz an mich ziehen«. Als von Gott geliebte und angenommene Menschen bekommen die Menschen in der Begegnung mit Jesus ein neues Gespür für den Wert und die Würde, die ihnen von Gott geschenkt und für alle sichtbar wiederhergestellt ist.

Heilung bis in die Seele

DIE LEUTE, die mitbekommen hatten, wie Jesus den Gehörlosen heilte, waren außer sich vor Staunen und sagten: »Er hat alles gut gemacht; er macht, dass die Tauben hören und die Stummen sprechen« (Mk 7,37).

Dieses Staunen und dieser Dank für das Geschenk der Heilung gehört fest zu diesem Wunder dazu. Ja man kann sogar sagen: Wo wir Menschen das Geschenksein des Lebens neu entdecken, wo wir zu einem tieferen und bewussteren Leben geführt werden, dort geschieht ein kleines Wunder. Dort beginnt Heilung, eine Heilung, die bis in unsere Seele hineinreicht.

Krankheiten können Schlüssel sein zu solchem Wunder. Sie können manche Türen öffnen, die uns als Gesunden verschlossen bleiben. Vielleicht werden wir aufgeschlossener für andere Menschen, weil wir ihre Leiden jetzt besser verstehen. Vielleicht bekommt unser Leben ein neues Koordinatensystem, eine ganz neue Ausrichtung, weil wir wieder mehr das Wesentliche sehen. Immer ist es Gott, der uns begegnet und innerlich heilt.

Er ist nicht ein Gott, der sozusagen regungslos über den Wolken thront, fernab von unseren Sorgen, Nöten und Schmerzen. Nein, er ist selbst Mensch geworden mit allem, was dazugehört – eines nur ausgenommen: die Sünde. Er hat sich ins ganz gewöhnlich Menschliche eingelassen, bis hinein ins Leiden und sogar ins Sterben. Er hat das Dunkel unseres Lebens, unsere Schmerzen, auch unsere Schuld und Sünde auf sich genommen. Er hat den Tod besiegt. So hat er dem Leben recht gegeben und uns einen Weg eröffnet durch alles Leiden und Sterben hindurch.

Auch die Krankensalbung will sagen: Gott ist helfend und heilend nahe in den Tagen der Krankheit. Im sakramentalen Zeichen berührt er den Kranken, ähnlich, wie Jesus den Gehörlosen berührt hat. Er will ihm Trost, Hilfe und neue Hoffnung schenken. So will die Krankensalbung uns aufrichten; sie vergibt alle Schuld und schenkt neue Kraft des Lebens.

> Herr, unser Gott,
> deine Gedanken sind nicht die unsrigen,
> so wie der Himmel nicht die Erde ist.
> Auch Krankheit kann Geschenk sein,
> kann mir helfen und nützlich werden.
> Hilf mir, Herr, deine Wege zu erkennen,
> sorgfältig nachzudenken,
> stark zu werden, wenn der Leib auch schwach ist,
> hell zu werden, selbst wenn es dunkelt um mich.
> Vor allem gib mir die Kraft, in deiner Gnade zu leben.
> Amen.

Sterbebegleitung

KRANKSEIN, ALTERN und schließlich das Sterben gehören zu unserem Leben. Früher oder später lassen unsere Kräfte nach. Auch junge Menschen können entweder seit der Geburt oder durch einen tragischen Unfall behindert sein.

Schon immer haben die Menschen gefragt: Warum das Leiden? Warum gerade ich? Was geschieht im Sterben? Ist dann alles aus? Dürfen wir auch über den Tod hinaus Hoffnung haben?

Viele wissen auf diese Fragen keine rechte Antwort mehr. Die Würzburger Synode formulierte zu Recht: »Viele sterben zwar inmitten einer perfekten medizinischen Versorgungswelt, sind aber in ihren letzten Stunden ohne menschliche Nähe. Aus dieser Situation ergibt sich gerade für uns Christen eine besonders dringliche Aufgabe: Niemand sollte vereinsamt sterben.«

Ja, so ist es. Früher hatte man keine oder zumindest längst

keine so guten medizinischen Geräte wie heute – aber man war den Sterbenden meist menschlich nahe. Die Familie bis zu den Enkelkindern versammelte sich um das Bett; der Priester sprach die vorgesehenen Gebete und salbte dem Schwerkranken mit Krankenöl die Stirn und – damals – alle fünf Sinne. Durch Gebet und Salbung versicherte man ihm, dass Gott und die ganze große Gemeinschaft der Kirche ihm gerade in dieser schweren Situation nahe sei.

Die Menschen empfinden die Spendung dieses Sakraments als eine große Wohltat. Es schenkt den Schwerkranken innere Ruhe, sodass sie den Tod innerlich annehmen und im Frieden mit Gott und mit den Menschen sterben können. Fast immer spüren die Menschen: Sie sind auch und gerade in dieser schweren Situation nicht allein. Die ganze große Gemeinschaft der Kirche begleitet sie; Gott ist mit ihnen und bei ihnen.

Unsere Kranken und erst recht die Sterbenden brauchen ja nicht nur eine perfekte äußere Versorgung; sie brauchen vor allem menschliche Nähe, eine warme Hand, die sie hält, ein gutes Wort, ein freundliches Lächeln, ein Gebet. Die Menschlichkeit einer Gesellschaft und die Menschenfreundlichkeit unserer Kirche zeigt sich nicht zuletzt daran, wie sie mit ihren schwächsten Gliedern umgeht.

Jesus hat sich ganz besonders der Kranken und Schwachen angenommen. Für sie war er ganz besonders da; für sie hatte er in ganz besonderer Weise ein Herz. Jesus hat von sich gesagt, dass er gesalbt und gesandt ist, den Armen – und das sind alle Schwachen, alle, die sich nicht selbst helfen können – die gute und frohe Botschaft vom barmherzigen und lebendigen Gott zu verkünden, von dem Gott, der mit uns und bei uns ist in aller Not.

Jesus ist selbst arm und schwach geworden, hat das Leiden und das Sterben auf sich genommen. Er hat sich am Kreuz mit allen Geplagten und Geschundenen, mit allen Leidenden und

Sterbenden verbündet. Er wollte uns in jeder Situation, und sei sie noch so miserabel, nahe sein. Er wollte uns zeigen: Selbst noch im äußersten Elend und wenn alle uns verlassen, Gott verlässt uns nicht. Nichts kann uns scheiden von der Liebe Gottes, weder Leben noch Tod (Röm 8,38).

Für Jesus gehören Heil und Heilung zusammen. Deshalb hat Jesus seine Apostel ausgesandt, nicht nur zu predigen; sie sollten nicht nur sagen, dass Gott es gut meint mit allen Menschen, besonders mit den Schwachen; sie sollten es ihnen auch konkret und geradezu handgreiflich zeigen. Sie sollten Kranke heilen. Die Verpflichtung zum Krankenbesuch und zur Betreuung der Kranken hat deshalb in der Geschichte der Kirche immer einen wichtigen Platz eingenommen.

Der Jakobusbrief berichtet, wie ernst die frühen christlichen Gemeinden den Auftrag Jesu genommen haben. »Wenn einer von euch krank ist, dann rufe er die Ältesten der Gemeinde zu sich; sie sollen Gebete über ihn sprechen und ihn im Namen des Herrn mit Öl salben« (Jak 5,14). Das Öl ist Zeichen der Lebenskraft; es soll dem Schwerkranken und Sterbenden die Lebenskraft des lebendig machenden Gottesgeistes schenken.

Wir brauchen eine neue Kultur des Umgangs mit den alten und kranken Menschen, eine neue Kultur auch des Sterbens. Dazu kann für einen Christen und für einen christlichen Arzt gewiss nicht gehören, in eigener Verantwortung das Leben und das Leiden abzukürzen, wenn es schwer wird. Gott allein ist Herr über Leben und Tod.

Wir dürfen dankbar sein, dass in den letzten Jahren wieder sehr vieles an menschlicher und christlicher Sterbekultur gewachsen ist. In vielen Gemeinden gibt es Besuchsdienste für alte und kranke Gemeindeglieder. Es werden Sitzwachen organisiert. Die Angehörigen und das Pflegepersonal sind ja oft überfordert und können aus vielerlei Gründen nicht immer bei einem Sterbenden sein. So ist es ein echt christliches Zeugnis der Nächstenliebe, wenn andere, Junge und Alte, sich bereit erklären, etwa bei Nacht stundenweise bei einem Sterbenden zu sitzen und ihn nicht allein zu lassen. Erfreulich zugenommen hat auch die Hospizbewegung, Einrichtungen, in denen austherapierte unheilbar Kranke und dem Sterben entgegengehende Menschen in der letzten Phase ihres Lebens liebevoll untergebracht und betreut werden. Schließlich ist dankbar zu vermerken, dass Behinderte inzwischen eine größere Akzeptanz finden, dass mehr Rücksicht auf sie genommen wird und man versucht, sie nach Möglichkeit in das normale Leben und in den Arbeitsprozess zu integrieren.

Wer glaubt, der weiß: Er kann auch im Sterben nicht tiefer fallen als in die Hände Gottes, und Gottes Hände sind gute Hände. Gerade im Tod werden wir neu aufgerichtet zum neuen Leben bei Gott, wo alle Tränen abgewischt sein werden, der Tod nicht mehr ist, »keine Trauer, keine Klage, keine Mühsal. Denn was früher war, ist vergangen« (Offb 21,4).

Im Sterben loslassen

WIR SOLLEN UNSER LEBEN, so gut wir eben nur können, gestalten bis zuletzt, und wir sollen sterbenden Menschen ein menschenwürdiges Leben ermöglichen bis zuletzt. Es ist ein wahrer Samariterdienst, Menschen zu begleiten, damit sie ihr Leben bis zuletzt menschenwürdig gestalten können.

Aber wir wissen auch und wir erfahren es täglich: Alles Gestalten kommt an sein Ende. Wir können und wir sollen Menschen beim Sterben helfen und sie dabei begleiten bis zuletzt. Das Sterben verhindern können wir letztlich nicht. Wir sollen es nicht einmal unnötig und um jeden Preis verlängern.

Jedem von uns schlägt einmal seine letzte Stunde. Wir wissen nicht, wann, wo und wie das sein wird. Der Tod hat tausend

Gesichter, er hat so viele Gesichter, als es Menschen gibt. Er wird auch einmal unser Gesicht tragen. Nicht das Wann, Wo und Wie, aber das Dass des Todes ist todsicher. Niemand kann ewig in dieser Welt leben; jeder muss einmal das Leben in dieser Welt lassen und verlassen. Das ist das einzig Sichere, was wir über unsere Zukunft wissen.

Wir wissen, dass wir sterblich sind, aber ist es nicht so, dass wir sehr oft leben, als ob wir unsterblich wären *(Friedrich Dürrenmatt)*? Unser Lebenswille ist so unbändig und unsere heutigen Möglichkeiten, unser Leben zu verlängern, sind gegenüber früher so groß, dass wir heute den Gedanken an den Tod meist verdrängen und das Sprechen vom Tod als unanständig und peinlich empfinden und es darum vermeiden. In unserer Gesellschaft gilt »jung und dynamisch«, Leistung zählt, und fast alles scheint technisch machbar. Der Tod wird zu einem unbewältigten Restproblem; er liegt quer zu allem, was sonst gilt und zählt. So werden wir ratlos und sprachlos angesichts des Todes.

Wenn früher auf einem Dorf jemand starb, dann stand das Leben während eines Tages praktisch still. Alle begleiteten den Toten und die Trauernden. In unseren Großstädten geht das Leben unablässig weiter, so als ob niemand stürbe. Lag der Friedhof früher um die Kirche im Brennpunkt des sozialen Lebens, so wird der Tod heute aus unserer modernen Gesellschaft ausgebürgert. Er ist der weiße Fleck auf unserer gesellschaftlichen Landkarte. Das System und die Logik unserer modernen Welt hat uns total im Griff, wir verfallen ihrem geheimen Totalitätsanspruch und sind in ihm so gefangen, dass wir mit dem, was uns am Ende allen todsicher beschieden ist, nicht mehr umzugehen wissen. Das grenzt die Sterbenden wie die Trauernden aus, lässt sie allein und verweist sie in die Einsamkeit.

Schon im Leben geht nicht alles immer so weiter. Das Leben ist ein Ankommen und immer wieder auch ein Abschiednehmen. Wir können nur wachsen und reifen, indem wir Kindheit und Jugendalter unter mancherlei Wachstumskrisen und Spannungen verlassen. Auch später steht die Zeit nie still. Gerade heute kommen wir nicht weiter, wenn wir nur an Bisherigem und Gewohnten festhalten und uns daran festklammern. Wir müssen vieles lassen, um uns Neuem zuwenden zu können. Das Gesetz des Samenkorns, das in die Erde fällt und stirbt, um so neues Leben zu ermöglichen, gilt schon für dieses Leben. Nicht Besitzstandswahrung, sondern Loslassen ist die Bedingung wahren Lebens. Loslassen ist der Weg des Lebens und der Weg zum Leben. Dieser schenkt gegenüber allen angstbesetzten Fixierungen und aller überanstrengten, unmenschlichen Hektik innere Gelassenheit und Ruhe. Schon jetzt gilt: »Wer an seinem Leben hängt, wird es verlieren« (Joh 12,25). Das sind Annäherungen, die uns die Grenzen und die Selbsttäuschungen unseres heute gängigen Lebens- und Wirklichkeitsverständnisses deutlich machen. Noch mehr: Das sind Einübungen in ein letztes Lassen und Verlassen des Lebens im Sterben. Was dem Leben Sinn verleiht, gibt auch dem Tod Sinn *(Antoine de Saint-Exupéry)*.

Indem wir bereit werden, dem Tod ins Auge zu schauen und unser Leben zu lassen, verwandeln wir das Sterben. Es ist dann nicht mehr bloß ein unabwendbares Schicksal, eine uns auferlegte harte Notwendigkeit, die wir rein passiv hinnehmen müssen, ein Abbruch von außen oder gar eine Katastrophe. Das freiwillige Einstimmen im Lassen ist höchste Aktivität, eine letzte Tat der Freiheit, Ausdruck einer letzten uns verbleibenden menschlichen Würde. Es ist ein dritter Weg neben Resignation und Rebellion. Es ist ein Sieg über den Tod als ein reines Widerfahrnis und eine Niederlage. Erst so wird der Tod zu meinem eigenen Tod. Das Ja zum Sterben ist das Ja zur Wahrheit der eigenen Endlichkeit, das Ja dazu, dass wir keine unsterblichen Götter, sondern sterbliche Menschen sind. Unsterblich ist Gott allein. Von ihm und aus ihm haben wir unser Leben; in das

Leben bei ihm und mit ihm soll es wieder einmünden. Nur in diesem Vertrauen können wir das Leben loslassen und es gelassen wieder in die Hände unseres Schöpfers zurückgeben. Die Begegnung mit vielen unheilbar Kranken und mit Sterbenden zeigt, dass dieses Vertrauen nichts Übergestülptes ist. Viele Seelsorger berichten, dass sterbende Menschen fast nie ohne Hoffnung sind. Als Menschen leben wir bis zuletzt, indem wir hoffen bis zuletzt. Der Tod ist kein absolutes Ende und keine letzte Grenze. Aber die Hoffnung ist von einer optimistischen Prognose grundverschieden. Die Hoffnung auf das ewige Leben ist die Hoffnung auf ein Geschenk, das wir Menschen nur mit leeren Händen empfangen können. Wer im Angesicht des Todes sich in die Hände Gottes empfiehlt und betet: »Dein Wille geschehe«, der weiß: Gottes Hände sind gute Hände. Bei ihm sind wir geborgen. Wenn wir als Christen mit Jesus Christus diesen Weg gehen, dann nimmt das nichts von dem Befremdlichen und Schrecklichen des Todes weg. Auch Jesus musste durch Todesangst und Gottverlassenheit hindurch. Der Tod bleibt herb, schmerzlich und bitter – sosehr er oft als Erlösung erfahren und auch herbeigesehnt wird. Aber alles Leid, aller Schmerz des Abschieds werden für den, der glaubt, aufgehellt durch das Licht, das von Ostern her leuchtet.

Sterben als Teil des Lebens

WER SEIN LEBEN ERHALTEN WILL, gerade der wird es dennoch verlieren. Nichts in dieser Welt ist ewig, alles ist vergänglich. Gerade heute, im Umbruch so vieler Werte und Ordnungen, erfahren wir aufs Neue, wie vergänglich alles ist. Wir erfahren es im eigenen Leben: Der Abschied von Kindheit und Jugend ist unter vielen Spannungen und Schmerzen notwendig, um reif und erwachsen zu werden. Wir müssen das Leben loslassen, um es zu gewinnen. Das ist das Gesetz des Weizenkorns. Wenn es nicht in die Erde fällt und stirbt, bleibt es allein, bringt keine Frucht. Was aber im Leben trägt, das trägt auch im Sterben. Das Sterben gehört zu unserem Leben. Das wissen wir. Aber leben wir es auch? Verdrängen wir den Tod nicht beständig? Bürgern wir ihn nicht aus aus unserem normalen Leben?

In unserer Gesellschaft, da gilt »jung und dynamisch«, die Leistung zählt. Und so liegt das Sterben quer zu dem, was bei uns zählt und gilt. Aber die Alternative zur Rebellion und zur Resignation angesichts des Todes ist das Loslassen, das Ja-Sagen: Meine Stunde ist gekommen. So ist es der Glaube, der den Tod besiegt und verwandelt. Einer ist uns dabei vorausgegangen: Er hat sterbend seinen Geist, das heißt sein Leben, in die Hände seines Vaters übergeben, hat losgelassen, um so im Tod und durch den Tod zum neuen, zum endgültigen und verklärten Leben bei Gott und in Gott aufzuerstehen. Er hat Hoffnung aufgerichtet über unserem Sterben. Wir können beim Sterben nichts mitnehmen von all dem, was wir errafft und geschafft haben. Allein die Liebe bleibt. Allein was wir aus Liebe gewirkt und getan haben, was wir weggegeben, losgelassen, was wir anderen geschenkt haben, das dürfen wir vor Gott tragen, und es wird für immer eingestiftet sein in den Bestand der Wirklichkeit.

Wer loslässt, der gewinnt. Und wer schenkt, der wird kein wenig ärmer. Er gewinnt das Leben, die Fülle des Lebens. Das ist die Erfahrung unserer Sitzwachen- und Hospizgruppen, dass keiner für sich stirbt und dass die Sterbenden denen, die leben, Leben in Fülle, Erfahrung des Lebens schenken. Das ist die Erfahrung vieler Sterbender, dass das Leben plötzlich dicht und intensiv wird, dass kleine Dinge und kleine Zeichen der Liebe und der Zuwendung, die wir früher übersehen haben, plötzlich teuer und kostbar werden. Die Liebe gibt den Sinn des Lebens und des Sterbens.

Mitten im Leben sind wir vom Tod umfangen, so heißt das Kirchenlied. Wir können ebenso sagen: Mitten im Sterben sind wir vom Leben umfangen, vom Leben in Gott und bei Gott. Wenn das Weizenkorn nicht in die Erde fällt und stirbt, bleibt es allein, bringt keine Frucht. Wenn es aber stirbt, bringt es viel Frucht (vgl. Joh 12,24): Frucht in Gott, Frucht ewigen Lebens.

GOTT – DIE QUELLE
EWIGEN LEBENS

Der Hoffnung ein Gesicht geben

Als Jesus in der Brotrede von Kafarnaum (vgl. Joh 6,22–59) seine Botschaft auf den Punkt brachte, wandten sich viele seiner Jünger und Jüngerinnen von ihm ab. Sie ließen ihn stehen, kehrten ihm den Rücken, bis sie schließlich schrien: Hinweg mit ihm! Kreuzige ihn! Da fragte Jesus die treue Schar seiner Jünger: Wollt auch ihr weglaufen? Petrus antwortete: Herr, wohin sollten wir denn gehen? Du hast Worte des Lebens (vgl. Joh 6,67–68).

Das ist auch heute unsere Antwort und unser Bekenntnis. Das ist unser Zeugnis, das wir der Welt schulden. Lassen wir es uns nicht ausreden: Unser christlicher Glaube ist eine Botschaft vom Leben und von der Hoffnung für das Leben. Ja, wir rühmen uns unserer Hoffnung, unserer Hoffnung, wie Paulus weiterfährt, auf die Herrlichkeit Gottes. Das ist kein rosaroter Optimismus. Auch für Paulus nicht, denn er fährt fort: »Wir rühmen uns ebenso unserer Bedrängnis« (vgl. Röm 5,2–3).

Als Christen stehen wir unter dem Kreuz. Dieses Kreuz steht für alles menschliche Versagen und alles Scheitern. Jesus hat es stellvertretend für uns auf sich genommen. Er hat – obwohl unschuldig – alle Gottlosigkeit, alles Unrecht, alle Gewalt, allen Hass und alle Lüge dieser Welt am eigenen Leib erfahren bis zum bitteren Ende, bis zum schmachvollen Tod am Holz des Kreuzes. Gott aber hat seine unerschütterliche Treue und seine unendliche Liebe zu uns Menschen darin erwiesen, dass er Jesus nicht im Tod gelassen, sondern von den Toten auferweckt hat zu einem neuen und ewigen Leben.

Damit hat er auch uns einen Weg der Hoffnung eröffnet, einen Weg, der in Geduld und Bewährung durch Bedrängnisse aller Art hindurchführt. Aber seit Ostern gilt, dass die Liebe stärker ist als der Hass, die Gerechtigkeit stärker als Unrecht und Gewalt, das Leben stärker als der Tod. Nichts kann uns – wie der

Apostel später triumphierend feststellt – mehr scheiden von der Liebe Gottes: nicht Bedrängnis oder Not oder Verfolgung, Hunger oder Kälte, Gefahr oder Schwert (vgl. Röm 8,35). In der Liebe Gottes sind wir für immer geborgen, und diese Liebe umgreift Leben und Tod. Auch, ja gerade sterbend fallen wir in Gottes Hände, um bei ihm auf ewig zu leben und die Fülle des Lebens zu haben.

Paulus war der Überzeugung: Nur Gott kann uns Hoffnung, nur er kann uns nochmals eine Perspektive eröffnen. Deshalb stellt er an den Anfang seiner Ausführungen über die Hoffnung die Aussage: Wir haben Zutritt zu Gott.

Den Glauben an Gott, der uns in Liebe zugetan ist, der in Jesus Christus sich auf den Weg zu uns gemacht und uns durch Jesu Auferweckung neues, ewiges Leben geschenkt hat, den müssen wir Schritt für Schritt neu buchstabieren lernen. Das ist die erste Aufgabe von uns Christen, wenn wir uns daranmachen, der Hoffnung wieder ein Gesicht zu geben. Ja, das Beten ist der tiefste und letzte Ausdruck unserer Hoffnung. Das Gebet ist die eigentliche Gestalt und das wahre Gesicht der Hoffnung. Es ist seine Kraft.

Unser Glaube hält dem Leben und seinen Bedrängnissen stand; er gibt schon in diesem Leben dem Leben und der Hoffnung recht. Paulus sagt: »Die Liebe Gottes ist ausgegossen in unsere Herzen durch den Heiligen Geist, der uns gegeben ist« (Röm 5,5). Sie ist jetzt schon da, jetzt schon wirksam – in uns und durch uns. Liebe ist erfinderisch. Aus Liebe geht neues Leben hervor. Sie will der Hoffnung ein Gesicht geben, hier in dieser unserer Welt.

Aus Feuer wird Gesang

JESUS IST DURCH DAS FEUER GEGANGEN. Ihm, dem Gerechtesten aller Menschen, der ganz ohne Sünde war, blieb nichts erspart. Er hatte äußerlich gesehen keinen Erfolg. Die Begeisterung der Massen hielt nicht lange vor. Die meisten liefen ihm schon bald davon. Am Ende haben sie ihn gefangengesetzt, zusammengeschlagen, verspottet, brutal ans Kreuz genagelt und mit all diesen Folterungen auf schändlichste Weise am Kreuz ermordet. An Jesus haben sich die Mächte des Bösen und des Todes bis zum Letzten ausgetobt.

Da hat Gott selbst ein für alle Mal die Wende eingeleitet. Gott ist der Herr über Leben und Tod. Auf ihn ist in jeder Situation Verlass. So haben in Jesu Kreuz und Auferstehung nicht der Tod, nicht Gewalt und Hass, sondern das Leben und die Liebe den Sieg davongetragen. So wurde durch Gottes Tat mitten im Feuer Gesang.

Dieser Gesang geht weiter: In der Verkündigung der frohen und befreienden Botschaft von Jesus Christus, in der Feier der Liturgie, in der wir Tod und Auferstehung Jesu Christi begehen, in den Menschen, die sich von Jesus rufen und ergreifen lassen, die die Glut seiner Liebe weitertragen und dafür sorgen, dass daraus immer wieder neu ein zündender Funke wird.

Wer Jesus nachfolgt, muss wie er durch das Feuer gehen. Wir brauchen dieses Feuer, das uns läutert und reinigt. So wie Gold und Silber im Feuer geläutert werden müssen, so müssen auch wir unsere Leidenschaften, Begierden und Interessen läutern und reinigen. Das geht nicht ohne Ordnung im eigenen Leben. Das geht nicht ohne Umkehr und Buße. Das geht nicht ohne tapferes Standhalten in Schwierigkeiten. Das Licht der Osterkerze wird in der Osternacht aus Stein geschlagen. Zündung geschieht durch Reibung. Fragen wir uns, ob wir nicht oft zu wehleidig sind und zu schnell aufgeben. In einem Jesuswort, das uns nicht in der Heiligen Schrift überliefert ist, heißt es: Ihr sollt mit Feuer gesalzen sein!

Die Bibel – Wort Gottes

JESUS HAT VERKÜNDET: Jetzt ist es so weit. Das Reich Gottes ist nahe. Seine Botschaft bestand nicht nur aus Worten. Sie hat Wirkung gezeigt in den vielen Heilungen von Kranken, in dem Mut und in der Hoffnung, welche die Menschen neu schöpften, und nicht zuletzt darin, dass die Menschen neu zusammenfanden und um Jesus eine Gemeinschaft von Jüngern und Jüngerinnen entstand.

Die Bibel bezeugt uns diese Botschaft bis heute. Sie erinnert uns an das, was am wichtigsten für unser Leben ist und was wir doch oft vergessen. Sie sagt uns, auf was es wirklich ankommt im Leben, worauf wir bauen und trauen können, was uns letztlich allein glücklich macht und was unserem Leben Sinn und Orientierung gibt: Gott und sein Reich.

Ist nicht die Gefahr, dass in der Fülle der Worte, die wir jeden Tag hören, in der Hetze des Alltags und im Wirrwarr der Meinungen dieses eine Notwendige untergeht? Ja, wir haben Grund, nach der Bibel zu greifen und die Bibel zu lesen, um neu zu erfahren, dass Gott mit uns und bei uns ist, und um so Trost, Frieden und Freude zu erfahren.

Sind wir Christen oft nicht viel zu kleingläubig und von falschen Sorgen umgetrieben, weil wir statt der Wirkmacht des Wortes Gottes auf unsere vermeintlich besseren Einsichten und Methoden vertrauen? Das Gejammer und die Missstimmung, die wir verbreiten, sind vielleicht sogar die größten Hindernisse bei der Weitergabe des Glaubens. Lassen wir uns doch einfach vertrauensvoll ein auf das, was die größte Macht und Kraft in der Welt ist, auf Gottes Wort: Wir werden dann sehen, was es zustande bringt und wirkt. Haben wir den Mut, uns auf unser Eigenstes zu besinnen und aus den Quellen zu schöpfen.

Letztlich sind nicht wir es, die den Erfolg zu bewerkstelligen haben. Das Wort Gottes hat seine Kraft in sich. Letzten Endes bewirkt Gott, dass Menschen zum Glauben kommen, dass sie sich auf seine Botschaft einlassen. An uns ist es, zu säen, ohne gleich auf das Ergebnis zu schielen. Das Gleichnis Jesu vom Wachsen der Saat (Mk 4,26–29) gibt uns jedoch die Zuversicht, dass Gott das Ausgesäte wachsen lässt, und es tröstet uns, dass all unser Bemühen nicht umsonst ist.

Die Bibel ist die gemeinsame Grundlage des Glaubens. Zur vollen Einheit werden wir finden, wenn wir noch viel mehr gemeinsam auf das Wort der Bibel hören und sie tiefer zu verstehen suchen.

Wer sich an das Wort Gottes hält, der ist letzten Endes nicht verlassen. Ein Kanon aus Israel fasst die Zusage Gottes so zusammen:

Gottes Wort ist wie Licht in der Nacht;
es hat Hoffnung und Zukunft gebracht;
es gibt Trost, es gibt Halt
in Bedrängnis, Not und Ängsten,
ist wie ein Stern in der Dunkelheit.

»Christus erkennen«

DER APOSTEL PAULUS schreibt an seine Lieblingsgemeinde in Philippi: »Christus will ich erkennen« (vgl. Phil 3,10). Darauf kam für den Apostel alles an, und darauf kommt auch für uns heute alles an.

Paulus schreibt in demselben Brief an die Philipper, dass ihm im Vergleich zu Jesus Christus alles andere als Verlust, ja als Kehricht und Unrat erscheint – dass er alles andere aufgeben und auf alles andere gerne verzichten will, um nur Jesus Christus als sein Ein und Alles zu gewinnen –, dass es ihm darum nicht um seine eigene Gerechtigkeit geht, um das, was er selber leistet und sich selber zuschreibt, was er selber machen kann und was ihn selber groß dastehen lässt, sondern um das, was ihm durch den Glauben an Jesus Christus zukommt, was ihm von Jesus Christus her in reichem und überreichem Maße geschenkt wird und was weit mehr ist als das, worauf er verzichtet und was er hinter sich lässt. Denn – so schreibt er – wenn er ganz Gemeinschaft hat mit dem Leiden Jesu und wenn er ganz geprägt ist von seinem Tod, dann darf er auch hoffen, die Macht seiner Auferstehung zu erfahren und selbst zur Auferstehung von den Toten zu gelangen. Sein Leben ist dann nicht mehr ziellos, und er irrt nun nicht mehr orientierungslos in der Welt umher. Er jagt vielmehr einem Siegespreis nach: der himmlischen Berufung, die Gott uns in Jesus Christus schenkt. So kommt ihm alles darauf an, Christus zu erkennen (vgl. Phil 3,7–14).

Dieses Wort »Christus erkennen« und die Botschaft vom Kreuz als Weg zum Leben hat Paulus geschrieben an die Gemeinde in Philippi, die erste Gemeinde auf europäischem Boden. Seither ist das Kreuz in allen Ländern Europas in und über unzählig vielen Kirchen aufgerichtet worden. Es hängt auch heute noch in allen Wohnungen, in denen bewusste Christen wohnen, viele tragen es um den Hals, und mit ihm bekreuzigen wir uns, wenn wir Gottes Segen, an dem alles gelegen ist, empfangen.

Alles kommt darauf an, Christus zu erkennen. Ja, darauf kommt es heute erneut und ganz besonders an. Denn unsere Zeit braucht Hoffnung. Sorgen, Unsicherheiten und düstere Prognosen bedrücken uns. In einer solchen Situation helfen keine billigen Vertröstungen. Wie die Generationen vor uns werden wir die Zukunft nur aus dem Glauben an Jesus Christus und aus der Kraft und aus der Hoffnung des Kreuzes bewältigen können.

Wir sollen – so sagt es der Apostel Paulus an anderer Stelle – nichts anderes wissen und nichts anderes verkündigen als Jesus Christus und ihn als den Gekreuzigten (1 Kor 1,23; 2,2). Das Kreuz liegt quer zu unseren naturwüchsigen Lebenserwartungen. Es erscheint als Torheit und als Ärgernis.

Jesus Christus erkennen heißt Gott erkennen, der sich in ihm ein für alle Mal, unüberbietbar und für die Menschen aller Zeiten und Kulturen geoffenbart hat. Er ist der Gott, der sich herabbeugt, der nicht verurteilt, sondern verzeiht und einen neuen Anfang schenkt. Er ist der gnädige und barmherzige Gott, der Gott, der uns Menschen nachgeht bis in die äußerste Verlorenheit des Leidens und Sterbens, bis an den toten Punkt des Kreuzes, der Gott, der auch dort noch da ist, ja gerade da gegenwärtig ist, wo sich unsere Lebenslinien hart schneiden und kreuzen, der Gott also, der sich ganz einlässt mit uns Menschen, unseren Höhen und Tiefen, unseren Freuden und Leiden, unseren Ängsten und Hoffnungen.

Der Gott Jesu Christi gibt in allem und trotz allem unseren Sehnsüchten und Hoffnungen recht; er nimmt sie auf und führt sie auf dem Weg des Kreuzes zur Erfüllung in der Auferstehung, im neuen Jerusalem, im neuen und ewigen Leben. Dieser menschenfreundliche Gott der Menschen, den wir in Jesus Christus erkennen und der uns durch ihn endgültig nahegekommen ist, umfängt, führt und trägt uns, er gibt unserem Leben Halt, er gibt ihm Orientierung, gibt Lebensmut, Lebenskraft und Hoffnung. Der Gott, der Jesus Christus vom Tod am Kreuz zum Leben auferweckt hat, gibt dem Leben recht gegen die Mächte des Todes, der Liebe gegen die Mächte des Hasses und der Gewalt.

Freude am Leben

JESUS WILL KEINE ANGST machende Botschaft verkünden, sondern die Frohe Botschaft vom Reich Gottes als Reich des Lebens,
der Gerechtigkeit, der Freiheit und der Freude. Er verkündet uns,
dass Gott unser Vater ist, der uns unbedingt liebt und für uns
sorgt. Er will sagen: Gott ist Leben, und er will, dass wir das
Leben haben und dass wir es in Fülle haben. So hat Gott Jesus
nicht im Tod gelassen, sondern ihn vom Tod zum Leben auferweckt, und er hat auch uns ewiges Leben verheißen. Deshalb
haben sich die ersten Christen nach dem Zeugnis der Apostelgeschichte unter Jubel versammelt.

Der Apostel Paulus sagte, die Freude gehöre zum Reich Got-
tes und sie sei eine Frucht des Heiligen Geistes (vgl. Gal 5,22).
Dabei ist weder Jesus noch Paulus naiv. Sie wissen beide um die
Leiden, den Schmerz, die Sorgen, Enttäuschungen und Ver-
sagungen, um die harte Arbeit und die Mühe, die zum täglichen
Leben gehören und von denen auch der Christ nicht verschont
bleibt. Im Gegenteil, den Jüngern Jesu werden in der Heiligen
Schrift Bedrängnis und Verfolgung vorausgesagt. Aber es wird
ihnen auch gesagt, dass die Leiden dieser Zeit nichts sind im
Vergleich zu der Herrlichkeit des neuen und ewigen Lebens.
Nichts kann sie, kann uns trennen von der Liebe Gottes (vgl.
Röm 8,18.38–39). In ihr sind wir gehalten und geborgen. Diese
Gewissheit schenkt inneren Frieden und Freude.

Es gilt, was wir im Kirchenlied singen: »Was helfen uns die
schweren Sorgen, was hilft uns unser Weh und Ach? Was hilft
es, dass wir alle Morgen beseufzen unser Ungemach? Wir machen unser Kreuz und Leid nur schlimmer durch die Traurigkeit.«

Man kann sogar noch einen Schritt weiter gehen. Für die
Kirchenväter und für die großen Meister des geistlichen Lebens
galt die Traurigkeit als Traurigkeit dieser Welt. Sie galt als

Grundversuchung und als Wurzelsünde. Sie war Zeichen dafür, dass ein Mensch sich in den weltlichen Dingen so sehr verfangen hat, dass ihn der Verlust irdischer Dinge so in Beschlag nimmt, dass er den Blick nicht mehr frei hat für Gott und das von ihm geschenkte Leben. Er kann nur noch zurückschauen und nicht mehr mit Hoffnung in die Zukunft schauen. Traurigkeit galt den Kirchenvätern deshalb als Verdüsterung des Horizonts. Und diese Schwermut ist ein Charakteristikum und eine Grundstimmung unserer Zeit. Sie ist Ausdruck der Gottesfinsternis, Ausdruck nicht nur des fehlenden Lebensmutes und der fehlenden Lebensfreude, sondern Ausdruck des Glaubensmangels, des Mangels an Glaubensmut, und Ausdruck fehlender Hoffnung.

Als Christen sind wir mit dem Öl der Freude gesalbt. Wir sollen Freudenboten, Boten der Frohen Botschaft sein – durch unser Wort und noch mehr durch unser Leben. Was heißt das? Den Christen sollte zunächst einfach Lebensfreude auszeichnen. Die Heilige Schrift und unser christlicher Glaube sind – recht verstanden – alles andere als lebensfeindlich. Sie haben nichts zu tun mit der Verdächtigung und dem Schlechtmachen all dessen, was das Leben froh macht. Unser Leben braucht nicht karg und knauserig sein. Im Gegenteil, die Heilige Schrift und unser Glaube wissen die Güter des Lebens und die wahren Freuden des Lebens zu schätzen. Sie sind Gaben Gottes, die wir im rechten Maß mit Dankbarkeit genießen dürfen. Als Christen sollen wir geradezu Freunde des Lebens sein, Menschen, die das eigene Leben schätzen und dankbar dafür sind, und Menschen, die das Leben und die Lebensfreude der anderen befördern. Wir sollen das Evangelium des Lebens bezeugen.

Zur Freude am Leben kommt die Freude am Wort Gottes und am Gesetz Gottes. Es ist für die Heilige Schrift Wort vom Leben und Weisung zum Leben. Es will Licht in das Dunkel des Lebens bringen, uns Richtung geben, Orientierung schenken,

Sinn eröffnen. Auch das Gebot Gottes will uns das Leben nicht einschnüren, uns nichts wegnehmen, sondern uns den Weg zum wahren und zum glücklichen Leben zeigen.

Über allem steht die Freude an Gott: die Freude, dass Gott da ist, dass er für uns und mit uns da ist, dass er uns liebt und uns Leben – Leben in dieser Welt und ewiges Leben – schenkt. Das lässt – wie der Apostel Paulus sagt – fröhlich sein inmitten der Trübsal (vgl. 2 Kor 6,10). Das bewahrt vor Hoffnungslosigkeit, das schenkt Zuversicht und Hoffnung. Die Freude an Gott ist unsere Stärke.

Das Reich Gottes

EIN EINZIGER SATZ ist Kern und Stern der Botschaft Jesu: »Das Reich Gottes ist nahe« (Mk 1,15).

Für die Menschen damals war diese Botschaft vom Nahegekommensein des Reiches Gottes eine Botschaft von für uns schier unglaublicher Sprengkraft und Wucht. Das Volk Israel lebte in einer menschlich gesehen völlig hoffnungslosen Situation. Israel war von fremden Mächten beherrscht, mit denen die Oberschicht kollaborierte. Das Volk war äußerlich bitter arm und geistlich ohne Führung. In dieser Situation erinnerte man sich der Verheißungen der Propheten, wonach Gott seinen Geist ausgießen, das Volk sammeln und neu beleben wird, sodass allen offenkundig sein wird, dass er allein Gott, ja dass er unser Gott ist. Diese Erwartung, dass Gott selbst auf den Plan treten und seinen Geist ausgießen wird, verdichtete sich in der Spätzeit Israels in dem alles zusammenfassenden Bild vom kommenden Reich Gottes.

Reich Gottes, das war der Inbegriff der Hoffnung, dass in Gott allein Hoffnung und Heil ist, der Hoffnung, dass er selbst auf den Plan treten wird und dass er alles zum Besseren wendet, indem er sein Reich der Wahrheit und der Gerechtigkeit herbeiführt. Reich Gottes war der Inbegriff von Leben in Fülle, Leben für die Lebenden wie für die Toten. In diesem ihrem Glauben waren die Menschen überzeugt: Gott allein kann uns retten, und er wird die Wende sozusagen todsicher herbeiführen. Sein heilbringendes Kommen ist absolut gewiss. Auf ihn ist absoluter Verlass.

Jesus verkündet nun: Jetzt ist es so weit. Jetzt ist die Zeit der Ernte; jetzt ist der Tag, jetzt ist die Stunde. Kehrt um und glaubt dem Evangelium, dass Gott der Herr der Geschichte ist, dass er hier und heute im Kommen ist und dass auf ihn unbedingter Verlass ist. Hätten wir – so sagt uns Jesus – nur Glauben so groß wie ein Senfkorn, dann könnten wir Berge versetzen. Denn dem, der glaubt, ist alles möglich (Mt 17,20).

Nur der Geist Gottes, in dem wir erschaffen sind, kann die ganze Sehnsucht unserer Herzen ausfüllen. Er kann heilen, was verwundet ist, tränken, was dürre steht, lösen, was in uns verhärtet ist. Er kann unendlichen Frieden und tiefe Freude vermitteln. Er ist Trost, Kraft und Schwung. Er ist vor allem die Liebe Gottes in Person und das Geschenk der Liebe, die Gott in unsere Herzen ausgießt. Für die Liebe, die unendliche, ewige Liebe sind wir geschaffen. Auf sie zielt unsere Sehnsucht und unser ganzes Verlangen.

Wo wir in Jesus, mit ihm und durch ihn den Willen des Vaters zu hören und in der Kraft des Heiligen Geistes auch zu tun versuchen, da bricht Gottes Reich hier und heute an, da verwandelt sich unser Leben, da wird etwas anders in unserer Umgebung, da kehren Friede und Freude ein, da geschieht Erneuerung der Kirche im eigentlichen Sinn des Wortes von der Basis, das heißt von Grund auf, da wird unsere Welt neu.

Das Kommen des Reiches Gottes ist zwar ganz und gar Gottes eigene Tat. Wir können das Reich Gottes mit bestem Willen nicht »machen«. Wir können auch das Kommen des Heiligen

Geistes nicht herbeizwingen. Er ist reines Geschenk, reine Gnade. Er weht, wann, wo und wie er will. Und dennoch: Gott braucht und will Menschen, die er auswählt und beruft und durch die er sein Heilswerk in der Welt vollbringt. Gott sucht Menschen, die ihr Herz ganz für ihn und seinen Geist auftun und die sich ganz für ihn und sein Reich zur Verfügung stellen, die sich dem Geschenk des Geistes öffnen und ihr Leben zum Geschenk für Gott und die Menschen machen.

Vom Kommen Gottes

Das Schlüsselwort, das Hoffnung vermitteln kann, lautete damals, und es kann auch heute nicht anders lauten: »Dein Gott ist König« (vgl. Jes 52,7). Überlassen wir es im Augenblick den Schriftgelehrten, wie wir genau zu übersetzen haben. Für uns ist wichtig, dass diese Zusage: »Dein Gott ist König« Kern und Stern der Botschaft Jesu von der kommenden Königsherrschaft geworden ist, einer Königsherrschaft ausgerechnet für die Armen, Kleinen, Ausgestoßenen, die Hungernden und Dürstenden, die Obdach- und Heimatlosen, wie es die Bergpredigt sagt. Für uns ist wichtig, dass das Wort »König der Juden« von Pilatus ans Kreuz Jesu geheftet wurde. Und kann man sich einen größeren Gegensatz denken, als einen jämmerlich und qualvoll am Kreuz Sterbenden als König zu titulieren?

Die biblische Hoffnung auf Friede und Freude, Rettung und Erlösung, Trost und Heil ist offensichtlich ohne solche Spannungen und Paradoxien nicht zu haben. Sie gibt uns keine Antwort, die einfach aufgesetzt ist und die ja doch nur ein billiger Trost sein könnte angesichts des Leidens und des Unrechts in der Welt. Die biblische Hoffnung kommt nicht triumphal daher; sie ist aber auch nicht bloß ein bisschen frömmelnde Stimmung. Sie verweist auf eine ganz andere Realität als die, welche wir sonst als die Realität zu bezeichnen gewohnt sind, eine Realität, die sich nicht verrechnen lässt mit den Realitäten dieser Welt. Sie mutet uns ein Umdenken, sozusagen eine Umkehr der Blickrichtung und eine Kehrtwendung um 180 Grad zu. Sie sagt ja: Dein Gott ist König; auf ihn kommt es an. Er ist die Wirklichkeit in und über allen anderen Wirklichkeiten. Er ist das A und O, der Anfang und das Ende. Denn dieser Gott ist nicht irgendwo fern über den Wolken, abgehoben von den Realitäten. Er ist im Kommen, er kommt uns entgegen, weil er mitten unter uns sein will als unser Gott.

Dieses Kommen Gottes geschieht verborgen. Aber es geschieht überall dort, wo Menschen Gott Raum geben, wo sie sich ihm öffnen und seinen Frieden und seine Freude in Wort und Tat bezeugen, wo einzelne Menschen und ganze Völker aufeinander zugehen und sich versöhnen, wo Menschen füreinander eintreten und einander Trost spenden, wo man den eigenen Egoismus überwindet und teilt, wo man sich einsetzt für Wahrheit, Gerechtigkeit und Freiheit. Dies geschieht auch, wo jahrhundertelang getrennte und zerstrittene Kirchen sich wieder füreinander öffnen und sich einander annähern, um in einer Welt ohne Gott gemeinsam Zeugnis zu geben von der Wirklichkeit Gottes, der der eigentliche und letztlich einzige Grund und das Ziel, der Halt und Inhalt des Lebens ist.

Die Verheißung und die unerschütterliche Hoffnung der biblischen Zeugen ist es, dass es solche Zeugnisse und solche Umkehr zu allen Zeiten immer wieder geben wird. Nicht der Unglaube, nicht die Gottlosigkeit, sondern Gott ist im Kommen, ihm gehört die Zukunft. Deshalb sollten wir uns auch nicht so viel Angst machen, es gehe mit dem Christentum und Kirche immer mehr bergab und es gelte fast nur noch, das sinkende Schiff zu verlassen. Weit gefehlt: »Gott ist König«; ihm gehört die Welt, ihm gehören wir, ihm gehört die Zukunft. »Alle Enden der Erde sehen Gottes Heil« (vgl. Ps 98,3).

Diese Botschaft vertröstet nicht, sie feuert an, Hand anzulegen, die Trümmer wegzuräumen und neu aufzubauen. Sie ist im wahrsten Sinn des Wortes eine Zumutung. Sie macht neuen Mut zum Handeln. Sie schenkt innere Gelassenheit, inneren Frieden und Freude. Sie nimmt den glaubens- und gottlosen Missmut von uns, der gegenwärtig alles vergiftet. Es heißt: »Brecht in Jubel aus, jauchzt alle zusammen, ihr Trümmer Jerusalems!« (Jes 52,9).

… für das Reich Gottes

DAS REICH GOTTES ist keine harmlose Sache. Das müssen nicht erst wir heute erfahren, da uns der Wind scharf ins Gesicht bläst. Wir brauchen darüber nicht zu erschrecken. Genau so hat es Jesus selbst erfahren, und genau so hat er es auch uns vorausgesagt (Lk 21,12–19 u. a.). Es war schon immer so in der Kirchengeschichte: Die Kirche, die aus dem Mysterium von Kreuz und Auferstehung lebt, kann, wenn sie nur treu ist, aus solchen Auseinandersetzungen nur verjüngt und gestärkt hervorgehen.

Schon die Jünger mussten Ablehnung und Zurückweisung erfahren. Schon sie kamen nicht an und wurden nicht angenommen. Doch als sie aus der Haut fahren und empört Feuer vom Himmel fallen lassen wollten, da wurden sie von Jesus zurechtgewiesen. Sie müssen erkennen: Den Glauben kann man nicht »machen« und schon gar nicht erzwingen. Da hilft kein zähes Kämpfen um Rechts- und Machtpositionen. Man muss sie unter Umständen sogar freiwillig aufgeben, um deutlich zu machen: Gott allein kann dem Evangelium eine Tür in den Herzen der Menschen öffnen, und er tut es auch. In der Tat: Im einen Dorf abgewiesen, finden die Jünger Aufnahme im nächsten.

Das Evangelium macht deutlich: Wer sich für das Reich Gottes entscheidet, für den gibt es kein gemütliches Sich-Ein-richten, kein endgültiges Zuhause und keine bürgerlichen Sicherheiten. »Die Füchse haben ihre Höhlen und die Vögel ihre Nester; der Menschensohn aber hat keinen Ort, wo er sein Haupt hinlegen kann« (Lk 9,58). Nicht zurück gilt es zu schau-en, sondern Hand an den Pflug zu legen und nach vorne in die Zukunft von Gottes Reich zu blicken.

Das Wort Verzicht mögen viele nicht mehr gerne hören. Man will alles, und zwar sofort; man will im Heute leben. Aber merkt man nicht, wie gerade dieses »alles, und zwar bitte sofort« uns total besetzt und unfrei macht? Allein der Verzicht schenkt Freiheit, Freiheit für das, was mehr ist, als was der Augenblick bietet und was danach schnell wieder vergeht, Freiheit für Gott und sein Reich, Freiheit für die Menschen.

Gemeinsam sind wir auf dem Weg zum Reich Gottes, und nur gemeinsam können wir ihn gehen. Die Einmütigkeit hat die Urgemeinde ausgezeichnet und anziehend gemacht (Apg 2,42.46). Die Einmütigkeit könnte uns auch heute neue Glaub-würdigkeit schenken. Denn wo anders scheint und reicht das Reich Gottes schon jetzt in unsere Welt herein als dort, wo Men-schen zusammenfinden, wo Beziehungen entstehen, wo Ver-söhnung, Freundschaft und Liebe sich ereignen? Nur gemein-sam können wir Zeichen des Reiches Gottes und Werkzeug des Friedens in der Welt sein.

Gott, Freund des Lebens

Das Wort »Leben« ist ein verheißungsvolles Wort. Es weckt weitgespannte Erwartungen und bündelt vielseitige Wünsche in sich. »Ich will leben« – wer dies sagt, meint mehr als ein Über-die-Runden-Kommen, mehr als ein Gerade-noch-Überleben. In einer solchen Äußerung schwingt das Verlangen nach Entfaltung mit, nach Lebensfreude und Lebenslust. Die Fülle des Lebens ist unser Ziel. Wir wollen ein pralles und buntes, ein frohes und glückliches Leben. Denn leben, überleben, gut und glücklich leben, das wollen wir alle. Jeder hat ein Recht auf Leben. Leben ist das grundlegendste Gut, das wir haben. Leben zu schützen, es zu hegen und zu pflegen, ist die grundlegendste Aufgabe von uns Menschen.

Leben ist dort, wo etwas sich aus sich selbst heraus bewegt, wächst und reift. Leben ist darum etwas Wunderbares, über das man nur staunen kann. Kein Mensch hat es erfunden, und kein Mensch kann es machen. Wir Menschen können Leben zerstören – hervorbringen und schaffen können wir es nicht. Das Leben ist ein Geheimnis und ein Wunder. Jeder Grashalm, jede Blume und erst recht jedes neugeborene Kind ist ein Zeugnis für das Wunder und das Geheimnis des Lebens.

Leben kann man nicht machen; man kann es letztlich nicht einmal planen. Wir können es nur als Gabe aus der Hand des Schöpfers empfangen. Wir müssen es deshalb wieder lernen, vor der Größe und Schönheit der Natur zu staunen und sie zu bewundern. Wir müssen vor allem die Schöpfung bewahren. Ob wir sie bewahren oder zerstören, davon hängt die Zukunft unserer Kinder und Kindeskinder ab. Ob wir das Recht auf Leben und die Unversehrtheit des Lebens jedes einzelnen Menschen anerkennen, daran entscheidet sich, ob wir eine wirklich humane Gesellschaft sind und in einer wirklich humanen Welt leben oder nicht.

Für uns Christen ist der Sinn des Lebens endgültig durch Jesus Christus erschlossen. Er lehrt uns, die Gabe des Lebens zur Gabe für andere zu machen und den Sinn des Lebens in der Liebe zu sehen. Die Liebe, die man schenkt, macht ja nicht ärmer, sie kehrt ins eigene Herz zurück; sie macht wahrhaft reich. Jesus sagt uns, dass Gott jeden Menschen unendlich und für immer liebt. So steht jedes menschliche Leben unter der Hoffnung auf ewiges Leben. Gott, der Freund des Lebens, will nicht den Tod, sondern das Leben. Durch die Auferweckung Jesu Christi vom Tod hat Gott den Tod endgültig bezwungen und den endgültigen Sieg des Lebens über den Tod begründet.

Wenn wir uns als Christen für das Leben einsetzen, dann machen wir uns zum Anwalt des Lebens, das uns von Gott geschenkt, von Gott anvertraut ist und zu dem Gott bedingungslos Ja sagt. Das Leben hat Zukunft, weil Gott die Quelle des Lebens ist, weil er der Freund des Lebens und weil er selbst die Fülle des Lebens ist.

Freundschaft mit Gott

DAS WORT JESU »Ihr seid meine Freunde« steht in einer langen Reihe von Aussagen der Heiligen Schrift, die alle deutlich machen, wer der Mensch ist und von wem er seine Würde und seine Bestimmung erhält. Schon am Anfang der Heiligen Schrift ist davon die Rede, dass der Mensch nach dem Bild und Gleichnis Gottes geschaffen ist: dass auf dem Antlitz eines jeden Menschen etwas widerstrahlt von der Größe und der Herrlichkeit des Schöpfers. Die Berufung des Menschen, teilzuhaben am Leben Gottes, zieht sich wie ein roter Faden durch die Schriften des Alten und des Neuen Testamentes.

Das Freundschaftsverhältnis, das Gott in seinem Sohn Jesus Christus zu uns Menschen begründet hat, drückt wohl am intensivsten aus, wie innig die Beziehung Gottes zu uns Menschen ist: In Jesus Christus ist Gott auf Augenhöhe gegangen zu uns Menschen. Er behandelt uns nicht von oben herab wie der Herr seine Knechte, nein, sein Verhältnis zu uns ist wie das eines Freundes zu seinen Freunden: Bei seinem Freund darf jeder so sein, wie er wirklich ist, denn ihm braucht er nichts vorzumachen. Der Freund zwingt dem Freund nichts auf, er respektiert seine Freiheit, und doch ist ihm das Schicksal des anderen nicht gleichgültig, hat er es doch mit seinem eigenen so sehr verbunden, dass ihm das Wohl des anderen zum eigenen wird. Der Freund behält nichts für sich zurück. Es drängt ihn, alles mit dem anderen zu teilen, was für sein Leben wichtig geworden ist. »Ich habe euch alles mitgeteilt, was ich von meinem Vater gehört habe« (Joh 15,15) – mit diesen Worten umschreibt Jesus die liebevolle Hingabe an seine Freunde, die so umfassend ist, dass sie sogar vor der Hingabe des eigenen Lebens nicht zurückschreckt.

Wenn wir das Vorbild Jesu wirklich ernst nehmen, dann müssen auch unsere Beziehungen durch den Geist dieser Freundschaft geprägt sein, einer Freundschaft, die sich zeigt im gegenseitigen Respekt vor der Person des anderen, vor seiner Einzigartigkeit und Unverwechselbarkeit. Diese Freundschaft stellt das Wohl des anderen in den Mittelpunkt und ermöglicht so eine wirkliche Entfaltung seiner Persönlichkeit mit all ihren Fähigkeiten und Anlagen. In dieser Freundschaft kann ein Klima der gegenseitigen Offenheit und Toleranz wachsen, und sie führt den Einzelnen an einen verantwortlichen Umgang mit seiner Freiheit heran. Diese Freundschaftsbeziehung hat zugleich immer auch eine geistliche Dimension, weil sie ihren Wurzelgrund und ihre Kraftquelle in der Freundschaft hat, die Jesus gestiftet hat.

Noch ein Wort Jesu: »Ich nenne euch nicht mehr Knechte« (Joh 15,15). Das heißt doch nichts anderes als: Ihr seid keine Sklaven und keine Herdentiere. Ihr seid frei, berufen zur Freiheit der Söhne und Töchter Gottes. Das ist wiederum ein großes Wort. Kaum ein anderes Wort ist für uns so entscheidend geworden wie das Wort von der Freiheit und der Befreiung. Mit Recht! Denn die Freiheit gehört zu unserer Würde als Menschen.

Wahre Freiheit gibt es nur mit Verantwortung, und Verantwortung heißt: Antwort geben auf grundlegende Werte wie Gerechtigkeit, Liebe, Freundschaft, Treue, Wahrheit, Friede und Versöhnung. Wahre Freiheit gibt es zuletzt und zutiefst in der Freundschaft mit Jesus Christus.

Franz von Sales hat großen Wert darauf gelegt, dass jede wahre Freundschaft diese geistliche Dimension besitzt: Wir sollen jedem Menschen mit herzlicher Teilnahme begegnen, aber wir sollen Freundschaft nur mit solchen schließen, die uns im Guten fördern können. Und je höher das Gute, das dadurch zur Entfaltung kommt, um so höher die Freundschaft. Wertvoll ist schon die Beziehung, die unter Gelehrten auf wissenschaftlichem Austausch der Gedanken beruht. Wertvoller ist die Freundschaft, in der gewisse menschliche Vorzüge – Klugheit, Menschenkenntnis, Willenskraft oder Gerechtigkeitssinn – Anregung finden. Aber wie köstlich ist eine Freundschaft, deren Band die Liebe, die Frömmigkeit, die Religion ist! Vollkommen ist sie, weil sie von Gott kommt und zu ihm hinführt; vollkommen ist sie, weil sie Gott zum Beweggrund und Inhalt hat; vollkommen, weil sie in Gott von ewiger Dauer ist (*Philothea*, 3. Teil).

Erbarmen

DAS ENTSCHEIDENDE WORT LAUTET »Erbarmen«. »Angesichts des Erbarmens Gottes« heißt es im Römerbrief des Apostels Paulus (vgl. Röm 12,1). Der Text spricht von denen, die zum Trösten berufen sind.

»Barmherzigkeit« ist ein Urwort des Alten und des Neuen Testaments. »Jahwe ist ein barmherziger und gnädiger Gott, langmütig, reich an Huld und Treue« (Ex 34,6), so lautet das Urbekenntnis Israels. Und dass Gott »Vater des Erbarmens« (2 Kor 1,3) und voll von Barmherzigkeit ist (Eph 2,4), gehört zu den

Grundaussagen des Neuen Testaments. Im Magnifikat preist Maria Gott als den, der sich erbarmt von Geschlecht zu Geschlecht (Lk 1,50) und der eingedenk ist des Erbarmens, das er Abraham und seinen Nachkommen auf ewig verheißen hat (Lk 1,54–55).

Jesus Christus ist Gottes inkarnierte Barmherzigkeit. In ihm ist uns die ganze Menschenfreundlichkeit Gottes erschienen (Tit 3,4). Er spricht nicht nur in Gleichnissen darüber – wie etwa dem vom verlorenen Sohn und vom barmherzigen Samariter –, er ist vor allem selbst eine Verkörperung des Erbarmens, er stellt es in seiner Person dar. Er selbst ist in gewissem Sinn das Erbarmen.

Was heißt das anderes, als dass die letzte und tiefste, alles umgreifende und auch alles übersteigende Wirklichkeit, die wir Gott nennen, jedem einzelnen Menschen zugewandt ist, ihn sieht, hört, kennt und liebt, gerade in seiner Not, in seinen Fragen und Ängsten, in den Dunkelheiten und Auswegslosigkeiten seines Daseins. Die Wirklichkeit ist im Letzten und Tiefsten kein anonymes System, sie hat ein offenes Ohr und ein mitfühlendes Herz. Da bleibt für jeden eine helfende Hand ausgestreckt. Ja in Jesus Christus ist Gott selbst ganz eingegangen in unsere menschliche Situation, bis ins Leiden und Sterben, um uns so in jeder Situation nahe zu sein. Das Wort vom Erbarmen ist für uns Christen die letzte und tiefste Wahrheit über unsere Welt und über uns Leben. Genau diese Botschaft und diese Überzeugung gibt jedem Menschen, mag da sonst sein, was sein mag, seinen Wert und seine Würde. Sie kann ihm Mut und Zuversicht schenken.

Gott tut sein Werk durch uns, durch menschliche Vermittlung. Gott braucht Menschen, menschliche Augen und Ohren, menschliche Hände und Herzen. Er verheißt denen, die Barmherzigkeit üben, dass auch sie Barmherzigkeit erlangen werden (Mt 5,7).

Unsere Gemeinden müssten noch viel mehr Zufluchtsorte der Barmherzigkeit sein für die, die sonst keinen Ort haben und die leider sehr oft meinen, ihn auch (oder sogar gerade) in der Kirche nicht zu finden. Die Mahnung des Briefes an die Kolosser gilt allen: »Bekleidet euch mit aufrichtigem Erbarmen, mit Güte, Demut, Milde, Geduld« (Kol 3,12).

Der letzte Grund

WAS IST DER TIEFSTE UND LETZTE GRUND dafür, dass es so finster und kalt ist in unserer Welt, woher kommt die innere Leere, die sich in Ängsten und Aggressionen Luft macht, wo hat die Friedlosigkeit und Unmenschlichkeit ihre letzte Wurzel? Der große russische Dichter Solschenizyn lässt es eine einfache russische Bäuerin sagen, die in den schrecklichen Wirren der Oktoberrevolution von 1917 und der Machtergreifung der Kommunisten einfach und schlicht kommentiert: »Das alles ist so gekommen, weil man Gott vergessen hat.« Ja, »das Licht leuchtet in die Finsternis, und die Finsternis hat es nicht begriffen« (Joh 1,5). »Er – Gott – kam in sein Eigentum, aber die Seinen nahmen ihn nicht auf« (Joh 1,11). Die Gottvergessenheit, die Gottesfinsternis und die Gleichgültigkeit gegenüber Gott sind die tiefste Wurzel unseres Elends. Gott allein kann unserem Leben einen letzten Sinn geben; ohne ihn haben wir nur Bruchstücke und Fragmente in unseren Händen.

Gott hat uns nicht alleingelassen, denn er wollte unser Gott sein, bei uns und mit uns sein. So ist er herabgestiegen in unser Elend. »Das Wort ist Fleisch geworden und hat unter uns gewohnt« (Joh 1,14). Gottes Sohn selbst ist arm und klein geworden, uns in allem gleich, die Sünde allein ausgenommen, damit wir ihm gleich würden als Söhne und Töchter Gottes. Gott hat uns in Jesus Christus erinnert an unsere wahre Bestimmung und unser wahres Glück; im Kind in der Krippe hat er uns gesagt, dass wir alle Kinder Gottes sind und aus der Fülle seines Lebens Gnade über Gnade empfangen dürfen. Das Kind in der Krippe zeigt uns deshalb das Wohin und Wozu unseres Lebens; es weist uns den Weg aus unserer Richtungslosigkeit; es ist selbst der Weg, die Wahrheit und das Leben. Allein die Bekehrung zu Gott kann uns Rettung bringen.

»Allein den Betern kann es noch gelingen, das Schwert ob unsern Häuptern aufzuhalten.« So beginnt ein berühmtes Gedicht von *Reinhold Schneider,* das in den schweren Jahren des Zweiten Weltkriegs von Hand zu Hand weitergereicht wurde.

»Gott, du hast den Menschen in seiner Würde wunderbar erschaffen und durch die Menschwerdung deines Sohnes noch wunderbarer wiederhergestellt. Lass uns teilhaben an der Gottheit deines Sohnes, der unsere Menschennatur angenommen hat« (Tagesgebet an Weihnachten).

Das Kind in der Krippe zeigt uns die wahre Würde des Menschen. Sie hat ihren Grund darin, dass jeder Mensch, auch der fremde, auch der behinderte und der alte Mensch, geschaffen ist nach dem Bild und Gleichnis Gottes und dass er berufen ist, teilzuhaben am Leben Gottes. Weil wir alle alles aus der Fülle Gottes empfangen haben, kann die wahre Erfüllung unseres Lebens nicht im Haben und Besitzen, sondern nur im Austeilen und Schenken liegen. Allein die Liebe macht reich, weil die Freude, die man schenkt, ins eigene Herz zurückkehrt. Die Bekehrung zu Gott und die Bekehrung zu den Brüdern und Schwestern, die in Not sind, gehören deshalb unlösbar zusammen.

Im Kind in der Krippe leuchtet die wahre Würde des Menschen auf; in ihm hat Gott sie ein für alle Mal wiederhergestellt und für immer behauptet.

Gott – die Quelle ewigen Lebens

Auf die Frage nach dem Woher des Lebens antwortet die Bibel im Buch der Psalmen: »Denn bei dir ist die Quelle des Lebens« (Ps 36,10). Die Bibel meint damit nicht nur, dass Gott vor zig Milliarden Jahren aus toter Materie das erste Lebewesen zum Leben erweckt hat; er ist vielmehr die immerfort sprudelnde Quelle des Lebens. Alles, was ist, ist nur, weil Gott will, dass es ist, weil er es trägt und bejaht.

Für die Bibel ist es eine Grundwahrheit, dass Gott ein lebendiger Gott ist, der das Leben will, ja es liebt. Die Bibel sagt sogar, Gott sei ein Freund des Lebens (Weish 11,26). An der Fülle seines Lebens hat alles Leben Anteil. Daher die Heiligkeit des Lebens und die geforderte Ehrfurcht vor dem Leben.

So hält uns die Bibel an, das Leben zu achten und zu schützen, es zu fördern und der Zerstörung des Lebens zu wehren. Sie hält uns vor allem an, dafür zu danken, dass wir das Leben haben und dass wir etwas zum Leben haben. Nichts davon ist einfach selbstverständlich. Das Leben ist ein Wunder. Für die Bibel ist die Schöpfung ein einziges Lob des Schöpfers. Wir sind eingeladen, in dieses Lob dankbar einzustimmen.

Es ist eine Grundaussage der Bibel, dass Gott ein Gott mit uns und für uns ist. Er verlässt keinen, und er hört jeden, der zu ihm ruft. Jeder hat seinen Platz im Herzen Gottes. Sogar jedes Haar auf unserem Kopf ist gezählt, sagt Jesus (Mt 10,30). Deshalb heißt es im Neuen Testament: »Werft alle eure Sorgen auf ihn, denn er kümmert sich um euch« (1 Petr 5,7; vgl. Ps 55,23).

Zum Glück des Lebens gehören Menschen, denen man vertraut und die einem vertrauen. Zum wahren Glück des Lebens gehört die Liebe. Letztlich leben wir von der Liebe.

Glücklich, wem solche Liebe widerfährt. Aber es gibt viele Menschen, die in ihrem Leben nie oder kaum mitmenschliche Liebe erfahren. Es gibt viele, die in ihrer Liebe betrogen wurden oder bitter enttäuscht sind. Letztlich kann keine menschliche Liebe, und sei sie noch so tief, die ganze Sehnsucht unseres Herzens ausfüllen. Unser Herz ist buchstäblich unersättlich; die Sehnsucht unseres Herzens geht ins Unendliche.

Vielleicht verstehen wir jetzt ein anderes Wort Jesu: »Der Mensch lebt nicht vom Brot allein, sondern von jedem Wort, das aus Gottes Mund kommt« (Mt 4,4). Das Wort Gottes ist ein Wort der Liebe und der Treue. Darin teilt Gott uns nicht nur mit, dass er uns liebt; er teilt sich in seinem Wort selbst mit. Er schenkt sich uns. Er hat dies ein für alle Mal in Jesus Christus getan. In ihm hat er sich mit jedem Menschen verbündet. Wer an Jesus Christus glaubt, der darf ganz aus Gottes Liebe leben.

Jesus sagt: »Kommt alle zu mir, die ihr euch plagt und schwere Lasten zu tragen habt. Ich werde euch Ruhe verschaffen« (Mt 11,28). Jesus sagt uns auch, wo wir ihn finden können: »Wo zwei oder drei in meinem Namen beisammen sind, da bin ich mitten unter ihnen« (Mt 18,20).

Lüge, Hass und Gewalt haben auch Jesus eingeholt und ihn schließlich zu Fall gebracht. Aber gerade so ist er uns in allem gleich geworden. Er hat wie wir nicht nur Hunger und Durst, Müdigkeit und Enttäuschung, sondern auch Schmerz und Leid und schließlich sogar den schmerzlichen und schimpflichen Tod am Kreuz erfahren.

Seither gibt es keine Situation mehr, und sei sie menschlich noch so schlimm, die grundsätzlich gottfern und gottlos wäre. Nichts kann uns mehr trennen von Gottes Liebe, nicht einmal der Tod (Röm 8,39). Durch Jesu Auferweckung ist er zum Tor zu einem neuen Leben bei Gott geworden. Dort werden alle Tränen abgewischt sein. »Der Tod wird nicht mehr sein, keine Trauer, keine Klage, keine Mühsal. Es wird alles neu sein« (vgl. Offb 21,4–5).

Madeleine Delbrêl, die zunächst selbst überzeugte Atheistin war, dann zum christlichen Glauben fand und ihn im atheistischen Milieu der Pariser Arbeiterviertel lebte, schreibt über alltägliche Dinge: »All das ist nur die Rinde einer herrlichen Realität, der Begegnung der Seele mit Gott in jeder erneuten Minute, die an Gnade zunimmt und immer schöner wird für ihren Gott.«

Seine Worte werden nicht vergehen

»DIE STERNE WERDEN VOM HIMMEL FALLEN, und die Kräfte des Himmels werden erschüttert werden« (Mk 13,25), das heißt: Die Ordnung der Welt und ihre tragenden Kräfte werden zusammenbrechen.

Die Christen, an die Markus schreibt, befanden sich in großer Bedrängnis. Sie waren von der jüdischen Gemeinschaft ausgeschlossen worden und wurden von ihr angefeindet, der römische Staat begann die Christen blutig zu verfolgen, in den eigenen Reihen traten falsche Propheten auf, es herrschte ein Klima der Verunsicherung, der Irritation und der Verwirrung.

Ohne Hoffnung und Zukunftsperspektive können wir Menschen, können vor allem junge Menschen auf die Dauer nicht leben. Da versinkt alles ins Boden- und ins Bedeutungslose. Auch wenn vieles zusammenbricht und manche Hoffnungen versinken, eines bleibt: »Himmel und Erde werden vergehen, aber meine Worte werden nicht vergehen« (Mk 13,31).

Gottes Wort bleibt in Ewigkeit. Jesus Christus ist gestern, heute und in Ewigkeit derselbe. Auf ihn ist unbedingter Verlass. An seinem Wort und an seinem Leben und Sterben können wir uns darum orientieren. Sein Wort ist ein Wort der Hoffnung. Denn ihm gehört die Zukunft; er ist im Advent, das heißt er ist im Kommen. Er ist der Weltenrichter, vor dem sich einmal alle verantworten müssen ohne Ansehen der Person. Vor ihm sind dann alle gleich, und er wird das letzte Wort sprechen. Aber dieser Richter ist keine furchterregende Gestalt; er ist derjenige, der aus Liebe für uns in den Tod gegangen ist, und er trägt bleibend die Züge des gekreuzigten und mit verklärten Wunden auferstandenen Herrn. Er ist gerecht und unendlich barmherzig.

Am Ende wird Gottes Gerechtigkeit und Gottes Erbarmen für die Kleinen, die Unterdrückten, die Armen und die Leidenden siegen. Deshalb ist es nie sinnlos, sich für die gute Sache, für Recht und Gerechtigkeit, für etwas mehr Menschlichkeit und für praktische Liebe einzusetzen.

Mutter Teresa sagte einmal: »Manche meinen, das sei alles nur ein Tropfen auf den heißen Stein. Aber wenn es diesen Tropfen nicht gibt, dann fehlt er eben im Ozean des unermesslichen Elends. Und wenn alle einen Tropfen gäben, dann könnte die Not auf unserer Erde überwunden werden.«

Die wahre Erneuerung aber muss von oben, von innen und aus der Tiefe kommen, aus einer Erneuerung unseres Glaubens, der sich als kraftvoll und lebendig erweist in der Hoffnung und in der Liebe. Denn »Himmel und Erde werden vergehen, meine Worte werden nicht vergehen«.

ENGEL – GIBT ES SIE?

WAS HAT ES MIT DEN ENGELN AUF SICH? Wo kommen sie heute vor? In manchen Redewendungen tauchen sie noch auf, etwa wenn wir zu einem anderen sagen: »Du bist ein Engel für mich« oder wenn wir von »guten Geistern« sprechen. Engel werden nicht selten verniedlichend und verkitscht dargestellt. Sie wirken manchmal oft rührend unbeholfen.

Brauchen wir heute noch Schutzengel? Sind sie nicht ein Relikt eines vergangenen Weltbildes, ein Fabelwesen fern von jeglicher Realität? Sind die Schutzengel nicht entbehrlich geworden, weil es doch Polizei, Feuerwehr, Alarmanlagen und Selbstverteidigung gibt?

Vielen Zeitgenossen scheinen Engel und gerade auch Schutzengel überflüssig geworden zu sein. Man verlässt sich lieber auf die eigenen Kräfte. Manche verschaffen sich einen Ersatz, in dem sie bei Horoskopen und Orakeln ihre Zuflucht suchen. Andere freilich spüren, dass etwas fehlt, wenn die Engel so einfachhin »abgeschafft« werden. Sie spüren die Verarmung einer nur am Vordergründigen orientierten Welt. Die Welt ist tiefer als das, was man oberflächlich sehen, feststellen, berechnen und machen kann. Das Leben birgt ein tieferes Geheimnis. Es gibt gute und auch böse Mächte, helfende und heilende, aber auch zerstörerische Kräfte. Bei aller Verzeichnung, die es in Bezug auf Engel auch gibt, dürfen wir sie deshalb nicht einfach einer kritischen Überrationalität überlassen oder sie wie einen alten Zopf abschneiden. Sie stehen für eine Dimension unserer Wirklichkeit, die tiefer reicht als die glänzenden Banalitäten unserer oft so vordergründigen Welt.

Beim Nachdenken über die Bedeutung der Engel sind wir auf das Zeugnis der Heiligen Schrift verwiesen. Sie ist ohne die Gestalten der Engel nicht zu denken. Würden wir die Engel einfach aus unserem Glauben eliminieren, so würden wir die Erfahrungen vieler Gläubiger aller Zeiten für belanglos erklären. Die Bibel ist von der Wirklichkeit der Engel fest überzeugt; und die Gottsucher aller Zeiten geben ihr darin recht. In vielen eindrucksvollen Geschichten erzählt die Bibel von Engelbegegnungen, von den ersten Seiten der Heiligen Schrift bis zur letzten, von der Schöpfungsgeschichte bis zur Geheimen Offenbarung. Sie bringt damit zum Ausdruck, was im Glauben aller Völker lebendig ist: dass die göttliche Wirklichkeit sich dem Menschen auf vielfältige Weise zur Erscheinung bringt. Nach den Worten der Bibel sind die Engel gewaltige und herrliche Wesen, die uns Gottes Nähe zu Bewusstsein bringen. Sie sind Gestalt gewordene, Person gewordene Zuwendung und Fürsorge Gottes für einen jeden Einzelnen von uns. Sooft in den Berichten der Heiligen Schrift ein Engel erscheint, lauten seine ersten Worte: »Fürchte dich nicht!« Gott ist mit dir. Er begleitet dich auf allen deinen Wegen.

Durch die Botschaft der Engel wird Gottes Heilswille und Heilsbotschaft deutlich und wirksam. Sie sind Boten Gottes – für uns Menschen. Sie handeln in seinem Auftrag. Sie verkörpern sozusagen als der verlängerte Arm Gottes dessen Schutz, Hilfe und Beistand, sind Brücken Gottes in unserer Welt. So werden sie als Boten in besonderer Weise zum Träger der Frohbotschaft von der Liebe Gottes, die sich jedem einzelnen Menschen zuwendet. Wer sich dem Schutzengel, das heißt letztlich Gott anvertraut, dem eröffnen sich neue Perspektiven, denn die Engel »markieren das Übergreifen des Jenseitigen in das Diesseitige, das Geheimnis Gottes in den Raum bekannter Möglichkeiten« (*Karl Barth*).

Engel sind aber noch auf eine andere Weise Vorbild. Sie sind nicht nur Boten Gottes. Sie stehen auch vor Gott und loben und preisen ihn. Die Engel stehen vor Gottes Angesicht, sie rühmen seine Herrlichkeit, und nie endet ihr Lobgesang. In jeder Messfeier beten oder singen wir »mit den Engeln und Erzengeln, den Thronen und Mächten und mit all den Scharen des himmlischen Heeres den Hochgesang von Gottes Herrlichkeit«. Ihr

fortwährender Lobpreis fordert uns auf: Gebt Gott die Ehre –
durch euer Beten, Singen und Musizieren. Denn die Verherrlichung Gottes ist das Heil und die Freude des Menschen.

GROSSE GESTALTEN UND
LEITBILDER

Abraham

ABRAHAM IST EINE URGESTALT. Die Bibel nennt Abraham den Vater unseres Glaubens. In der Tat, Juden, Christen und Muslime berufen sich gemeinsam auf ihn. In ihm haben sie ihre gemeinsame Wurzel. In ihm wird allen drei großen monotheistischen Religionen ihr Fundament deutlich. Denn dieser Abraham zeigt uns höchst anschaulich, was das ist und was das heißt: Glauben.

Glauben heißt für Abraham aufbrechen. Dabei lässt Abraham nicht gerade wenig zurück: seine vertraute Umgebung, seine Verwandten und Bekannten, sein Land und seine Götter. Er bricht auf aus dem Gewohnten und aus seinen bisherigen Sicherheiten; er lässt sich ein auf ein Abenteuer. Denn das Land, in das er ziehen soll, hat er noch nie gesehen. Er lässt sich ein auf einen Weg, der ins Unbekannte führt.

Wir erfahren nicht, ob Abraham lange gezögert und mit sich gerungen hat, ob er Angst in seinem Herzen hatte oder ob ihn das Wagnis reizte. Wir erfahren lediglich, worauf er letztendlich baute: auf Gott und seinen Ruf, auf Gottes Zusage und Verheißung. Sie war ihm eine größere Gewissheit als die wirklichen oder scheinbaren Gewissheiten und Sicherheiten, die man sonst im Leben haben kann und die im entscheidenden Augenblick oft so wenig bedeuten. Abraham setzt, baut und traut ganz und allein auf Gott. Er traut Gott etwas zu, mehr als seiner Erfahrung und Klugheit. Das heißt also Glauben: ganz und gar auf Gott setzen, auf ihn bauen, ihm trauen, sich ihm anvertrauen.

Dieser Abraham muss ein großmütiger Mensch gewesen sein: ein Mann von großem Mut, mit Mut zu großen Dingen. Ganz sicher war er kein kleinkarierter Spießer. Er wagte etwas. Er war ein wahrhaft freier Mann.

Leicht gefallen ist ihm dieser Weg freilich nicht. Er hoffte gegen alle Hoffnung: als Sara, seine Frau, bis ins hohe Alter keinen

Sohn zur Welt brachte und die Verheißung, Vater eines großen Volkes zu werden, scheinbar gegenstandslos geworden war, und vollends, als er schließlich sogar seinen spät geborenen Sohn Isaak opfern sollte. Dieser Mann musste durchs Dunkel und durch die Nacht gehen. Auch ihm blieb nichts erspart. Die neutestamentliche Aussage, dass der Glaubende den Weg des Kreuzes zu gehen hat, um die Verheißung des österlichen neuen Lebens zu erlangen, deutet sich hier bereits an.

Abraham der Vater unseres Glaubens? Ist er es wirklich? Wagen wir es, wie er aufzubrechen und auszubrechen aus unseren Gewohnheiten, unseren Ängsten, unseren Wünschen und Träumen, unseren oft so starren Denkschemata und engstirnigen Perspektiven? Sind wir bereit, das, was wir haben, hinter uns zu lassen und auf das zu setzen, was wir noch nicht in der Hand haben? Trauen wir Gott noch etwas zu in unserem Leben, in unserer Kirche? Oder setzen wir uns unlustig und resigniert an den Rand des Weges, um zu jammern, zu klagen, zu räsonieren? Ist Gott wirklich Halt und Inhalt unseres Lebens, oder kreisen wir fortwährend nur um uns selbst?

Schließlich noch ein Letztes: Abraham wurde durch seinen Glauben ein Segen für andere, für uns alle. Seien auch wir durch den Mut unseres Glaubens und unserer Hoffnung ein Segen, eine Ermutigung für andere.

Mose

EINE KRAFTVOLLE MENSCHLICHE PERSÖNLICHKEIT muss Mose gewesen sein. Die ganze Leidens- und Unterdrückungsgeschichte seines Volkes bebte in seinem Herzen. Sein Gerechtigkeitssinn steigerte sich zum Zorn. Als er eines Tages sah, wie ein Ägypter einen Hebräer schlug, erschlug er diesen und verscharrte ihn im Sand. Doch als die Sache ruchbar wurde, packte ihn die Angst. Er floh vor der Rache des Pharao hinaus in die Steppe. Auch dort setzt er sich für junge Frauen ein, als diese von Hirten bedrängt und verdrängt werden. So gewinnt er Freunde; er findet in Zippora seine Frau, welche ihm einen Sohn schenkt.

Doch Mose begnügt sich nicht mit einem gemächlichen, sozusagen bürgerlichen Dasein. Das kleine, traute Glück genügt ihm nicht. Er ist ein rast- und ruheloser Mensch, der sich nicht einfach abfindet mit den Dingen, wie sie nun einmal sind. Er anerkennt nicht einfach die Grenzen und Begrenzungen, innerhalb deren wir leben. So treibt er eines Tages sein Vieh hinaus über die Steppe bis hin zum Gottesberg Horeb. Er ist ein Mann, dem es um das Ganze, um das Unbedingte und das Letzte geht. In all seiner Leidenschaft ist er ein hochgemuter Mensch, der nach Größerem strebt und sich ganz für seine Sache, für die Sache der Gerechtigkeit einsetzt.

Doch wie soll Mose das machen? Hatte er doch erfahren, dass mit menschlicher Gewalt und auch Gewalttätigkeit allein nichts auszurichten ist. Als Einzelner steht er der Militärmaschinerie und dem Polizeiapparat des Pharao ohnmächtig gegenüber. Durch zornige Einzelaktionen kann er die Spirale der Gewalt nur weiterdrehen, aber nicht stoppen. Zugleich verstrickt er sich damit in eigene Schuld; er setzt sich selbst ins Unrecht. Die Lösung ist aus eigener Kraft offensichtlich nicht möglich. Menschlich gesehen ist die Situation aussichtslos. Ein anderer, ein ganz neuer Anfang ist nötig.

In dieser schwierigen Situation macht Mose eine letztlich geheimnisvoll bleibende Erfahrung. In einer Flamme, die aus einem Dornbusch schlägt, erscheint ihm der Engel des Herrn. Gemeint ist wohl eine zeichenhafte Epiphanie Gottes. Mose schaut hin: Da brannte der Dornbusch und verbrannte doch nicht. Viel ist schon nachgedacht worden über diese außergewöhnliche Erscheinung. Schon die Bibel und auch die Kirchenväter sahen in dem brennenden und doch nicht verbrennenden Dornbusch ein Symbol Gottes, der verzehrendes Feuer ist und sich doch nicht selbst verzehrt, der unerschöpfliche Fülle strömenden Lebens ist ohne Anfang und ohne Ende, reine Dynamis, eine Dynamik jedoch, die nichts zerstört und verbrennt, die vielmehr alles hält und erhält, alles mit innerer Glut erfüllt und mit innerem Licht verklärt.

In diesem Sinn offenbart sich Gott dem Mose als Gott unbedingter Treue. Er ist der Gott Abrahams, Isaaks und Jakobs, nicht willkürlich und sprunghaft, sondern verlässlich und treu. Auf ihn ist Verlass, auf ihn kann man bauen. Er ist zugleich ein Gott, der auf das Elend der Menschen sieht und der ihr Schreien hört, ein Gott der Menschen. Er ist ein hörender Gott, der auch denen zuhört, auf die sonst niemand mehr hört, die völlig einsam und verlassen sind, ein Gott, der in die dunkelsten Winkel, in die verlassensten Ecken dieser Welt schaut, der auch das verborgene Leid wie die verborgenen Sehnsüchte in den Herzen der Menschen kennt.

Dieser Gott findet sich nicht ab mit dem Elend der Welt, er ist ein Gott, der hinausführt und befreit, der Neues verheißt, Perspektiven der Hoffnung aufrichtet, der auf dem mühsamen Weg in das Land der Verheißung mit uns und bei uns ist. Sein Name ist: »Ich bin da«.

Elija

ELIJA IST WIRKLICHES RELIGIÖSES URGESTEIN. Er hält sich nicht bei Nebensächlichkeiten auf; er weicht nicht aus auf Nebenfragen. Er schont sich aber auch nicht. Ihm geht es ausschließlich und ganz um die entscheidende Sache: um die Botschaft von dem einen und einzigen wahren Gott. Ohne Umschweife stellt er das Volk klipp und klar vor die Entscheidung, entweder dem einen wahren Gott Israels zu dienen oder die vielen Baale, die Götzen der Heiden, zu verehren.

Mit dieser Botschaft ist Elija auch heute brandaktuell. Die Grundfrage, vor der wir heute stehen, ist die Gottesfrage, nicht, wie viele meinen, die Frage der Kirche und ihrer Strukturen. Die Gottesvergessenheit, die Gottesfinsternis, ja die Gottlosigkeit ist die Signatur unserer Zeit. Zwar leugnen die meisten Menschen unserer Gesellschaft nicht die Existenz Gottes; die militanten Atheisten sind selten geworden. Doch schlimmer als solcher ausdrücklicher Atheismus ist die Gleichgültigkeit gegenüber Gott. Wir bestreiten nicht, dass Gott ist. Aber ob er ist oder ob er nicht ist, diese Frage bewegt uns nicht; sie bleibt folgenlos. Wir lassen Gott sozusagen einen guten Mann sein und richten uns in der Welt und in unserem Leben nach eigenem Gutdünken ein. Die Religion ist für viele nur noch dazu da, bestimmten Höhepunkten unseres Lebens ein gewisses Flair des Erhabenen und des Feierlichen zu geben. Sie überhöht dieses unser irdisches Dasein; sie übersteigt es aber nicht, um nicht uns, sondern Gott die Ehre zu geben.

Im 1. Buch der Könige begegnet uns noch ein ganz anderer Elija. Er, der zuvor so machtvoll und kraftvoll aufgetreten ist im Kampf gegen die Götzen und im Einsatz für den einen wahren Gott, er ist plötzlich müde, kraft- und energielos, mutlos und voll Angst geworden. Er kann und mag nicht mehr, denn er hat eine Erfahrung machen müssen, die offensichtlich immer wieder neu zur Erfahrung der Propheten und später der Apostel geworden ist: Er wollte das Volk aufrütteln, aber dieses schweigt; es ist unbeweglich und unentschlossen. Es lässt sich nicht aufrütteln, ist träge und wartet ab, wie die Dinge laufen, um sich am Ende auf die Seite der stärkeren Bataillone zu schlagen. Diese bleierne Gleichgültigkeit macht Elija zu schaffen; sie lässt ihn resignieren. Dazu kommt, dass die Mächtigen, an erster Stelle die Königin Isebel, ihn verfolgen, ja sein Leben bedrohen. Schon sind die Häscher unterwegs, die ihm auflauern, um ihn mundtot zu machen. Da erfasst den Elija panische Angst. Nun geht es ihm plötzlich nicht mehr um Gott; er will einfach seine Haut retten und flieht hinaus in die Wüste. Aber dort ist es ja auch kein Leben. So setzt er sich unter einen Ginsterstrauch und will einfach sterben.

Solche Erfahrungen der Erfolglosigkeit und des Widerstandes gehören offensichtlich zur prophetischen Existenz. Jesus Christus selber ist es nicht besser gegangen, und er hat seinen Jüngern dasselbe vorausgesagt: »Haben sie mich verfolgt, so werden sie auch euch verfolgen« (Joh 15,20).

Die Größe des Elija besteht freilich darin, dass er sich nicht einfach seiner Trostlosigkeit überlässt. Er lässt sich aufrütteln. Er macht sich neu auf den Weg, er bricht seine eigene Geschichte mit Gott und seinem Volk nicht einfach ab. Er bleibt seinem Auftrag treu. Und dabei macht er eine aufregende und alles verwandelnde Erfahrung. Auf dem Berg Horeb angekommen, geht ihm auf, dass Gott, den er so kraftvoll verkündet hat, ganz anders ist, als er es sich ursprünglich vorgestellt hat. Gott ist kein Gott, der im starken, heftigen Sturm kommt; er ist auch kein Gott, der die Erde erbeben und erzittern lässt, kein Gott des alles verzehrenden und verschlingenden Feuers. Gott kommt nicht mit Feuer und Schwert; er ist ein Gott der leisen Töne, des sanften, leisen Säuselns. Er setzt sich nicht durch äußere Macht und äußeres Gepränge durch oder durch spektakuläre Taten; er klopft leise im Inneren des Menschen an und begehrt Einlass durch das innerste Heiligtum des Menschen, das Gewissen. Er will überzeugen und das Herz des Menschen gewinnen. Er ist barmherzig, gütig, freundlich und gnädig.

Die Größe des Elija besteht darin, dass er seine Gottesvorstellung korrigieren lässt und sich dem Wandlungsprozess unterwirft, auch wenn er für ihn schmerzhaft gewesen sein muss. Er beharrt nicht stur auf seinen einmal gefassten eigenen

Vorstellungen, er geht den Weg mit, den Gott ihn führt. Es geht ihm nicht um die Durchsetzung seines eigenen Willens, sondern darum, dass Gottes Wille geschieht. Er merkt, dass nicht nur die anderen sich bekehren müssen, sondern dass auch er selbst sich bekehren muss. Es geht ihm auf, dass nicht allein die äußere Aktion, sondern die innere Kontemplation und die Verwandlung des eigenen Herzens gefragt ist.

Jeremia

DER PROPHET JEREMIA blickt nach vielen Jahren, in denen er als Prophet Gottes Wort ausgerichtet hat, auf den Tag seiner Berufung zurück. Er weiß ganz genau ein Ereignis zu benennen, mit dem alles angefangen hat und in dem alles seinen Grund hat: »Das Wort des Herrn erging an mich« (Jer 1,4). Er ist ganz persönlich von Gott angesprochen. »Zum Propheten für die Völker habe ich dich bestimmt« (Jer 1,5).

Doch was ist das: ein Prophet, eine Prophetin? Die Antwort ist einfach: jemand, der von Gott spricht und der Gottes frohe und befreiende Botschaft in das Leben der Menschen und in die jeweilige Situation hineinspricht; jemand, der aufgrund eigener persönlicher Erfahrung überzeugt ist, dass Gott und sein Wort entscheidend ist für die Menschen, weil sie ohne Gott weder einen Grund noch ein Ziel, weder Halt noch Inhalt für ihr Leben haben und weil sie nur mit Gott Sinn, Glück, Trost, Frieden und Freiheit finden können.

Wenn man von Gott reden soll, möchte man mit dem Propheten jammern und sagen: »Ach, mein Gott und Herr, ich kann doch nicht reden, ich bin ja noch so jung« (Jer 1,6). Da kommen Selbstzweifel: Glaube ich denn, was ich sage, lebe ich es selber?

Aber Gott lässt trotz solcher Unsicherheiten und Selbstzweifel nicht locker. Er lässt unser Wenn und Aber nicht gelten.

»Sage nicht: Ich bin noch so jung. Wohin ich dich auch sende, dahin sollst du gehen, und was ich dir auftrage, das sollst du verkünden« (Jer 1,7). Das ist ein hartes Wort und eine klare Aufforderung. Man könnte sogar den Eindruck gewinnen, dass Gott gar nicht groß nach unseren Wünschen und Interessen, unseren Stimmungen und Empfindungen, unseren Vorstellungen und Plänen fragt. Aber wissen wir denn immer so sicher, was für uns gut ist? Erinnern wir uns nochmals daran: Gott kennt uns besser als wir uns selbst, und er weiß besser, was uns guttut und wofür wir gut sind. Fixieren wir uns deshalb nicht auf unsere Wünsche und auf unsere Ängste. Wagen wir das Abenteuer unseres Lebens mit ihm!

Wir können es wagen. Gott lässt uns nicht allein. Er überfordert uns nicht. Was er fordert, das schenkt er uns auch. »Fürchte dich nicht vor ihnen; denn ich bin mit dir, um dich zu retten« (Jer 1,8). Fürchte dich nicht! Ich bin mit dir! Diese Mut machende Verheißung begegnet uns in der Heiligen Schrift oft und oft.

Berufung – das können wir am Beispiel des Propheten Jeremia erkennen – ist immer auch Sendung, Sendung zu den Menschen und Indienstnahme für Gottes Pläne mit uns und unserer Welt.

Auch uns gilt, was Gott zum Propheten gesagt hat: »Hiermit lege ich meine Worte in deinen Mund« (Jer 1,9). Meine Worte in deinen Mund! Das heißt doch: Wir haben einen vorgegebenen Auftrag; es geht nicht um unser Wort, sondern um Gottes ein für alle Mal gesprochenes Wort, das allein letzter Maßstab und Orientierungspunkt ist für alles, was wir tun. Es geht nicht um unsere oft so schwankenden Meinungen, sondern um Gottes Wort, wie es uns die Kirche überliefert.

Wer diese Sendung ernst nimmt, der muss bereit sein, sich führen zu lassen. Am Beispiel des Propheten Jeremia wird deutlich, dass dabei auch harte Zeiten anbrechen können und wir manchmal auch steinige Wegstrecken zu bewältigen haben.

Denn da ist von »ausreißen und niederreißen« wie von »aufbauen und einpflanzen« die Rede (vgl. Jer 1,10). Das klingt sehr radikal und ist es auch. Denn wer gesandt ist, um von Gott zu sprechen und seine Botschaft auszurichten, der kann und darf kein bloßer Schönredner sein wollen, der den Menschen nur nach dem Mund redet und der nur das sagt, wofür ihm der Beifall der Menge sicher ist. Wer das tut und nur nach dem Beifall schielt, der ist nach der Schrift ein falscher Prophet. Der wahre Prophet muss auch den Mut haben, Unangenehmes zu sagen, das die Menschen nicht gerne hören, weil es sie aufrüttelt und zur Umkehr und zum Umdenken ruft. Er muss auch das Neue und Andere des Evangeliums sagen und tun, das nie von vornherein altgewohnt und plausibel sein kann. Und dieser Prozess des Niederreißens und Aufbauens muss bei jedem von uns selbst beginnen, auch wenn es schmerzlich ist.

Wir dürfen aber immer auf das vertrauen, was der Prophet Jeremia erfahren hat und was uns in Jesus Christus bleibend zugesagt ist: »Fürchte dich nicht, denn ich bei dir, um dich zu retten.«

Johannes der Täufer

Was uns die herausragende Gestalt Johannes' des Täufers in der Heilsgeschichte zu sagen hat, deutet bereits sein Name an. Im Evangelium steht, wie der spätere Täufer zu seinem Namen gekommen ist. Sein alter Vater Zacharias, der nach einer Gotteserfahrung im Tempel stumm geworden ist, schreibt auf ein Täfelchen: »Sein Name ist Johannes« (vgl. Lk 1,63). Ein lateinisches Sprichwort sagt: Nomen est omen (Der Name ist ein Vorzeichen). Der Name sagt etwas über seinen Träger aus, über seine Eigenart, über seinen Charakter. Der Name ist sozusagen ein »Programm«. Johannes heißt übersetzt: Gott ist gnädig.

Das ist die Grundbotschaft des Alten und des Neuen Testaments: Gott ist ein gnädiger Gott. Er erweist uns seine Gunst und neigt sich uns Menschen zu. Er tut dies nicht nur ab und zu, rein sporadisch, je nach augenblicklicher Lust und Laune, sondern er tut es beständig. Er ist gnädig. Seine Treue in der Liebe ist für ihn die Richtschnur seines Handelns an uns. Gott ist reine Gnade. Sie waltet von Geschlecht zu Geschlecht.

Gottes Gnade findet im Leben des Johannes vielfältigen Ausdruck. Sie wird sichtbar in dem Erbarmen, das Gott der alten Frau Elisabet erwiesen, als er ihr gegen alles menschliche Erwarten noch in hohem Alter ein Kind geschenkt hat. Gottes Gnade wird aber auch sichtbar durch das Zeugnis des Johannes an das von Gott berufene Volk Israel, durch seine Umkehrpredigt am Jordan, durch das Zeichen der Taufe.

Seine Botschaft ist in erster Linie ein gewaltiger Ruf zur Umkehr. Angesichts des Kommens des Reiches Gottes weist der Täufer auf das hin, worauf es ankommt, auf das Wesentliche. Er will sagen: Mensch, werde wieder wesentlich. Leb nicht einfach in den Tag hinein. Schau über den Tag hinaus. Halt dich an Gott und seine Gnade. Darauf kannst du bauen und vertrauen. Da allein hast du sicheren Grund unter den Füßen. Denn wer auf Gott vertraut, der wird in Ewigkeit nicht zuschanden.

Johannes steht mit seiner Botschaft am Ende der langen Reihe der großen prophetischen Gestalten des Alten Bundes. Doch sein Zeugnis reicht weit darüber hinaus. Es wird zur Brücke vom Alten zum Neuen Bund, wenn Johannes von sich weg auf Jesus zeigt. Im Johannesevangelium kann der Täufer einmal sagen: »Ich bin nicht der Messias, sondern nur ein Gesandter, der ihm vorausgeht … Er muss wachsen, ich aber muss kleiner werden« (Joh 3,28.30). Johannes steht ganz im Dienst des Größeren. Die frühe Christenheit sah in ihm den »Vorläufer« Jesu. Er ist sozusagen der Zeigefinger in Person, der auf Jesus Christus hinweist.

Voll Freude kann der alte Vater Zacharias den kleinen Johannes in seine Arme nehmen und zukunftsweisend ausrufen: »Du, Kind, wirst Prophet des Höchsten heißen, denn du wirst dem Herrn vorangehen und ihm den Weg bereiten … Durch die barmherzige Liebe unseres Gottes wird uns besuchen das aufstrahlende Licht aus der Höhe, um allen zu leuchten, die in Finsternis sitzen und im Schatten des Todes« (Lk 2,76.78). Dieser Lobpreis Gottes lässt die Kirche Hoffnung schöpfen für jeden neuen Tag, weshalb sie diese verheißungsvollen Worte zum Mittelpunkt ihres täglichen Morgenlobs gemacht hat.

Der Zeuge: Johannes der Täufer

OHNE LICHT KEIN LEBEN. Ohne Sinn und ohne Hoffnung kein wahrhaft menschliches, erfülltes Leben. Denn wir Menschen sind mehr als Essen und Trinken, mehr als Arbeit und mehr als Vergnügen. Als Menschen hungern und dürsten wir nach Sinn und nach Wahrheit. Wir brauchen Orientierung, wir benötigen Perspektiven.

Gibt es eine bessere und größere Antwort, als sie das Evangelium uns schenkt? Das Evangelium ist ja nicht ein Katalog von Pflichten und Aufgaben, keine Sammlung von Geboten und Verboten. Das Evangelium ist Licht für unser Leben. Es ist die Botschaft, dass unser Leben getragen und gehalten ist in allen Situationen. Es sagt uns, dass wir angenommen und bejaht sind und deshalb alle anderen annehmen und bejahen dürfen. Es verkündet uns den einen gemeinsamen Vater im Himmel und bezeugt Jesus Christus, seinen Sohn, als unseren Bruder, in dem wir alle Brüder und Schwestern sind.

Johannes tritt auf, von Gott gesandt. Er spricht und handelt nicht im eigenen Namen, auch nicht im Namen anderer. Er ist nicht abhängig von zufälligen Mehrheitsmeinungen. Er fragt nicht: Was kommt an? Was kann man heute noch sagen? Seine Sendung und sein Auftrag sind in Gott selbst begründet. Das gibt ihm Halt und Zuversicht auch in Stunden äußerster Einsamkeit und Bedrängnis, wo es ihn den Kopf kostet.

Johannes kam als Zeuge. Er kam nicht als Macher, als Organisator, auch nicht als Präzeptor, der nur anderen sagt, wie sie es machen sollen. Der Zeuge ist dadurch definiert, dass er mit seinem Leben und – wenn es sein muss – sogar mit seinem Sterben für seine Botschaft einsteht. Der Zeuge verkündet nicht nur mit seinem Mund, er bezeugt und überzeugt durch sein Leben. Er lebt, was er sagt, und er sagt, was er lebt. Solche Geradlinigkeit und Glaubwürdigkeit ist heute vor allem gefragt.

Johannes ging es nicht um sich selbst. Nicht er war der Messias, der Elias, der Prophet. Er war nur Rufer in der Wüste, nur Stimme eines anderen. Damit ist das tiefste Geheimnis des kirchlichen Amtes des Diakons, Priesters und Bischofs berührt. Alle sind nur Stimme und Werkzeug Jesu Christi, er spricht und handelt durch uns, wir sprechen und handeln in Christi Person. Die Freundschaft mit Jesus Christus muss darum der innerste Impuls und die Seele unseres Lebens sein. Äußerlich betrachtet hat Johannes keinen Erfolg gehabt. Er musste nicht nur zurücktreten, man hat ihn als unbequemen Mahner beiseitegeschafft. Nicht anders ist es Jesus gegangen. Als Jünger Jesu sollen wir es nicht besser haben als unser Meister. Wer darüber nur jammert und schimpft, hat weder Johannes und noch weniger etwas von Jesus verstanden.

Mitten unter uns steht der, den wir nicht kennen. Seine Wege sind nicht unsere Wege, aber er ist mit uns auf dem Weg. Er begleitet und führt uns. So dürfen wir auch dann noch, wenn es finster wird, Zeugen des Lichts und Boten der Freude sein.

Petrus

WENN ICH IN DIE PETERSKIRCHE KOMME, gehe ich gerne an die Confessio, wo man den Blick frei hat zum Grab des heiligen Petrus. Das ist mir schon immer ein wichtiger Ort gewesen, und wenn ich in Rom bin, verweile ich dort für ein paar Minuten. Es ist ein wichtiger Ort, weil wir wissen: Darunter befinden sich die Gräber vieler Päpste, vieler Blutzeugen und vor allem das Grab des Petrus, des Ersten unter ihnen.

Warum ist mir dieser Ort so wichtig? Einfach deshalb, weil wir hier zurückgeführt werden zu den Ursprüngen unseres Glaubens, weil wir hier an den apostolischen Anfängen, an den Anfängen der Kirche immer wieder Maß und Orientierung holen müssen, weil hier gewissermaßen die Mitte unseres Glaubens ist. Aber diese Mitte ist nicht primär Petrus, das sind auch nicht die Päpste und die Papstgräber. Bevor Jesus zu Petrus die wichtigen Worte gesprochen hat: »Du bist Petrus, der Fels, auf den ich meine Kirche bauen will« (vgl. Mt 16,18), hat Petrus etwas anderes gesagt. Er hat gesagt: »Du bist der Christus, du bist der Messias« (vgl. Mt 16,16). Deshalb steht im Evangelium, bevor Jesus den Petrus beauftragt: »Weide meine Schafe, weide meine Lämmer« die dreifache Frage: »Simon, Sohn des Johannes, liebst du mich?« (vgl. Joh 21,15–17). Das also ist das Erste, das ist das Zentrale, dass Petrus und dass wir alle nach unserer Liebe gefragt werden. Wir werden gefragt: Woran hängt dein Herz, worauf baust du, was ist dir wichtig, von was bist du begeistert, wofür lebst du in dieser Welt, in dieser Zeit? Ist es wirklich Jesus Christus, der dein Maßstab, dein Halt, deine Hoffnung, dein Ziel, der dir Weg, Wahrheit und Leben ist? Petrus ist es nicht immer leicht gefallen, dieses Bekenntnis zu sagen: »Du bist Christus.« Wir wissen, dass er ein wankelmütiger Mensch war – himmelhoch jauchzend, zu Tode betrübt. Aber wenn es darauf ankam, hatte er doch das Herz auf dem rechten Fleck.

Auf dieses Bekenntnis, dass Petrus den Herrn liebt, dass er an ihm festhält, dass er seine Hand ergreift und mit ihm durchs Leben geht, folgt das Bekenntnis Jesu zu Petrus: Du bist Petrus, du bist der Fels, und auf diesen Felsen will ich meine Kirche bauen. Petrus wird beauftragt – und mit ihm zugleich alle seine Nachfolger –, Hirt der Herde, Hirt der vielen Lämmer zu sein, über die ganze Welt hin. Denn das gehört zu unserem Glauben, dass die Liebe Gottes sichtbare, menschliche Gestalt annimmt, menschlich sichtbare Gestalt auch in diesem Petrusdienst, der das sichtbare und irdische Zentrum, das Prinzip der Einheit unserer Kirche ist. Zu seinen Lebzeiten war Petrus der Sprecher der übrigen Apostel, und so ist er heute der sprechende Mund der Kirche, das handelnde Subjekt für sie.

Das Petrusamt versteht sich als Dienst an der weltweiten Einheit der Kirche, aber auch als Werkzeug der Freiheit der Kirche. Als man im 19. Jahrhundert das Petrusamt definiert hat mit dem Unfehlbarkeitsanspruch, mit dem Jurisdiktionsprimat, da stand im Hintergrund das Bewusstsein, dass wir dieses Amt der Einheit brauchen, damit die Kirche in den verschiedenen Teilen der Welt nicht einfach sozusagen den Nationalismen erliegt, den jeweiligen Moden in der jeweiligen Welt. Wir brauchen dieses zentrale Amt, das uns immer wieder herausführt aus unseren nationalen Begrenzungen.

Maria von Magdala

Als Maria von Magdala frühmorgens, als es noch dunkel war, zusammen mit den anderen Frauen zum Grab ging, um – wie es der Brauch war – den toten Herrn zu salben, da war ihnen nicht nach Osterfreude zumute. Sie wollten Jesus einen letzten Liebesdienst erweisen und damit für immer von ihm Abschied nehmen. Doch sie waren bedrückt von einer quälenden Frage:

Wer wird uns den schweren Stein vor dem Grab wegwälzen? Wie kommen wir überhaupt zum Ziel? Wer hilft uns, dass wir nach dieser Katastrophe überhaupt weiterkommen? Guter Rat war teuer. Alles erschien ziemlich aussichtslos. Ein schwerer Stein versperrte den Zugang zum Grab. Dieser Steinbrocken auf dem Weg ist ein Symbol auch unserer Situation, unserer Aporie, das heißt unserer Weg- und Ausweglosigkeit.

Wenn wir unser Leben und unsere Welt anschauen, ist uns nicht ohne Weiteres nach einem Halleluja zumute. Wir finden Steine auf dem Weg: Stolpersteine, spitze Steine, die wehtun und schmerzen, aber auch große Steinbrocken, die wir nicht wegschaffen können und über die wir nicht hinwegkommen, Steine, welche uns den Weg zum Leben und erst recht die Freude und Lust am Leben versperren. So wissen auch wir oft nicht weiter. Unsere gegenwärtige Welt ist voller Ratlosigkeit.

In der griechischen Mythologie begegnet uns die Gestalt des Sisyphos. Er versucht mühsam, einen mächtigen Stein einen Berg hinaufzuwälzen, aber jedes Mal, wenn er gerade oben ist, rutscht und rollt der Stein wieder bergab, und Sisyphos muss von Neuem beginnen, immer wieder neu und immer wieder vergebens. Die Geschichte von Sisyphos gilt oft als Ausdruck der Vergeblichkeit und letzten Sinnlosigkeit unseres Daseins.

Irgendwie nagt der Verdacht, dass wir doch nichts ausrichten und doch nicht durchkommen, dass alles doch keinen Wert und keinen Sinn hat, auch in unseren Herzen. Es ist, wie wenn ein schwerer Steinbrocken auf dem Weg liegen würde. Und oft genug liegt ein solcher Stein nicht nur auf dem Weg, sondern auch schwer auf unserem Herzen.

Als Maria von Magdala näher an das Grab herankommt, sieht sie im Morgengrauen, dass der Stein schon weggewälzt ist. Der Stein ist weg, der Weg ist frei. Und als sie dann nachher im Garten dem auferstandenen Herrn selbst begegnet, da weiß sie: Gott hat nicht dem Tod das letzte Wort gelassen; er hat Jesus von den Toten auferweckt. Er hat den Tod und die Mächte des Todes – die Mächte der Gewalt, des Hasses, der Lüge – besiegt. Gegen alle menschliche Hoffnung hat Gott einen neuen Anfang gesetzt. Das Leben und auch das Leiden sind nicht sinnlos und gehen nicht ins Leere.

Gott sagt Ja zum Leben, und wenn Gott Ja sagt, dann tut er dies endgültig. Gott will und schenkt uns nicht nur dieses Leben; er schenkt uns über den Tod hinaus ewiges Leben, Leben, das kein Ende kennt, weil es teilhat an der Fülle des Lebens, die Gott selbst ist. Nichts von dem, was Menschen ehrlich und aus Liebe erlitten und erstritten haben, wird dann vergebens und verloren sein. Alles wird am Ende gereinigt und verklärt eingestiftet sein in den endgültigen Bestand der Wirklichkeit.

Mit Ostern steht unser ganzes Leben hier auf Erden unter einem neuen Vorzeichen. Die Hoffnung nimmt die Trostlosigkeit hinweg und gibt den Mut, auch in aussichtslosen Situationen neu anzufangen.

Maria von Magdala hat dies alles begriffen. Diese Frau hat es in ihrem Leben sehr schwer gehabt und sich wohl auch schwergetan. Sie war offensichtlich psychisch sehr belastet. Die Begegnung mit Jesus hat sie frei gemacht, hat sie aufatmen und aufleben lassen. Der Karfreitag muss sie erneut zu Boden gedrückt haben. Aber sie ist tapfer; sie tut, was noch möglich ist. Die neue Begegnung mit dem Auferstandenen gibt ihr wieder Schwung und neue Kraft. Sie läuft zu den in Traurigkeit und Resignation versunkenen Aposteln; sie rüttelt sie auf und verkündet ihnen die Frohe Botschaft. So wird sie, die Frau, zur ersten Botin des Glaubens, zur Apostolin der Apostel. Sie verkündet als Erste das Evangelium vom Leben.

Wir müssen dieses Gute bekannt machen und ermutigen. Das gibt Mut zum Leben, das macht Hoffnung, das steckt an und muntert zur Nachahmung auf. So können wir die Freude und die Hoffnung von Ostern am besten weitergeben.

Wir müssen aber auch wieder deutlicher sagen, dass diese Hoffnung über dieses Leben hinausreicht. Gewiss, wir müssen die Hoffnung und den Himmel erden. Wir müssen Hoffnungszeichen setzen, die einen Vorgeschmack des Himmels vermitteln. Aber der Himmel auf Erden, das ist eine Utopie, die wir nie erreichen. Nur die Sehnsucht nach dem Himmel, die Sehnsucht nach einer Erfüllung, einem Frieden und einer Freude, die über alle unsere Vorstellungen und über alle unsere menschlichen Möglichkeiten weit hinausgeht, diese Sehnsucht steckt unausrottbar in uns Menschen. Dieser Sehnsucht hat Gott mit der Auferweckung Jesu endgültig recht gegeben. Er hat den Stein weggewälzt; er hat den Weg zum Leben freigemacht. Er hat den Tod besiegt, mit der Auferstehung und Erhöhung Jesu den Himmel eröffnet und so alles neu gemacht.

Beauftragt: Maria von Magdala

MARIA VON MAGDALA WEINT; sie fällt tief in ein schwarzes Loch und ist total am Ende. Sie war Jesus freundschaftlich verbunden gewesen. Offensichtlich hat sie die Begegnung mit ihm von einem tiefen seelischen Leiden befreit. So hing sie ihm mit allen Fasern ihres Frauenherzens an. Aber nun war er tot. Nicht einmal den Leichnam hat man ihr gelassen zum endgültigen Abschiednehmen. Alles ist nun aus und vorbei. Alles ist für sie hoffnungslos geworden. Die Mächte des Todes, der Gewalt und der Lüge haben scheinbar gesiegt über das neue Leben, die Liebe und die Wahrheit, die von Jesus ausging.

Maria lässt sich von Leid und Tod betreffen. Sie stellt sich dem Tod und lässt sich von ihm bewegen. Sie spürt die Ausweglosigkeit der Situation und lässt Trauer zu.

Freilich bleibt Maria von Magdala nicht sitzen in dem Loch, in dem sie sich befindet. Das Weinen verwandelt sich in fragendes Staunen, in neue Freude und in neuen Aufbruch. Wie schafft sie das? Nicht aus eigener Kraft. Auch sie braucht einen Anstoß von außen, eine rettende Hand, die ihr entgegengestreckt wird, ein erlösendes Wort, das an ihr Ohr und an ihr Herz dringt. Gleich zweimal wird sie von Jesus angesprochen: »Frau, warum weinst du? Wen suchst du?« Und dann der erlösende Anruf bei ihrem Namen: »Maria« (vgl. Joh 20,15–16).

In diesem einen Wort, in der Nennung ihres Namens ist alles beschlossen und alles gesagt. Denn das und im Grunde nichts anderes ist die Frohe Botschaft, dass wir, dass jede und jeder Einzelne von uns nicht ein namenloses, ein anonymes Etwas ist, jemand, den man vergessen kann, sondern dass wir einen Namen haben, jemand sind; dass einer, dass Gott uns kennt von Ewigkeit her und dass er uns niemals vergisst. Das ist die Frohe Botschaft, die wir den Menschen auszurichten haben: Du bist unbedingt angenommen und geliebt. Mag da sonst sein was immer, du bist bis in den Tod und über den Tod hinaus gehalten von gütigen Händen. Du sollst und darfst sein. Du bist gerechtfertigt.

Letztlich sind wir getragen und geborgen. Aber der Weg der Freundschaft mit Jesus lässt sich nicht vorausberechnen und absichern. Er besteht nicht im Rückzug, auch nicht im Austreten längst ausgetrampelter Pfade. »Halte mich nicht fest«, sagt Jesus zu Maria (Joh 20,17). Er selbst ist erst auf dem Weg zum Vater und zur Vollendung, und wir sind es mit ihm.

Maria von Magdala hat sich senden lassen: »Geh zu meinen Brüdern«, und sie ging und verkündete, was sie gesehen hatte. Sie hat damit einen neuen Anfang gemacht. Beauftragung und Sendung, das sind Urworte der Heiligen Schrift. Sie sagen: Kirche und Gemeinde sind nicht um ihrer selbst willen da.

Die Kirche ist, wie das Zweite Vatikanische Konzil sagt, ihrer Natur nach missionarisch. Sie darf sich gerade heute nicht mit der kleiner gewordenen Kerngemeinde zufriedengeben, sondern muss allen bezeugen: »Wir haben den Herrn gesehen.« Wir haben erfahren, dass die Mächte des Todes nicht das letzte Wort haben, dass vielmehr das Leben stärker ist als der Tod, die Liebe stärker als der Hass, die Wahrheit stärker als die Lüge. Das zu bezeugen ist unsere Sendung: Zeugen des Lebens sein, dem Leben der Menschen dienen und mithelfen, dass sie zur Fülle des Lebens finden. Die Kirchenväter haben oft darüber nachgedacht, dass sie, eine Frau, noch vor den Aposteln ausgesandt wurde, dass sie den Anstoß zur Evangelisierung und Missionierung gegeben hat. Sie nannten Maria von Magdala deshalb die apostola apostolorum, die Apostelin der Apostel.

Es sitzen viel mehr Menschen, als wir denken, so wie Maria von Magdala in einem dunklen, schwarzen Loch und sehen keinen Silberstreifen am Horizont. Sie sehen keinen Sinn mehr und verfallen dem Alkohol, dem Sex, den Drogen oder einfach namenloser Traurigkeit und Resignation. Sie lassen sich von den Mächten des Todes treiben und bestimmen. In dieser Situation braucht es Menschen, die mitfühlen können, die, angesteckt von Jesus Christus, den Sieg des Lebens bezeugen, die Mut machen zum Leben und Lebenshilfe aus dem Glauben geben. Nicht allein durch ihr Wort sollen sie das tun, sondern oft ganz schlicht und einfach durch ihr Dasein.

Irenäus von Lyon (gestorben um 202)

ES GIBT WOHL NUR WENIGE HEILIGENFESTE im Laufe des Kirchenjahrs, die uns Sinn und Bedeutung christlicher Versöhnung so vor Augen führen können wie das Fest des heiligen *Irenäus* (zu deutsch: der Friedfertige), des Märtyrerbischofs von Lyon um die Wende vom 2. zum 3. Jahrhundert. Er steht als einer der Ur- und Gründerväter am Anfang der europäischen christlichen Tradition. In seinen Schriften hat er zugleich den bleibenden

Grund benannt und bedacht, aus dem solche Versöhnung und bleibender Friede wachsen und reifen kann.

Im Mittelpunkt seiner Theologie steht der Begriff anakephaloiosis, recapitulatio (vgl. Eph 1,10). Gewöhnlich übersetzt man dieses griechische bzw. lateinische Wort mit »Zusammenfassung«. Gemeint ist: Jesus Christus hat die ganze Geschichte der Menschheit in sich zusammengefasst; er hat sie »rekapituliert«. In ihm ist Gott selbst eingegangen in unser Fleisch und Blut; er hat alle Phasen und Dimensionen des menschlichen Daseins angenommen und sie wieder mit Gott und untereinander versöhnt. In ihm hat die Wirklichkeit wieder eine kephale, ein caput, ein Haupt erhalten; sie ist wieder »behauptet« worden. In Jesus Christus bildet sie wieder eine Einheit. Deshalb kann der Epheserbrief von ihm sagen: Er ist unser Friede (vgl. Eph 2,14). Er ist unser Friede durch seinen Tod am Kreuz. Mit seinen zwei Balken symbolisiert das Kreuz den Frieden, der dort gestiftet wurde: der vertikale Balken als Zeichen der Versöhnung mit Gott, der horizontale als Zeichen der Versöhnung der Menschen und der Völker untereinander.

Was hat diese Botschaft uns heute zu sagen? Sie sagt uns zunächst: Der Friede in der Welt ist nicht möglich ohne Frieden mit Gott. Die Entfremdung von Gott, dem Grund aller Wirklichkeit, führt zur Entfremdung und Verfeindung in der Welt.

Irenäus war einer der Vorkämpfer gegen die Häresie seiner und auch unserer Zeit: die Gnosis. Dies war die Irrlehre, die einen Dualismus behauptete zwischen Gott und Welt, in der weder für die Schöpfung Platz war noch für eine wirkliche Menschwerdung Gottes. Sie lehrte – manchen heutigen Strömungen nicht unähnlich – den Ausstieg aus dem System der Welt, die Emanzipation von naturalen Vorgegebenheiten. Sie führte entweder zu übertriebener, weltverachtender Askese oder zu einem Laxismus, welcher den Leib, die Geschlechtlichkeit als gleichgültig und banal betrachtete.

Dieser Irrlehre hielt *Irenäus* das Ja Gottes zur Welt entgegen. Gott ist nach ihm Mensch geworden, um die Welt zu vergöttlichen. Nicht Emanzipation, sondern Inkarnation, Eingehen in die Welt, war sein Anliegen.

Und das muss auch unser Anliegen sein. Es ist wichtig, sowohl für die Bewahrung der Schöpfung wie für die Kirche, die immer wieder neu eingehen muss ins Fleisch der Welt. Sie darf sich nicht verabschieden von der Geschichte und sich nicht in eine fromme Kuschelecke oder ein behütetes Ghetto zurückziehen. Als Sauerteig müssen wir die Welt von innen her erneuern und versöhnen. Wir müssen in der Welt präsent sein, um sie im Geist des Friedens und der Versöhnung zu verändern. Dabei müssen wir uns das Ja Gottes zum Leben zu eigen machen und den Götzen des Todes widerstehen.

Vinzenz *(gestorben um 304)*

WIR WISSEN VOM LEBEN des heiligen Diakons und Märtyrers *Vinzenz* nur sehr wenig. Er stand als Archidiakon im Dienst des heiligen Bischofs *Valerius* im spanischen Saragossa. An der Wende vom 3. zum 4. Jahrhundert hat er in Rom den Martertod erlitten. Zusammen mit *Stephanus* und *Laurentius* gehört er zu den drei herausragenden Diakonen und Blutzeugen der frühen Kirche.

Vinzenz ist als Märtyrer gestorben. Märtyrer heißt auf Deutsch: Blutzeuge. Er hat mit seinem Leben und mit seinem Sterben den Glauben an Jesus Christus bezeugt. *Vinzenz* hat sich der Frage gestellt, die Jesus an die Jünger gestellt hat, die bei ihm geblieben sind, nachdem einige ihn verlassen haben: Nehmt auch ihr Anstoß? Wollt auch ihr weggehen? Sollte er weglaufen, um sein irdisches Leben zu retten? Oder sollte er sein irdisches Leben drangeben und das ewige Leben gewinnen? *Vinzenz* hat sich für Christus entschieden; er hat dafür seinen Kopf hingehalten. Das Zeugnis seines Lebens und Sterbens ist es, was ihn bis auf den heutigen Tag bedeutsam macht.

Die Frage Jesu »Nehmt auch ihr Anstoß? Wollt auch ihr weggehen?« (vgl. Joh 6,67) ist heute noch genauso aktuell wie damals. Viele laufen heute weg. Die Botschaft Jesu scheint ihnen hart oder lebensfern zu sein. Jesus führt ganz bewusst eine Scheidung der Geister herbei. Er zwingt niemand, bei ihm zu bleiben.

Jesus richtet heute an uns dieselbe Frage: »Wollt auch ihr gehen?« – ihr, die Kinder, die Jugendlichen, die ältere Generation. Petrus gibt stellvertretend für uns die Antwort: »Herr, zu wem sollen wir (sonst) gehen? Du hast Worte des ewigen Lebens« (Joh 6,68). Du hast etwas zu sagen, was uns kein anderer geben kann. In dir und mit dir will ich gehen.

Wir Menschen verlangen nach mehr. Wir verlangen nach einem tieferen Sinn unseres Daseins. Wir müssen wissen, wozu wir da sind, wofür wir leben und arbeiten. Wir brauchen eine Richtung und eine Perspektive, die noch über den Tod hinausreicht. Dieser Sinn und diese Erfüllung kann nur Gott und sein lebendig machender Geist sein. Ohne Gott bleiben uns nur Bruchstücke und Fragmente. Das gilt für unser persönliches Leben wie für das öffentliche Leben.

Lassen wir es uns deshalb gesagt sein: Der Geist, der Geist Gottes ist es, der lebendig macht.

Martin von Tours (um 316–397): Wir brauchen einander

MAN SOLLTE EINMAL DIE VITA des heiligen *Martin* lesen. Bevor *Martin* ein Mann der christlichen Aktion war, war er längst ein Mann der Kontemplation. Er war zwar noch kein Christ, als er den Mantel teilte, aber er war längst auf dem Weg zu Jesus Christus, und er ist später diesen Weg entschieden weitergegangen: als Einsiedler und Mönch in einem Leben intensiven Gebets und äußerster Einfachheit.

Worauf es *Martin* beim Teilen des Mantels ankam, zeigt die Christusvision, die ihm in der Nacht nach dieser Tat zuteil wurde. Sie erklärte ihm und sie erklärt und deutet uns den Sinn dieser Begebenheit. Es war der entblößte Christus selbst, den *Martin* mit seinem Mantel bekleidete. Hier liegt die eigentliche und tiefste pastorale Aufgabe: in den Menschen Christus zu begegnen, in ihnen Jesus Christus anzunehmen, in ihnen das Bild Jesu Christi zum Leuchten zu bringen. Jesus Christus sollte Mitte, Maßstab und Ziel unseres Tuns und unseres Seins sein. Es wird entscheidend darauf ankommen, ob wir Jesus Christus, den auferstandenen Herrn, der zur Rechten des Vaters sitzt und der der Herr der Geschichte ist, mehr zutrauen als unseren eigenen Überlegungen und Planungen. Es wird entscheidend darauf ankommen, ob wir ihn wirklich unseren Herrn und Meister sein lassen.

Liest man die Lebensbeschreibung des heiligen *Martin*, staunt man, wie oft er in Konflikte verstrickt wurde: in einen Konflikt mit seinem Vater, der seinen Weg nicht verstehen und billigen konnte, in einen Konflikt mit dem Kaiser, als *Martin* praktisch den Kriegsdienst verweigerte, in einen Konflikt mit der damals mächtigen Irrlehre der Arianer, sodass ihn ein arianischer Bischof in Mailand auspeitschen ließ, und in einen Konflikt mit Mitbischöfen, welche sich nach seiner Meinung nicht entschieden genug von den falschen Darstellungen des Glaubens distanzierten. *Martin* war also jemand, der Jesus Christus ganz und ungeteilt nachfolgte, ein Christ im Widerstreit, ein Christ, der das Kreuz Jesu Christi nicht umging.

Wie hat er dies alles geschafft? Die Gemeinschaft mit Christus war für ihn fundamental; wichtig war für ihn aber auch die mitbrüderliche Gemeinschaft der Mönche. Gemeinschaft müssen wir auch heute pflegen. Keiner von uns schafft es allein! Wir brauchen einander!

Augustinus (354–430)

KLOSTER UND KLÖSTERLICHES LEBEN ist den meisten heute sehr fremd geworden. Viele werden fragen: Was können Mönche früherer Jahrhunderte, die hinter dicken Klostermauern lebten, uns Christen von heute sagen? Können sie uns Vorbilder sein für unser Christsein heute?

Will man die Botschaft, welche die Augustinereremiten von damals für uns heute übermitteln können, verstehen, dann muss man zurückgehen auf die große Gründergestalt dieses Ordens, den heiligen *Augustinus*. Er lebte im 4. und 5. Jahrhundert und war einer der größten Geister, welche die Geschichte des Abendlandes und des Christentums jemals hervorgebracht hat. Er ist nicht nur für die katholische Kirche wichtig geworden; er hat auch die evangelische Christenheit maßgeblich bestimmt. *Martin Luther* kam bekanntlich selbst aus dem Orden der Augustinereremiten.

Doch wer war dieser *Augustinus*? In seiner Kindheit war er von seiner frommen und heiligmäßigen Mutter *Monika* im christlichen Glauben erzogen worden. Doch dann erging es *Monika* so, wie es heute vielen Vätern und Müttern ergeht: *Augustinus* hat zum großen Leid seiner Mutter die christliche

Lebensorientierung aufgegeben. Er verließ seine Heimat in Nordafrika und zog in die Weltstadt Rom. Dort suchte er als akademischer Lehrer weltlichen Ruhm; er probierte – ähnlich wie heute viele junge Leute auch – alle möglichen geistigen Strömungen seiner Zeit aus, verlor sich in sinnlicher Lust und wurde ein rastlos getriebener, unsteter Mensch.

Doch nicht nur seine Mutter *Monika* ließ ihn nicht los; auch Gott hat ihn nicht fallen gelassen. Im Gegenteil, Gott hatte, wie er später selbst bekannte, sein Herz wie mit einem Pfeil getroffen und verwundet. Ein Biograf schreibt, *Augustinus* sei geradezu ein von Gott gejagter Mensch gewesen. Er war unruhig, an nichts in dieser Welt fand sein Herz endgültig Befriedigung und Gefallen. Weltliche Ehre und sinnliche Lust ließen ihn am Ende doch kalt und leer, sie konnten die Sehnsucht seines Herzens nicht ausfüllen. So blieb *Augustinus* ein Suchender. Ruhe fand er erst, als er sein Herz ganz Gott öffnete. Unruhig ist unser Herz, bis es ruht in dir, so schreibt er zu Beginn seiner *Bekenntnisse,* welche die so dramatisch verlaufene Liebesgeschichte zwischen ihm und Gott so eindrücklich beschreiben.

Dieser Heilige war das große Vorbild der Augustinereremiten. Gott wollten sie suchen und finden. Dieser *Augustinus* hat auch uns heute noch einiges zu sagen. Viele Eltern werden sich und ihre heranwachsenden Söhne und Töchter in *Augustinus* und seiner Mutter *Monika* wiedererkennen. Aber auch heute spüren immer mehr junge Menschen, dass Geld und Ansehen allein nicht glücklich machen und dass ein lustvolles Sich-ausleben einen schalen und bitteren Nachgeschmack zurücklässt. Viele leiden heute an der inneren Leere; sie sehen keinen Sinn und keine Erfüllung in ihrem Leben. Sie verkümmern menschlich, werden bitter und resigniert oder verfallen einer rastlosen Hektik, die alles nur noch schlimmer macht, weil sie uns vollends aus dem Atem bringt. Nicht wenige werden darüber seelisch und leiblich krank.

Dies ist die eigentliche Krankheit unserer Zeit, dass wir Gott, unser höchstes und wahres Gut, vergessen haben. Denn Gott hat uns auf ihn hin erschaffen; er hat uns für seine ewige, unendliche Liebe erschaffen, und er allein ist groß genug, um die ganze Sehnsucht, die ganze Höhe und Tiefe unseres Herzens auszufüllen. Seine Liebe zu jedem Einzelnen von uns wartet auf uns, wie sie auf *Augustinus* gewartet hat, um uns unser wahres Leben zu erschließen und zu schenken. *Augustinus,* dessen Herz unruhig war, bis es ruhte in Gott, kann gerade uns heute ein Vorbild sein. Er kann uns sagen: Gebt euch nicht zu schnell zufrieden mit dem, was euch dieses Leben zu bieten hat. Es wird euch am Ende allein und leer lassen. Sucht weiter, strebt höher, grabt tiefer. Das Glück des Lebens, nach dem wir alle suchen, liegt nicht einfach auf der Straße herum, und man kann es auch nicht einfach kaufen. Nur in einem Leben mit Gott und aus Gott wird euer Leben Halt und Inhalt finden. Nur durch Rückbesinnung auf Gott als Grund und Ziel unseres Lebens können wir aus der tiefen geistigen Krise unserer Tage herausfinden. Wie *Augustinus* müssen wir uns bekehren und neu orientieren, um Gott in unserem Leben neu zu finden. Denn er allein ist unser Glück und unser Heil. Das also ist die Botschaft der Augustinereremiten, dass wir Gott wieder in die Mitte unseres Lebens stellen müssen.

Augustinus war ein radikaler Mensch. Was er tat, das tat er ganz. So legte er nach seiner Bekehrung in Mailand sein akademisches Amt nieder. Er zog sich zurück in einen Freundeskreis nach Cassiciacum, und später, nachdem er nach Afrika zurückgekehrt war, gründete er in seiner Heimatstadt Thagaste eine kleine Mönchsgemeinschaft, und auch als er später Bischof von Hippo geworden war, suchte er das klösterliche Leben fortzuführen. In seiner ersten Regel schrieb er, worum es ihm dabei ging. Er schrieb ganz einfach: »Denn wir haben den Wunsch, nach der Art der Apostel zu leben.«

Das war damals die Antwort auf die »Zeichen der Zeit«. Denn zur Zeit des *Augustinus* war das Christentum in mancher Hinsicht bereits verweltlicht. Das Leben der Christen unterschied sich wenig oder gar nicht von dem der Heiden. Die Christen hatten sehr oft ihren ersten Schwung verloren und ihre erste Liebe vergessen. Sie hatten sich angepasst und eingerichtet. *Augustinus* tat das einzig Mögliche, um zu einer Erneuerung zu kommen. Er wollte zurück zu den Ursprüngen, zur apostolischen Einfachheit; ihn bewegte das Vorbild der Jerusalemer Urgemeinde, von der es in der Heiligen Schrift heißt, dass sie alles gemeinsam hatten und gemeinsam verharrten in der Lehre der Apostel und im Gebet. Mit dieser Intention trifft sich *Augustinus* mit allen anderen Mönchsbewegungen in der Geschichte des Christentums. Sie alle wollten nichts Besonderes und Außerordentliches. Sie wollten das ursprüngliche Christentum erneuern und wieder konsequent leben.

Ulrich von Augsburg (890–973)

WAS MACHT DIESEN BISCHOF aus dem 10. Jahrhundert so anziehend und so verehrungswürdig? Wenn wir seine Lebensgeschichte lesen, dann überkommt uns zunächst ein großer Respekt vor seiner Lebensleistung. Das 10. Jahrhundert war eine wirre Zeit. Man spricht vom saeculum obscurum, vom dunklen und finsteren Jahrhundert. Da waren keine großen Aufbrüche und zukunftsweisenden Bewegungen. Die Kirche lag danieder, das Papsttum in Rom stand auf einem fast einmaligen Tiefpunkt, und Europa war vom Osten her bedroht. Doch *Ulrich*, der schon in jungen Jahren Bischof wurde, ließ sich in dieser Zeit der katastrophalen Niedergänge von den trüben Vorgängen nicht mitreißen. Er entschuldigte sich auch nicht einfach mit den schlimmen Umständen und der unerfreulichen Situation.

Er schloss sich einer Gegenströmung an, und er tat dies mit erstaunlicher und bewundernswerter Tüchtigkeit. In der Klosterschule von St. Gallen eignete er sich die Bildung seiner Zeit an; als Bischof, 50 Jahre lang, baute er die verfallenen Kirchen und Klöster seiner großen Diözese wieder auf, erneuerte und verbesserte die Verteidigungswälle um Augsburg, besuchte und visitierte unablässig die Pfarreien und die Klöster seiner Diözese und hielt viele Synoden ab. Er besuchte die Reichstage, war am königlichen Hof, er suchte den Klerus zu reformieren, und das alles erforderte lange und beschwerliche Reisen zu Pferd oder in einem zweirädrigen Ochsenkarren. Überall, wohin er kam, sorgte er sich um die Kranken und die Armen. Das Volk liebte ihn deshalb und nannte ihn den »lieben Herrn Ulrich«.

Es war mehr als menschliche Lebenstüchtigkeit, menschliche Anständigkeit und adeliger Sinn, die *Ulrich* so groß machten und die ihn bis heute dem Gedächtnis der Nachfahren einprägen. *Ulrich* wusste, und er lebte es auch, dass das Leben mehr ist als dieses Leben; ihm ging es darum, das Leben im Sinn des Evangeliums zu gewinnen. Er machte ernst mit dem Wort Jesu: »Wer sein Leben gewinnen will, wird es verlieren; wer aber das Leben um meinetwillen verliert, der wird es gewinnen« (vgl. Mt 10,39). Leben – das war ihm Jesus Christus und die Nachfolge Jesu; Leben war ihm Leben unter dem Kreuz in der Hoffnung auf das neue Leben der Auferstehung.

Sein ganzes Leben hindurch übte er einen strengen, asketischen Lebensstil. Er hinterließ bei seinem Tod nur ganze zwei Hemden. Er führte ein Leben des Gebetes, und nichts war ihm wichtiger, als Gottesdienst zu feiern. Hier lag die Kraftquelle seiner rastlosen Wirksamkeit; seine innere Verbundenheit mit Gott strahlte nach außen und gab ihm jene Anziehungs- und Ausstrahlungskraft, die bis heute Menschen in seinen Bann schlägt. Er war ein Mann des Glaubens, ein Mann des Gebets, ein Mann Gottes. Es ging ihm bei aller menschlichen Tüchtigkeit und allem Eifer nicht um ihn selbst und um seine Sache, sondern um Gott, um Gottes Sache, um Gottes Reich und das Heil der Menschen.

So war die Grunddevise seines Lebens das benediktinische Leitwort »Ora et labora«: Gebet und Arbeit, Aktion und Kontemplation, Weltgestaltung und Glaubenshaltung, das waren für ihn keine Gegensätze. Beides gehörte für ihn engstens zusammen. Denn eine Weltgestaltung ohne Glaubens- und Gebetshaltung, die kommt sehr schnell aus dem Tritt, die erzeugt am Ende nur noch Hektik und Geschäftigkeit, die verliert ihre Seele.

Als die Ungarn heranrückten, mit einem Heer, größer, als man es jemals zuvor gesehen hatte, da wurde *Ulrich* zur Seele des Widerstands. Im Jahr 955 kam es dann zu der bekannten und großen Schlacht auf dem Lechfeld. *Ulrich,* so wird uns berichtet in seiner Vita, saß angetan mit der Stola, das Ulrichskreuz in der Hand, ohne Schild und ohne Helm auf dem Pferd, mitten im Schlachtgetümmel. Die Pfeile und die Steine flogen links und rechts um seinen Kopf und konnten ihm nichts antun. Er schlug nicht mit dem Schwert zu, aber er feuerte die Ritter an zu Mut und Kampfesbereitschaft. Er erkannte, was damals auf dem Spiel stand. So zählt er zu den rettenden Gestalten Europas. In dieser fast aussichtslosen Situation vertraute er auf Gott und seine Hilfe, und er ermahnte vor allem zum Gebet.

Albertus Magnus (um 1200–1280)

ALBERT IST DER EINZIGE HEILIGE und der einzige Theologe, dem man den Beinamen »der Große« gegeben hat. Sonst ist dieser Titel nur Fürsten und Feldherrn vorbehalten. Aber er hat ihn verdient. Er war und ist einer der größten Geister Europas. Doctor universalis, den Universalgelehrten, nennt man ihn. In allen Gebieten des damaligen Wissens hatte er Praxis: Medizin, Physik, Psychologie, Zoologie, Botanik, Chemie, Geografie, Geologie, Mineralogie, Astronomie und auch in der Architektur.

Er war einer der Ersten, die in den Naturwissenschaften den Weg des Experiments gegangen sind, und er hat einmal gesagt: »Wenn ich Naturwissenschaft betreibe, habe ich mit Wundern nichts zu tun.« Ihm ging es um die Kausalität und die Ursache, die in den Dingen selber auf natürliche Weise steckt. So wurde er grundlegend für die Entwicklung der Naturwissenschaft, und er gilt als deren Patron. Zentral in seiner Theologie war der Mensch als Abbild des ganzen Universums.

Der wichtigste Beitrag *Alberts* aber war, dass er den heidnischen Philosophen *Aristoteles* in der Kirche und in ihrer Theologie heimisch gemacht hat. Auch hat er Mut und Weitsicht bewiesen. So ist er einer der großen Baumeister der christlichen Kultur Europas geworden. Er hat beigetragen zur Einheit von Glauben und Wissen, Glauben und Kultur, Glauben und Leben. Gott zu finden in allen Dingen, das war sein Programm, und das war das Programm vieler großer Heiliger.

Albert war nicht nur ein großer Denker und Theologe, *Albert* war vor allem ein großer Heiliger. Er war nicht nur ein Lehrmeister des Glaubens, sondern ein Lebensmeister, ein großer Christ. Das Leben zählt ja letztlich. Schon früh kam er in Padua in Kontakt mit einer mächtigen religiösen Aufbruchstimmung. Man spricht von einem *réveil évangélique*, einem Erwachen des Geistes des Evangeliums. Es geschah mit großen Heiligen, *Franz von Assisi, Dominikus*. Die Kirche war damals zwar mächtig und reich, aber sie war weltlich geworden.

Dominikus zog als Prediger des Evangeliums und des wahren Glaubens herum, er gründete einen Predigerorden, die Dominikaner; ihm schloss sich *Albert* an. Er war ein unermüdlicher Prediger der Frohen Botschaft und des wahren Glaubens. Von

Köln aus reiste er – was damals überaus beschwerlich war – durch ganz Europa, von Paris bis Ungarn und Böhmen, von Rom bis an die deutsche Ostsee.

»O Herr, ich wollte, dass ich wäre ein Mensch nach deinem allerliebsten Willen.« Den Willen Gottes tun, das ist das Entscheidende.

Ein zweites Wort des heiligen *Albert* lautet: »Geh selber zu Gott. Das ist dir nützlicher, als dass du alle Heiligen hinsendest, die im Himmel sind.« Geh selber zu Gott.

Die unmittelbare, die direkte, die persönliche Beziehung zu Gott ist wiederum das Entscheidende im Leben: dass wir diesen Kontakt nicht abbrechen lassen. Das ist christliche Freiheit, das meint das persönliche Beten: Du auf Du sein mit Gott.

Albert, der große Theologe, *Albert,* der große Heilige – und auch ein großer Friedensstifter. Theologie und Frömmigkeit haben für ihn ihre konkreten Folgen und Konsequenzen. Er war nicht nur ein Privatgelehrter, ein Mönch in seiner Klause, er mischte sich ein in das Geschäft der Welt. Er war im recht verstandenen Sinn ein politischer Mensch und als solcher ein großer Friedensstifter. Er erfüllte die Seligpreisung der Bergpredigt: »Selig, die Frieden stiften; denn sie werden Söhne Gottes genannt werden« (Mt 5,9). So war der heilige *Albert* ein Vorbild und eine Leitfigur. Er ist das Vorbild eines Menschen, der nach dem Evangelium Christi lebt, das Vorbild eines wahren Christen.

Heinrich Seuse (um 1295–1366)

HEINRICH SEUSE WAR, obwohl er schon mit 13 Jahren ins Kloster eintrat, lange Zeit ein suchender Mensch oder – wie er sagte – ein anfangender Mensch. Nach Jahren des Suchens gab es einen entscheidenden Durchbruch. In seiner Lebensbeschreibung berichtet er aus der Zeit, da er noch am Suchen war, von einem außerordentlichen Erlebnis. An einem Feiertag hörte er bei Tisch eine Lesung aus dem alttestamentlichen Weisheitsbuch. Sie traf ihn mitten ins Herz. Anschließend, als er ganz allein im Chor der Klosterkirche war, überkam ihn eine Entrückung und Verzückung, welche seine Seele mit unbeschreiblicher, überschwänglicher Freude und mit tiefen Frieden erfüllte. Er rief aus: »Ist dies nicht das Himmelreich, dann weiß ich nicht, was das Himmelreich ist.« Was er schaute, war für ihn die ewige Weisheit Gottes. Seither bezeichnete er sich immer wieder als einen Diener der ewigen Weisheit. Er nannte die ewige Weisheit seine Herzensbraut, für die er immer wieder die innigsten Worte fand.

Das alles mag uns nun erst recht befremdlich vorkommen. Das Wort Weisheit gehört zu den Wörtern unserer Sprache, die keinen hohen Kurswert haben. Weisheit scheint vielen von uns etwas Abgestandenes, den Realitäten der Welt Entrücktes, leicht Antiquiertes zu sein. Für die Bibel, die antike und mittelalterliche Welt verhielt es sich aber ganz anders. Für sie hatte die Weisheit etwas mit Lebenstüchtigkeit, Gewandtheit, gutem Urteilsvermögen und rechtem Augenmaß zu tun. Als weise galt, wer die Dinge und die Menschen unverstellt und unbestechlich so zu sehen versteht, wie sie sind, und wer mit ihnen umzugehen weiß, wie es konkret angemessen ist. Das kann letztlich nur, wer sie aus der Perspektive Gottes betrachtet. Denn aus ihm kommt alles, und alles ist auf ihn hin geschaffen. Weisheit ist Teilhabe an der Weise, wie Gott auf die Wirklichkeit sieht.

Der Mystiker *Heinrich Seuse* sann immer wieder darüber nach, wie alle Dinge aus Gott hervorgehen, wie alles in ihm und er in allen Dingen ist. Er wusste: Gott ist den Dingen innerlicher als sie sich selbst. Gott, so sagte er, ist ein Kreis, dessen Mittelpunkt überall und dessen Kreislinie nirgends ist. Deshalb war es ihm wie allen spätmittelalterlichen Mystikern ein grundlegendes Anliegen, Gott in allen Dingen zu finden.

Diese Mystik ist keine weltfremde Verstiegenheit. Sie hat etwas mit unserem Alltag zu tun; sie ist Alltagsmystik. Sie will uns sagen: Die Dinge und die Menschen, mit denen wir zu tun haben, sind mehr, als was man sehen, tasten, riechen, schmecken, feststellen, berechnen und machen kann. Alles in dieser Welt hat eine viel tiefere, geheimnishafte Dimension, die hineinweist in das Geheimnis Gottes selbst. Mitten in unserem Alltag ist Gott uns nahe, und in den alltäglichen Dingen können wir ganz nahe bei Gott sein.

Das zu wissen und zu erfahren ist wahre Weisheit und wahre Mystik, eine Mystik, wie wir sie gerade inmitten der oft seelenlosen Hektik des heutigen Alltags dringend brauchen. *Seuses* Mystik geht aber noch weiter. Für *Seuse* hat die ewige Weisheit einen konkreten Namen. *Seuse* kennt das Zeugnis des Neuen Testaments und der Kirchenväter, wonach Gottes ewige Weisheit in Jesus Christus auf die Erde herabgestiegen ist und konkrete menschliche Gestalt angenommen hat. Ja noch mehr, der Gekreuzigte ist für ihn die konkrete Offenbarung der Weisheit Gottes. *Seuses* Mystik ist Passionsfrömmigkeit und Kreuzesmystik.

Anfangs legte sich *Seuse* unsägliche Opfer auf; er peinigte und kasteite sich in einer uns übertrieben scheinenden, unmenschlichen Weise. Auf seine entblößte Brust ritzte er den Namen seines Herrn: IHS. Jesus Christus sollte in die Tiefe seines Herzens eingegraben sein. Später ging ihm auf, dass es nicht um die Leiden geht, welche wir uns selbst auferlegen, sondern um die, welche Gott uns ohne unser Zutun in unserem Leben schickt. Es blieb ihm nichts erspart. Er wurde grundlos gemein verleumdet, der Häresie angeklagt, seiner Ämter enthoben, in andere Klöster versetzt, verfiel darüber in Traurigkeit und Schwermut. *Seuse* sagte immer wieder, dass Liebe und Leiden zusammengehören, dass allein im Leid wahre Liebe wächst und reift. Schaffen können wir das freilich nur, wenn wir mit Christus, in seiner Nachfolge und in seiner Kraft unser Leiden annehmen und tragen. Das meint *Seuses* Kreuzesmystik. Sie ist sein seelsorgerlicher Rat. Sie ist für den Christen der Weg zur Auferstehung und zum ewigen Leben. Für *Seuse* war der Kreuzweg ein langer und mühsamer Weg. Als Ziel seines mystischen Weges nennt er immer wieder die Haltung der Gelassenheit.

Gelassenheit meint, dass man vieles und am Ende alles lassen muss, dass man sich an nichts hängen darf, dass man bereit sein muss, aufzugeben und sich damit frei zu machen, dass man also auch seinen Eigenwillen, seine Wunschvorstellungen und seine Lieblingsideen, ja sich selbst preisgeben muss, um sich ganz einzulassen in Gottes Willen und Gottes Fügung. Gelassenheit nimmt auf, was uns der Herr zu beten gelehrt hat: »Dein Wille geschehe.«

Seuse schreibt einmal: »Sei gelassen in Freud und Leid; denn ein gelassener Mensch kommt in einem Jahr weiter als ein ungehemmter in dreien.« *Seuses* Mystik nimmt Maß an Jesus Christus, der Mensch gewordenen ewigen Weisheit Gottes. Darum geht es bei *Seuse* nicht um verstiegene Spekulationen, es geht um Frömmigkeit im Alltag, darum, Gott zu finden in allen Dingen. Dabei flieht *Seuse* nicht vor den harten Realitäten des Lebens. Seine Mystik stellt sich tapfer unter das Kreuz unseres Herrn und Heilands Jesus Christus.

Ignatius von Loyola (1491–1556)

WAS HAT IGNATIUS VON LOYOLA uns heute zu sagen, dieser Spanier aus dem Baskenland des 16. Jahrhunderts, dieser Sohn aus reichem Hause, der bis zum 26. Lebensjahr den Eitelkeiten der Welt ergeben war und bis dahin nicht viel anderes im Sinn hatte, als adeligen Frauen den Hof zu machen und als Soldat Ruhm zu ernten?

Was hat dieser Mann uns zu sagen, der, nachdem er aus reiner Langeweile in religiösen Büchern las, plötzlich beschloss, in radikaler Armut zu leben, fast ein Jahr lang in einer Höhle bei Manresa ein für unsere Begriffe schauderhaft strenges asketisches Leben führte und nachher nach Jerusalem pilgerte, um für sein bisheriges Leben Buße zu tun?

Was kann uns dieser Heilige lehren, der, aus Jerusalem zurückgekehrt, in Paris studierte, mit seinen Gefährten im Jahr 1534 auf dem Montmartre ein Gelübde ablegte, einen Orden gründete und eine bis heute andauernde Exerzitienbewegung initiierte, um Menschen zu helfen, ihre Lebensentscheidung richtig zu fällen und ihren Lebensweg zu finden vor Gott?

Was uns *Ignatius* heute zu sagen hat, ist weniger eine Lehre als die Botschaft, die er uns durch sein Leben gibt. *Ignatius* ist ein Zeuge des Evangeliums. »Wenn jemand zu mir kommt und nicht Vater und Mutter, Frau und Kinder, Brüder und Schwestern, ja sogar sein Leben gering erachtet, dann kann er nicht mein Jünger sein« (Lk 14,26). Wer erschrickt nicht zutiefst, wenn er solches hört?

Viele haben Angst vor Entscheidungen. Denn sich zu entscheiden, trägt immer auch etwas Endgültiges an sich. Wo wir eine Entscheidung mit Vorbehalt treffen, da entscheiden wir uns in Wirklichkeit für gar nichts; wir entscheiden uns höchstens für eine Vertagung der Entscheidung.

Entscheidungen schließen aber nicht nur Möglichkeiten aus, sondern eröffnen auch Möglichkeiten. Wenn wir nicht den Mut haben, uns zu entscheiden und uns festzulegen, dann halten wir uns zwar alle Möglichkeiten offen. Wir ergreifen aber auch keine der Möglichkeiten des Lebens. Oder wir lassen andere für uns entscheiden, lassen uns treiben, ohne selbst Treibende und Handelnde zu sein.

So ist es die Entschiedenheit, die uns Freiheit eröffnet. Wer sich dagegen alle Möglichkeiten offenhalten will und Freiheit

GROSSE GESTALTEN UND LEITBILDER

mit Beliebigkeit verwechselt, der versklavt sich der Diktatur des Augenblicks, der rasch wechselnden Stimmung, dem Druck der Umwelt. Wahre Freiheit hat ihren Ort in der Treue zu sich und seinen Entscheidungen.

Für *Ignatius* stellte sich die Frage der Lebensentscheidung ganz konkret. Ihm wurde immer deutlicher: Man muss sich entweder für oder gegen Jesus Christus entscheiden. Das ist die Alternative, an der sich keiner vorbeidrücken kann. Halbheit war darum kein Charakterzug des *Ignatius*. Er ging – von einer absoluten Leidenschaft erfüllt – aufs Ganze.

Für *Ignatius* bedeutete sich für Jesus Christus zu entscheiden, Gott in allen Dingen zu suchen und zu finden, ihm in all unserem Tun zu dienen und ihn zu verherrlichen. Das Finden Gottes in allen Dingen ist ein Wesenszug ignatianischer Spiritualität. Es gibt für *Ignatius* keinen sturmfreien Winkel in unserem Leben, in dem wir nicht von Gott angerufen sind. Es gibt für ihn keine neutrale Zone. *Ignatius* machte sich frei von den Dingen, um sich ihnen umso mehr frei zuwenden zu können und sie so zu gebrauchen, dass sie unscrem wahren Lebensziel dienen: Gott, unseren Herrn, zu loben und ihm zu dienen. Alle Kräfte des Menschen wollte er einsetzen, nicht nur den Verstand und den Willen. Gewiss auch diese, aber auch die Sinne. Immer wieder rät er im Exerzitienbüchlein: zu schauen, zu hören, zu riechen und zu schmecken, zu tasten und zu fühlen. Ganz sollen wir von Jesus Christus ergriffen werden, ganz uns mitten in der Welt für Gottes Reich entscheiden.

Petrus Canisius (1521–1597)

MIT PETRUS CANISIUS wird uns ein Heiliger vor Augen gestellt, der in seiner Zeit Licht auf dem Leuchter war, Licht, an dem sich viele orientieren konnten, sogar noch Jahrhunderte nach seinem Tod. *Peter Canis*, später *Canisius* genannt, wurde am 8. Mai 1521 in Nimwegen im heutigen Holland geboren und ist am 31. Dezember 1597 in Fribourg in der Schweiz gestorben. Dort liegt er auch begraben. Es war eine schlimme Zeit! Er ist an dem Tag geboren, an dem der Wormser Reichstag die Reichsacht über *Martin Luther* verhängte. Es war die Zeit der Reformation, die Zeit der Glaubens- und der Kirchenspaltung, eine Zeit des Niedergangs der katholischen Kirche, eine Zeit der Verwirrung und des Abfalls ganzer Länder. Deutschland schien damals für die katholische Kirche verloren zu sein. Aber es war auch die Zeit neuer Aufbrüche.

Wenige Tage vor der Geburt des *Petrus Canisius* wurde *Ignatius von Loyola* in Pamplona in Spanien schwer verwundet. Auf dem Krankenbett machte *Ignatius* eine tiefe Bekehrung durch. Aus dem Soldaten wurde ein Soldat Jesu Christi. *Ignatius von Loyola* gründete den Jesuitenorden, der Ausgangspunkt und Instrument einer katholischen Erneuerungsbewegung wurde. Diesen Kräften der Erneuerung, nicht denen des Niedergangs schloss sich *Canisius* an. Er wollte selbst Licht auf dem Leuchter sein. In Mainz begegnete er *Petrus Faber,* einem der Gründungsmitglieder des neuen Ordens, machte bei ihm Exerzitien, trat dem Jesuitenorden bei und hatte fortan kein anderes Ziel, als Deutschland zum Katholizismus zurückzuführen. Die Erneuerung der Kirche in Deutschland wurde seine Lebensaufgabe. In seinem geistlichen Tagebuch schrieb er später: »Mein Verlangen war, für Deutschland zu leben und zu sterben, und ich sollte so mit dem Engel der Deutschen, ›Michael‹, gleichsam zusammenarbeiten.« Dafür entfaltete er eine schier unglaubliche Aktivität. Er trat dafür ein und sorgte dafür, dass der Kölner Erzbischof *Hermann von Wied,* der dem Protestantismus zuneigte, abgesetzt wurde. So bewahrte er die Rheinlande für den Katholizismus. Mit vielen Fürsten hatte er Kontakt und verhandelte mit ihnen.

Zweimal war er auf dem Konzil von Trient. Er wurde beauftragt, die Beschlüsse dieses Konzils, des Erneuerungskonzils, den deutschen Bischöfen zu überbringen. Er gründete Schulen, Kollegien, in Messina in Sizilien, in Ingolstadt, Wien und Prag; dann wurde er Provinzial der Oberdeutschen Ordensprovinz, die vom Elsass über Süddeutschland, Österreich und Böhmen bis nach Polen reichte. Berühmt aber wurde er vor allem für seine Katechismen. Der »Canisi«, wie man sagte, war das Lehrbuch der Theologie für viele Jahrhunderte. *Petrus Canisius* war ein gesuchter Prediger und Schriftsteller. Unermüdlich setzte er sich ein für die katholische Sache und für den Fortbestand der katholischen Kirche in Deutschland, aber nie kam gehässige Polemik, Verunglimpfung und Beschimpfung seiner Gegner über seine Lippen. Sein Stil war ganz anders als damals üblich. Nicht auf die Polemik, sondern auf das Argument, die Katechese, die Predigt, die Erziehung setzte er. Und so wurde er nach einem Wort Papst *Leos XIII.* nach *Bonifatius* zum zweiten Apostel der Deutschen.

Was wir zuerst brauchen, ist mehr Freude am Glauben, mehr Freude am Christsein. Wir müssen unsere Mutlosigkeit überwinden, wieder mehr Selbstvertrauen gewinnen als Christen und als Kirche. Wir jammern viel zu viel. Es war das Grundanliegen des *Petrus Canisius,* den Bischöfen, den Priestern, den Gläubigen von damals wieder Mut und Zuversicht zu geben. *Canisius* war Apostel, und er war Apostel vor allem für die jungen Menschen. Er hat das gelebt, was wir heute die Option für die Jugend nennen. Deshalb hat er viele Schulen und Erziehungseinrichtungen gegründet. Er wusste: Wer die Jugend hat, der hat die Zukunft.

Petrus Canisius war nicht nur ein genialer Organisator, er war schon gar nicht ein Manager in modernem Sinn. Er war auch kein Politiker. Er war ein Heiliger, seine Kraft kam aus einer tiefen Spiritualität. Ihn zeichnete eine tiefe Verbundenheit mit Jesus Christus aus. Das am Kreuz durchbohrte Herz Jesu, das sichtbare Zeichen des Erbarmens Gottes mit uns, war Mitte und Bezugspunkt seines Lebens. Das prägte seinen Lebensstil und drückte sich auch in seiner immensen pastoralen Arbeit aus. Er lebte aus dem Geist der ignatianischen Exerzitien, die Betrachtungen des Lebensgeheimnisses Jesu waren, und er verteidigte auch die traditionellen Ausdrucksformen des Glaubens, das Sakrament der Buße und die regelmäßige Teilnahme an der Eucharistie. Er wusste, was *Ignatius* am Anfang seines Exerzitienbüchleins so formulierte: »Wir Menschen sind geschaffen daraufhin, Gott zu loben, ihn zu verehren, ihm zu dienen und so unsere Seele, unser Leben zu retten. Die anderen Dinge auf Erden sind auf den Menschen hin geschaffen, um ihm in der Verfolgung dieses Zieles zu helfen.«

Das Leitwort und der Wahlspruch des heiligen *Petrus Canisius* lautete: »Persevera« – »sei ausdauernd, halt durch«! Er hatte oft genug in seinem Leben Grund, die Flinte ins Korn zu werfen, aufzugeben, aber immer wieder sagte er sich: »Halt durch, lass den Kopf nicht sinken! Sei hochgemut! Hab Geduld! Bleib drunter unter der Last!« Die Geduld des Durchhaltens, das ist, so sagt uns ein französischer Schriftsteller, die kleine Schwester der Hoffnung. Nicht auf das Außerordentliche kommt es an, sondern darauf, dass wir das Ordentliche mit außerordentlicher Treue tun, dass wir durchhalten mit Jesus unter dem Kreuz und am Kreuz. Durchhalten, das heißt nicht verbissen und fanatisch sein, sondern fröhlich sein im Glauben, österliche, neue Menschen sein.

Johannes vom Kreuz (1542–1591)

WENN WIR AN DEN HEILIGEN JOHANNES VOM KREUZ denken, dann fragen wir uns, was uns dieser Mystiker aus dem 16. Jahrhundert zu sagen hat. Was bedeutet seine Mystik für uns? Bedeutet sie überhaupt noch etwas? Die Antwort gibt das hohepriesterliche Gebet Jesu im Johannesevangelium. Es deutet uns den innersten Kern im Leben des *Johannes vom Kreuz*, den innersten Kern christlicher Existenz überhaupt. Es zeigt uns, dass Mystik nicht irgendein Luxuszusatz zum Christsein bedeutet. Sie gründet vielmehr darin, dass Jesus uns alle hineinnimmt in seine Beziehung zum Vater.

Dieses Gebet ist geprägt von einer tiefen Innigkeit, ja Einheit zwischen dem Vater und dem Sohn. »Alle sollen eins sein: Wie du, Vater, in mir bist und ich in dir bin, sollen auch sie in uns sein, damit die Welt glaubt, dass du mich gesandt hast« (Joh 17,21). Die Einheit von Vater und Sohn ist bestimmt als ein gegenseitiges »Inne-Sein«, als ein »In-eins-Sein«, als eine nicht mehr überbietbare Gemeinschaft in der Liebe. Diese Liebe ist reine Gabe des Vaters, sie ist sein Geschenk. Jesus hat sie nicht aus sich selbst. Wie ein Baum die Wachstumskräfte aus dem Boden bezieht, so empfängt Jesus sein Leben, seine Liebe, ja seine ganze Existenz von Ewigkeit her vom Vater, und Jesus selbst ist ganz Person gewordene Antwort und Hinwendung zum Vater.

Diese Liebe empfängt Jesus, um sie zugleich an die Seinen weiterzugeben und sie einzubeziehen. »Vater, die Liebe, mit der du mich geliebt hast, soll in meinen Jüngern sein, und ich selbst will in ihnen sein« (vgl. Joh 17,26). Es ist also die Liebe des Vaters, die durch Jesus auf die Jünger übergeht und sie dazu bewegt und befähigen will, dass sie untereinander so eins werden, wie Jesus es mit seinem Vater ist.

Nach der Erfahrung des *Johannes vom Kreuz* und vieler anderer christlicher Mystiker gilt: Je näher man Gott kennt, umso mehr liegt alle Aktivität bei ihm. Die christliche Mystik kann in uns nur Gestalt gewinnen in der personalen Begegnung des Menschen mit Gott und in der Freundschaft mit Jesus. Diese Gottes- und Jesusinnigkeit ist das Wesen christlicher Mystik.

Von einer solchen innigen personalen Begegnung mit Gott war das Leben des heiligen *Johannes vom Kreuz* geprägt. Seine Gedichte sind entstanden aus einer persönlichen Erfahrung mit Gott. Rein äußerlich hatte er schlechte Voraussetzungen. Bei jedem Handwerk, das er lernen sollte, erwies er sich als ungeschickt und ungelenk. Er war von äußerlich unscheinbarer Gestalt. *Teresa von Avila* bezeichnet ihn einmal als eine halbe Portion. Aber in seinem Herzen loderte ein Feuer. In der Zeit, da Spanien eine ungeheure äußere Expansion auf dem südamerikanischen Kontinent erlebt, vollzog er eine Expansion nach innen auf dem dreifachen Weg der Reinigung, der Erleuchtung und der Einigung mit Gott. Es war ein schwerer Weg, der Weg des Kreuzes.

Gerade in den dunkelsten Zeiten seines Lebens, im Kerker von Toledo, ist er zum Mystiker und Poeten gereift. Hier, in dieser Nacht des Glaubens, hat er unter anderem 31 Strophen des *Geistlichen Gesanges* verfasst. Seine Sehnsucht nach Gott, die er als geistlicher Begleiter auch bei Ordensleuten und Laien geweckt hat, durchzieht wie ein roter Faden seine Werke.

Die Menschen auf dem Weg zum dreifaltigen Gott zu begleiten, darin sah er seine Aufgabe, das war sein Ziel. Seine innere Erfahrung und Überzeugung war es, dass jeder Mensch von Gott geliebt und berufen ist, darauf in seinem Leben eine Antwort zu geben. So heißt es in einem der Denksprüche des *Johannes vom Kreuz:* »Oh Herr, mein Gott! Wer dich mit lauterer, einfältiger Liebe sucht, wie sollte der dich nicht nach seines Herzens Begehren finden? Brichst du doch zu denen auf, die dich begehren, und kommst ihnen als Erster entgegen.«

Teilhabe am Kreuzesleiden: Johannes vom Kreuz (1542–1591)

»Wir wissen, dass Gott bei denen, die ihn lieben, alles zum Guten führt« (Röm 8,28). In dieser Stelle aus dem Römerbrief kommt das große Gottvertrauen zum Ausdruck, mit dem der heilige *Johannes vom Kreuz* den verschiedenen Krisen seines Lebens begegnet ist: dem Widerstand gegen die Reform des Karmelitenordens, die er gemeinsam mit *Teresa von Avila* betrieb, und damit Verleumdung, Verfolgung und Gefangenschaft.

Der Grund für dieses große Vertrauen liegt in seiner engen Beziehung zu Jesus Christus. Für *Johannes* wurde das Wort aus dem Römerbrief, wonach uns Gott dazu berufen hat, »an Wesen und Gestalt seines Sohnes teilzuhaben« (Röm 8,29), zur bestimmenden Größe seines geistlichen Leben. Not und Verfolgung sowie Verleumdung bis hin zum (scheinbaren) Scheitern seiner Pläne und Bemühungen wurden für ihn zur Teilhabe am Kreuzesleiden Jesu. Das Leben des *Johannes* nahm immer mehr die Gestalt des Gekreuzigten an.

Auch wenn *Johannes* am Widerstand seines eigenen Ordens von außen betrachtet gescheitert und zerbrochen ist, so war er in Wahrheit seiner Zeit weit voraus: Vieles haben wir heute noch nicht eingeholt, die spirituelle Tiefe seiner Gedanken ist ein unerschöpflicher Reichtum. Allen Widerständen und Missverständnissen zum Trotz fand er die Kraft, Verantwortung für die Zukunft seines Ordens und der Kirche zu übernehmen. Die großen Enttäuschungen, die er erfahren musste, ließen ihn an der Kirche nicht verzweifeln, weil es ihm eine tiefe Gewissheit war, dass die äußere Gestalt der Kirche mit all ihren Fehlern und Verfehlungen das innere Wesen der Kirche nicht infrage zu stellen vermag: die durch Jesus Christus, den Gekreuzigten, vermittelte Gemeinschaft mit dem dreifaltigen Gott.

Dieses unendliche Vertrauen in die Führung Gottes und diese tiefe und doch realistische Liebe zur Kirche ist für uns heute fast beschämend. Die Schnelllebigkeit unserer Zeit verführt uns zu einer Ungeduld mit den durchaus notwendigen Veränderungen und Reformen in unserer Kirche, die sehr schnell in Lähmung und Destruktivität umschlagen kann. Wenn sich auf absehbare Zeit nicht so viel verändert wie erwartet, haben wir schnell das Gefühl, das alles doch keinen Sinn habe, und neigen vorschnell dazu, die Flinte ins Korn zu werfen.

Johannes hatte einen langen Atem. Auch wenn er sein Ziel unmittelbar nicht erreichen konnte, lebte er doch aus dem Wissen, dass der als richtig erkannte Weg allen Widerständen zum Trotz zu gehen ist, und aus dem Vertrauen, dass sich die Wahrheit am Ende eben doch durchsetzen wird. Aus dieser tiefen Hoffnung, die aus der Mitte seiner Christusbeziehung genährt wurde, konnte er der Kirche seiner Zeit, die in vieler Hinsicht in die Krise geraten war, einen Weg in die Zukunft weisen. In diesem Sinn ist der heilige *Johannes vom Kreuz* eine wahrhaft adventliche Gestalt, die auch uns Orientierung zu geben vermag.

Adolph Kolping (1813–1865)

Woher nahm Adolph Kolping die Kraft, den Mut, die Inspiration zu seinem Lebenswerk, das bis heute fortdauert? Woher kommt seine Anziehungs- und Ausstrahlungskraft bis heute? Was hat er uns heute zu sagen? In welche Richtung weist er unsere Kirche?

Er blieb nicht bei negativer Kritik stehen; er klagte auch nicht einfach die Gesellschaft von damals an, in welcher die aufkommende Industrialisierung viele Menschen zu Arbeitssklaven erniedrigte und dadurch die Familien und die sozialen Bande zerstörte. »Das Jammern«, sagte er, »hilft nicht weiter, ebenso schöne Reden. Man muss sein Herz zum Pfand geben. Tut jeder in seinem Kreise das Beste, so wird's bald auch in der Welt besser aussehen.«

So hat *Kolping* als junger Priester zuerst in Elberfeld, dann in Köln Gesellenvereine gegründet, in denen die verwahrlosten Gesellen eine Heimat und eine neue Familie fanden. Er hat rastlos zur Feder gegriffen und wurde zu einem bekannten Volksschriftsteller. Es ist auch bekannt, dass *Kolping* damit einen ganz anderen Weg ging als *Karl Marx,* der gleichzeitig mit ihm in Köln lebte und wirkte. *Kolping* rief nicht zum Umsturz und zum Klassenkampf auf; er versprach kein irdisches Paradies. Er war überzeugt: »Ohne Gott wird nichts besser, ohne Gott kein Friede und kein Glück.« – »Auf dem Glauben ruht das Leben.«

Damit ist klar, woher *Adolph Kolping* seine Kraft nahm. Es war eine Kraft von innen, besser: eine Kraft von oben. *Adolph Kolping* wusste: Die Religion macht eigentlich den Menschen zum Menschen. Ohne ein kräftiges, lebendiges Christentum ist es mit dem Menschen nichts und wird es auch nichts. Wo es mangelt, ist das Leben krank.

Kolping – ein religiöser Mann und ein Mann des Gebetes. Und *Kolping* war auch ein Mann der Kirche. Die Kirche war für ihn im ausgezeichneten Sinn eine Familie; sie war seine Familie. In ihr war er zu Hause; in ihr hatte er seine Heimat. Er wusste, dass die Kirche und die Kirchenzugehörigkeit nicht jedermann gefällt, dass das Christentum und die Kirche in dieser Welt angefeindet und oft verleumdet werden. Er wusste aber auch: »Wenn die Kirche verfolgt wird, siegt sie.« Sie siegt, weil sie nicht von Menschen, sondern von Gott gegründet und von Gottes Heiligem Geist geleitet ist.

Die Kirche, so wie *Kolping* sie sieht und wie er sie lebt, ist keine weltfremde, abgehobene Institution fernab von den Problemen der Menschen. Sie ist eine volkstümliche, das heißt im Leben des Volkes verwurzelte, und eine sozial engagierte Kirche, eine Kirche, der es um den konkreten Menschen geht. *Kolping* wollte ein Christentum nicht der frommen Sprüche, sondern ein Christentum der Tat. Er sagte: »Des Christentums höchste Pflicht ist die Menschenliebe.« – »Der unchristliche Kommunismus wäre gar nicht auf die Welt gekommen, wenn der christliche in rechter Weise überall ausgeübt worden wäre.« – »Schön reden tut's nicht, die Tat ziert den Mann.«

Kolping hat durch seine Tat deutlich gemacht, dass Gottesliebe und Nächstenliebe unlösbar zusammengehören, dass der Gott nicht wirklich liebt, der sich nicht auch zugleich seines notleidenden Nächsten annimmt, der sich nicht einsetzt für Gerechtigkeit, Frieden und Freiheit in der Welt.

Don Bosco (1815–1888)

DAS LEBEN DES HEILIGEN DON BOSCO macht konkret sichtbar, was Umkehrung der normalen Maßstäbe bedeutet. »In seinem Leben – so sagte es Papst *Pius XI.* – war das Übernatürliche fast natürlich und das Außergewöhnliche gewöhnlich.« Genau mit dieser Paradoxie war *Don Bosco* die Antwort Gottes auf den Ruf der Zeit.

Don Bosco lebte in einer Zeit revolutionärer Umbrüche. Es war die Zeit des Resorgimento, des nationalen Erwachens und des nationalen Einheitsstrebens, der Besinnung auf die italienische Identität; es war damit zugleich die Zeit der Emanzipation von der weltlichen Herrschaft der Päpste und des Endes des Kirchenstaates. Große Geister bestimmten die damalige italienische Szene: *Alessandro Manzoni, Giuseppe Mazzini, Vincenzo Gioberti* und vor allem *Antonio Rosmini*, dessen Größe nach mancherlei Missverständnissen erst in den letzten Jahrzehnten wieder entdeckt wurde. Mit allen stand *Don Bosco* in Kontakt. Drei Päpste hat *Don Bosco* in dieser aufgeregten Zeit des Umbruchs erlebt. Sie waren alle verschieden: *Gregor XVI.,* der sich aller Modernisierung strikt widersetzte, *Pius IX.,* der liberal anfing und persönlich durchaus Verständnis für die italienische Erweckungsbewegung hegte, aber durch die Ereignisse von 1848 politisch in ein konservatives Fahrwasser gedrängt wurde und dann den Verlust des Kirchenstaates hinnehmen musste, und schließlich *Leo XIII.* mit seiner Politik der Öffnung zu den neuen sozialen und politischen Fragen.

Don Bosco hat die Umwertung der bis dahin geltenden Werte persönlich vollzogen und aus der ursprünglichen Quelle und Kraft des Evangeliums gelebt. Durch sein heiligmäßiges Leben hat er dazu beigetragen, Kirche in neuer Weise in die Zukunft hinein aufzubauen.

Don Bosco wuchs arm auf. Er musste sich als Jungknecht, als Lehrling Kost und Logis und alles Übrige für sein Studium verdienen. Das nahm ihn in eine harte Lehre, die ihm später half, armen und verwahrlosten Jugendlichen verständnisvoll zu begegnen. Die Armut begleitete ihn zeitlebens. Er lebte und wirkte aus dem Glauben an Gottes Vorsehung. Er hielt sich an die Botschaft Jesu in der Bergpredigt (Mt 6,25) und an die Mahnung des Apostels Paulus: »Sorgt euch um nichts.« Mit nur 40 Centesimi in der Tasche begann er den Bau der Maria-Hilf-Basilika, die eine Million Lire kostete, was in der damaligen Lire-Währung eine riesige Summe war. Auch manche seiner Mitbrüder haben ihn für verrückt gehalten und wollten ihn einmal sogar in eine Irrenanstalt bringen. Er selbst konnte bei all den unvorstellbar vielen und erfolgreichen Unternehmungen, die er in Angriff nahm, sagen: »Ich habe immer das Nötigste gehabt.«

Don Bosco lebt eine Weise des Kircheseins, die nicht auf das Mittel der Strafe, sondern auf die Mittel der Milde, der Liebe, der Barmherzigkeit setzt. Er hat in seinem Leben und in seiner Pädagogik wahr gemacht, was im Philipperbrief steht: »Eure Güte werde allen Menschen bekannt« (Phil 4,5).

Schon bei seinem Studium hat *Don Bosco* durch seinen Lehrer *Giuseppe Cafasso* nicht eine rigoristische Ethik, auch nicht eine laxistische Moral, sondern das gemäßigte, mildere Moralsystem des heiligen *Alfons von Liguori* kennen und schätzen gelernt. In seiner Jugend-Pädagogik hat er nicht auf Strafe und Strenge, sondern auf gewinnende Liebe gesetzt und damit Erfolg gehabt.

Der gute und gütige Papst *Johannes XXIII.* hat in seiner immer wieder lesenswerten Rede zur Eröffnung des Zweiten Vatikanischen Konzils prophetisch gesagt, die Kirche müsse heute nicht die Mittel der Strenge und der Verurteilung, sondern das Heilmittel der Barmherzigkeit anwenden. Sie muss ein barmherziges Gesicht zeigen auch gegenüber den vielen, die mit den kirchlichen Maßstäben und Normen nicht zurechtkommen – nicht weil diese Maßstäbe und Normen falsch wären, ganz im Gegenteil, sondern weil es gilt, die »Wahrheit in der Liebe« (Eph 4,15) zu tun.

Das Dritte, was *Don Bosco* uns vermittelt, ist das Moment der Freude. Wenn einer verstanden hat, was Paulus meint mit seinem Rat an die Gemeinde in Philippi: »Freut euch im Herrn zu jeder Zeit! Noch einmal sage ich: Freut euch!« (Phil 4,4), dann waren es *Philipp Neri, Franz von Sales* und eben *Don Giovanni Bosco*. Er meinte damit nicht ein frömmelndes, sauersüßes Lächeln, auch nicht nur eine – in vielen Lebenslagen nicht hoch genug zu schätzende – innere Getröstetheit und Freude des Herzens, sondern durchaus einen herzhaften Humor, der sich auch auf Späße versteht.

Don Bosco zeigt uns eine evangelisierende Kirche. Bei aller gewinnenden Art zeichnete er sich in der damaligen antikirchlichen Atmosphäre durch Geradheit und Unerschrockenheit aus. Es ist kaum fassbar, was er an Apostolat aufgebaut hat: Heime, Berufs- und Abendschulen, Gymnasien, Oratorien, welche der Katechese und der Freizeitgestaltung dienten, Laienvereinigungen, Förderung der Priesterfortbildung, Gründung von

Orden, welche heute weltweit in den Missionen tätig sind, und nicht zuletzt sein Presseapostolat vor allem durch die *Letterature cattoliche*. Schon früh hat er bei seiner heiligmäßigen leiblichen Mutter *Margareta* gelernt, wo die wichtigste Form des Apostolats stattfindet: in der Familie.

Daniel Comboni (1831– 1881)

»Der gute Hirte gibt sein Leben hin für die Schafe« (Joh 10,11). Die Hoffnung auf, die Sehnsucht nach einem guten Hirten, einem guten Anführer und Wegbegleiter, nach Vorbildern und Leitbildern durchzieht die ganze Menschheitsgeschichte.

Wir suchen nach Vorbildern, zu denen wir aufscheuen können und denen wir gerne folgen möchten. *Daniel Comboni* war ein solcher guter Hirte, ein großer Missionar und Bischof.

Schon früh, schon in seiner Jugend empfand er die Berufung für Afrika. Missionar für Afrika zu werden, das hatte Gott von Kindheit an in sein Herz eingebrannt und eingeschrieben, und immer wieder bewegte ihn die Sehnsucht und das Verlangen, dorthin zu gehen. Afrika oder Tod, so sagte und schrieb er später. Sein ganzes Leben hat er Afrika geweiht. Die Berufung *Combonis,* Missionar in Zentralafrika zu werden, war die Stunde Afrikas, der Beginn eines neuen Missionszeitalters, der Augenblick, da die Kirche sich auf die Sendung des Auferstandenen neu besann: »Geht hinaus zu allen Völkern und verkündet allen Menschen die Frohe Botschaft« (vgl. Mt 28,19; Mk 16,15).

Unter viel Mühsal und Beschwerden ist *Comboni* diesem Ruf gefolgt. Heute braucht man nur etwa zwei, drei Stunden mit dem Flugzeug von Kairo nach Khartoum. Damals musste er Wochen und Monate unterwegs sein, auf mühsamen Wüstenpfaden und gefährlichen Wegen. Die ersten Missionare, die dorthin kamen, wurden meist schon nach kurzer Zeit von der Malaria oder vom Gelbfieber hinweggerafft. Afrika stöhnte unter Armut, unter Hungersnöten und unter der Sklaverei.

»Wo das Evangelium verkündet wird, da verwandelt sich der Mensch«, hat *Comboni* einmal gesagt. Der ganze Mensch ist zum Heil berufen. So geht es in der Verkündigung des Evangeliums auch um die Botschaft der gottgegebenen Menschenrechte jedes Einzelnen.

Daniel Comboni hat prophetisch und hellsichtig ein neues Zeitalter eingeleitet. Seine Vision war es, Afrika durch die Afrikaner zu missionieren. Heute sind fast alle Bischöfe Afrikas Afrikaner. Die Kirche in Afrika ist heute daran, in sehr kraftvoller Weise ihre Zukunft selbst in die Hand zu nehmen.

Comboni hat klar gesehen, dass Frauen von allem Anfang an in der Missionstätigkeit eine wichtige Rolle spielten. Der erste weibliche Apostel war Maria von Magdala. Als einer der Ersten hat *Comboni* gegen viele Widerstände Frauen in seine Missionsarbeit einbezogen. Er wusste von seiner eigenen Mutter, dass es in erster Linie die Frauen sind, die den Glauben weitergeben.

Die Liebe Christi war es, die *Comboni* erfasste und die ihn gedrängt hat, sein ganzes Leben Afrika zu weihen. Nur so konnte er mehrfach den mühsamen Weg von Verona und Kairo nach Khartoum und in den Sudan gehen. *Comboni* verehrte besonders das Herz Jesu als stärksten Ausdruck der Liebe Gottes zu allen Menschen. Im durchbohrten Herzen Jesu fand er immer wieder neu Trost, Hoffnung, Ermutigung, Zuflucht und die Möglichkeit der Aussprache im Gebet. Dabei blieb auch ihm das Kreuz nicht erspart. Aber seine Treue zur Kirche war unerschütterlich.

Ihr wollte er in der Bedrängnis helfen. Aber er wollte sie auch aufrütteln; er wollte, dass sie sich neu besinnt auf ihren missionarischen Auftrag. Einmal schrieb er: »Man muss aus Liebe zu Christus Schweres auf sich nehmen: mit Mächtigen kämpfen, mit Türken, mit Atheisten, mit Freimaurern, mit Barbaren, mit

Kriminellen, mit Priestern, mit Ordensleuten, mit der Welt und mit der Hölle. Trotzdem bleibt unser Vertrauen auf ihn gerichtet, der für die Afrikaner starb.«

Bernadette Soubirous (1844–1879): Wo sich Himmel und Erde berühren

GOTT HAT DURCH EIN ARMES und einfaches Mädchen, *Bernadette Soubirous*, gezeigt, dass der Himmel sich nicht weit über der Erde wölbt, sondern dass Himmel und Erde sich vielmehr berühren. Er hat gezeigt, dass er uns nicht unnahbar fern, sondern vielmehr nahe ist. Er ist da, mitten unter uns, mitten in unserer Krankheit und Not. Er will in unserer Mitte wohnen. Wir sollen sein Volk sein, und er will unser Gott sein.

Damit hat uns Gott eine Antwort gegeben auf unsere Fragen und auf unsere Sehnsucht. Oft fragen und sagen wir ja: Wo ist denn Gott? Wo bleibt er? Warum darf ich nicht mehr von seiner Gegenwart spüren? So fragen wir uns vor allem in Situationen der Krankheit und des Alleinseins. Doch Gott hat ein Herz, ein väterliches und mütterliches Herz. Deshalb hat er uns nie ohne Zeichen seiner Gegenwart gelassen. Jesus Christus selbst ist das deutlichste Zeichen seiner Gegenwart. In ihm ist Gott selbst Mensch geworden und ganz eingegangen in unser menschliches Dasein. Er ist eingegangen in unser menschliches Leben mit seiner Freude, aber auch mit seinem Leiden und Sterben. Am Anfang seines öffentlichen Wirkens hat Jesus als Vorzeichen der endgültigen Gegenwart Gottes mitten unter uns auf der Hochzeit zu Kana Wasser in Wein verwandelt. Er hat damit gezeigt: Gott meint es gut mit uns; er will ein Fest mit uns feiern; er bereitet uns ein ewiges Hochzeitsmahl.

»Er wird alle Tränen von ihren Augen abwischen. Der Tod wird nicht mehr sein, keine Trauer, keine Klage, keine Mühsal. –

Seht, ich mache alles neu« (vgl. Offb 21,4–5). Am Ende werden sich also Himmel und Erde endgültig berühren.

Doch schon in dieser Welt und in diesem Leben lässt Gott uns nicht ohne Zeichen. Himmel und Erde berühren sich immer wieder: In den Wundertaten Jesu und in den Wundern, mit denen er die Geschichte der Kirche und auf meist unscheinbare Weise auch unser Leben begleitet. Der Ort Lourdes ist ein solches Zeichen. Denn in dem Wunder von Lourdes suchen wir nicht nur äußere Heilung, sondern inneren Trost und innere Kraft, da können wir Zuversicht und Hoffnung schöpfen. Letztlich sollen sich Himmel und Erde in uns, das heißt in unserem Herzen berühren. Dort muss die Verwandlung der Welt anfangen.

Maria war »voll der Gnade« und voll des Heiligen Geistes. Das ist auch *Bernadette* gegeben worden. Beide haben sich ganz demütig geöffnet für das Wirken des Geistes; sie hatten ein zum Hören bereites Herz. Sie haben sich willig von ihm führen lassen. Sie haben in ihrem Leben dem Geist Gottes Raum gegeben. So konnten sie Zeichen und Werkzeuge seiner Gegenwart für uns und für viele andere werden.

Wir dagegen sind immer wieder in der Gefahr, unser Herz zu verschließen. Wir sind so vollgestopft mit eigenen Gedanken, eigenen Wünschen, eigenen Ideen und Zielen, dass Gottes Geist kaum eine Chance hat. Deshalb hat die Gottesmutter in Lourdes zur Umkehr aufgerufen. Gottes Geist kann nur in uns wirken und unser Leben verwandeln, wenn wir uns verwandeln lassen, wenn wir wie Maria und wie *Bernadette* Ja sagen zu Gott und Ja auch zu unseren Mitmenschen.

So ist dieser Ort eine Botschaft Gottes an jeden Einzelnen von uns: Auch bei dir, auch in dir und auch durch dich sollen Himmel und Erde sich berühren. Ich will bei dir wohnen. Ich will dir ein Fest bereiten. Du sollst und du kannst schon heute ein kleines Stück Himmel in dir erfahren.

Edith Stein (1891–1942)

»GOTT ANBETEN IM GEIST und in der Wahrheit« – diesen Satz
kann man programmatisch über das Leben und das Sterben der
Edith Stein schreiben. *Edith Stein* war keine Heilige, wie wir sie aus
alten Heiligenlegenden kennen. Sie war eine moderne Frau mit
einer ganz ungewöhnlichen Biografie. 1891 wurde sie als siebtes
Kind einer jüdischen Familie in Breslau geboren. Ihre Mutter
war eine gläubige Jüdin, die es bis zum Ende ihres Lebens nicht
verschmerzen konnte, dass ihre jüngste Tochter den Weg in die
katholische Kirche und in den Karmel fand. Aber der Weg, den
Edith Stein bis dahin zurücklegen musste, war lang. Schon mit
14 Jahren entschied sie sich, nicht mehr zu beten; sie wurde
Agnostikerin und Atheistin. Sie ging den Weg, den in diesem
Alter heute viele junge Menschen gehen.

Sie war eine hochbegabte, selbstbewusste, auf Karriere be-
dachte junge Frau, eine Frau des 20. Jahrhunderts. Sie interes-
sierte sich für Musik, Literatur, Theater. Sie wurde zu einer radikalen Frauenrechtlerin. Noch in reiferem Alter hat sie sich
intensiv mit Frauenfragen beschäftigt, darüber Vorträge gehalten und sich für die Berufstätigkeit der Frau eingesetzt.

Aber sie erfuhr auch die Benachteiligung, die viele Frauen
bis heute erfahren. Sie studierte zuerst in Göttingen, dann in
Freiburg bei einem der berühmtesten Philosophen der Zeit, bei
Edmund Husserl, dessen Assistentin sie wurde. Sie schloss ab mit
einem glänzenden Doktorexamen; trotzdem wurde ihr der Weg
in die akademische Laufbahn nicht ermöglicht – weil sie eine
Frau war, und später, weil sie eine jüdische Frau war. So machte
diese erfolgreiche junge Frau auch bald mit den brüchigen
Seiten des modernen Lebens Bekanntschaft. Das Ende des
Ersten Weltkriegs war für sie, die glühende Patriotin, die sich
zeitweise auch politisch engagierte, ein Schock. Sie erlebte das
Ende der guten alten bürgerlichen Zeit und ihrer Ordnung.

Dazu kamen persönliche Krisen. *Edith Stein* wollte heiraten. Aber sie erlebte das Schicksal vieler Frauen. Ihre Zuneigung blieb zwei Mal unbeantwortet. Das alles stürzte sie in eine tiefe persönliche Krise. Sie wusste nicht mehr, wozu und wofür sie lebte. Jahrelang ging sie durch eine geistliche Wüste. Manchmal wünschte sie sich geradezu den Tod.

Edith Stein ist keine vom Himmel gefallene Heilige, welche keine Ahnung vom Leben hatte. Sie ist unsere Schwester, die Schwester aller Menschen: Jüdin und glühende deutsche Patriotin, eine begabte, erfolgreiche junge Frau, eine anerkannte Wissenschaftlerin in Kontakt mit fast allen, die im damaligen Katholizismus Rang und Namen hatten, bei vielen Anlässen eine gesuchte Rednerin, aber auch eine Frau, die ihre persönlichen Krisen durchlebte – zuerst Atheistin, dann Gottsucherin und nach ihrer Konversion eine große Beterin, die ganze Nächte im Gebet zubrachte, und schließlich die Leidensgenossin von Millionen, welche das ganze Grauen des 20. Jahrhunderts, die schmachvollsten Kapitel unserer deutschen Geschichte, die Schoah am eigenen Leib erlebten.

Eines Nachts, als sie im Haus ihrer Freundin *Hedwig Conrad-Martius* in Bergzabern war, fiel ihr die Selbstbiografie der heiligen *Teresa von Avila* in die Hand – auch sie bereits im 16. Jahrhundert eine erstaunlich eigenständige Frau. Sie las das Buch in einem Zug, und als sie die Lektüre beendet hatte, sagte sie: »Das ist die Wahrheit.« Die Entscheidung war gefallen. Am 1. Januar 1922 ließ sie sich taufen und in die Kirche aufnehmen. Schließlich trat sie am 15. April 1934 in den Kölner Karmel ein.

Die Wahrheit war für *Edith Stein* nicht nur eine Angelegenheit des Kopfes, keine bloße Theorie. Auch nach ihrer Taufe blieb *Edith Stein* eine engagierte Frau. Sie wirkte in Speyer bei den Dominikanerinnen als Lehrerin, dann kurz als Dozentin in Münster. Immer vertrat sie konsequent den katholischen Standpunkt. Das Christentum war ihr im Sinn der Kirchenväter die wahre Religion; die katholische Kirche ist die wahre Kirche. Dabei hat *Edith Stein* die Wahrheit nicht etwa stur behauptet. Sie war keine engstirnige Fundamentalistin. Sie wollte mit Argumenten für den Glauben streiten. Sie suchte die Wahrheit zu denken, und dies mit höchster Präzision. Wie *Thomas von Aquin* im hohen Mittelalter und Kardinal *John Henry Newman* im 19. Jahrhundert erstrebte sie eine Art Synthese zwischen Glauben und Wissen, eine Philosophie als Weisheit aus dem Glauben.

Edith Stein widersprach der intellektuellen Bedürfnislosigkeit und dem Skeptizismus, der letztlich zum Nihilismus führt. Sie war überzeugt, dass die menschliche Vernunft wahrheitsfähig ist. Sie wusste: Freiheit und Wahrheit gehören zusammen. Sie ging bis an die Grenzen der Vernunft, um vernünftig einzusehen, dass es die Vernunft zu übersteigen gilt, auf die Wahrheit hin, die Jesus Christus in Person ist. Trotz dieser unerbittlichen Suche nach der Wahrheit wurde *Edith Stein* nicht als Bekennerin, sondern als Märtyrerin heiliggesprochen. Die historische Wahrheit gebietet zu sagen: Sie wurde von den Nazischergen nicht um ihres christlichen Glaubens willen, sondern wegen ihrer jüdischen Rassenzugehörigkeit verhaftet und mit vielen anderen Leidensgenossen und Leidensgenossinnen in das Vernichtungslager Auschwitz verschleppt, wo ihr irdisches Leben am 9. August 1942 in der Gaskammer ausgelöscht wurde.

Das Kreuz hat sie gezeichnet. Nach ihrer Verhaftung verlieren sich ihre Spuren im Namenlosen, im Weglosen und im Schweigen. Es gibt keinen Bericht über ihre letzten Stunden, kein Grab, keine Reliquie. Nichts. Am Ende stand – menschlich gesprochen – die absolute Leere, das Ende und das Verenden jeden Sinns, das pure Nichts. Auschwitz und der Tod der *Edith Stein* zeigen, wozu eine Welt ohne Gott fähig ist, sie zeigen, wohin sie führt und wie sie endet: in sinnloser Zerstörung, namenloser Verwüstung, buchstäblich im antlitzlosen Nichts. *Edith Stein,* die Zeitzeugin, ist die Zeugin der größten Katastrophe der deutschen Geschichte. Märtyrerin ist sie, weil sie dieses Schicksal in der Nachfolge Jesu bewusst auf sich genommen hat, weil sie bereit war, einzugehen in das Geschick Jesu Christi. So wurde sie die vom Kreuz Gesegnete. Auf dem Weg des Kreuzes ging sie ein in das ewige Ostern.

Suche nach Wahrheit –
Edith Stein (1891–1942)

Zwei Aussagen stehen über dem Leben und Sterben *Edith Steins*: Zur Wahrheit berufen – vom Kreuz gesegnet.

Zur Wahrheit berufen! *Edith Stein* ging als moderne, wir können sogar sagen: als emanzipierte junge Frau den Weg des Denkens und des Forschens. Sie wollte die Wahrheit finden, denn die Frage nach der Wahrheit hatte es ihr angetan. Diese Suche führte sie zunächst weg von ihrem angestammten jüdischen Glauben. Sie stürzte sich in die moderne Philosophie und ist dabei den großen Denkern aus der Zeit zwischen den beiden Weltkriegen begegnet: *Edmund Husserl, Max Scheler, Martin Heidegger* und vielen anderen. Sie hat dabei alle Zweifel und Verzweiflungen des modernen Denkens durchlebt und durchlitten, bis ihr immer deutlicher wurde, dass alles endliche Sein nur im Licht des ewigen Seins begreifbar wird und dass alles Wissen in der Liebe überstiegen werden muss, weil die Liebe allein der Sinn des Seins ist. Sie verachtete deshalb die menschliche Suche nach Wahrheit nicht; alle Wahrheit war ihr Spur Gottes in der Welt, und sie war am Ende überzeugt, dass der christliche Glaube die gültige Antwort auf die Wahrheits- und Sinnsuche des Menschen ist. So wurde sie längst vor ihrem Eintritt in den Karmel zu einer großen Beterin, welche oft ganze Nächte hindurch vor dem Tabernakel verweilte. So kann sie uns sagen und zeigen, dass wir auch heute vor den vielfältigen Fragen und den Fragestellungen unserer Zeit nicht zu verzagen und zu verzweifeln brauchen. Auch die Weisheit der Welt kann und soll uns Wegzeichen zu Gott sein. Die Wahrheit des Glaubens aber ist tiefer und umfassender. Sie wird sich auch heute und morgen als die endgültige Wahrheit über die Welt und uns Menschen erweisen. Denn in Jesus Christus und auf ihn hin ist alles geschaffen. Vertrauen wir deshalb auf die Wahrheit des Glaubens.

Die Suche nach der Wahrheit wurde für *Edith Stein* immer mehr zur Kreuzeswissenschaft. Schon sehr bald nach der Machtergreifung der Nationalsozialisten erkannte sie hellsichtig, viel früher als die meisten ihrer Zeitgenossen, was dies – besonders für ihr Volk, das jüdische Volk – zu bedeuten hatte. Sie erkannte, dass Gott wieder einmal schwer seine Hand auf sein Volk gelegt hatte und dass das Schicksal dieses Volkes auch das ihre war. Sie schreibt: »Ich sprach mit dem Heiland und sagte ihm, ich wüsste, dass es sein Kreuz sei, das jetzt auf das jüdische Volk gelegt würde. Die meisten verspürten es nicht, aber die es verstünden, die müssten es im Namen aller bereitwillig auf sich nehmen. Ich wollte das tun, er sollte mir nur zeigen wie. […] Aber worin das Kreuztragen bestehen sollte, das wusste ich noch nicht.« In ihrem ersten Gespräch mit der Priorin im Karmel sagte sie: »Nicht die menschliche Tätigkeit kann uns helfen, sondern das Leiden Christi. Daran Anteil zu haben ist mein Verlangen.« So wurde ihr immer klarer, dass ihre eigentliche Berufung das stellvertretende Sühnen und Leiden mit ihrem Volk und für ihr Volk ist. Am 29. Juni 1942 schrieb sie auf einer Postkarte: »Ich nehme es, wie Gott es fügt.« Mit dieser Haltung nahm sie vermutlich am 9. August 1942 den Tod in der Gaskammer von Auschwitz an: menschlich gesprochen ein sinnloser Tod – für den, welcher an Kreuz und Auferstehung Jesu Christi glaubt, ein Zeichen der Hoffnung.

Solche Kreuzeswissenschaft kann und muss man erst im

Laufe der Zeit lernen. Je älter man wird, desto mehr wird man in diese Wissenschaft vom Kreuz eingeführt. Sie soll uns nicht nörglerisch und unzufrieden, nicht verbittert, nicht lustlos und freudlos machen. Sie ist die andere Seite der Hoffnung und des Lebens; sie ist der einzige Weg, um die Fülle des Lebens und der Freude zu erlangen. Auch wir sind wie *Edith Stein* vom Kreuz gesegnet.

BIBELSTELLENREGISTER

PERSONENREGISTER

ZUR PERSON VON WALTER KARDINAL KASPER

Geboren am 5. März 1933

6. April 1957 Priesterweihe im Dom zu Rottenburg

1964 Berufung auf den Lehrstuhl für Dogmatik, Münster

1970 Professor für Dogmatik, Tübingen

1972–1975 Mitarbeiter bei der Würzburger Synode der bundesdeutschen Bistümer

1979 Konsultor des Päpstlichen Rates zur Förderung der Einheit der Christen und Vertreter der Katholischen Kirche in der Kommission für Glaube und Kirchenverfassung des Weltrates der Kirchen (ÖRK)

1985 Hauptautor des ersten Bandes des *Katholischen Erwachsenenkatechismus*

1989–1999 Bischof von Rottenburg-Stuttgart

1999 Sekretär des Päpstlichen Rates zur Förderung der Einheit der Christen und Vize-Präsident der Päpstlichen Kommission für die religiösen Beziehungen zum Judentum

2001 Kardinalserhebung, Präsident des Päpstlichen Rates zur Förderung der Einheit der Christen und der Kommission für die religiösen Beziehungen zum Judentum, Mitglied der Kongregationen für die Glaubenslehre und für die Orientalischen Kirchen

Zahlreiche Ehrendoktorate, Honorarprofessor der Eberhard-Karls-Universität in Tübingen, Mitglied der Heidelberger Akademie der Wissenschaften und der Europäischen Akademie der Wissenschaften und Künste

Träger des Bundesverdienstkreuzes I. Klasse (1987), der Verdienstmedaille des Landes Baden-Württemberg (1998), der Bonifatiusmedaille der Deutschen Bischofskonferenz (1999), des Großen Verdienstordens mit Stern und Schulterband der Bundesrepublik Deutschland (2004)

Die wichtigsten Publikationen: *Der Gott Jesu Christi; Jesus der Christus; Einführung in den Glauben; Theologie und Kirche (2 Bd.e)*. Hauptherausgeberschaft des *Lexikons für Theologie und Kirche*

WALTER KARDINAL KASPER
Sakrament der Einheit
Eucharistie und Kirche
160 Seiten · Gebunden mit Schutzumschlag
ISBN 978-3-451-28568-4

Die Eucharistie, das Testament Jesu Christi, feiern Christen noch immer getrennt. Umso wichtiger sind die beharrlichen Zwischenschritte der Ökumene, die in die Gemeinschaft in der Eucharistie, dem Sakrament der Einheit, münden sollen. Als Vorsitzender des Päpstlichen Rates zur Förderung der Einheit der Christen ist Walter Kardinal Kasper zuständig für die ökumenischen Beziehungen des Vatikans. Dieses Buch macht den Zusammenhang von Eucharistiefeier und Kirche deutlich: in seinen spirituellen, pastoralen und theologischen Dimensionen.

WALTER KARDINAL KASPER
Diener der Freude
Priesterliche Existenz – priesterlicher Dienst
176 Seiten · Gebunden mit Schutzumschlag
ISBN 978-3-451-29394-8

Walter Kardinal Kasper entfaltet ein umfassendes und offenes Verständnis von einem Priestertum, das u. a. grundgelegt ist in der gemeinsamen Berufung aller Christen und in der besonderen apostolischen Sendung. Ein wegweisendes Buch über das Priestertum heute.

Walter Kasper Gesammelte Schriften

WALTER KASPER
Jesus der Christus
Mit einer neuen Einführung des Autors
Walter Kasper Gesammelte Schriften Band 3
416 Seiten · Gebunden mit Schutzumschlag
ISBN 978-3-451-29155-5

Jesus Christus steht in der Mitte des christlichen Glaubens. Das Buch beschreibt seine Einzigartigkeit und universale Bedeutung und vermittelt den Christusglauben spirituell und praxisorientiert. Die neue umfassende Einführung Kardinal Kaspers hilft, die gegenwärtige Diskussion über die Person Jesu besser einzuordnen und tiefer zu verstehen. Dieses Buch »ist für viele Menschen, Theologen und Laien, in den verschiedenen Sprachen und Kulturen Orientierung geworden« (Papst Benedikt XVI.).

WALTER KASPER
Der Gott Jesu Christi
Mit einer neuen Einführung des Autors
Walter Kasper Gesammelte Schriften Band 4
504 Seiten · Gebunden mit Schutzumschlag
ISBN 978-3-451-29803-5

Wie kann man eindeutig und verständlich von Gott reden? Für Walter Kasper kann man dies nur im Horizont der Heilsfrage, angesichts des konkreten Gottes der Geschichte, des Gottes Jesu Christi, des Gottes, der als Heiliger Geist Leben schenkt. Das führt Kasper schließlich zur Entfaltung der Lehre vom dreifaltigen Gott, dem Gott, der in sich Gemeinschaft und Liebe ist und dem Menschen daran Anteil schenkt. Das Standardwerk der christlichen Lehre über Gott.

HERDER

Walter Kasper Gesammelte Schriften

Die Ausgabe umfasst 17 Bände und wird auch unveröffentlichte Texte einbe-
ziehen. Die Bände sind nach Sachthemen geordnet. Erstmals wird auch eine
Auswahl der Predigten Walter Kaspers veröffentlicht. Auf diese Weise wird die
Edition dem wachsenden Interesse am theologischen Werk Kaspers und seinem Nutzen für Studium und Praxis der Theologie gerecht.

Die Bände im Einzelnen:

Die Herausgeber:

Dr. George Augustin,
Professor für Dogmatik/Fundamentaltheologie an der Philosophisch-Theolo-
gischen Hochschule Vallendar, Direktor des dortigen »Kardinal Walter Kasper
Instituts für Theologie, Ökumene und Spiritualität«.

Dr. Klaus Krämer,
Dr. theol., Domkapitular, Bischofsvikar für die Ausbildung der pastoralen
Berufe und Leiter der Hauptabteilung Weltkirche im Bischöflichen Ordinariat
der Diözese Rottenburg-Stuttgart.

HERDER

Festschrift Walter Kasper

GEORGE AUGUSTIN · KLAUS KRÄMER (HG.)

Gott denken und bezeugen

Festschrift für Kardinal Walter Kasper zum 75. Geburtstag

648 Seiten · Gebunden mit Schutzumschlag

ISBN 978-3-451-29786-1

Wenn die christliche Rede von Gott überzeugend sein soll, bedarf es eines rational durchleuchteten Glaubens. Um Gottes und des Menschen willen ist es an der Zeit, den Gott Jesu Christi existentiell und spirituell zu bezeugen. Von dieser Überzeugung getragen, thematisieren die Autoren die Frage nach dem Gott Jesu Christi. So entsteht ein theologisch kompetentes und facettenreiches Lehrbuch über Gott. Eine Ermutigung und Einladung, den Gott Jesu Christi in den Mittelpunkt aller Verkündigung zu stellen.

HERDER

© Verlag Herder GmbH, Freiburg im Breisgau 2009
Alle Rechte vorbehalten
www.herder.de

Umschlaggestaltung:
Finken und Bumiller, Stuttgart

Autorenfoto:
© Kardinal Walter Kasper Institut, Vallendar

Manuskriptbetreuung: Ingo Proft, Vallendar
Redaktion: Udo Richter, Freiburg im Breisgau

Herstellung:
fgb · freiburger graphische betriebe
www.fgb.de

Gedruckt auf umweltfreundlichem,
chlorfrei gebleichtem Papier
Printed in Germany

ISBN 978-3-451-32227-3